国家社科基金西部项目结项成果

汉唐时期河西走廊墓葬壁画整理研究

贾小军 著

Organization and Research
on the Tomb Murals in Hexi Corridor during
the Han and Tang Dynasties

中国社会科学出版社

图书在版编目(CIP)数据

汉唐时期河西走廊墓葬壁画整理研究 / 贾小军著. —北京：中国社会科学出版社，2023.3（2023.9 重印）

ISBN 978-7-5227-1372-4

Ⅰ.①汉… Ⅱ.①贾… Ⅲ.①河西走廊—墓室壁画—研究—汉代 ②河西走廊—墓室壁画—研究—唐代 Ⅳ.①K879.414

中国国家版本馆 CIP 数据核字（2023）第 023403 号

出 版 人	赵剑英	
责任编辑	宋燕鹏	石志杭
责任校对	李 硕	
责任印制	李寡寡	

出 版	中国社会科学出版社
社 址	北京鼓楼西大街甲 158 号
邮 编	100720
网 址	http://www.csspw.cn
发 行 部	010-84083685
门 市 部	010-84029450
经 销	新华书店及其他书店

印 刷	北京明恒达印务有限公司
装 订	廊坊市广阳区广增装订厂
版 次	2023 年 3 月第 1 版
印 次	2023 年 9 月第 2 次印刷

开 本	710×1000 1/16
印 张	23.5
字 数	340 千字
定 价	118.00 元

凡购买中国社会科学出版社图书，如有质量问题请与本社营销中心联系调换
电话：010-84083683
版权所有 侵权必究

目　录

上　卷

第一章　汉唐时期河西走廊墓葬壁画概述 …………………………（3）
　一　汉代墓葬壁画 ………………………………………………（3）
　二　魏晋十六国墓葬壁画 ………………………………………（10）
　三　唐代墓葬模印砖画与壁画 …………………………………（21）
　四　汉唐时期河西走廊墓葬壁画基本数据 ……………………（30）

第二章　汉唐时期河西墓葬壁画整理研究现状 ……………………（37）
　一　汉唐时期河西走廊墓葬壁画整理概述 ……………………（37）
　二　汉唐时期河西走廊墓葬壁画研究现状 ……………………（44）

**第三章　汉唐时期河西壁画墓的形制流变与墓葬壁画
　　　　　发展轨迹** ………………………………………………（56）
　一　汉代河西走廊壁画墓形制 …………………………………（56）
　二　魏晋十六国河西走廊壁画墓形制 …………………………（60）
　三　唐代河西走廊模印砖墓、壁画墓形制 ……………………（88）

第四章　汉唐时期河西墓葬壁画分类整理研究 ……………………（96）
　一　现实生活类题材壁画 ………………………………………（100）
　二　宗教思想类题材壁画 ………………………………………（130）

中　卷

第五章　高台魏晋"庭院家居图"画砖解析……………………（153）
一　"庭院劳作图"之坞壁………………………………（154）
二　"庭院劳作图"之家居………………………………（158）
三　坞壁与家居之关系…………………………………（166）
四　小结…………………………………………………（168）

第六章　河西墓葬壁画中的儿童图浅析…………………………（169）
一　河西墓葬壁画中的儿童图…………………………（169）
二　河西墓葬壁画中儿童图的特点……………………（182）
三　儿童图所见魏晋河西社会生活史…………………（186）

第七章　论河西墓葬壁画中的"启门图"………………………（191）
一　河西墓葬壁画中的"启门图"……………………（192）
二　河西墓葬壁画"启门图"的图像特点……………（202）
三　河西墓葬壁画"启门图"的图像意义……………（213）
四　河西墓葬壁画"启门图"的学术史意义…………（220）

第八章　论河西魏晋十六国墓葬壁画中的"帷帐图"…………（221）
一　河西魏晋十六国墓葬壁画中的"帷帐图"………（221）
二　河西魏晋十六国"帷帐图"的特点………………（235）
三　墓内祭奠及其场景的变化…………………………（238）

下　卷

第九章　榜题与画像：魏晋十六国河西墓葬壁画中的
　　　　　社会史……………………………………………………（249）
一　魏晋十六国河西墓葬壁画中的榜题………………（249）

二　魏晋十六国河西墓葬壁画榜题的特点 …………………………（254）
　　三　榜题所见魏晋十六国河西社会史 ………………………………（256）

第十章　西凉迁都与酒泉十六国壁画墓的纪念碑性 ………………（264）
　　一　酒泉十六国壁画墓 ………………………………………………（265）
　　二　西凉的"纪念碑性"建筑 ………………………………………（267）
　　三　酒泉十六国壁画墓的纪念碑性 …………………………………（271）
　　四　结语 ………………………………………………………………（277）

**第十一章　从敦煌到长安：汉唐间丝路东段"马"的艺术形象
　　　　　　变迁考论** …………………………………………………（278）
　　一　文献所见敦煌—长安间的良马交流 ……………………………（278）
　　二　图像所见汉唐时期敦煌—长安间的良马 ………………………（281）
　　三　良马的动静与外形 ………………………………………………（289）
　　四　小结 ………………………………………………………………（291）

第十二章　"马踏飞燕"铜奔马时代申论 …………………………（293）
　　一　河西考古资料中的"马踏飞燕"式奔马 ………………………（294）
　　二　汉代河西考古资料中的马 ………………………………………（299）
　　三　关于"出行图" …………………………………………………（303）
　　四　"相马法式"铜奔马及其时代 …………………………………（307）

**第十三章　壁画证史：丝绸之路视野下的汉唐河西
　　　　　　民族变迁** …………………………………………………（309）
　　一　羌、月氏、乌孙与匈奴：早期丝路贸易的承担者 ……………（309）
　　二　鲜卑：迁徙、修桥与劫掠 ………………………………………（313）
　　三　氐人：意外的文明使者 …………………………………………（316）
　　四　粟特人的贡献 ……………………………………………………（318）
　　五　五凉诸族与西夏党项族：割据时代的丝路守护者 ……………（321）
　　六　壁画中的丝绸之路民族史书写 …………………………………（325）

第十四章　汉唐河西图像史料中的丝绸之路意象 …………（328）
　　一　汉唐时期河西与丝绸之路有关的图像资料 ………（328）
　　二　汉唐河西走廊图像资料中的丝绸之路信息 ………（339）
　　三　河西图像史料中的丝绸之路意象 …………………（345）

参考文献 ……………………………………………………（347）

后　记 ………………………………………………………（368）

上 卷

第一章

汉唐时期河西走廊墓葬壁画概述

河西走廊是保存古代壁画墓比较集中的区域。自汉及唐，壁画墓、彩绘砖墓、模印砖墓广泛分布于东起武威、西至敦煌的戈壁、绿洲之上。截止目前，正式发掘或零星发现的代表性壁画墓主要有武威五坝山七号西汉墓、磨嘴子东汉壁画墓，民乐八卦营1—3号汉晋壁画墓，高台骆驼城、许三湾、苦水口魏晋墓，酒泉西沟魏晋墓，嘉峪关新城魏晋墓，敦煌佛爷庙湾西晋墓，酒泉丁家闸十六国五号墓、玉门金鸡梁十六国墓，酒泉西沟唐墓，敦煌唐代模印砖墓和武威天祝吐谷浑喜王慕容智壁画墓。总体看来，河西走廊魏晋十六国壁画墓数量多、规模大，汉代壁画墓、唐代模印砖墓和壁画墓数量相对较少，与此相对应，河西走廊地区的汉代墓葬壁画、唐代模印砖画的数量与规模不及魏晋十六国墓葬壁画。

一 汉代墓葬壁画

据目前所见资料，河西走廊汉代壁画墓有武威韩佐乡五坝山七号壁画墓①、新华乡磨嘴子壁画墓②、张掖民乐八卦营壁画墓③、酒泉下

---

① 何双全：《武威县韩佐五坝山汉墓群》，载中国考古学会编《中国考古学年鉴》（1985），文物出版社1985年版，第245—246页。
② 党寿山：《甘肃武威磨嘴子发现一座东汉壁画墓》，《考古》1995年第11期。
③ 施爱民、卢晔：《民乐清理汉代壁画墓》，《中国文物报》1993年5月30日第1版；施爱民：《民乐县八卦营——墓葬·壁画·古城》，《丝绸之路》1998年第3期；张掖市文物管理局：《张掖文物》，甘肃人民出版社2009年版，第246页。

河清1号墓①等，以下据相关资料对上述墓中壁画进行介绍。

（一）武威韩佐乡五坝山壁画墓壁画

武威韩佐乡五坝山壁画墓为竖穴土坑墓，"北、东、南三壁作画。北壁画山水，山涧绘二虎一牛，东壁正中绘一神兽，昂首翘尾，双目前视，两耳竖起。神兽身后绘一树，仅存树干，画以青色为底，以黑、红、黄色绘制。……南壁彩绘一人，八字长须，身着彩服，双臂高举，赤足作舞蹈状"②。该墓规模不大，殉葬器物简单，但墓室壁画充满神话色彩。

（二）酒泉下河清汉代彩绘砖墓壁画

下河清位于酒泉县城东四十多千米，属酒泉县清水乡所辖。1956年下河清农场在开荒平地时，掘出了八件灰色陶器，经甘肃省文物管理委员会兰新铁路文物清理组清理，共发现汉代墓葬24座，其中1号墓和18号墓墓葬构造、壁画和随葬品比较突出。

1号墓分前、中、后三室，为双层砖砌墓，壁画仅绘于檐壁和前室，用黑、白、朱砂、粉黄、赭石（土红）等色画成。檐壁壁画主要在浮雕"斗拱"形砖的左右及其中间陡砖面上，其内容可以看清的有羽人图、舞人图、驰牛图、翼龙图、行虎图等内容。报告称："（羽人图）置于檐壁中北端，展翅作飞行状，发于脑后迎风飘扬，下肢着短裤，右腿前屈，周围云纹漫布。（舞人图）在檐壁上正中，乱发竖立，双手似捧一物，下部近旁亦有云纹。"③驰牛图位于檐壁中部南端，驰牛在云中回头视望，四蹄悬空，飞速奔驰。"（翼龙图）在檐壁下南端，于云中昂首前视，两翼向后，四肢作速行状，后尾部高举。（行虎

---

① 甘肃省文物管理委员会：《酒泉下河清第1号墓和第18号墓发掘简报》，《文物》1959年第10期。
② 岳邦湖、田晓、杜思平、张军武：《岩画及墓葬壁画》，敦煌文艺出版社2004年版，第7页。
③ 甘肃省文物管理委员会：《酒泉下河清第1号墓和第18号墓发掘简报》，《文物》1959年第10期。

图）位于檐壁下北端,在云中昂首举尾,作迅速前行状。"① 该墓前室壁画主要绘制在陡砖面上,"南北两壁各六层,每层四块。东西壁四券顶部亦各有一层,各四块,但西壁门券北旁多置了一块,好似两层。通观整个画面布局,前室南北壁由上而下第一层、第二层和东西壁第一层主要绘飞禽走兽,西壁第二层一块画有人物,南北两壁第三层绘树木人物,第四层绘帷幔人物,第五层绘树木、人物、走兽,第六层绘帷幔、人物和动物等"②。南壁绘有农人、飞鸟、大象、采桑图③、扑禽人等,农人图三幅,分别位于第二层、第五层、第六层,第二层的农人头戴圆帽,身穿长衣,腰束带,背树侧立,似持某农具在劳动;第五层的农人身着过膝长衣,腰束带,手持农具,背树侧立从事生产,头部已模糊不清;第六层的农人面部已残,穿圆领系带长衣,手持一农具,背树侧立除草;"(飞鸟图)位于二层,是一只长嘴、红眼眶、长尾鸟,在举首飞翔。(大象图)位于二层,作前行姿态,雄健有力"④。采桑图位于第三层,采桑人头挽高髻,身穿圆领红长袍,持筐采桑;扑禽图位于第五层,扑禽人头戴圆帽,身着过膝长衣,腰束带,手持长杆捕禽。北壁绘野兽、猎人、采桑图⑤、挽弓人、做饭人等内容,野兽图位于第二层,形似一只野猪,野猪身体左、右、后部各有一支箭,拼命奔跑;猎人图位于二层,猎人身穿红色长衣,骑在马上,头部已漫漶不清,手挽弓箭,快速奔驰;采桑图位于第三层,采桑者为一女子,身穿红色长裙,脑后露出一簪,身后放着

---

① 甘肃省文物管理委员会:《酒泉下河清第 1 号墓和第 18 号墓发掘简报》,《文物》1959 年第 10 期。

② 甘肃省文物管理委员会:《酒泉下河清第 1 号墓和第 18 号墓发掘简报》,《文物》1959 年第 10 期。

③ 甘肃省文物管理委员会:《酒泉下河清第 1 号墓和第 18 号墓发掘简报》(《文物》1959 年第 10 期)作"携灯人",张朋川《河西出土的汉晋绘画简述》(《文物》1978 年第 6 期)作"采桑图",此从后者。

④ 甘肃省文物管理委员会:《酒泉下河清第 1 号墓和第 18 号墓发掘简报》,《文物》1959 年第 10 期。

⑤ 甘肃省文物管理委员会《酒泉下河清第 1 号墓和第 18 号墓发掘简报》(《文物》1959 年第 10 期)作"携灯人",张朋川《河西出土的汉晋绘画简述》(《文物》1978 年第 6 期)作"采桑图",此从后者。

一长杆，杆头挑着一个筐采桑；"挽弓人：位于五层，着红色长衣，面向树枝，手挽弓；做饭人：位于六层，上悬帷幔，下有锅灶，一位女子跪于灶前，双目注视灶门，左手扶在灶台上"①。西壁绘麒麟、猎人图，麒麟图位于上层，麒麟似在卷云中昂首举尾奔驰，画面已模糊不清；猎人图位于第二层，画面上蓄鬓猎人骑马挽弓作射猎状。该墓内共有画砖64块，"计檐壁画砖7块，墓室内四壁画砖57块，此外还隐约有一些动物和二人对坐、中置器皿的绘画，其余都很模糊"②。

（三）武威磨嘴子东汉墓壁画

磨嘴子在武威市凉州区城南15千米，新华、古城两乡交界处的祁连山东麓，杂木河西岸。1989年7月，武威市博物馆发现1座已暴露的土洞墓，随即进行清理，因墓葬早年被盗，墓内遗物无存。唯前室绘有壁画，有些剥落，部分画面受损，但大部分保存尚好。

墓葬规模较大，为横前室双后室土洞墓，有斜坡式墓道。壁画绘制在前室后半部的墓壁与顶部的白灰面上。画面总共约16平方米。顶部画面长3.55米、宽1.3米。绘天象图，左面为太阳，太阳中立金乌；右面为月亮，月亮中有蟾蜍。日月周围的天空，衬以升腾的朵朵行云。西壁画面宽1.15米、高1.84米。因两后室甬道口有塌落，画面已残损。整幅画面除右侧绘一小头圆眼扁嘴细长颈的鸟外，其余部分平列绘人物像，一排五人，其姿态各异。从其姿态分析，当为杂技表演场面。南壁画面宽1.3米、高1.84米。左侧下角剥落，图像已不完整，仅存一羊的前半部。羊旁有一人，长头长颈，头顶有向后拖卷的饰物。肩臂和腰腿间，有长长的羽毛，右腿及双臂向前伸出，右手持柔软枝条，作迈步戏羊状。北壁画面宽1.3米、高1.84米。右侧下角剥落，图面仅存一动物臀部。有短尾，躯体有羽，似为一头生翅膀的大象。大象背上似有一人骑坐，画面残损严重，形象已不可辨。该墓时代当在东汉晚期。③

---

① 甘肃省文物管理委员会：《酒泉下河清第1号墓和第18号墓发掘简报》，《文物》1959年第10期。
② 甘肃省文物管理委员会：《酒泉下河清第1号墓和第18号墓发掘简报》，《文物》1959年第10期。
③ 党寿山：《甘肃武威磨嘴子发现一座东汉壁画墓》，《考古》1995年第11期。

（四）嘉峪关牌坊梁墓葬壁画

位于嘉峪关市峪泉镇嘉峪关村南 1.5 千米处汉代牌坊梁墓群的 1 号墓有前、后室，前室穹窿顶、后室券顶，有画像砖 12 块，内容有庖厨、农耕、畜牧等。① 前室左壁第一层一块画砖画女主人宴饮，主宾对坐，二侍婢随坐，中置酒器。第二层共二块画砖，一为切肉烤肉图，绘一男在案上切肉，旁有一童手持长柄铁叉，上串肉块，一女持铁叉在釜中烤肉。另一绘烹调场面，一女持勺在案上罐中盛取调料。第三层共三块画砖，一为炊厨，一女在灶下烧火，一女在缸中操作炊事；另一块绘揉面做食，一女在缸中揉面，一女在圆案前做面食；第三块画砖内容亦为厨事，墙上挂着肉条，一女将食物放在案上。前室右壁第一层为一块画砖，画着一座坞楼，在坞前大树下停放着一辆带棚车。第二层共二块画砖，一为畜牧图，中有横线将画面分割为二，上层为三只羊，下层画一牧童，臂下挟鞭，牧童前画有三只羊，在羊之间都用树作间隔。另一块为耕种，一男驱赶双套牛犁地，后随一女播种。第三层共三块画砖，一块为耕种图，一男驱赶双套牛耱地，后随一女播种。另一块为宰羊图，羚羊倒悬，一男持刀宰割。第三块画砖绘坞楼，在坞前大树下系着一马。在后室有画砖数块，画着布帛、蚕茧和丝束等。②

（五）民乐八卦营汉代墓葬壁画

1993 年春，民乐县发现了 5 座保存完整的汉晋壁画墓，考古工作者对其中 3 座进行了清理与记录。

1 号墓。该墓位于八卦营村后山坡，为三室土洞墓，由墓道、墓门、前室、左右耳室、中室、后室组成。该墓前室四壁均绘有壁画。

---

① 国家文物局：《中国文物地图集·甘肃分册（下）》，测绘出版社 2011 年版，第 63 页。
② 张朋川：《河西出土的汉晋绘画简述》，《文物》1978 年第 6 期。按，该文认为："牌坊梁墓室壁画的画法较朴拙，衣服袖肩处的衣纹用连弧状的线条来表现，人物造型较短矮，这些与嘉峪关新城 1 号墓的画法相同。壁画中的畜牧图，保留着在石刻构图中常见的横割分层排列法，人物和羊分别散置而不叠盖，而且用树木作间隔，这当是一种较早的作风。"因而将牌坊梁壁画墓置于魏晋时期。

覆斗形墓顶的东、西、南、北壁面依次绘青龙、白虎、朱雀、玄武。青龙作腾飞状，晃头摇尾，龙头前部绘一红日，日中绘一疾飞的黑色金乌；白虎昂头张口，翘尾舞爪，虎头前部绘一展翅欲飞的鹭鸶；朱雀鸡头凤尾，作展翅飞状（画面已残）；玄武为一龟一蛇相交，其前部绘一只在水中捕鱼的鹭鸶。"四神"周围满绘云气，下部或绘水波（南北壁），或绘山峦（东西壁）。在东壁的下部绘兵器图，一竖立的兵器架上插满各类兵器；西壁下部绘射猎图，两骑士一前一后在追捕猎物（画面部分脱落）。墓顶正中为方形藻井，长宽各约1米，四边绘锯齿纹，中间绘方格纹。中室、后室东西壁面用丹砂清绘日、月，其余壁面无壁画。

2号墓。该墓位于八卦营村东直岭山坡，为双室土洞墓，由甬道、墓门、前室和后室组成。前室券顶及左右壁面满绘云气，在云气间绘腾飞的青龙、人首蛇身的三女娲及日、月。女娲头脑后披长发，身着交领服，双手置于胸前，三尾相交。日中绘含食疾飞的金乌，月中绘蟾蜍和持杵的玉兔。另有兵器、器皿图，皆用墨线、丹砂、白粉描绘。

3号墓。该墓位于八卦营村东乱疙瘩山顶，亦为双室土洞墓，由甬道、墓门、前室、后室组成。前室顶四面均绘有壁画，画面以云气为主，在云气间，东面绘有日中疾飞的金乌；西面绘有月中的蟾蜍和持杵的玉兔；南面绘星宿图；北面绘北斗七星，在云气间的空挡还绘有站立或飞翔的鸟雀。墓顶正中为方形藻井，上绘三角、棱形图样，其间饰以云气和水波纹饰。墓室四壁下部均绘山峦树木。另在前室墓门左侧的山峦间绘一尖嘴、长颈、蜥尾、狮腿，形体极似恐龙的独角兽。后券顶满绘星云。①

4号墓为单室土洞墓，拱形券顶；5号墓为双室土洞墓，前室为盝顶，后室为券顶。均有壁画。这些壁画大部完整，画面纹样生动，色彩艳丽。②

---

① 施爱民、卢晔：《民乐清理汉代壁画墓》，《中国文物报》1993年5月30日第1版；施爱民：《民乐县八卦营：墓葬·壁画·古城》，《丝绸之路》1998年第3期。

② 张掖市文物管理局：《张掖文物》，甘肃人民出版社2009年版，第246页。

(六) 河西走廊零星发现的汉代画像砖

1. 张掖地区

甘州区明永乡黑水国汉代墓群曾出土画像砖[①]；明永乡燎烟村南1.2千米的燎烟墩汉代至魏晋墓群，曾采集有四神、花卉等图案的画像砖[②]。甘州区三闸镇庚名村西北1千米兔儿坝滩汉代墓群暴露有画像砖墓[③]。甘州区沙井镇上游村汉代墓群曾出土四灵神兽纹画像砖[④]；沙井镇东五村双墩滩汉代墓群曾出土模印狩猎图画像砖[⑤]；沙井镇葫芦滩汉代墓群1956年发现并清理3座券顶单室砖墓，出土有铜马、四神砖、壁画砖等[⑥]。肃南县明花乡南沟村西上深沟堡东汉墓群地表遗存有模印画像砖。[⑦] 民乐县永固镇东湖村汉代干巴子山汉代墓群，曾暴露土洞壁画墓2座，壁画内容为禽兽、星云、日、月等。[⑧] 临泽县沙河镇共和村南3千米黄家湾滩汉墓群曾出土四神纹模印画像砖。[⑨] 高台县罗城乡常丰村西南2千米东汉红山嘴墓群曾出土有春耕图木板画，上有人物、犁及耕牛等内容。[⑩]

2. 酒泉地区

下河清乡西11千米石庙滩汉代墓群，1974年清理双室画像砖墓1座，画像砖内容有农耕、宴乐、辎车，并有墨书榜题等。[⑪] 玉门市清泉乡白土梁汉代窑洞地墓群，曾发现砖石壁画墓，出土有灰陶罐、盘、杯等，采集有墓砖，砖长0.36米、宽0.17米、厚0.04米。[⑫]

---

① 国家文物局：《中国文物地图集·甘肃分册（下）》，测绘出版社2011年版，第319页。
② 国家文物局：《中国文物地图集·甘肃分册（下）》，测绘出版社2011年版，第320页。
③ 国家文物局：《中国文物地图集·甘肃分册（下）》，测绘出版社2011年版，第319页。
④ 张掖市文物管理局：《张掖文物》，甘肃人民出版社2009年版，第247页。
⑤ 张掖市文物管理局：《张掖文物》，甘肃人民出版社2009年版，第251页。
⑥ 国家文物局：《中国文物地图集·甘肃分册（下）》，测绘出版社2011年版，第320页。
⑦ 张掖市文物管理局：《张掖文物》，甘肃人民出版社2009年版，第254页。
⑧ 国家文物局：《中国文物地图集·甘肃分册（下）》，测绘出版社2011年版，第328页。
⑨ 国家文物局：《中国文物地图集·甘肃分册（下）》，测绘出版社2011年版，第333页。
⑩ 国家文物局：《中国文物地图集·甘肃分册（下）》，测绘出版社2011年版，第341页。
⑪ 国家文物局：《中国文物地图集·甘肃分册（下）》，测绘出版社2011年版，第237页。
⑫ 国家文物局：《中国文物地图集·甘肃分册（下）》，测绘出版社2011年版，第251页。

3. 武威地区

除去五坝山壁画墓和磨嘴子壁画墓，武威地区发现壁画墓较少，但部分墓葬曾出土彩绘遗物。凉州区北关魏晋土坑墓，墓室长1.8米、宽0.7米、高0.5米，出土1件彩绘陶盆高0.22米、口径0.39米、底径0.13米，器外壁施白陶衣，内壁墨绘飞廉、太阳（中有三足乌）、月亮（中有蟾蜍和玉兔）。① 古浪县土门镇青石湾墓群曾出土汉代彩绘灰陶罐、壶、素面灰陶罐、灶、井等。②

二 魏晋十六国墓葬壁画

与汉、唐相比较，河西走廊魏晋十六国壁画墓及墓室壁画数量最多，质数也较佳③，亦长期得到学界的重视。

（一）敦煌翟宗盈墓壁画

1944年，夏鼐、向达、阎文儒等先生在敦煌发掘魏晋翟宗盈墓，共有559块有彩绘砖④，其中门楼式的照墙上有六十多块画砖，内容以珍禽异兽为主。在照墙上部画有二人，髡首，一人操琴，一人匍拜在地，当为少数民族。壁画技法熟练，线条粗豪奔放，所画人物和动物都用飞舞的寥寥几笔画成，都很准确生动。⑤

（二）酒泉西沟魏晋墓壁画

酒泉西沟魏晋墓发现于酒泉市果园乡西沟村，位于甘肃省酒泉市西北7.5千米处，在北大河的西北，南距兰新公路约5千米。西沟村魏晋墓所在地近代被称为黄沙梁子古墓区。1993年8月至11月，甘肃省文物考古研究所发掘其中7座魏晋墓葬，其中2座（93JXM5、93JXM7）

---

① 国家文物局：《中国文物地图集·甘肃分册（下）》，测绘出版社2011年版，第199页。
② 国家文物局：《中国文物地图集·甘肃分册（下）》，测绘出版社2011年版，第225页。
③ 黄佩贤：《汉代墓室壁画研究》，文物出版社2008年版，第120页。
④ 夏鼐：《敦煌考古漫记（一）》，《考古通讯》1955年第1期。
⑤ 张朋川：《河西出土的汉晋绘画简述》，《文物》1978年第6期。

是画像砖墓，93JXM5 的画像砖共计 113 块，93JXM7 画像砖共 87 块。①

据发掘报告，93JXM5 "前室共有画像砖 42 块，主要内容是牛、马、鸡群和用以居住的穹庐帐及远处的游牧民族民众。描绘的内容偏重墓主人所处的生活地理环境。中室共有画像砖 61 块，内容主要是对宴饮、炊厨、侍者、婢女、燕舞等墓主人生活片段的描绘。后室共有画像砖 10 块，内容突出的是墓主人通常在内室里珍藏的物品"②。"93JXM7 画像砖保存良好……主要分布在前室的四壁和后室的后壁。前室四壁均有五层画像砖，后室后壁有画像砖四层。"③ 前室壁画内容涉及林木、飞鸟、宴乐、炊厨、农作、出行、穹庐等，后室壁画内容较为单纯，主要是一些内室珍藏的物品。

总体看来，酒泉西沟魏晋画像砖墓绘画内容依照墓室的基本结构，按前室、中室、后室所寄予的寓意进行安排，利用墓室的中轴线，将墓室中的砖画内容合理划分，以保证故事内容的整体与可读性。"其基本形式是以一块砖面为基本单位，一砖一画，一事数画，以连环画的形式，形象、生动地描绘了当时社会所崇尚的生活。"④

酒泉西沟魏晋墓砖画的内容通常有定势。重点一般表现为以下几个方面：一为墓主人的官事经历和富庶的田园生活。如武士开道骑卒相随的出行图，成群的婢女和舞女侍候主人生活、娱乐的起居图，杀猪、宰羊、椎牛、烫鸡的炊厨图。二是农耕生产场面。绘有耕耘、播种、牛耙、牛耱以及收获后扬场的情景。牛耙、牛耱图形象地表现了这一地区气候干燥降雨量少需保墒的地理特点，而大量的扬场晒粮图则呈现了粮食的丰收。三是通过奔跑的马匹、拥挤的羊群以表现畜牧生产的规模。四是描绘箱柜奁盒以及简牍来表现墓主人的财富与学识。以简洁明了的图画勾画出了墓主人的社会地位和生活经历。⑤

---

① 甘肃省文物考古研究所：《甘肃酒泉西沟村魏晋墓发掘报告》，《文物》1996 年第 7 期。
② 甘肃省文物考古研究所：《甘肃酒泉西沟村魏晋墓发掘报告》，《文物》1996 年第 7 期。
③ 甘肃省文物考古研究所：《甘肃酒泉西沟村魏晋墓发掘报告》，《文物》1996 年第 7 期。
④ 马建华：《甘肃酒泉魏晋墓彩绘砖》，见马建华主编《甘肃酒泉西沟魏晋墓彩绘砖》封二，重庆出版社 2000 年版。
⑤ 马建华：《甘肃酒泉魏晋墓彩绘砖》，见马建华主编《甘肃酒泉西沟魏晋墓彩绘砖》封二，重庆出版社 2000 年版。

在酒泉西沟彩绘砖中，通过农耕与畜牧者的不同装束，我们可以发现农耕与畜牧这两种不同的生产活动是由不同民族群体进行的。它表现了当时迁至河西的汉族是以农耕为主，而本地的土著则以牧业生产为主的经济特性和社会形态。①

（三）敦煌佛爷庙湾魏晋墓壁画

这几座壁画墓属于敦煌佛爷庙湾魏晋墓群，位于敦煌故城以东三危山前戈壁上的佛爷庙湾—新店台墓群西端，据发掘报告："发掘工作自1995年6月15日开始，至11月16日结束，共清理西晋、十六国时期及唐代墓葬六百余座，其中包括五座西晋时期的画像砖墓。"②这六座画像砖墓中，87DFM133、95DFM37、95DFM39为砖室墓，95DFM118、95DFM91、95DFM167为土洞墓，其中87DFM133、95DFM118为双室墓③。

在这6座壁画墓中，画像砖以小型单幅画像砖为主，也有在墓室砖壁的某一部分壁面上绘制壁画的。"这些画像砖一般为一砖一画，一画一个独立内容。也有些画像砖在表现同一内容的同时作对称或对应排列。还有一些画像砖由两幅连续的画像砖构成一个完整内容。""画像砖主要分布在照墙部位，墓室内虽有少量画像砖，但主要安排于墓室西壁甬道两侧的壁面。也有的墓在墓室四壁正中镶嵌一块有某种特殊含意的画像砖。画像砖的分布往往还与一定的内容相联系。"④

这批画像砖墓的照墙上砌有制作细致、精美的彩绘砖雕的支柱和斗拱。照墙的主体采用平竖交错的方法砌筑，砖面上绘有精美画像。绘画内容以飞虎、双鱼、白象、凤鸟、神鹿、有翼神马等珍禽瑞兽为

---

① 马建华：《甘肃酒泉魏晋墓彩绘砖》，见马建华主编《甘肃酒泉西沟魏晋墓彩绘砖》封二，重庆出版社2000年版。
② 甘肃省文物考古研究所、戴春阳主编：《敦煌佛爷庙湾西晋画像砖墓》，文物出版社1998年版，第4页。
③ 甘肃省文物考古研究所、戴春阳主编：《敦煌佛爷庙湾西晋画像砖墓》，文物出版社1998年版，第5页。
④ 甘肃省文物考古研究所、戴春阳主编：《敦煌佛爷庙湾西晋画像砖墓》，文物出版社1998年版，第60页。

主，以古代神话与传说故事如托山力士、李广射虎、伯牙听琴为副。画面绚丽多彩、鲜艳夺目。"画像砖和仿木构彩绘砖雕以及其他图像砖、造型砖雕相结合，构成灿烂多姿的照墙壁面。"[1] 墓内的彩绘砖则以小块形式散布在墓壁与墓穹窿顶交接之处。绘有屋舍和牛车、鸡群、验粮及母子嬉戏等墓主人的生活场面。画面生活气息浓郁，自然祥和。[2]

（四）嘉峪关新城魏晋墓壁画

嘉峪关新城魏晋壁画墓，是指分布在嘉峪关市北戈壁滩上，考古编号为1号、3号、4号、5号、6号、7号、12号、13号的8座墓葬。[3] 根据墓葬形制、出土文物、壁画内容等判断，这八座壁画墓的上限起于魏、晋，下限迄于十六国（公元3世纪上半叶—5世纪初）。墓主人是郡县一级文武官吏和地方豪绅。[4]

新城一号至八号墓是这块墓地中的大型墓葬。壁画的安排有一定的规律，内容基本雷同，表明当时画工是遵循壁画墓固定的格式并仿照粉本绘成的。《嘉峪关壁画墓发掘报告》认为："壁画以当时的社会现实生活为题材，反映了魏晋时期这一地区的政治、经济状况。从中也可以看出，魏晋时期此地世家豪族的势力比较强大。同时，这些壁画又在一定程度上反映了当时绘画艺术的发展水平。这些壁画的时代都早于敦煌壁画，为探索敦煌艺术的源流提供了相当重要的实物资料。"[5]

在一定程度上可以说嘉峪关魏晋壁画墓直接反映了当时的社会现实生活，具有强烈的时代气息。大多数壁画采用一砖一画的方式，间

---

[1] 甘肃省文物考古研究所、戴春阳主编：《敦煌佛爷庙湾西晋画像砖墓》，文物出版社1998年版，第60页。
[2] 马建华：《甘肃敦煌佛爷庙湾魏晋墓彩绘砖》，见马建华主编《甘肃敦煌佛爷庙湾魏晋墓彩绘砖》封二，重庆出版社2000年版。
[3] 有关新城1—8号墓详细情况，可参看甘肃省文物队等《嘉峪关壁画墓发掘报告》，文物出版社1985年版；12、13号墓详细情况，可参考嘉峪关市文物管理所《嘉峪关新城十二、十三号画像砖墓发掘简报》，《文物》1982年第8期。
[4] 张宝玺编：《嘉峪关酒泉魏晋十六国墓壁画》，甘肃人民美术出版社2001年版，第1页。按，甘肃省文物队等《嘉峪关壁画墓发掘报告》认为："（一号至八号墓的）墓主人都是当时的世家豪族，有的还兼为官吏。同属统治阶级的成员。"文物出版社1985年版，第76页。
[5] 甘肃省文物队等：《嘉峪关壁画墓发掘报告》，文物出版社1985年版，第92页。

以规模较大的壁画，叙事性很强。①

壁画内容可分以下几个方面：

凡具有文武官阶品位墓主人的墓葬壁画都画有显示墓主人身世的出行图，以及与此相关的安帐扎营的屯营图、兵农相兼的屯垦图。出行图中，墓主人一般在中间骑马或乘车，后有从骑，声势浩大。有的用多块砖连续表现同一主题，有的则绘制成大幅壁画。屯营图中的墓主人居于大牙帐中，四周环以数层兵帐。屯垦图可见上面两排士卒在主将率领下操练，下面两架耕牛在犁地，将士屯垦制度是曹魏以来安定社会的主要措施。

反映生产活动内容的壁画有农耕图、畜牧图、狩猎图、养殖图、果木园等，男女合作，其乐融融。常见男子驾牛耕地、耙地、糖地或播种的场面，男女在场圃中打场、扬场，妇女提篮采桑，孩童手持工具保护林园，放牧人赶着马、牛、羊群，牵驼人逍遥行走于道，家禽在粮食堆间啄食，营造出内容丰富而充满活力的庄园经济景象。另外，狩猎图在壁画中所占比例较大，猎人或持枪跃马，或挽弓射击，持弓射击者有俯射者，亦有转身回射者。既有单独狩猎的，也有三五成群的步猎者，也有人放逐鹰犬追逐猎物，黄羊、鹿、兔等各种猎物疲于奔命，猎人在后面穷追不舍。

反映日常生活内容的壁画有宴饮图、庖厨图、屠宰图、酿造图以及反映衣、食、住、行的各种场景。宴饮图是绘画者最喜欢表现的题材，主人或席地而坐，或坐于榻上，手拿叉、勺等饮食工具，几案上放着盛食器、饮酒器，常有奴婢在旁捧物进食，周围往往还有反映乐师奏乐及玩六博游戏的内容。屠宰图中，杀猪、宰羊、椎牛、杀鸡等方法各不相同，猪被放置于案上开腔，羊悬挂宰杀，杀牛则以椎击

---

① 张宝玺：《嘉峪关魏晋壁画墓彩绘砖》，见胡之主编《甘肃嘉峪关魏晋一号墓彩绘砖》封二（重庆出版社 2000 年版）、《甘肃嘉峪关魏晋三号墓彩绘砖》封二（重庆出版社 2000 年版）、《甘肃嘉峪关魏晋四号墓彩绘砖》封二（重庆出版社 2000 年版）、《甘肃嘉峪关魏晋五号墓彩绘砖》封二（重庆出版社 2002 年版）、《甘肃嘉峪关魏晋六号墓彩绘砖》封二（重庆出版社 2000 年版）、《甘肃嘉峪关魏晋七号墓彩绘砖》封二（重庆出版社 2000 年版）、《甘肃嘉峪关魏晋十二、十三号墓彩绘砖》封二（重庆出版社 2000 年版）。本部分以下相关内容，均据上述资料整理，不另注。

头。庖厨图多为女子烧火或揉面，男子切肉，周围放置着各种炊事用具。牛车既可载物，也可乘人，在生产生活中的作用非常重要。出行图中可以看到童仆驾车载物，逍遥的妇女出游归来。一般人居住的是高高围固的坞舍，穷苦人住的是仅可容身的穹庐。还有代表财富的成捆的绢帛、丝束之类。

（五）高台魏晋墓壁画

甘肃省张掖市高台县境内共发现魏晋十六国时期的壁画墓十多座，主要集中在骆驼城古墓群和许三湾古墓群，另外，罗城乡地埂坡也发现了3座壁画墓。

1994年7月，高台县公安局破获了一起盗掘骆驼城墓葬画像砖的案件。该墓位于高台县骆驼城乡西南6千米处，北距骆驼城故址2.5千米，南距312国道4千米。这是一座由墓门、甬道、前室、中室、后室组成的砖室墓。收缴的这批画像砖共计58块，"内容均以表现现实生活为主，既有反映当时农业生产、畜牧渔猎、饲养或屠宰家畜的场景，也有反映墓主人生活、信仰及死后升天的画面，还有一部分画像砖上绘云气、青龙、山石、树木、贡品、晾衣架等"[①]。

施爱民指出："高台骆驼城墓葬彩绘画像砖具有以下特点和风格。一是砖画内容取材于现实生活，具有很强的写实性，把当时的现实生活描绘得既形象又生动。其牛耕图、耱地图生动地再现了当时农业生产及农具的使用情况。……畜牧画像砖有牧马图、牧鹿图、牧牛图，图中不但绘有持鞭而立的牧人（男或女），悠闲吃草的牛马，动态各异的鹿，而且还有淡墨写意的骆驼、卧地而睡的狗。……反映墓主人生活情景的有墓主、侍从图，夫人、侍妾对坐图、车马出行图等。……反映现实生活的还有渔猎、屠宰、饲猪、牵马等内容。二是画像砖在绘画艺术表现手法上运用了中国传统的线描笔墨技法，构图简练、用笔流畅、色调明快、单纯热烈。……三是砖画采用了散点透

---

① 张掖地区文物管理办公室、高台县博物馆：《甘肃高台骆驼城画像砖墓调查》，《文物》1997年第12期。

视的构图方法，构图随意，画风朴实粗犷。彩绘砖画的作者很可能是民间画工，生活阅历丰富、熟悉现实生活，所绘出的画也就显示出浓郁的乡土风味。四是砖画在一定程度上反映了墓主人的信仰、精神生活与寄托。如有四块画像砖各绘墓主、墓主夫人在菩提树下坐禅的画面，说明墓主人信奉佛教。有三块砖面绘伏羲、女娲图……反映了墓主人对伏羲、女娲的崇拜，也寄托了墓主人妄想死后能引魂升天。"[①]"画像砖从一个侧面向我们展示了魏晋时期河西政治、经济、文化的发展状况。"[②]

2001年，位于骆驼城南墓群南边的苦水口一号墓（编号2001GLM1）被盗掘，高台县文化局、博物馆随即对该墓进行测绘和资料整理，后搬迁复原。该墓葬为斜坡墓道砖室墓，墓道向西，前、中、后三室镶有彩绘画砖71块，另有竖砌砖面拼连壁画100多幅和彩绘剔雕砖画、透雕龙头23块，壁画内容丰富，画风朴实。从墓葬形制、壁画内容、随葬器物来看，该墓为魏晋时期墓葬[③]。

2002年11月，高台县博物馆在县城西北罗城乡河西村地埂坡发现被盗墓葬数座，2007年8—11月，文物工作者对这批墓葬进行了清理。其中M1、M2、M6为壁画墓。M1、M2中的仿木结构建筑的墓葬形制，尤其是M1中的仿木结构梁架及屋顶，形成了面阔一间进深三架椽的结构，是河西魏晋墓的一次新发现。地埂坡墓葬壁画整壁绘制，与河西常见的一砖一画的形式不同。[④]

（六）敦煌祁家湾墓葬画像砖

敦煌祁家湾西晋十六国墓群M301、M310、M369各出土一块画像砖。这三座墓均为单室墓，画像砖均立于墓室后壁下，方形。其画法是先在砖面上涂抹一层黄色物质（似为米浆），然后用墨线构画，以

---

① 施爱民：《谈高台出土彩绘画像砖》，《丝绸之路》1996年第4期。
② 施爱民：《高台骆驼城画像砖及其艺术风格》，见《甘肃高台魏晋墓彩绘砖》封二，重庆出版社1999年版。
③ 据高台苦水沟1号复原墓介绍资料。
④ 甘肃省文物考古研究所、高台县博物馆：《甘肃高台地埂坡晋墓发掘简报》，《文物》2008年第9期。

朱色略加修饰点缀。虽然画砖较少，但画面布局合理，线条匀细流畅，人物画得丰腴、端庄，动物画得形象、逼真。M369：12 画砖，先用粗墨线在砖面的四边画出边框，再用一道墨线从中分成上下两部分。上部分绘墓主人夫妇席地端坐于帷帐之内，观赏杂耍驯兽。男墓主头戴有岐之帢，身着右衽阔袖长衣；女墓主人高盘双发髻，身穿圆领朱色阔袖长衣。男女墓主皆双手掬于胸前，以朱色点饰出嘴唇与脸颊。墓主人夫妇右侧放置着一张几案，几下置一酒瓮，瓮口封盖，上系一红绸带，几上又置一樽，一侍女右手持长勺从樽内取食。下半部分绘一侍女赶着带棚的犊车，棚上搭有三条朱红色彩带，一飞禽立于棚头。犊车前有一人持鞭做赶马状，马身上备有朱红色空鞍袴褶，仰头跨步欲往前行。赶马人头顶之上有一大雁身披朱红色彩带，正引颈向前飞翔。M310：17 画砖画面彩绘，施有朱红、绛红、灰黄、黄、白、黑等颜色。砖面左上部绘三人跪坐，左一人似为墓主，头戴灰帢，外着朱红色鸡心领长衣，领部露出横纹内衣。第二人、第三人似为宾客，其中第二人手持一物（似为拂尘），身旁置一瓶状物。砖面右上部绘一木柜。中部绘一肉架，旁置 2 件器皿，其中一件器皿三足。右下部为一木案。整个画面反映了墓主人生前宴饮庖厨的场面。[①]

（七）丁家闸十六国 5 号墓壁画

酒泉丁家闸 5 号壁画墓位于酒泉北 10 千米的果园公社丁家闸大队。1977 年 8 月发掘。墓室有前、后两室，前室覆斗顶前部设方坑。研究者认为这种方坑似为院落的象征，为甘肃河西地区所特有。在北朝和隋唐时期的墓葬中，设于墓道中的天井，似为此种形制的发展。该墓的年代，大致可定在后凉至北凉之间，即公元 4 世纪结束至 5 世纪中叶，也就是在公元 386—441 年之间。墓主人的身份应在王侯、三公之列，但究为何人难以确指，或系西凉迁治酒泉后某个世族大姓中的高级官僚。至于墓主人是否确为西凉王侯，由于在当时的历史条件

---

① 甘肃省文物考古研究所：《敦煌祁家湾——西晋十六国墓葬发掘报告》，文物出版社 1994 年版，第 139—140 页。

下，僭越制度的情况经常发生，尚不能肯定。①

吴礽骧指出："酒泉丁家闸五号墓反映的是汉族封建文化。以燕居、出游、生产、生活和祥瑞等为题材的墓室壁画属于汉魏以来上层社会的一种丧葬形式。壁画还表现了当时的职官、礼仪和舆服等制度。世族门阀制度是魏晋南北朝时期封建政权的社会阶级基础。这在该墓壁画中由广建坞壁、强迫部曲从事生产和自给自足的庄园经济面貌中得到充分的证明。"②

该墓壁画中，墓主人及其近侍、乐舞伎等，均为汉族装束，而在生产者中，大多数身着少数民族服装，留着少数民族发式，个别人更是高鼻深目，显系少数民族形象。这说明："当时的河西地区，除汉族外还居住着许多少数族。这些少数族的上层统治者，已经采用汉晋以来的典章制度，但广大劳动群众，在很大程度上仍然保持着他们自己的文化习俗。因此，着汉装者不一定是汉族，而生产者中，肯定包括了各族劳动人民。"③

研究者认为："在丁家闸五号墓中没有佛教的影响，我们看到的是传统的儒道思想的再现。这一情况充分说明，十六国时期的河西，尽管统治者提倡佛教，但传统的儒道思想，仍然居于主导地位，影响着人们的社会意识和社会生活。"④

丁家闸十六国壁画墓前室墓顶与四壁薄施草泥一层，上加敷土黄色泥皮，满绘彩画，顶部绘覆斗莲花藻井。下以土红宽带界栏，以树丛作装饰，内容包括天、地、人三界景物。天界绘红日、盈月、东王公、西王母、神马、白鹿、羽人、金鸟、蟾蜍，人间绘墓主人宴居行乐图、眷属出行图、饮宴乐舞图、耕作采桑图以及坞壁、碉楼、牧

---

① 吴礽骧：《酒泉丁家闸五号墓的发掘》，甘肃省文物考古研究所编：《酒泉十六国墓壁画》，文物出版社 1989 年版，第 1—17 页。
② 吴礽骧：《酒泉丁家闸五号墓的发掘》，甘肃省文物考古研究所编：《酒泉十六国墓壁画》，文物出版社 1989 年版，第 17 页。
③ 吴礽骧：《酒泉丁家闸五号墓的发掘》，甘肃省文物考古研究所编：《酒泉十六国墓壁画》，文物出版社 1989 年版，第 17 页。
④ 吴礽骧：《酒泉丁家闸五号墓的发掘》，甘肃省文物考古研究所编：《酒泉十六国墓壁画》，文物出版社 1989 年版，第 17 页。

童、庖厨等，再现了那个时代政治、经济、文化、宗教等社会生活各个层面的真实情景。从中我们可以了解到古代河西人民勤劳纯朴的民风以及贵族生活的富足与奢华。①

（八）玉门金鸡梁十六国墓壁画

为配合西气东输二线工程，甘肃省文物考古研究所于 2009 年 2—4 月对管线经过的玉门市清泉乡金鸡梁及其附近的 24 座墓葬进行了清理发掘，有刻画砖出土，刻划砖形制有长砖、方砖之分，部分仅阴线刻划而成，部分刻划后敷彩。形象主要为力士、猴面力士、建筑构件等。②据玉门博物馆介绍，2017 年夏，该馆清理了金鸡梁一座被盗掘的壁画墓，有 30 余块保存较好的彩绘砖，长 34—36 厘米，宽 15—16 厘米，厚 4.5—5 厘米，题材为黑马图、红马图、射猎图、日月图、云气纹图、帷帐图、宰牲图、走兽图、飞鸟图、神兽图、异人喷火图等，并有多块模印铺地方砖，与河西其他地区魏晋十六国壁画墓颇有区别。③

（九）河西走廊零星发现的魏晋十六国墓葬壁画

酒泉肃州区总寨镇三奇堡村南 2.5 千米晋代崔家南湾墓群曾发掘画像砖墓 2 座，画像砖彩绘朱雀、飞廉、翼虎、守门吏、守门卒等，均绘制于墓门照墙之上，守门吏为半身正面像，头戴黑帻；守门卒有单手托领、双手托领和双手抱头等多种姿势，皆半身，戴赤帻，胡子翘起，身披铠甲，胳膊上饰以斑纹，崔家南湾墓葬壁画的风格与敦煌翟宗盈墓相同，线条粗豪奔放，健壮有力，画动物尤为纯熟。④肃州区清水镇单墩子村西北 3 千米单墩滩墓群 1988 年清理晋代砖石墓 1 座，有门楼式照墙和甬道及前、后室，棺盖彩绘东王公和西王母，出

---

① 花平宁：《丁家闸十六国墓壁画简介》，见《甘肃丁家闸十六国墓壁画》封二，重庆出版社 1999 年版。
② 甘肃省文物考古研究所：《甘肃玉门金鸡梁十六国墓葬发掘简报》，《文物》2011 年第 2 期。
③ 贾小军：《汉唐时期河西走廊墓葬壁画全集》，甘肃文化出版社 2019 年版，第 310—335 页。
④ 张朋川：《河西出土的汉晋绘画合述》，《文物》1978 年第 6 期；国家文物局：《中国文物地图集·甘肃分册（下）》，测绘出版社 2011 年版，第 241 页。

土灰陶罐、木器、谷物及鸡首人身、牛首人身模印砖。①肃州区果园乡丁家闸村西南四千米蒽家崖湾十六国墓群曾清理1座砖石墓，墓壁嵌有画像砖。②酒泉肃州区西峰乡侯家沟十六国5号墓发现5块保存完整的画像砖，应为照墙之物，散置于墓室扰土内，其在长砖之上阴线刻划而成，但未饰朱砂之类颜料勾勒，形象主要为扛梁力士。③敦煌市莫高镇五墩十六国前凉壁画墓1987年发掘，共2座砖室墓，由照壁、墓门、甬道、前室、后室和壁龛组成。照壁砖砌，有63块分别绘神话人物及动物等的画像砖，前室绘莲花藻井，后室绘现实生活图等。④1957年，金昌市永昌县双湾东四沟打井时发现一些墓室壁画砖，现存两块，均藏于永昌县博物馆。这两块画砖近方形，高39.5厘米、宽37.5厘米，以白土作底，土红色框边，砖面中用土红色线横贯划分为两个画面，其用意是欲在方砖上保留两个长方形的砖样。在其一方砖的上部，画有站立着的五个女人。下部同样画站立着四个女人。上身有的穿红衣，下部皆穿多褶长裙，裙褶以红、绿色相间。根据此种装束判断，很可能反映的是少数民族的妇女形象。另一画砖，上绘青龙，下绘白虎，周围充满流动的云气。⑤1993年11月，金昌市永昌县水源镇胜利村乱墩子滩墓群发现一座魏晋十六国时期壁画墓，墓室内大幅壁画体现了墓主人耕作、秋收、放牧、行猎等世俗生活场景，可惜由于种种原因，这座壁画墓未能保存下来。⑥金昌市博物馆藏有一批公安机关早年移交的涉案晋代画像砖，题材包括青龙、白虎、朱雀、玄武四灵图、羽人图、神仙人物图、日月图等⑦。

---

① 国家文物局：《中国文物地图集·甘肃分册（下）》，测绘出版社2011年版，第240页。
② 国家文物局：《中国文物地图集·甘肃分册（下）》，测绘出版社2011年版，第243页。
③ 甘肃省文物考古研究所：《甘肃酒泉侯家沟十六国墓地发掘简报》，《考古与文物》2016年第2期。
④ 国家文物局：《中国文物地图集·甘肃分册（下）》，测绘出版社2011年版，第263页。
⑤ 张朋川：《河西出土的汉晋绘画简述》，《文物》1978年第6期；李勇杰：《甘肃永昌乱墩子滩1号壁画墓调查简报》，《嘉峪关魏晋墓与丝绸之路历史文化学术研讨会论文集》，甘肃嘉峪关，2015年7月。
⑥ 李勇杰：《甘肃永昌乱墩子滩1号壁画墓调查简报》，《嘉峪关魏晋墓与丝绸之路历史文化学术研讨会论文集》，甘肃嘉峪关，2015年7月。
⑦ 李勇杰：《早期道教羽化成仙思想的生动再现——甘肃省金昌市博物馆馆藏晋代彩绘画像砖》，载中共嘉峪关市委宣传部、甘肃省历史学会《嘉峪关与丝绸之路历史文化研究》，甘肃教育出版社2015年版，第205—212页。

三 唐代墓葬模印砖画与壁画

就目前已发掘、清理的河西走廊唐代墓葬而言，具有壁画墓特征的多为模印砖墓，模印砖画也颇具特色。以分布区域而言，酒泉肃州区、敦煌、张掖甘州区、山丹等地皆有发现，而以酒泉肃州区数量最多。近年发掘的武威天祝藏族自治县岔山村武周时期吐谷浑喜王慕容智墓则发现了精美壁画，值得重视。

（一）酒泉果园乡西沟唐墓模印砖画

1号唐墓1988年9月发现并清理，为砖筑双室墓，葬一男一女，为夫妇合葬墓。该墓"通长5.23米，深2.85米，墓门向南"①。"室内从墓顶开始到墓室地面，分别由三角形牙砖、锯齿形牙砖、十二生肖模印砖、管乐伎模印砖、弦乐伎模印砖、骑士砖、斗拱砖、幔拱砖、力士砖、守门卫士砖、莲花纹砖、兽面砖等多种模印砖组合砌成，经过加工的砖多达1400余块。"② "前室长177厘米，宽145厘米，高246厘米，顶部已全部塌陷。门高153厘米，宽99厘米，门洞深48厘米，镶两块特制的守门卫士砖，东、西壁有楹柱各一，楹柱上部有'山'字形斗拱砖，楹柱之间嵌'人'字形幔拱砖，楹柱由23层弧形小莲纹花纹模印砖砌成，弧形小砖每块由3组小莲花组成。楹柱下有负重力士砖1块。"③ "后室长309厘米，宽318厘米，高285厘米，覆斗顶。门高151厘米，宽96厘米，进深42厘米，门两边各有1块特制的守门卫士砖。东、西、北壁各有楹柱两根，楹柱上部镶'山'字形斗拱砖，楹柱之间有'人'字形幔拱砖，楹柱下部砌1块力士砖。前、后室共有8楹柱、8斗拱，17幔拱砖，构成每面三开间的仿地面木结构建筑。后室墓顶由三角形牙砖砌成，呈现出波浪起伏的景观，结构十分特殊。墓顶以下，先砌十二生肖模印砖，按八卦的

---

① 董秀荣：《酒泉发现一座唐代模印画像砖墓》，《陇右文博》1997年第2期。
② 岳邦湖、田晓、杜思平、张军武：《岩画及墓葬壁画》，敦煌文艺出版社2004年版，第85页。
③ 岳邦湖、田晓、杜思平、张军武：《岩画及墓葬壁画》，敦煌文艺出版社2004年版，第86页。

方位顺序排列，东壁砌虎、兔、龙；南壁砌蛇、马、羊；西壁砌猴、鸡、狗；北壁砌猪、鼠、牛。十二生肖模印砖中，东壁缺兔模印砖，南壁缺马模印砖。墓壁上镶4层乐伎模印画砖，骑士模印画砖。骑士砖、乐伎砖之间用锯齿纹牙砖相间，形成华丽的墙面。锯齿纹牙砖是把普通墓砖的一面做成锯齿状，砌在墓壁中平砖、竖砖的位置上。"①该墓各类画砖1400余块，其中音乐模印画砖52块，管乐伎砖12块，弦乐伎砖40块；仪仗骑士砖共70块；力士砖8块；守门武士砖4块；模印莲花铺地方砖107块；动物画砖（即十二生肖砖）12块，另有各类建筑图案画砖1200余块。该墓有华丽的棺床，长300厘米，宽104厘米，高30厘米，棺床边用横锯齿纹牙砖砌成，棺床足砌弧形砖装饰。清理墓葬时，棺木早已腐朽散乱，仅存残棺木屑，墓主人骨架也已严重扰乱。②

2号墓、3号墓距1号盛唐墓约300米，三座墓由东到西在一条线上，墓门均为南偏东。清理时，两座墓的墓室内已完全被黏土填满，2号墓的顶部已经全部坍塌，只留下十二生肖模印砖及模印砖以下部分，3号墓剩下东半边，地面上只见到被多次损坏的古墓葬封土的散乱痕迹。2号墓、3号墓为中晚唐墓葬，与1号盛唐墓葬相比简单了许多，墓室中的模印彩绘砖上，马披甲，人佩刀，浅浮雕，并着意彩绘，使人物、动物的形象更准确、逼真。人物面部清秀，动物更加真实，彩绘比较细致。马匹上装备的网状甲、鱼鳞甲下部的流苏十分清晰。

《岩画及墓葬壁画》称："2号墓、3号墓均为砖筑单室墓，2号墓长344厘米，宽385厘米，高320厘米，门高175厘米，进深176厘米。3号墓长345厘米，宽340厘米，高320厘米，门高176厘米，进深178厘米，仿木结构。"③墓顶以下为十二生肖模印砖，按八卦顺序排列，其中2号墓壁上十二生肖模印砖最全。十二生肖以下为斗拱

---

① 岳邦湖、田晓、杜思平、张军武：《岩画及墓葬壁画》，敦煌文艺出版社2004年版，第86—87页。
② 董秀荣：《酒泉发现一座唐代模印画像砖墓》，《陇右文博》1997年第2期；岳邦湖、田晓、杜思平、张军武：《岩画及墓葬壁画》，敦煌文艺出版社2004年版，第85—87页。
③ 岳邦湖、田晓、杜思平、张军武：《岩画及墓葬壁画》，敦煌文艺出版社2004年版，第90页。

砖，斗拱砖十分简单，用两块同样大的砖砌成上下底，中间用一块小砖将两边砌成两个小方格。楹柱用稍经加工的楔形砖砌成。墓门两边与墓门进深处也砌有与墓室同样的模印彩绘骑士砖。模印彩绘骑士砖为浅浮雕，马匹与骑士分别施以红、紫、黑、紫红、粉白、粉红、白等不同的色彩。这两座墓的模印彩绘砖从门口开始镶砌，共 3 层。"第 1 层骑士从门口向里走，第 2 层骑士从后墙正中向外走，第 3 层仍是从门外向里走。"① 两座墓的四种模印彩绘砖共 184 块，斗拱砖 18 块，楹柱 18 根，楔形砖 300 余块。十二生肖砖 2 号墓 12 块，3 号墓 10 块。皆有棺床，砌有竖牙砖、弧形砖。地面与棺床均铺变形莲花纹方砖，铺地砖 174 块。②

这 3 座墓的模印砖，已经没有魏晋时期的坞壁庄园、宴饮行乐、农业耕作、畜牧、狩猎等生活场面，庞大的乐舞场面，乐舞、商队出行的内容成为主流。③

（二）敦煌佛爷庙湾唐墓模印砖画

1995 年 7—11 月，考古工作者在敦煌市东郊省级文物保护单位佛爷庙湾—新店台汉唐墓群进行了考古发掘，其中发掘了唐代模印砖墓计 6 座。这 6 座模印砖墓均是有长斜坡墓道的方形砖室墓，均遭到过盗掘破坏。据简报可知："据残存结构可以看出其建墓方法为：先依特定方向挖长斜坡墓道，并在墓室部位挖一竖穴方坑。方坑与斜坡墓道之间留一隔梁作照墙，其底部掏挖甬道与方坑贯通。在方坑内一般以条砖或间杂方形模印砖铺地。四壁以条砖垒砌，一般依后壁垒砌棺床，也有依两侧壁设棺床或不设棺床的。墓室结顶后以掏挖方坑清出的砂砾回填。""甬道以条砖券砌，照墙多为裸露的戈壁剖面，也有个别墓葬以条砖和模印砖叠砌装饰照墙。墓室以条砖封堵墓门，墓道回

---

① 岳邦湖、田晓、杜思平、张军武：《岩画及墓葬壁画》，敦煌文艺出版社 2004 年版，第 90 页。
② 岳邦湖、田晓、杜思平、张军武：《岩画及墓葬壁画》，敦煌文艺出版社 2004 年版，第 89—90 页。
③ 岳邦湖、田晓、杜思平、张军武：《岩画及墓葬壁画》，敦煌文艺出版社 2004 年版，第 13 页。

填后略凸起呈砂砾隆埂。"①

M123 分墓道、照墙、甬道、墓室四部分。墓道斜坡形，长16、宽1.5、深4.4米。据发掘简报："照墙系在墓门券顶以上以条砖间以模印砖叠砌而成。自券顶最高处自下而上依次为：三层错缝横砌平砖、一层间以菱角牙子砖、两层同缝横砌平铺的水波纹模印砖、两层错缝平砖、青龙、白虎模印砖间顺砌立砖、一层平砖、两层错缝水波纹模印砖、一层平砖，其上中部嵌朱雀模印砖，余为错缝平砖23层砌至与地表面基本平齐。""甬道长1.38、前宽1.08、后宽1.1、高1.55米。以条砖间模印砖垒砌，上部以两重乳钉纹模印砖顺铺立砌，发券收作拱形顶。甬道前端墓门以条砖封堵，其上部嵌一块玄武模印砖，与照墙上的朱雀、青龙、白虎模印砖相对应。甬道正面墓门两侧嵌上下两排模印砖，现存下排为两块相向的骑士巡行砖。甬道内东西两壁亦分嵌上下两排模印砖，图像有骑士巡行、胡商牵驼及水波纹、乳钉半环纹、乳钉莲房纹模印砖。"② "墓室平面呈方形，四壁略外弧，其中东西两侧壁弧度较大，顶部坍塌。墓室进深3.4、宽3.54、残高1.6—2.93米。依墓室后壁垒砌长2.8、宽1.5、高0.18米的棺床。棺床以条砖围垒，中间填以砂砾，其上平铺缠枝葡萄纹模印方砖。棺床前至甬道中部地面亦铺缠枝葡萄纹方砖。四壁的砌法与甬道基本相同，但四隅及东、西、北三壁正中嵌特制的仰覆莲纹砖柱和叠垒顺砌平铺的乳钉半环纹模印砖。墓室四壁亦嵌上下两排模印塑像砖，与甬道中模印塑像砖的排列联接。但东、西两壁模印图案砖的排列略有不同。以后壁（北壁）正中的仰覆莲柱为界，墓室西半部（北壁西侧、西壁、南壁西侧）的壁面模印塑像砖与甬道西壁的模印塑像砖循序相接，下排的胡商牵驼、骑士巡行模印砖人物、驼马的方向朝着墓门。上排的胡商牵驼、骑士巡行模印砖与下排同类砖相对应，但方向相反。墓室东侧的模印塑像砖的排列则为下排的亦朝向墓门，上排的模印砖与下排的画面内容交错，方向相反。而南壁东侧的排列与甬道东

---

① 甘肃省博物馆：《敦煌佛爷庙湾唐代模印砖墓》，《文物》2002年第1期。
② 甘肃省博物馆：《敦煌佛爷庙湾唐代模印砖墓》，《文物》2002年第1期。

侧相接，上下两排的同类模印砖相对应但行进方向相反。"①

M121 也出土了一批模印砖。据发掘简报："（该墓）墓室正方形，边长 3.3 米，残高 0.84—1.08 米。四壁最底层为一层平砖侈出，其上砌一层菱角牙子，以上错缝平砌，第 13 层夹菱角牙子。依后壁（北壁）所砌棺床长 2.64、宽 1.28、高 0.3 米。上铺素面方砖和 8 块玄武模印砖。西侧棺床长 2.2、宽 1、高 0.24 米，上铺素面砖和 5 块龙首犬身怪兽模印砖。东侧棺床长 2.2、宽 0.92、高 0.24 米，上铺素面砖和 4 块坐龙首犬身怪兽模印砖。两侧棺床正面腰部以模印砖砌出门形。墓道及甬道地面铺龙首犬身怪兽模印砖 24 块。"②

这 6 座墓计出土各种题材的模印塑像砖 212 块、辅助花纹砖 478.5 块。发掘简报指出："模印塑像砖的图案内容可分为四类：一是人物；其次是四神、怪兽；第三是植物花纹；第四是辅助性的陪衬花纹。其分布也有一定规律，如人物模印砖用于甬道和墓室四壁的主要部位，四神砖则主要见于照墙，植物花纹模印砖用于棺床和铺地，而辅助性的花纹模印砖则主要用于分隔衬托作为壁面装饰主体的人物活动模印砖。"③ 人物模印砖中，骑士巡行砖 18 块，胡商牵驼砖 16 块；四神、怪兽模印砖中，青龙砖、白虎砖、青龙砖各 1 块，玄武砖 9 块，龙首犬身怪兽砖 33 块；植物纹模印砖中，缠枝葡萄纹砖 86 块，忍冬纹砖 23 块，相花纹砖 24 块；其他纹饰模印砖中，乳钉半环纹砖 50 块，乳钉莲房纹砖 178 块，水波纹砖 225 块，莲花砖柱 11 块，壶门纹砖 14.5 块。④

（三）山丹唐墓模印彩绘砖画

2000 年 4 月 25 日，山丹县第一中学在修建教学实验楼时发现一座砖室结构墓，该墓坐北向南，前后双室，前室有东、西耳室，后室西附有一侧室。前、后室都为 3.7×3.7 米，墓顶呈穹窿形，室内通高 3.3 米，南北通长 11.32 米。全墓都以青砖、水波纹饰砖，模印画像

---

① 甘肃省博物馆：《敦煌佛爷庙湾唐代模印砖墓》，《文物》2002 年第 1 期。
② 甘肃省博物馆：《敦煌佛爷庙湾唐代模印砖墓》，《文物》2002 年第 1 期。
③ 甘肃省博物馆：《敦煌佛爷庙湾唐代模印砖墓》，《文物》2002 年第 1 期。
④ 甘肃省博物馆：《敦煌佛爷庙湾唐代模印砖墓》，《文物》2002 年第 1 期。

彩砖、乳钉砖镶嵌构筑。墓室底部铺砌莲花纹方砖，墓壁上部有影作的砖雕枋木拱结构，墓室四壁镶嵌有四层长方形模印彩绘砖，最上一层为十二生肖图，每壁面三块。第二层东、西壁为青龙，北壁为玄武，南壁为朱雀。三层、四层为仪卫骑马出行图、胡人牵驼图。模印砖彩绘色调以石青、石绿、朱砂、黑色为主，采用民间工艺制作，构图生动。仪卫出行砖分向左、向右行走两类，向右行走的仪卫头扎黑巾幞帽，身穿红衣或黑衣，左手攀辔，腰挂箭箙，肩扛杏黄色或朱红色牙旗，右手持剑，腿穿朱或黑裤，足蹬黑靴蹬在马镫上。两匹马一前一后，呈行走姿势，通体枣红色。向左行走的格式基本一样。这两种模印砖长34厘米、宽22厘米、厚5.2厘米，四周有边框。胡商牵驼砖亦分向左、向右行走两类，向左右走的胡商头戴向前倾斜（顺风）的尖毡帽，大步向前迈步，右手持驼缰，左手向上持黑色骨朵，扛于肩，身着绿长衫，或红长衫，腰系黑腰带，腰带上挂着黑色烟荷包和匕首等。腿穿红或黑裤，足穿黑靴，脚尖上翘。胡商身后是肥壮的骆驼；两峰之间驮着方格纹饰的方形驼子。向右行走的胡商头戴向后弯曲（逆风）的毡帽，骆驼两峰之间驮着毛线织纹饰的椭圆形驼子。这两种模印砖长34厘米、宽22厘米、厚5厘米。青龙砖长34厘米、宽22厘米、厚5厘米，左右两种，图案一样，青龙呈S形，整个形状似腾云驾雾，四周有云纹图饰。朱雀砖长22厘米，宽16厘米，厚5厘米。画面有两只朱雀相对独立，挺腹昂首，呈Z状，两翅展起，跃跃欲飞。玄武砖长22厘米、宽16厘米、厚5厘米，龟呈跑状，身披八卦甲，腰部缠一蛇。龟、蛇首在脊背相伸舌对映。该墓早期被盗，墓室内人骨架散乱。经清理，后室地面发现铁器碎块、铜制铲环、叉等物。前室墓门内置墓志一合，方形。墓志首题"武骑尉韩君墓志铭"，墓主人故于唐咸亨元年（670），夫人杨氏故于大周天授元年（690）。此墓为夫妻合葬墓。[①]

[①] 王延璋：《山丹县一中唐墓清理简报》，《陇右文博》2000年第2期；张掖市文物管理局：《张掖文物》，甘肃人民出版社2009年版，第258页。

（四）武周时期吐谷浑喜王慕容智墓壁画

2019年9月发现，当年9—12月发掘的武威天祝藏族自治县岔山村武周时期吐谷浑喜王慕容智墓共有两处壁画，一处位于甬道口上端的照墙上，从甬道顶开始，直至墓葬开口处，另一处壁画位于甬道及墓室中。照墙上壁画宽1.25、高1.65米。壁画以白灰为底，上用红、黑线条勾绘出双层门楼结构，似与其下甬道口的木门形成了三层门楼结构（图1-1）。甬道及墓室内壁画从现存状况可判断出，墓室内壁

图1-1 慕容智墓壁画（封门墙及照墙，墓门及照墙）①

---

① 甘肃省文物考古研究所、武威市文物考古研究所、天祝藏族自治县博物馆：《甘肃武周时期吐谷浑喜王慕容智墓发掘简报》图八、图九，《考古与文物》2021年第2期。

均满绘壁画，现多数已经脱落，从残存部分看，砖室内壁壁画内容共分上下两部分：甬道东西两壁及墓室内由底至高1.86米处以白灰为底，用墨线勾绘男女人物画像，并在人物的脸部、嘴部、发式及手部等施红、黄等彩，因壁画剥落，具体内容已不详（图1-2）。墓室顶部以白灰为底，上涂一层青灰色颜料，再于其上绘天象图。具体为：

图1-2 慕容智墓壁画（人物）①

墓室东壁近正中涂圆形红色区，在其内墨绘一三足乌，从位置及形象判断，该红色圆形区域代表太阳（图1-3）；在其对面的西壁上，亦见有一圆形白色区，内墨绘一桂树，树下墨绘一正在捣药的玉兔，从出现的位置及形象判断，其应代表月亮（图1-4）；由墓室西北角起

---

① 甘肃省文物考古研究所、武威市文物考古研究所、天祝藏族自治县博物馆：《甘肃武周时期吐谷浑喜王慕容智墓发掘简报》图一三，《考古与文物》2021年第2期。

图 1-3 慕容智墓壁画（日）①

图 1-4 慕容智墓壁画（月）②

---

① 甘肃省文物考古研究所、武威市文物考古研究所、天祝藏族自治县博物馆：《甘肃武周时期吐谷浑喜王慕容智墓发掘简报》图一四,《考古与文物》2021 年第 2 期。
② 甘肃省文物考古研究所、武威市文物考古研究所、天祝藏族自治县博物馆：《甘肃武周时期吐谷浑喜王慕容智墓发掘简报》图一五,《考古与文物》2021 年第 2 期。

直至东南角有一条带状白色区域,应表示银河;在墓室四面穹顶上散见有直径为 3—5 厘米的红色点状物,应代表星辰。①

(五) 河西走廊零星发现的唐代墓葬壁画

敦煌市莫高镇苏家堡唐代墓群曾发掘过多座砖室墓,部分墓室有壁画,出土有陶罐、三彩驼俑、华纹方砖等。② 瓜州县锁阳城唐代墓群 1 号墓为砖室墓,封土呈圆锥形,直径 7.6 米、高 3.2 米,墓室平面呈方形,覆斗顶,用绳纹砖砌成。墓室四壁彩绘四神及莲花、卷草纹图案。覆斗顶井心为忍冬莲花纹方砖。斜坡墓道向东,券顶墓门。出土有三彩人俑、骆驼俑、马俑及木马等。③

以上介绍的汉唐时期河西墓葬壁画,是迄今为止已经进行过考古发掘并发现的河西墓葬壁画中最具代表性的部分。就分布地域来讲,以嘉峪关、酒泉、高台、敦煌四地最为集中。实际上,从 20 世纪 40 年代以来,在今河西走廊发现的壁画墓远不止这些,还涉及武威、永昌、民乐、瓜州等地多座墓葬。这些墓葬之间既相互联系,又各自具有独特的风格,成为反映汉唐时期河西民众生前死后生活场景的重要资料。就历史作用而言,它们对中国绘画史、对敦煌壁画、对河西社会史,都具有极为重要的影响力。

四 汉唐时期河西走廊墓葬壁画基本数据

为了对汉唐时期河西走廊墓葬壁画有一个比较清楚的认识,现据前引相关资料对之进行统计,如表 1-1。

---

① 甘肃省文物考古研究所、武威市文物考古研究所、天祝藏族自治县博物馆:《甘肃武周时期吐谷浑喜王慕容智墓发掘简报》,《考古与文物》2021 年第 2 期。
② 国家文物局:《中国文物地图集·甘肃分册(下)》,测绘出版社 2011 年版,第 264 页。
③ 国家文物局:《中国文物地图集·甘肃分册(下)》,测绘出版社 2011 年版,第 308 页。

第一章 汉唐时期河西走廊墓葬壁画概述

表1-1 汉唐时期河西走廊墓葬壁画基本数据统计

时代	墓葬	基本资料	资料出处
汉代	武威韩佐乡五坝山彩绘壁画墓	该墓整壁作画，神话色彩浓厚。北、东、南三壁作画。北壁画山水，山洞有二神兽；东壁正中绘一神兽、神兽后有二虎；南壁彩绘一舞蹈人物，故可认该墓共3幅壁画	岳邦湖、田晓、杜思平、张军武《岩画及墓葬壁画》，敦煌文艺出版社2004年版，第7页
	酒泉下河清汉1号绘壁画砖墓	该墓葬内共有画砖64块，计墓室内有画砖7块，墓室内四壁画砖57块	甘肃省文物管理委员会《酒泉下河清第1号墓和第18号墓发掘简报》，《文物》1959年第10期
	武威磨嘴子东汉壁画墓	该墓整壁作画。顶部画面长3.55、宽1.3米，绘天象图，左面为太阳，太阳中立金乌；右面为月亮，月亮中有蟾蜍；日月周围村以行云。西壁画面宽1.15、高1.84米，右侧绘一小头圆眼扁细长颌的人物，其余部分平列绘人物像，一排五人，其姿态各异，当为杂技表演场面。南壁画面宽1.3、高1.84米，为一羽人剥落。北壁画面宽1.3、高1.84米。右侧下角绘一动物臀部，有犄尾，躯体有羽，似为一头半翅膀的大象，大象背上似有一人骑坐，图面仅存一动物的大象、人生剥落，故可以认为该墓5幅壁画	党寿山《甘肃武威磨嘴子发现一座东汉壁画墓》，《考古》1995年第11期
	嘉峪关新城魏晋汉代壁画墓	有画像砖十余块，其中前室12块，内容有庖厨、农耕、畜牧等，后室数块，画有布帛、蚕茧和丝束，该墓共15块画像砖	张朋川《河西出土的汉晋绘画简述》，《文物》1978年第6期
	民乐八卦营1号壁画墓	整壁作画。前室四壁都绘有壁画，覆斗东、西、南、北四壁画分别绘青龙、白虎、朱雀、玄武四神兽图，东西下壁各绘狩猎图和兵器图。中、后室覆斗东、西壁面正中绘日、月。故推该墓统计为8幅	施爱民、卢晔《民乐清理汉代壁画墓》，《中国文物报》1993年5月30日；施爱民《民乐县八卦营·壁画·古城》1998年第3期，《丝绸之路》
	民乐八卦营2号壁画墓	整壁作画。前室四壁满饰壁画，内容为禽兽、水波云纹，兵器，器皿等。暂时统计壁画4幅	施爱民、卢晔《民乐清理汉代壁画墓》，《中国文物报》1993年5月30日；施爱民《民乐县八卦营·壁画·古城》1998年第3期，《丝绸之路》

续表

时代	墓葬	基本资料	资料出处
汉代	民乐八卦营3号壁画墓	整壁作画。前室壁面绘星云、日、金乌。暂时统计壁画4幅	施爱民、卢晔《民乐清理汉代壁画墓》,《中国文物报》1993年5月30日;施爱民《民乐县八卦营·古城·壁画·墓葬》,《丝绸之路》1998年第3期
	民乐八卦营4号、5号壁画墓	壁画内容不详	张掖市文物管理局编《张掖文物》,甘肃人民出版社2009年版,第246页
	张掖市甘州区沙井镇东五村双墩滩汉代墓群	墓葬内容不详	张掖市文物管理局编《张掖文物》,甘肃人民出版社2009年版,第251页
	下河清石庙滩汉代墓群	1974年清理双室画像砖墓1座,画像砖内容有衣耕、宴乐、轺车等,具体内容不详	国家文物局主编《中国文物地图集·甘肃分册（下）》,测绘出版社2011年版,第237页
	小计	至少103块（幅）	
魏晋十六国时期	敦煌霍宗盈壁画墓	共有559块有彩绘砖	夏鼐《敦煌考古漫记（一）》,《考古通讯》1955年第1期
	酒泉高闸沟晋墓	共41块壁画砖①	岳邦湖、田晓、杜思平、张军武《岩画及墓葬壁画》,敦煌文艺出版社2004年版,第73—75页
	酒泉西沟5号墓	共113块壁画砖	甘肃省文物考古研究所《甘肃酒泉西沟村魏晋墓发掘报告》,《文物》1996年第7期;岳邦湖等《岩画及墓葬壁画》,敦煌文艺出版社2004年版,第80—82页

① 张金莲、许晶《酒泉高闸沟魏晋墓出土的画像砖画》（《陇右文博》2011年第2期）的数据是48块彩绘画砖;马军强《酒泉高闸沟砖厂墓出土壁画砖及墓葬时代浅析》（《丝绸之路》2016年第16期）的数据是61块,此从时间较早的《岩画及墓葬壁画》数据。

第一章　汉唐时期河西走廊墓葬壁画概述

续表

时代	墓葬	基本资料	资料出处
魏晋十六国时期	酒泉西沟 7 号墓	共 87 块壁画砖	甘肃省文物考古研究所《甘肃酒泉西沟村魏晋墓发掘报告》,《文物》1996 年第 7 期;岳邦湖、田晓、杜思平、张军武《岩画及墓葬壁画》,敦煌文艺出版社 2004 年版,第 76—79 页
	酒泉西沟 4 号墓	共 58 块壁画砖	岳邦湖、田晓、杜思平、张军武《岩画及墓葬壁画》,敦煌文艺出版社 2004 年版,第 83—84 页
	敦煌佛爷庙湾 37 号、39 号、91 号、133 号墓、167 号墓	墓群出土动物造型砖 14 幅,画像砖 227 幅(彩绘 215 幅,墨绘 12 幅)	甘肃省文物考古研究所《敦煌佛爷庙湾西晋画像砖墓》,文物出版社 1998 年版,第 60 页,第 83—86 页
	敦煌佛爷庙湾画壁画墓	资料未正式发表,具体情况不详	郭永利《河西魏晋十六国壁画墓》,民族出版社 2012 年版,第 152 页
	嘉峪关新城 1 号墓	共 57 块壁画砖	甘肃省文物队等《嘉峪关壁画墓发掘报告》,文物出版社 1985 年版,第 97—98 页;岳邦湖、田晓、杜思平、张军武《岩画及墓葬壁画》,敦煌文艺出版社 2004 年版,第 150—152 页
	嘉峪关新城 3 号墓	共 122 块壁画砖	甘肃省文物队等《嘉峪关壁画墓发掘报告》,文物出版社 1985 年版,第 99—103 页;《岩画及墓葬壁画》,第 153—157 页
	嘉峪关新城 4 号墓	共 70 块壁画砖	甘肃省文物队等《嘉峪关壁画墓发掘报告》,第 103—105 页;岳邦湖、田晓、杜思平、张军武《岩画及墓葬壁画》,敦煌文艺出版社 2004 年版,第 158—160 页

续表

时代	墓葬	基本资料	资料出处
魏晋十六国时期	嘉峪关新城5号墓	共73块壁画砖	甘肃省文物队等《嘉峪关壁画墓发掘报告》，文物出版社1985年版，第48—56页；岳邦湖、田晓、杜思平、张军武《岩画及墓葬壁画》，敦煌文艺出版社2004年版，第160—163页
	嘉峪关新城6号墓	共137块壁画砖	甘肃省文物队等《嘉峪关壁画墓发掘报告》，文物出版社1985年版，第56—66页；岳邦湖、田晓、杜思平、张军武《岩画及墓葬壁画》，敦煌文艺出版社2004年版，第164—169页
	嘉峪关新城7号墓	共150块壁画砖	甘肃省文物队等《嘉峪关壁画墓发掘报告》，文物出版社1985年版，第105—109页；岳邦湖、田晓、杜思平、张军武《岩画及墓葬壁画》，敦煌文艺出版社2004年版，第170—175页
	嘉峪关新城12号墓	共50块壁画砖	岳邦湖、田晓、杜思平、张军武《岩画及墓葬壁画》，敦煌文艺出版社2004年版，第176—177页
	嘉峪关新城13号墓	共50块壁画砖	岳邦湖、田晓、杜思平、张军武《岩画及墓葬壁画》，敦煌文艺出版社2004年版，第177—178页
	酒泉丁家闸5号墓	该墓整墓作画，通壁式分栏绘画方式将前室四壁壁画、后室后壁画分成不同单元。前室四壁各绘3幅壁画，计12幅；后室2幅，共计14幅	甘肃省文物考古研究所编《酒泉十六国墓壁画》，文物出版社1989年版
	高台骆驼城2号墓	共13块壁画砖	甘肃省文物考古研究所、高台县博物馆《甘肃高台县骆驼城墓葬的发掘》，《考古》2003年第6期

第一章　汉唐时期河西走廊墓葬壁画概述

续表

时代	墓葬	基本资料	资料出处
魏晋十六国时期	高台骆驼城画像砖墓	共58块画像砖	张掖地区文物管理办公室、高台县博物馆《甘肃高台路驼城画像砖墓调查》，《文物》1997年第12期
	高台地埂坡4号墓	该墓整壁作画。前室东、西壁大体结构以甬道之界沿分成两部分；前室南、北壁绘人字披房屋之两侧柱、斗拱等，画面分房屋内外两部分。故该墓壁画统计为8幅	徐光冀主编《中国出土壁画全集9 甘肃·宁夏·新疆》，科学出版社2012年版，第29页、第38页
	高台地埂坡1号墓	后室顶部绘出覆斗形式，中央方形藻井，四壁上绘四神，南坡朱雀，北坡玄武，东坡青龙与蟾蜍，西坡白虎与三足乌，四壁上部绘制斗拱等。故该墓壁画统计8幅	甘肃省文物考古研究所、高台县博物馆《甘肃高台地埂坡晋墓发掘简报》，《文物》2008年第9期
	酒泉小土山墓	共15块画像砖	肃州区博物馆《酒泉小土山墓葬清理简报》，《陇右文博》2004年第2期
	玉门金鸡梁十六国壁画墓	共30块彩绘砖	玉门博物馆提供资料
	永昌乱墩子滩1号壁画墓	该墓整壁作画。据李勇杰文的统计，该墓较清晰的壁画画面可分为7幅	李勇杰《甘肃永昌乱墩子滩1号壁画墓调查简报》，《嘉峪关魏晋墓与丝绸之路历史文化学术研讨会论文集》，2015年7月
	永昌县双湾东四沟壁画墓	至少2块	张朋川《河西出土的汉晋绘画简述》，《文物》1978年第6期
	酒泉肃州区西峰乡候家沟十六国5号墓	5块画像砖	甘肃省文物考古研究所《甘肃酒泉侯家沟冶十六国墓发掘简报》，《考古与文物》2016年第2期
	敦煌市莫高镇五墩前凉壁画墓	63块画像砖	国家文物局编《甘肃文物地图集·甘肃分册（下）》，测绘出版社2011年版，第263页
	小计	至少2031块（幅）	

续表

时代	墓葬	基本资料	资料出处
唐代	酒泉果园乡西沟1号、2号、3号唐墓	模印砖主要为十二生肖模印砖、弦乐伎模印砖、管乐伎模印砖等。1号墓音乐画像砖52块、仪仗骑士砖70块、力士砖8块、守门武士砖4块、连花模印铺地方砖107块，动物画砖12块，各类建筑图案砖1200余块，共计1400余块	董秀荣《酒泉发现一座唐代模印画像砖墓》，《陇右文博》1997年第2期；岳邦湖、田晓、杜思平、张军武《张军武，田晓，杜思平，岳邦湖《陇右文博岩画及墓葬壁画》，敦煌文艺出版社2004年版，第85—87页
唐代	敦煌佛爷庙湾唐代模印砖墓	6座墓计出土人物、四神、怪兽等各种题材的模塑像砖212块，辅助花纹砖478.5块	甘肃省博物馆《敦煌佛爷庙湾唐代模印砖墓》，《文物》2002.1.
唐代	山丹一中唐代模印彩绘砖墓	有四神图、仪卫骑马出行图、胡人牵驼图。门甬天井两壁各镶嵌2块出行仪卫砖和胡商牵驼砖，墓室内主题模印彩绘砖亦是出行仪卫砖和胡商牵驼砖，数量不详，"十二生肖"模印砖前后室内两套24块，故该墓至少有模印砖32块	王延章《山丹县一中唐墓清理简报》，《陇右文博》2000年第2期；张掖市文物管理局编《张掖文物》，甘肃人民出版社2009年版，第258页
唐代	张掖甘州区新乐小区唐代模印砖墓	内容为胡商牵驼图、胡商牵马图等，展出9块	据张掖市博物馆（甘州区博物馆）展出资料统计
唐代	吐谷浑喜王慕容智墓	共有两处壁画，一处位于甬道口上端的照墙上，从甬道顶开始，直至墓室公布5幅	甘肃省文物考古研究所、武威市文物考古研究所、天祝藏族自治县博物馆《甘肃武威唐吐谷浑喜王慕容智墓发掘简报》，《考古与文物》2021年第2期
	小计	至少2136.5块（幅）	
合计	4270.5块（幅）	据陈淑港泉、王旭东、张鲁、乔兆福《甘肃河西地区馆藏画像砖现状调查研究》（《敦煌研究》2006年第4期）的统计，河西地区馆藏画像砖共118块、敦煌301块、嘉峪关294块、酒泉250块、高台27块、山丹27块，共计990块。据此可知，河西墓葬壁画（画像砖）绝大多数原地保存	

第二章

汉唐时期河西墓葬壁画整理研究现状

一 汉唐时期河西走廊墓葬壁画整理概述

汉唐墓葬壁画广泛分布于东起武威、西到敦煌的河西走廊地区。其中最具代表性的是武威五坝山7号西汉墓，磨嘴子东汉壁画墓，民乐八卦营1—3号汉晋壁画墓，高台骆驼城、许三湾、苦水口魏晋墓，酒泉西沟魏晋墓，嘉峪关新城魏晋墓，敦煌佛爷庙湾西晋墓，酒泉丁家闸5号墓，酒泉西沟唐墓，敦煌佛爷庙湾唐代模印砖墓。

(一) 现有的整理成果

就目前公布的资料而言，上述墓葬壁画资料主要集中在相关考古报告、考古文献以及有关图册之中，郭永利对2008年以前的整理工作做过较为系统的梳理。[1] 总体来看，代表性的成果主要有：夏鼐《敦煌考古漫记（一）》[2]、甘肃省文物管理委员会《酒泉下河清第1号墓和第18号墓发掘简报》[3]、嘉峪关市文物清理小组《嘉峪关汉画像砖墓》[4]、嘉峪关市文物清理小组《嘉峪关汉画像砖墓》[5]、甘肃省博物

---

[1] 郭永利：《河西魏晋十六国壁画墓研究》，博士学位论文，兰州大学，2008年；郭永利：《河西魏晋十六国壁画墓》，民族出版社2012年版。
[2] 《考古通讯》1955年创刊号。
[3] 《文物》1959年第10期。
[4] 《文物》1972年第12期。
[5] 《文物》1972年第12期。

馆《武威雷台汉墓》①、甘肃省博物馆等《嘉峪关魏晋墓室壁画的题材和艺术价值》②、张朋川《河西出土的汉晋绘画简述》③、新疆博物馆考古队《吐鲁番哈喇和卓古墓群发掘简报》④、吴礽骧《酒泉、嘉峪关晋墓的发掘》⑤、嘉峪关市文物管理所《嘉峪关新城十二、十三号画像砖墓发掘简报》⑥、甘肃省文物队等编《嘉峪关壁画墓发掘报告》⑦、常任侠《新疆吐鲁番出土唐墓壁画内容初探》⑧、甘肃文物考古研究所编《酒泉十六国墓壁画》⑨、宿白主编《中国美术全集·绘画编12·墓室壁画》⑩、甘肃省文物考古研究所等编《敦煌祁家湾西晋十六国墓葬发掘报告》⑪、吐鲁番地区文物保管所《吐鲁番北凉武宣王沮渠蒙逊夫人彭氏墓》⑫、党寿山《甘肃武威磨嘴子发现一座东汉壁画墓》⑬、施爱民《谈高台出土彩绘画像砖》⑭、甘肃省文物考古研究所《甘肃酒泉西沟村魏晋墓发掘报告》⑮、董秀荣《酒泉发现一座唐代模印画像砖墓》⑯、张掖地区文物管理办公室、高台县博物馆《甘肃高台骆驼城画像砖墓调查》⑰、施爱民《民乐县八卦营——墓葬·壁画·古城》⑱、甘肃省文物考古研究所编《敦煌佛爷庙湾西晋画像砖墓》⑲、酒泉市博

---

① 《考古学报》1974年第2期。
② 《文物》1974年第9期。
③ 《文物》1978年第6期。
④ 《文物》1978年第6期。
⑤ 《文物》1979年第6期。
⑥ 《文物》1982年第8期。
⑦ 文物出版社1985年版。
⑧ 敦煌文物研究所：《1983年全国敦煌学术讨论会文集：石窟·艺术编（上）》，甘肃人民出版社1985年版，第234—241页。
⑨ 文物出版社1989年版。
⑩ 文物出版社1989年版。
⑪ 文物出版社1994年版。
⑫ 《文物》1994年第9期。
⑬ 《考古》1995年第11期。
⑭ 《丝绸之路》1996年第4期。
⑮ 《文物》1996年第7期。
⑯ 《陇右文博》1997年第2期。
⑰ 《文物》1997年第12期。
⑱ 《丝绸之路》1998年第3期。
⑲ 文物出版社1998年版。

物馆《酒泉文物精粹》[①]、吕占光《嘉峪关文物集萃》[②]、袁融主编《中国古代壁画精华丛书》[③]、张宝玺编《嘉峪关酒泉魏晋十六国墓壁画》[④]、敦煌市博物馆《敦煌文物》[⑤],甘肃省文物考古研究所、高台县博物馆《甘肃高台县骆驼城墓葬的发掘》[⑥]、甘肃省文物考古研究所《甘肃酒泉三坝湾魏晋墓葬发掘简报》[⑦]、甘肃省文物考古研究所《甘肃酒泉孙家石滩魏晋墓发掘简报》[⑧]、甘肃省文物考古研究所《甘肃省高台县汉晋墓葬发掘简报》[⑨]、甘肃省文物考古研究所《甘肃玉门官庄魏晋墓葬发掘简报》[⑩]、甘肃省文物考古研究所《甘肃玉门蚂蟥河墓群发掘简报》[⑪]、甘肃省文物考古研究所《甘肃玉门白土良汉晋墓发掘简报》[⑫]、敦煌研究院考古研究所等《甘肃高台县骆驼城南墓葬2003年发掘简报》[⑬]、甘肃省文物考古研究所《甘肃酒泉崔家南湾墓葬发掘简报》[⑭]、甘肃省博物馆编《甘肃省博物馆文物精品图集》[⑮],甘肃省文物考古研究所、高台县博物馆《甘肃高台地埂坡晋墓发掘简报》[⑯],俄军、郑炳林、高国祥主编《甘肃出土魏晋唐墓壁画》[⑰],张掖市文物管理局编《张掖文物》[⑱]、罗世平主编《中国美术全集·墓室壁画》(全二册)[⑲]、甘肃省文物局编《高台县博物馆》[⑳]、甘肃省文物局编《瓜

[①] 中国青年出版社1998年版。
[②] 甘肃人民美术出版社2000年版。
[③] 重庆出版社2000年版。
[④] 甘肃人民美术出版社2001年版。
[⑤] 甘肃人民美术出版社2002年版。
[⑥] 《考古》2003年第6期。
[⑦] 《考古与文物》2005年第5期。
[⑧] 《考古与文物》2005年第5期。
[⑨] 《考古与文物》2005年第5期。
[⑩] 《考古与文物》2005年第6期。
[⑪] 《考古与文物》2005年第6期。
[⑫] 《考古与文物》2006年第1期。
[⑬] 《敦煌研究》2006年第3期。
[⑭] 《考古与文物》2006年第6期。
[⑮] 三秦出版社2006年版。
[⑯] 《文物》2008年第9期。
[⑰] 兰州大学出版社2009年版。
[⑱] 甘肃人民出版社2009年版。
[⑲] 黄山书社2010年版。
[⑳] 甘肃人民美术出版社2011年版。

州县博物馆》[1]、贺西林、郑岩主编《中国墓室壁画全集·汉魏晋南北朝》[2]、罗世平、李力主编《中国墓室壁画全集·隋唐五代》[3]、甘肃省文物考古研究所《甘肃玉门金鸡梁十六国墓葬发掘简报》[4]、张金莲、许晶《酒泉高闸沟魏晋墓出土的画像砖浅论》[5]、武威市文物考古研究所《甘肃武威磨嘴子汉墓发掘简报》[6]、徐光冀主编《中国出土壁画全集9甘肃·宁夏·新疆》[7]、杨永生主编《酒泉宝鉴》[8]、嘉峪关市文物局《嘉峪关文物图录》[9]、李勇杰《甘肃永昌乱墩子滩1号壁画墓调查简报》[10]、李勇杰《早期道教羽化成仙思想的生动再现——甘肃省金昌市博物馆馆藏晋代彩绘画像砖》[11]、甘肃省文物考古研究所《甘肃酒泉侯家沟十六国墓地发掘简报》[12]、马军强《酒泉高闸沟砖厂墓出土壁画砖及墓葬时代浅析》[13]、肃州区博物馆编《肃州文物图录·可移动文物卷》[14]、敦煌市博物馆编《敦煌市博物馆馆藏珍贵文物图录》[15]，等等。

(二) 现有成果的优点与不足

上述考古报告、简报或图册各有特点，考古报告、简报图文并茂，是后来相关研究的资料基础；相关图册（图录）则以上述考古报告、简报，或以河西走廊各地馆藏墓葬壁画（砖）和原址保存的壁画

---

[1] 甘肃人民美术出版社2011年版。
[2] 河北教育出版社2011年版。
[3] 河北教育出版社2011年版。
[4] 《文物》2011年第2期。
[5] 《陇右文博》2011年第2期。
[6] 《文物》2011年第6期。
[7] 科学出版社2012年版。
[8] 甘肃文化出版社2012年版。
[9] 三秦出版社2014年版。
[10] 《嘉峪关魏晋墓与丝绸之路历史文化学术研讨会论文集》，2015年7月。
[11] 中共嘉峪关市委宣传部、甘肃省历史学会：《嘉峪关与丝绸之路历史文化研究》，甘肃教育出版社2015年版。
[12] 《考古与文物》2016年第2期。
[13] 《丝绸之路》2016年第16期。
[14] 甘肃文化出版社2016年版。
[15] 北方联合出版传媒股份有限公司、万卷出版公司2017年版。

墓为基础，重新拍摄而整理成册。总体看来，考古报告、简报和图册各有千秋，互有短长。有关河西走廊壁画墓的系统考古报告，仅有《嘉峪关壁画墓发掘报告》《酒泉十六国墓壁画》《敦煌佛爷庙湾西晋画像砖墓》几种，其他多为调查报告或简报，因此相关材料并未完全公布，许多墓葬壁画资料散见于各种期刊的相关简报。有关河西走廊墓葬壁画的图册则各有侧重，《嘉峪关酒泉魏晋十六国墓壁画》较为系统地整理、公布了嘉峪关新城墓葬和酒泉丁家闸5号墓的壁画（砖）图版，并附有各个墓葬的壁画分布示意图，虽可与《嘉峪关壁画墓发掘报告》《酒泉十六国墓壁画》互为补充，但其所录均为黑白图版，并不利于读者全面获知墓葬壁画全部信息。宿白主编《中国美术全集·绘画编12·墓室壁画》出版较早，相关图版亦为彩图，所录汉唐时期河西走廊墓葬壁画亦限于1989年之前，20世纪90年代至今发现的相关壁画自然没有收录其中。2009年出版的《甘肃出土魏晋唐墓壁画》则较为全面地收录了甘肃境内的魏晋唐墓壁画较清晰的彩版图片，但所收录既非甘肃出土魏晋唐墓壁画全部，且因编选、出版较为仓促，缺憾不少。2010年以来，罗世平主编的《中国美术全集·墓室壁画》、贺西林与郑岩主编的《中国墓室壁画全集·汉魏晋南北朝》、罗世平与李力主编的《中国墓室壁画全集·隋唐五代》和徐光冀主编《中国出土壁画全集9甘肃·宁夏·新疆》的相继出版，在一定程度上补充了宿白《中国美术全集》的缺漏，但由于这些图册所关注的是整个中国境内的墓葬壁画，河西走廊仅是其中的一个区域而已，因此先后所录河西走廊墓葬壁画也不全面，尤其是散见于河西走廊各地如金昌、山丹、民乐、永昌的壁画（砖）不在其中。上述不足，河西地方博物馆及文物部门编辑出版的相关图录差可补充，如《酒泉文物精粹》《酒泉宝鉴》《嘉峪关文物图录》《肃州文物图录》《敦煌市博物馆馆藏珍贵文物图录》等。不过上述图录亦各有千秋，互有短长，长处自不必说，短处之一，即各种图录所选，重复者多，新录者寡；短处之二，从整个河西走廊来看，图录主要为嘉峪关市、酒泉市及所辖市县博物馆、文物部门编选，出土墓葬壁画较多的另一区域张掖市所辖县区的相关资料则迟迟未见系统整理，虽说高台县出土的相关墓葬壁画在《甘肃出土魏晋唐墓壁画》和甘肃省文物局编《高台县博物馆》中有所展示，但毕竟不及嘉峪关、酒泉的相关工作。还需指出的是，前述不同图录所录相同壁画（砖）的相关信息如出土地、画砖规格等往往或详或略，或长或短，颇有抵牾，很难令人信从，这自然不利于学界对这些材料的进一步研究。短处之三，适如郑岩所指出的那样："已经出版的许多报告和图录为了便于研究者观察到画面细部的特征，往往以砖为单位，尽量将图版印刷得较大。因为图版数量的限制，编写者不得不对画像进行选择，并按照题材重新进行编排，但是对于画像砖题材的确定常常从比较直观的特征出发。由此产生的问题是，这些画像砖原有的排列方式得不到充分表现，借助于出版物进行研究的学者容易产生一种错觉，忽视了这些画像砖之间原有的联系，将目光局限在小幅的画面之中。"① 但实际上，"在当时画工的眼中，这些看似独立于每块砖上的画面是统一设计、互相关联的。并不像我们在一幅幅印刷精美的图版中看到的那样彼此毫不相干。"②

（三）馆藏保护情况

另外值得注意的是，汉唐时期河西走廊墓葬壁画除原址保护的部分和整体搬迁到甘肃省博物馆保护的嘉峪关新城五号墓，这些壁画（砖）大多散藏于甘肃省博物馆和河西走廊各个博物馆。据陈港泉、王旭东、张鲁、乔兆福《甘肃河西地区馆藏画像砖现状调查研究》③的统计，河西地区馆藏画像砖中，敦煌保存有 301 块，嘉峪关 118 块，酒泉 294 块，高台 250 块，山丹 27 块。河西各地博物馆大多都有墓葬壁画陈列展出。最具代表性的是高台县博物馆"古冢丹青——高台魏晋十六国时期墓葬壁画艺术陈列"，其余如嘉峪关长城博物馆、酒泉市博物馆、张掖市博物馆、金昌市博物馆、武威市博物馆、敦煌市博物馆、玉门市博物馆、山丹县博物馆、永昌县博物馆、瓜州县博物

---

① 郑岩：《魏晋南北朝壁画墓研究》，文物出版社 2002 年版，第 146 页。
② 郑岩：《魏晋南北朝壁画墓研究》，文物出版社 2002 年版，第 146 页。
③ 《敦煌研究》2006 年第 4 期。

馆、阳关博物馆等皆有墓葬壁画展出，与前述整理出版的相关图录相得益彰。不过需要指出的是，除去整体搬迁到甘肃省博物馆保护的嘉峪关新城五号墓和在高台博物馆馆内部分复原展出的高台骆驼城苦水口1号墓（均未对外开放展出）外，河西走廊其余馆藏墓葬壁画多分散展出，或分某专题展出，与这些壁画在墓葬当中作为一个整体出现的情形已完全不同，这对从整体上研究壁画墓非常不利。在这一点上，河北省博物馆对河北发现的两个重要王室墓地（战国中山王陵、西汉中山王刘胜及夫人窦绾墓）通过建筑模型、出土器物、照片记录等信息进行的全面展示①，很值得河西地方博物馆学习。

（四）今后整理展望

河西走廊出土墓葬壁画自汉及唐，既有敦煌、酒泉、张掖、武威不同区域的地域特点，但更多地显示出"河西"作为一个整体的地域文化特点。因此，要系统了解、深入研究汉唐时期河西走廊墓葬壁画，必须将之视为一个整体。这也是前述两版《中国美术全集》等图录较多收录河西墓葬壁画、学界墓葬壁画研究的主要著作如贺西林《古墓丹青：汉代墓室壁画的发现与研究》②、郑岩《魏晋南北朝壁画墓研究》③，罗世平、廖旸《古代壁画墓》④对其给予较大关注，孙彦《河西魏晋十六国壁画墓研究》⑤、郭永利《河西魏晋十六国壁画墓》⑥，包艳、张骋杰、史亦真《中国丝绸之路上的墓室壁画·西部卷·甘肃分卷》⑦将其作为主要研究对象深入研究，以及相关图录层出不穷的主要原因。

综上可知，学界整理的汉唐时期河西走廊墓葬壁画的相关考古报

---

① 巫鸿：《黄泉下的美术：宏观中国古代墓葬》，施杰译，生活·读书·新知三联书店2010年版，第9页。
② 陕西人民出版社2001年版。
③ 文物出版社2002年版。
④ 文物出版社2005年版。
⑤ 文物出版社2011年版。
⑥ 民族出版社2012年版。
⑦ 东南大学出版社2017年版。

告、简报及图录各有千秋、互有短长，是进一步研究的基本资料，成就巨大。但总体来看，上述成果虽较全面地展示了汉唐时期河西走廊墓葬壁画的基本面貌，缺憾亦不少，既不利于对外全面展示河西走廊墓葬壁画的全貌，亦不利于学界的进一步研究，尚需学界的持续关注和不断开拓，编选出更高质量、更加全面的整理成果。为此，笔者不揣浅陋，以前述相关资料及博物馆陈列的河西走廊墓葬壁画为基础，编选具有代表性的墓葬壁画图版，汇成《汉唐时期河西走廊墓葬壁画全集》①，以飨学界。

二 汉唐时期河西走廊墓葬壁画研究现状

在考古资料的基础上，学者们对这些墓葬壁画及相关出土遗物进行了整理和研究。杜林渊②对 2005 年以前、郭永利③对 2008 年以前的研究做过梳理，本章在上述工作的基础上，对汉唐时期河西走廊墓葬壁画的研究现状做一归纳。

国内学界代表性的成果，专著主要有牛龙菲《嘉峪关魏晋墓砖壁画乐器考》④、畏冬《中国古代儿童题材绘画》⑤、张军武、高凤山《嘉峪关魏晋墓彩绘砖画浅识》⑥、林少雄《古冢丹青——河西走廊魏晋墓葬画》⑦、贺西林《古墓丹青——汉代墓室壁画的发现与研究》⑧、郑岩《魏晋南北朝壁画墓研究》⑨、岳邦湖、田晓、杜思平、张军武《岩画及墓葬壁画》⑩、董新林《幽冥色彩：中国古代墓葬装饰》⑪、罗

---

① 甘肃文化出版社 2019 年版。
② 杜林渊：《河西汉魏画墓研究综述》，《延安教育学院学报》2005 年第 3 期。
③ 郭永利：《河西魏晋十六国壁画墓》，民族出版社 2012 年版。
④ 甘肃人民出版社 1981 年版。1985 年，作者以此为基础出版了《古乐发隐：嘉峪关魏晋墓砖壁画乐器考证（新一版）》（甘肃人民出版社）。
⑤ 紫禁城出版社 1988 年版。
⑥ 甘肃人民出版社 1989 年版。
⑦ 甘肃人民出版社 1999 年版。
⑧ 陕西人民出版社 2001 年版。
⑨ 文物出版社 2002 年版。
⑩ 敦煌文艺出版社 2004 年版。
⑪ 四川人民出版社 2004 年版。

世平、廖旸《古代壁画墓》①、李星明《唐代墓室壁画研究》②、黄佩贤《汉代墓室壁画研究》③、张兴盛《地下画廊——魏晋墓群》④、汪小洋《中国墓室绘画研究》⑤、张晓东《嘉峪关魏晋民俗研究》⑥、邢义田《画为心声：画像石、画像砖与壁画》⑦、孙彦《河西魏晋十六国壁画墓研究》⑧、贾小军《魏晋十六国河西社会生活史》⑨、郭永利《河西魏晋十六国壁画墓》⑩、汪小洋《汉墓壁画的宗教信仰与图像表现》⑪、郑岩《逝者的面具：汉唐墓葬艺术研究》⑫，胡杨、许瑾《地下画廊：嘉峪关魏晋墓砖画》⑬、汪小洋《中国丝绸之路上的墓室壁画·总论卷》⑭、朱浒《汉画像胡人图像研究》⑮、贾小军、武鑫《魏晋十六国河西镇墓文、墓券整理研究》⑯，包艳、张骋杰、史亦真《中国丝绸之路上的墓室壁画·西部卷·甘肃分卷》⑰、黄景春《中国宗教性随葬文书研究——以买地券、镇墓文、衣物疏为主》⑱ 等。

以上成果中，罗世平、廖旸《古代壁画墓》与汪小洋《中国墓室绘画研究》是总论性著作，但二者关注点不同。《古代壁画墓》的研究对象是壁画墓，该书以时代为序，对我国 20 世纪发现的汉魏至明清的壁画墓从墓室结构、壁画题材、绘画风格与技巧等方面进行了系统

---

① 文物出版社 2005 年版。
② 陕西人民美术出版社 2005 年版。
③ 文物出版社 2008 年版。
④ 敦煌文艺出版社 2008 年版。
⑤ 上海大学出版社 2010 年版。
⑥ 甘肃文化出版社 2010 年版。
⑦ 中华书局 2011 年版。
⑧ 文物出版社 2011 年版。
⑨ 甘肃人民出版社 2011 年版。
⑩ 民族出版社 2012 年版。
⑪ 上海古籍出版社 2012 年版。
⑫ 北京大学出版社 2013 年版。
⑬ 甘肃人民出版社 2016 年版。
⑭ 东南大学出版社 2017 年版。
⑮ 生活·读书·新知三联书店 2017 年版。
⑯ 中国社会科学出版社 2017 年版。
⑰ 东南大学出版社 2018 年版。
⑱ 上海人民出版社 2018 年版。

的阐述，展示了不同时期我国墓室壁画的时代特点、艺术成就及研究现状，并重视同一时期不同区域壁画墓的联系与区别。《中国墓室绘画研究》则将汉魏以至元明清时期的墓室绘画作为研究对象，在"完整梳理本土墓葬思想和墓室绘画遗存的基础上，探讨墓葬思想对墓室绘画的具体指导，并辨析墓室绘画的叙事路径"[①]。以魏晋十六国壁画墓著称的河西走廊地区，均得到上述两部著作的关注，尤其对汉代、魏晋十六国时期河西相关壁画墓皆有较为全面的梳理，但敦煌、酒泉等地的唐代模印砖墓不在关注之列。黄佩贤《汉代墓室壁画研究》、贺西林《古墓丹青——汉代墓室壁画的发现与研究》、郑岩《魏晋南北朝壁画墓研究》、李星明《唐代墓室壁画研究》分别为汉代、魏晋南北朝、唐代墓室壁画（壁画墓）的考古学综合研究，也是墓室壁画的断代研究，分别对中国各地出土的墓葬壁画（壁画墓）进行收集、分类、排列、整理与研究。由于河西走廊壁画墓主要集中在汉魏十六国时期，因此《汉代墓室壁画研究》《古墓丹青》《魏晋南北朝壁画墓研究》对相关河西走廊墓葬壁画皆有关注，又因《魏晋南北朝壁画墓研究》的断代研究与河西走廊壁画墓的考古发现更为贴合，因此相关研究也更为深入，尤其通过魏晋壁画墓对凉州与中原文化关系的探讨值得重视，对河西壁画墓与汉代壁画墓的整体关系亦有清晰的梳理。《唐代墓室壁画研究》是对唐代墓室彩绘壁画的全面、系统研究，由于截至该著出版的 2005 年，尚没有发现河西走廊唐代彩绘壁画墓，河西走廊其他的模印砖墓亦不在该著的关注范围。汪小洋《中国丝绸之路上的墓室壁画·总论卷》与包艳、张骋杰、史亦真《中国丝绸之路上的墓室壁画·西部卷·甘肃分卷》两书将河西走廊墓室壁画置于丝绸之路、中西交流的大背景下进行考察，既与当下的学术热点相一致，亦体现了墓室壁画的内在特点。汪著指出："（在丝绸之路墓室壁画图像体系中，）西部图像体系的地域性最为突出，河西走廊和西域构成了多元文化交融的两大板块……从历史文化发展来看，河西地区

[①] 汪小洋：《中国墓室绘画研究·后记》，上海大学出版社 2010 年版。

和西域地区是西部图像体系的干线。"① 张军武、高凤山《嘉峪关魏晋墓彩绘砖画浅识》是较早进行嘉峪关魏晋墓彩绘砖画综合研究的代表性著作，该书部头不大，但其所关注的相关问题已基本涵盖了此后河西墓葬壁画研究的基本范畴，因而具有重要的学术价值。林少雄《古冢丹青——河西走廊魏晋墓葬画》、岳邦湖等《岩画及墓葬壁画》两书既带有资料整理的性质，亦不乏专深的探讨，均对河西走廊墓葬壁画有较系统的梳理，由于两书关注的时间段有别，前者上溯汉代河西墓葬壁画以论魏晋，故对汉代墓葬壁画梳理较为细致；后者对甘肃地区唐代、西夏及宋元时期墓葬壁画均有介绍，但汉代部分不及前者全面。孙彦《河西魏晋十六国壁画墓研究》、郭永利《河西魏晋十六国壁画墓》是对河西魏晋十六国壁画墓的专题研究，因而在前述相关成果的基础上颇有进益。前者既有对河西壁画墓的横向考古学关照，又有纵向历史学和美术史学的深入考察，其中对汉晋时期河西地区豪族共同体及其坞壁庄园经济、兴建壁画墓的历史背景，以及壁画墓如何衰落等问题的探究尤其值得肯定；后者对河西走廊壁画墓的发现及研究过程做了系统梳理，并对魏晋十六国壁画墓的相关细节做了微观探究，如对魏晋十六国河西壁画墓中的"矩形"与"圆圈"图像的探究独具慧眼。另外，该著对2001年新清理的酒泉小土山墓及相关西凉墓葬亦有较系统的研究。张晓东《嘉峪关魏晋民俗研究》、贾小军《魏晋十六国河西社会生活史》以嘉峪关新城魏晋墓壁画或河西墓葬壁画为基本资料进行分类整理研究，前者关注魏晋时期墓葬所在区域民俗，后者关注该时该地的社会生活。汪小洋《汉墓壁画的宗教信仰与图像表现》综合运用历史学、考古学、美术史等方法，在系统梳理汉墓壁画资料的基础上，宏观关照与微观考察结合，以汉代主流社会的长生信仰为逻辑起点，考察相关墓葬壁画所表现的宗教信仰后指出："汉壁画墓是中上贵族阶层选择的墓葬形式，画像石墓则是中下贵族阶层与平民阶层选择的墓葬形式。"② 郑岩《逝者的面具：汉唐墓葬艺

---

① 汪小洋：《中国丝绸之路上的墓室壁画·总论卷》，东南大学出版社2017年版，第54页。
② 汪小洋：《汉墓壁画的宗教信仰与图像表现》，上海古籍出版社2012年版。

术研究》综合运用考古学和美术史的方法，从多角度描述和阐释两汉至唐宋时期的墓葬材料，该著虽然使用河西墓葬壁画材料不多，但对我们深入探究河西墓葬壁画材料却有重要的启示。在专题研究中，牛龙菲《嘉峪关魏晋墓砖壁画乐器考》及在此基础上形成的《古乐发隐：嘉峪关魏晋墓砖壁画乐器考证新一版》一书成书较早，该成果从嘉峪关出土的魏晋墓砖画所绘乐器的考证入手，对中国古代乐器如卧箜篌等的考证颇具代表性，具有较高的学术价值。畏冬《中国古代儿童题材绘画》则对河西墓葬壁画所涉及的儿童题材图像做了梳理。与此相对的是，汉唐时期河西走廊墓葬壁画其余各专题研究迄今尚未形成专著，相关研究散见于各种期刊或论文集中。朱浒《汉画像胡人图像研究》是对汉画像胡人图像进行的专题研究，该书虽对河西走廊资料关注较少，但为探究胡人图像较多的河西走廊魏晋十六国唐代墓葬壁画提供了重要启示。贾小军、武鑫《魏晋十六国河西镇墓文、墓券整理研究》、黄景春《中国宗教性随葬文书研究——以买地券、镇墓文、衣物疏为主》是镇墓文、墓券等墓葬出土文书的研究专著，由于所讨论的镇墓文、墓券与汉唐时期河西走廊墓葬壁画时代多有交叉，亦有墓葬文献与墓葬壁画同出者，因而相关研究颇能与墓葬壁画互补，具有重要的学术意义。

相关研究论文大致可分为以下四类：一是对同一类型壁画、画砖的研究，这类研究所占比重最大。如施爱民《再现河西农耕生产的珍贵文物——谈高台骆驼城出土彩绘农耕画像砖》[1]、吴礽骧《略谈河西西晋墓壁画中的莲花藻井》[2]，段小强、赵学东《嘉峪关魏晋壁画墓中的〈农作图〉》[3]，赵吴成《河西墓室壁画中"伏羲、女娲"和"牛首人身、鸡首人身"图像浅析》[4]，王义芝、胡朝阳《敦煌古代儿童游戏初探》[5]，王中旭《敦煌佛爷庙湾墓伯牙弹琴画像之渊源与含义》[6]，

---

[1] 《农业考古》1998 年第 3 期。
[2] 《陇右文博》2004 年第 2 期。
[3] 《敦煌学辑刊》2005 年第 2 期。
[4] 《考古与文物》2005 年第 4 期。
[5] 《寻根》2007 年第 3 期。
[6] 《故宫博物院院刊》2008 年第 1 期。

林春、路志骏《嘉峪关魏晋古墓彩绘砖画中的庖厨题材》[1]、殷光明《敦煌西晋墨书题记画像砖墓及相关内容考论》[2]、郭永利《河西魏晋十六国壁画墓宴饮、出行图的类型及其演变》[3]、孙彦《试论魏晋十六国时期的农具与农业生产——以河西走廊墓葬壁画为例》[4]、郑怡楠《河西高台县墓葬壁画娱乐图研究——河西高台县地埂坡 M4 墓葬壁画研究之二》[5]、张有《丝绸之路河西地区魏晋墓彩绘砖画——六博新考》[6]、杨秀清《敦煌石窟壁画中的古代儿童生活（一—三）》[7]、朱智武《酒泉丁家闸五号墓"社树图"辨析》[8]、丛振《敦煌壁画中的儿童游戏》[9]、李玉峰《魏晋隋唐时期河西地区连枷和木杈演变述论》[10]、郭永利《河西魏晋唐墓中的胡人形象》[11]、石佳佳《试论魏晋时期屯田的转化及豪族庄园的发展——以嘉峪关画像砖所见军屯与坞为中心》[12]，郑以墨、习化娜《两汉魏晋南北朝墓葬中的帷幔图像研究》[13]、巩家楠《高台魏晋墓壁画农牧图研究》[14]、杨宇政《河西地区魏晋墓室壁画畜兽、花鸟形象研究》[15]、程酩茜《汉唐墓葬中的施帐现象研究》[16]、付丁涛、赵慧《魏晋南北朝时期墓葬壁画中的帷帐》[17]等；二是相关壁画墓的断代、分区和分期研究，如夏鼐《敦煌考古漫

---

[1] 《敦煌研究》2008 年第 2 期。
[2] 《考古与文物》2008 年第 2 期。
[3] 《考古与文物》2008 年第 3 期。
[4] 《农业考古》2008 年第 4 期。
[5] 《敦煌学辑刊》2010 年第 2 期。
[6] 《敦煌研究》2011 年第 2 期。
[7] 《敦煌学辑刊》2013 年第 1 期、第 2 期、第 3 期连载。
[8] 《南京艺术学院学报（美术与设计版）》2014 年第 6 期。
[9] 《山西档案》2015 年第 5 期。
[10] 《西夏研究》2016 年第 4 期。
[11] 《丝路文明》第二辑，上海古籍出版社 2017 年版。
[12] 《苏州文博论丛》2017 年。
[13] 《装饰》2017 年第 2 期。
[14] 《湖北广播电视大学学报》2018 年第 2 期。
[15] 硕士学位论文，陕西师范大学，2018 年。
[16] 硕士学位论文，南京大学，2018 年。
[17] 《艺海》2020 年第 3 期。

记（一）》①和阎文儒《河西考古简报（上）》②对敦煌翟宗盈墓时代的判断，张小舟《北方地区魏晋十六国墓葬的分区与分期》③对北方地区魏晋十六国墓葬进行分区、分期，以及后来学者在考古报告、简报等基础上作的进一步探究，如郭永利、杨惠福《敦煌翟宗盈墓及其年代》④、韦正《试谈酒泉丁家闸5号壁画墓的时代》⑤、戴春阳《敦煌佛爷庙湾唐代模印塑像砖墓——墓葬举要与年代》⑥等；三是根据墓葬壁画内容进行艺术、宗教、民族及丝路交通等问题的研究，如张朋川《酒泉丁家闸古墓壁画艺术》⑦、尹德生《酒泉丁家闸壁画"燕居行乐图"浅识——兼论河西十六国时期的表演艺术》⑧、赵雪野、赵万钧《甘肃高台魏晋墓墓券及所涉及的神祇和卜宅图》⑨、孙彦《考古所见魏晋十六国时期的宗教信仰——以河西走廊为例》⑩、李怀顺《河西魏晋墓壁画少数民族形象初探》⑪、冯星宇《河西走廊魏晋墓葬砖画的装饰艺术研究》⑫、戴春阳《敦煌佛爷庙湾唐代模印塑像砖墓（四）——从模印胡商牵驼砖看丝路交通中的有关问题》⑬等；四是墓葬壁画的综合研究，如卢燕玲、田小龙、韩鉴卿《甘肃河西地区墓葬壁画与砖画颜料分析比较》⑭、杨雄《敦煌西晋墓画——敦煌壁画的另一源头》⑮、史跃军《浅析敦煌壁画与墓室壁画的关系》⑯、赵雪野

---

① 《考古通讯》1955年创刊号。
② 《国学季刊》第7卷第1号，1950年7月。
③ 《考古学报》1987年第1期。
④ 《考古与文物》2007年第4期。
⑤ 《文物》2011年第4期。
⑥ 《敦煌研究》2015年第5期。
⑦ 《文物》1979年第6期。
⑧ 《敦煌研究》1995第2期。
⑨ 《考古与文物》2008年第1期。
⑩ 《南京晓庄学院学报》2008年第4期。
⑪ 《华夏考古》2010年第4期。
⑫ 硕士学位论文，辽宁师范大学，2012年。
⑬ 《敦煌研究》2019年第5期。
⑭ 《敦煌研究》2002年第4期。
⑮ 《内蒙古社会科学》（汉文版）2005年第1期。
⑯ 《美与时代》2006年第10期。

第二章 汉唐时期河西墓葬壁画整理研究现状

《从画像砖看河西魏晋社会生活》①、孙彦《试论魏晋十六国壁画题材的配置——以河西走廊墓葬壁画为例》②、林硕《敦煌壁画与墓室壁画和寺观壁画的关系》③、汪小洋《中国墓室壁画兴盛期图像探究》④、汪小洋《丝绸之路墓室壁画的图像体系讨论》⑤、朱智武《试论河西魏晋十六国墓葬壁画对汉画像的新变——以斗鸡、驻马等非典型图像题材为中心》⑥，等。另外，有关墓葬出土镇墓文、墓券的研究也有助于魏晋十六国墓葬壁画研究的深入进行，如刘卫鹏《甘肃高台十六国墓券的再释读》⑦、寇克红《高台骆驼城前秦墓出土墓券考释》⑧、储晓军《敦煌魏晋镇墓文研究》⑨、寇克红《高台骆驼城前凉墓葬出土衣物疏考释》⑩ 以及刘乐贤《"生死异路，各有城郭"——读骆驼城出土的一件冥婚文书》⑪ 一文，等等。

此外，相关汉唐河西史研究专著和汉唐丝绸之路、中外交流研究专著也涉及了汉唐时期河西墓葬壁画及该时期河西社会生活史的内容。代表性的成果有：齐陈骏《五凉史略》⑫、齐陈骏《河西史研究》⑬、武守志《一字轩谈学录》⑭、吴廷桢、郭厚安主编《河西开发研究》⑮、赵向群《五凉史探》⑯、姜伯勤《敦煌艺术宗教与礼乐文明》⑰、林梅村《汉唐西域与中国文明》⑱、朱大渭等《魏晋南北朝社

---

① 《考古与文物》2007 年第 5 期。
② 《南京艺术学院学报》（美术与设计版）2011 年第 1 期。
③ 《大众文艺》2011 年第 1 期。
④ 《民族艺术》2014 年第 3 期。
⑤ 《民族艺术》2015 年第 2 期。
⑥ 《南京晓庄学院学报》2016 年第 3 期。
⑦ 《敦煌研究》2009 年第 1 期。
⑧ 《敦煌研究》2009 年第 4 期。
⑨ 《敦煌研究》2009 年第 1 期。
⑩ 《考古与文物》2010 年第 6 期。
⑪ 《历史研究》2011 年第 6 期。
⑫ 甘肃人民出版社 1988 年版。
⑬ 甘肃教育出版社 1989 年版。
⑭ 甘肃人民出版社 1993 年版。
⑮ 甘肃教育出版社 1993 年版。
⑯ 甘肃人民出版社 1996 年版。
⑰ 中国社会科学出版社 1996 年版。
⑱ 文物出版社 1998 年版。

会生活史》①、齐陈骏主编《西北通史》（第二卷）②、赵向群《甘肃通史（魏晋南北朝卷）》③、高荣《河西通史》④、荣新江《中古中国与外来文明》⑤，等。

  国外的研究主要以日本学者为代表，日本西北出土文献研究会《西北出土文献研究》刊布了一系列研究成果，如关尾史郎的《甘肃出土、魏晋时代画像砖および画像砖墓の基础的整理》《围绕民乐出土魏晋壁画墓诸问题》《河西出土の砖画・壁画に描かれた非汉族》等三篇文章，园田俊介的《酒泉丁家闸5号墓壁画にみえる十六国时代の河西社会——胡人画像を中心として》《河西画像砖墓所见胡人图像》两文，以及町田隆吉的《关于四—五世纪吐鲁番古墓壁画、纸画的基础研究》，市来弘志的《画像砖に见る魏晋期酒泉の家畜と牧畜——嘉峪关新城古墓群を中心として》，荻美津夫的《关于嘉峪关、酒泉地区魏晋墓砖画、敦煌莫高窟壁画所见音乐资料》，三崎良章的《辽宁省魏晋时期的壁画墓》，小林聪的《中国服饰史上河西走廊的魏晋壁画墓、画像砖墓》，北村永的《关于甘肃省高台县地埂坡魏晋3号墓》和高阶秀树的《酒泉丁家闸5号墓壁画胡人像所见毡与"三角帽"》等。2019年，关尾史郎、町田隆吉先生编《砖画・壁画からみた魏晋时代の河西》⑥，全面展示了日本学者有关河西墓葬壁画的最新研究成果，对高台、嘉峪关、酒泉、敦煌等地不同类型的画像砖均有关注，其中既有对今后研究的展望（北村永），亦有对河西壁画墓和辽阳壁画墓的比较研究（三崎良章）；有在新城壁画墓研究基础上对五胡十六国时代的关注（关尾史郎），亦有依据敦煌祁家湾十六国砖画对敦煌及其周边地区民众"来世观"的考察（町田隆吉）；有对河西壁画墓中犁耕图像资料的统计（渡部武），有依据壁画内容对魏

---

① 中国社会科学出版社 2005 年版。
② 兰州大学出版社 2005 年版。
③ 甘肃人民出版社 2009 年版。
④ 天津古籍出版社 2011 年版。
⑤ 生活・读书・新知三联书店 2011 年版。
⑥ 汲古书院 2019 年版。

晋十六国时期朝服制度的关照（小林聪），更有对河西壁画墓所见乐器（荻美津夫）、武器（内田宏美）的深入探究。这些研究既继承了此前日本学者长期关注的领域，亦有在更细致区域内的深入拓展，如有对河西壁画墓的总体研究，也有就汉唐墓葬壁画某一主题的专门研究，还有对墓葬文书的研究，等等，基本上涵盖了河西走廊出土的魏晋十六国时期墓葬壁画内容，在一定程度上推进了相关研究。但需要指出的是，日本学者对汉代河西墓葬壁画、唐代模印砖画关注较少。还有美国学者巫鸿《黄泉下的美术：宏观中国古代墓葬》，为通论性著作，魏晋十六国河西壁画墓资料作为其基本研究素材，穿插于全书的研究当中，该著为"达到对中国墓葬艺术及建筑的真实理解……将分析框架建立在一切人工制品的三个基本要素之上：空间性、物质性和时间性"[1]，在之前学界把整个墓葬作为历史研究和解释主题的研究范式基础上，"将阐释方法作为直接的考察主题"[2]，对相关领域的研究具有重要的方法论意义。

　　相对而言，日本学者更注重对墓葬壁画和文书的微观研究，其成果形式以论文为主；其他学者研究更为全面，既有微观分析，也有宏观考察。经学者们的共同努力，河西壁画墓及相关领域的研究，在深度、广度上较之前均有推进。

　　综上可知，学界关于河西走廊出土的汉唐时期墓葬壁画整理与研究，涉及墓葬壁画的整理、出版和研究，从形式上基本上涵盖了这一课题研究的主要内容，但就研究的深度而言，还需进一步深化。纵观上述汉唐时期河西走廊墓葬壁画的相关研究成果，与学界同时期对其他区域墓葬壁画的整理研究所面临的问题一致，往往是一次新的发现带来一波研究热潮，缺乏长久、持续和系统的关注。对一砖一画或某一类画砖图像的研究长盛不衰，这虽与受传统金石学方法影响有关，但长此孤立、零散地看待和认识墓葬壁画，在一定程度上就失去了对墓葬壁画本来面貌的认识与追求。关于墓葬壁画的历史学、民俗学、

---

[1] 生活·读书·新知三联书店2010年版，第11页。
[2] 第9页。

美术史研究，必须赋予其考古学的概念与方法，必须考虑到从来没有单独的墓葬壁画，墓葬壁画本来是附属于墓室、照墙等处的墓葬装饰内容，远非墓葬全部。墓葬壁画的研究目标应该是呈现墓葬壁画与其他墓葬遗物构成的整体、本来面貌，以及所反映的时人墓葬观念。当然，作为考古学资料的墓葬壁画，虽出于丧葬观念和礼仪需要而绘制，但同时也会间接地表现社会现实，并且由于视觉图像的直观、具体特征，其所蕴含的信息量非常巨大，这也是长期以来学界据之研究社会现实的基础。又由于近年来发现的许多汉唐河西墓葬壁画资料尚没有进行较全面的整理，深层次的研究很难展开，并且缺少对河西走廊何以由汉晋十六国墓葬壁画转变为唐代模印砖画进行探讨的成果，尤其缺乏对墓葬壁画进行分门别类、深入研究的代表性成果，因此也就很难了解其中所反映的汉唐时期河西社会历史信息。

因此，今后汉唐时期河西走廊墓葬壁画的整理、研究，应当从以下几个方面寻找突破：一是墓葬壁画资料的系统整理。在此前学界整理的基础上，重视"河西文化区"的整体性，既重视集中出土墓葬壁画的敦煌、嘉峪关、酒泉、高台等区域，亦给予零星出土相关资料的金昌、武威等地以应有的关注，尤其是对零星出土的相关资料进行系统整理。二是河西走廊壁画墓的整体研究。包括两个方面，即单个壁画墓的整体研究和作为一个文化区的河西地域壁画墓的整体研究。三是唐代模印砖墓的系统研究。与魏晋十六国壁画墓（彩绘砖墓）相对应，唐代模印砖墓是汉唐时期河西走廊墓葬壁画的另一个重要内容，其分布范围与壁画墓（彩绘砖墓）庶几相当，但受学术惯性的影响，河西走廊唐代模印砖墓受到的关注远远不够。四是积极借鉴其他区域墓葬艺术研究的方法及成果，拓宽汉唐时期河西走廊墓葬壁画研究的学术领域，深入挖掘相关研究领域的学术增长点，进一步发现墓葬壁画所展示的社会历史信息。五是打破现有的分类桎梏，继续深化汉唐时期河西走廊墓葬壁画的分类研究；墓葬壁画绘画史意义的研究，则宜根据绘画艺术分类情况，将墓葬壁画按照不同的题材进行更为细致的分类研究。六是在系统梳理学界已有成果的基础上，进一步细化河西走廊壁画墓的分区和分期，加大相关壁画墓断代研究的力度。七是继续加深考古学、历史学、美术史、社会学等多学科的综合研究和交叉研究。

　　本书以汉唐时期河西墓葬壁画及出土遗物为基础，结合传世文献的相关记载，将汉唐时期河西墓葬壁画置于中国古代墓葬绘画发展演变及该时期河西社会变迁的大背景下，采用历史学、考古学、民俗学、社会学等多学科结合的研究方法，对河西走廊出土的汉唐时期墓葬壁画进行整理研究，考察不同时期、不同区域河西墓葬壁画的区别与联系，探究其发展、演变的轨迹，并将之与其它地区墓葬壁画进行比较研究，进而总结汉唐时期河西墓葬壁画的地域特点与历史变迁。由于涉及的河西墓葬壁画资料较多，因此在研究过程中，力争在全面整理的基础上，根据墓葬壁画的内容及其内在联系，对嘉峪关新城魏晋墓，高台骆驼城苦水口魏晋墓、地埂坡魏晋墓，敦煌佛爷庙湾西晋墓，酒泉西沟魏晋墓、丁家闸十六国五号墓、西沟唐墓等具有代表性的内容进行重点研究。在具体研究中，重视墓葬壁画不同主题、不同类别间的区别与联系，对农牧业生产图像、狩猎图、衣食住行等社会生活场景、民族融合图像、图像与榜题关系等部分，选取其中具有代表性的墓葬壁画进行较深入地探究。在此基础上，结合文献记载，对汉唐时期河西民众的丧葬习俗及相关社会生活史内容进行探讨。限于学识与能力，本研究还有很多需要改进的地方，我们将在今后的工作中继续努力。

第三章

汉唐时期河西壁画墓的形制流变与墓葬壁画发展轨迹

汉唐时期，包括在单个砖面上彩绘、雕刻彩绘、模印，或在整个墓壁上大幅作画的墓葬在内的壁画墓，是目前为止所发现的汉唐河西走廊墓葬的主要形态。自汉及唐，河西走廊壁画墓形制有较为明晰的流变过程。

一 汉代河西走廊壁画墓形制

据上所述，汉代河西走廊壁画墓虽广泛分布于东起武威、西至酒泉的广大范围内，但因考古资料的不完整性，造成了研究上的困难。[①] 以下据相关资料，对汉代河西走廊壁画墓形制及壁画题材进行叙述。

据现有资料可知，汉代河西走廊壁画墓形制多样，既有竖穴土坑墓，亦有洞室墓、砖室墓，以洞室墓为主，多室但规模不大，同一墓葬中常兼具弧顶与平顶形式。[②] 按照形制、建材、结构和墓室数量、规模、是否有耳室及壁龛等建筑特征作为标准，经过分类排序，可将其分为三型五式。

A型 三室墓，有的有左右耳室，有的无耳室、壁龛，故又分作二式。

Ⅰ式 三室土洞墓，有耳室。仅发现一座，即民乐八卦营1号壁

---

① 黄佩贤：《汉代墓室壁画研究》，文物出版社2008年版，第120页。
② 黄佩贤：《汉代墓室壁画研究》，文物出版社2008年版，第120页。

画墓。

民乐八卦营1号壁画墓为三室土洞墓,由墓道、墓门、前室、左右耳室、中室、后室组成。①

Ⅱ式 三室砖室墓,无耳室、壁龛。仅发现一座,即酒泉下河清1号墓。

酒泉下河清1号墓位于酒泉下河清农场场部东面约三千米的二支渠东头,分前、中、后三室(图3-1,图3-2),为双层砖砌墓,全长10.12米,东西向,墓门东向,南偏东72度,因被盗掘,满积淤土。墓全部用火候不高质料松软的粉红色砖砌筑。一种是条砖,包括墓壁砌砖、壁画砖和雕刻砖,长36厘米、宽17厘米、厚5厘米,是最主要的材料;另一种是方砖,模制"回"字形花纹,长、宽各32厘米,厚4厘米。条砖用于建筑,方砖用于装饰,如前室地面铺"回"字纹方砖,底又铺一层条砖,中室地表仅铺一层"回"字纹方砖。檐壁雕刻的马头形砖与其空间衬托的彩绘画砖,不仅是门上装饰,而且颇具斗拱形状。墓有头道门、二道门、三道门,墓道在修渠中已被挖毁。头道门(即前室门),进深1.24米,宽1米,高1.44米,三重券砌,下部另有一重单券,为门框。其上满顺砌三层,再上向后缩入10厘米,接连用满顺砌、丁陡砌和陡砌法,高1.44米,宽1.84—1.98米,厚0.36—0.40米,为檐壁。檐壁立面又附加一层雕刻的斗拱三排,类似一斗三升形式,在坐斗处浮雕马头。攒当处和下两排的两旁陡砌砖面彩绘人物走兽,中部满顺和丁陡砖墨画菱形方格纹。从墓门底部至檐壁顶端通高3.59米。封门砖由下而上七层为丁陡砌法,再上五层用满顺砌法。墓门底部高于前室地面0.20米,二道门(即由前室进入中室的门)进深0.68米,宽1.03米,高1.22米,为三重拱券,底高于前室地面0.30米,与中室地面平;三道门(即由中室通往后室的门)进深0.70米,宽1.02米,高1.27米,为双重拱券,底高于中室地面0.50米。前室平面呈长方形,长2.48米,宽2.74米,高3.68

---

① 施爱民、卢晔:《民乐清理汉代壁画墓》,《中国文物报》1993年5月30日第1版;施爱民:《民乐县八卦营:墓葬·壁画·古城》,《丝绸之路》1998年第3期;张掖市文物管理局:《张掖文物》,甘肃人民出版社2009年版,第246页。

米，穹窿顶，室砖一般为丁陡砌法，惟壁画砖用陡砌法。另在室壁四角高 2.20 米起券处有四块突出的灯台砖。墓顶原可能有一块方形绘画封顶砖，已被破坏。中室较前室略矮，无彩绘壁画。后室平面为长方形，长 3.28 米，宽 1.94 米，高 1.85 米。底铺一层条形满砖，室壁由底先平铺后再侧立三层，而后满砌成拱形。①

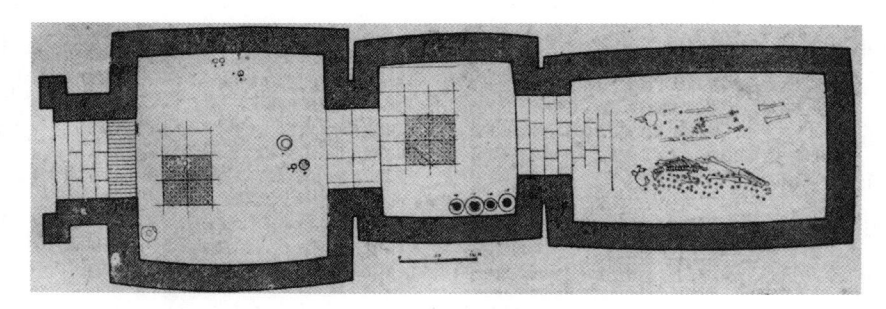

图 3-1　酒泉下河清 1 号墓平面图②

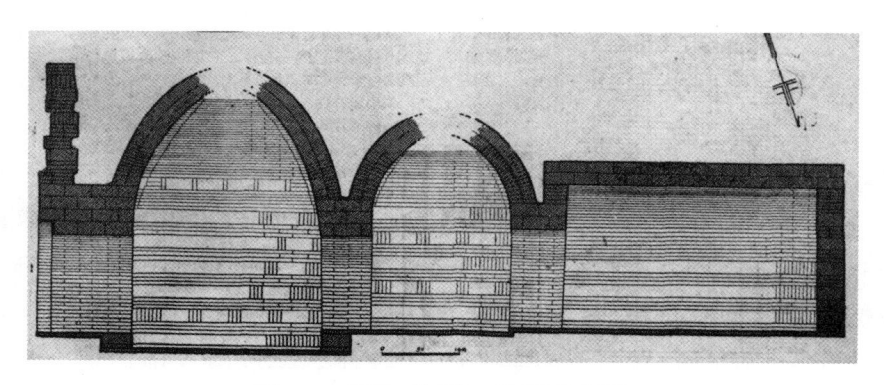

图 3-2　酒泉下河清 1 号墓剖面图③

---

① 甘肃省文物管理委员会：《酒泉下河清第 1 号墓和第 18 号墓发掘简报》，《文物》1959 年第 10 期。
② 甘肃省文物管理委员会：《酒泉下河清第 1 号墓和第 18 号墓发掘简报》，《文物》1959 年第 10 期。
③ 甘肃省文物管理委员会：《酒泉下河清第 1 号墓和第 18 号墓发掘简报》，《文物》1959 年第 10 期。

B 型　双室墓。又可分为三式。

Ⅰ式　前室双后室土洞墓，一座，即武威磨嘴子壁画墓。

武威磨嘴子壁画墓规模较大，为横前室双后室土洞墓（图3-3），有斜坡式墓道，壁画绘制在前室后半部的墓壁与顶部的白灰面上。斜坡式墓道已残。墓门正东方向，开于前室正中。前室与墓道之间有甬道，长1米、宽0.8米、高1.1米。前室分两部分，前部南北长5.85米、东西宽2.1米、高2.04米；后部南北长3.7米、东西宽1.3米、高1.9米，底比前部高0.2米。四壁皆涂成白灰面。后室两个，南北平行。后室与前室之间有短甬道，各长0.27米、宽1.2米、高1.1米。后室平面皆长方形，北后室长2.6米、宽1.4米，南后室长2.7米、宽1.8米。两后室高皆为1.9米。后室与连接后室、前室之间的甬道底皆与前室后半部平齐。除墓道与前室之间的甬道为平顶外，其他部分的顶部两端皆呈弧形。①

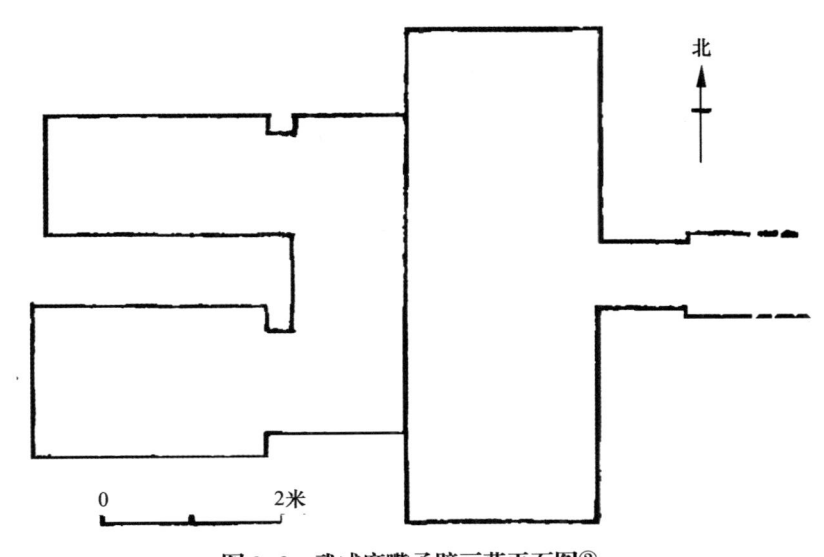

图3-3　武威磨嘴子壁画墓平面图②

---

① 党寿山：《甘肃武威磨嘴子发现一座东汉壁画墓》，《考古》1995年第11期。
② 党寿山：《甘肃武威磨嘴子发现一座东汉壁画墓》，《考古》1995年第11期。

Ⅱ式　双室砖室墓，一座，即嘉峪关牌坊梁1号墓。

嘉峪关牌坊梁1号墓由前、后室组成，前室穹窿顶、后室券顶。①

Ⅲ式　双室土洞墓，三座，为民乐八卦营2号墓、3号墓、5号墓。

民乐八卦营2号墓为双室土洞墓，由甬道、墓门、前室、后室组成。3号墓亦为双室土洞墓，由甬道、墓门、前室、后室组成。5号墓亦为双室土洞墓，前室为盝顶，后室为券顶。②

C型　单室墓。二座，即武威韩佐乡五坝山壁画墓、民乐八卦营4号墓。

民乐八卦营4号墓为单室土洞墓，拱形券顶。③

武威韩佐乡五坝山壁画墓为长方形土洞单室墓。④

二　魏晋十六国河西走廊壁画墓形制

张小舟曾对北方地区魏晋十六国墓葬的分区、分期做过深入讨论⑤，孙彦、郭永利则分别对魏晋十六国时期河西壁画墓形制做过梳理⑥，孙彦视河西走廊为一个整体，将该时期壁画墓分为四型九式⑦，郭永利先将该时期河西走廊壁画墓划分为敦煌、酒泉、武威三个区域，然后对每个区域内的壁画墓进行类型学的研究⑧。以下据相关资料并参

---

①　国家文物局：《中国文物地图集·甘肃分册（下）》，测绘出版社2011年版，第63页。
②　施爱民、卢晔：《民乐清理汉代壁画墓》，《中国文物报》1993年5月30日第1版；施爱民：《民乐县八卦营：墓葬·壁画·古城》，《丝绸之路》1998年第3期；张掖市文物管理局：《张掖文物》，甘肃人民出版社2009年版，第246页。
③　施爱民、卢晔：《民乐清理汉代壁画墓》，《中国文物报》1993年5月30日第1版；施爱民：《民乐县八卦营：墓葬·壁画·古城》，《丝绸之路》1998年第3期；张掖市文物管理局：《张掖文物》，甘肃人民出版社2009年版，第246页。
④　何双全：《武威韩佐五坝山墓群》，《中国考古学年鉴》（1985），文物出版社1985年版，第245—246页。按，岳邦湖、田晓、杜思平、张军武《岩画及墓葬壁画》（敦煌文艺出版社2004年版）认为该墓为"竖穴土坑墓"（第7页）。
⑤　张小舟：《北方地区魏晋十六国墓葬的分区与分期》，《考古学报》1987年第1期。
⑥　孙彦：《河西魏晋十六国壁画墓研究》，文物出版社2011年版；郭永利：《河西魏晋十六国壁画墓》，民族出版社2012年版。
⑦　孙彦：《河西魏晋十六国壁画墓研究》，文物出版社2011年版，第23—35页。
⑧　郭永利：《河西魏晋十六国壁画墓》，民族出版社2012年版，第23—87页。

第三章　汉唐时期河西壁画墓的形制流变与墓葬壁画发展轨迹

考上述研究成果，对魏晋十六国时期河西壁画墓形制特点予以总结。

以形制、建材、结构、规模和是否有耳室及壁龛等建筑特征作为标准，经过分类排序，可将其分为以下四型七式。

A型　四室墓，无耳室、壁龛。一座，即高台骆驼城2号墓。

高台骆驼城2号墓（M2）为四室砖石墓，该墓由墓道、墓门、照墙、甬道和前后四个墓室组成。长方形斜坡状墓道长13米，上宽下窄，上端宽2.5米、下端宽1.88米。墓门高1.42米、宽0.9米，底部距地表约3.54米。甬道平面为方形，券顶，尺寸相近，进深0.8—0.9米、宽0.88—0.9米、高1.34—1.44米。墓道与墓室间的甬道券顶，两侧壁横砌错缝平砖，地面错缝平铺素面条砖。一号墓室为长方形券顶，进深3.84米、宽1.6米、高2.02米。二号墓室为长方形覆斗顶，进深2.71米、宽3.02米、高3.99米。墓室北部筑一长方形二层台，长2.71米、宽1.08米、高0.2米。二层台上平铺长条砖。三号墓室为长方形覆斗顶，地面与甬道平齐，进深1.84米、宽2.03米、高3.25米。地面平铺回纹条砖，长0.2米、宽0.12米、厚0.02米。四号墓室为长方形券顶，进深2.96米、宽2.02米、高2.28米。（图3-4）[①]

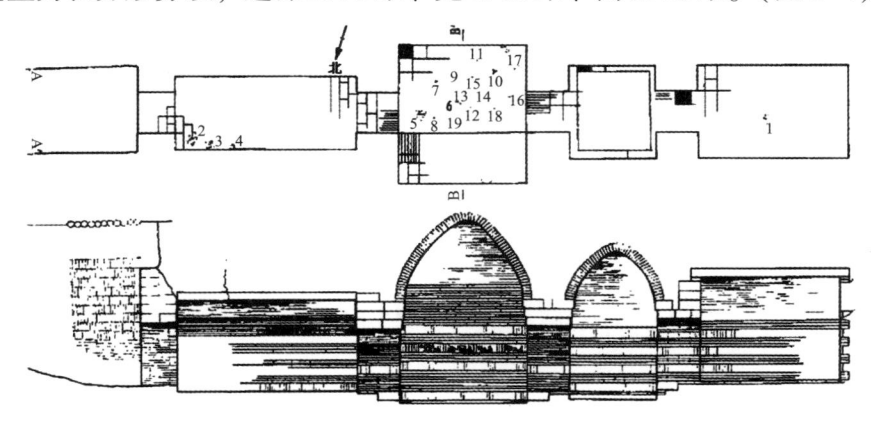

图3-4　高台骆驼城2号墓平面图、剖面图[②]

[①] 甘肃省文物考古研究所、高台县博物馆：《甘肃高台县骆驼城墓葬的发掘》，《考古》2003年第6期。

[②] 甘肃省文物考古研究所、高台县博物馆：《甘肃高台县骆驼城墓葬的发掘》，《考古》2003年第6期。

B型　三室墓，根据有无耳室、壁龛等，又可分为三式。

Ⅰ式　三室墓，有耳室或壁龛，斜坡墓道，墓门上有照墙。代表性墓葬为酒泉西沟5号墓，嘉峪关新城3号墓、6号墓、7号墓。

酒泉西沟魏晋壁画墓93JXM5（图3-5）建筑面积较大，墓道较长，有高大的照墙，墓门用条砖错缝平砌封门，为三室墓。据发掘报告可知，墓室结构复杂，分有前室、中室、后室、侧耳室。前室、中室的顶为叠涩砌起的覆斗顶，后室为侧砖砌券弧顶。墓道宽2米、深12.3米、长37米，墓室用青灰条砖砌成，有前室、中室、后室三座墓室，前室、中室平面正方形，覆斗顶。后室平面长方形，券拱顶。前室与中室的四壁以彩绘画像砖为装饰。前室长2.54米、宽2.66米、高3.12米，东壁中部有一耳室。耳室的甬门宽1.3米、高1.79米，耳室长1.04米、宽1.83米、高0.8米。西壁中部砌有一龛，用两立砖作龛栏，上砌一平砖作为龛之门楣，龛门用砖顺立砌成半开半掩状。

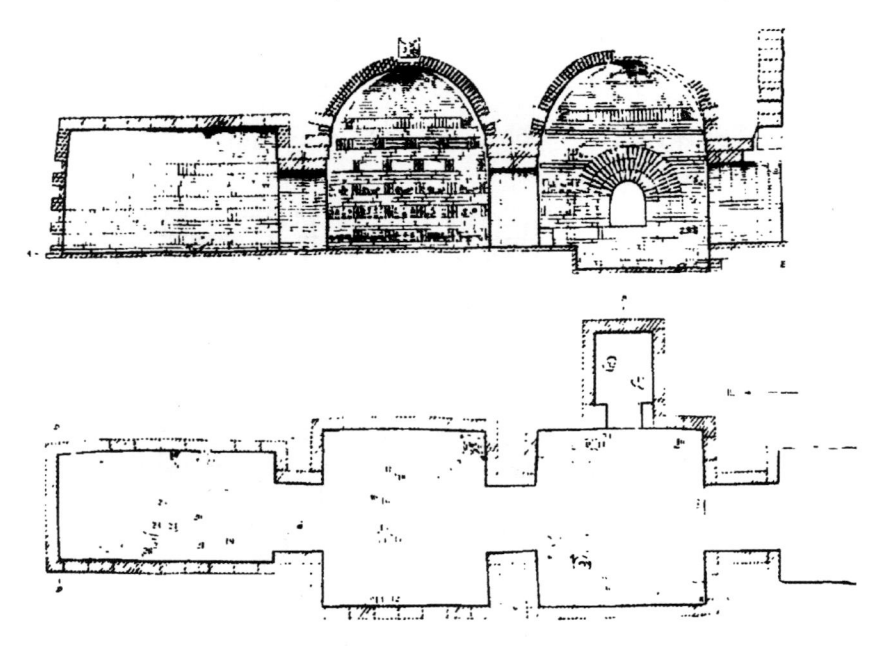

图3-5　酒泉西沟魏晋壁画墓93JXM5剖面图、平面图[①]

[①] 甘肃省文物考古研究所：《甘肃酒泉西沟村魏晋墓发掘报告》，《文物》1996年第7期。

墓室四壁先用砖二平一立砌垒，将前室的各壁和后壁旁的二层台面找平。然后从找平的地方起由每三层错缝平砌夹一层两立一顺砌筑。后室长3.24米、宽1.66米、高1.89米。两壁用三纵两横错缝平砌。后壁有四层画像砖，砌筑方法与前二室侧壁结构相同。墓室地面全部用火焰穿壁纹砖铺地。前室后部有砖砌二层台。①

嘉峪关新城魏晋3号壁画墓（图3-6，图3-7）有长而深的斜坡形墓道，墓道两壁上窄下宽呈"八"字形。该墓是砖砌三室墓，由墓道、墓门、前室甬道、前室、左右耳室、中室甬道、中室、后室甬道、后室等几部分组成。前室和中室盝顶，墓室平面接近正方形，后室为普通弧券，墓室平面呈长方形。前室四壁挑出三层半块砖，砖底用颜色绘成条状，象征楼阁建筑的屋檐和屋椽，在最高一层屋檐结构之下墓室的东、西壁建有"壁龛"，东壁"壁龛"旁题有"各内"二字。东西壁各有两个耳室，耳室门券上分别朱书"臧内""炊内""牛马圈""车庑"等字。前室至中室过道门旁开有小洞，小洞嵌有对缝立砖作的门扉，上绘衔环铺首，旁边朱书题榜"中合"二字。中室较前室低矮，东、西壁下部各有一"壁龛"。中室至后室的过道偏向后室一侧。后室更低于前室、中室，无耳室。墓室平面的边线中部都

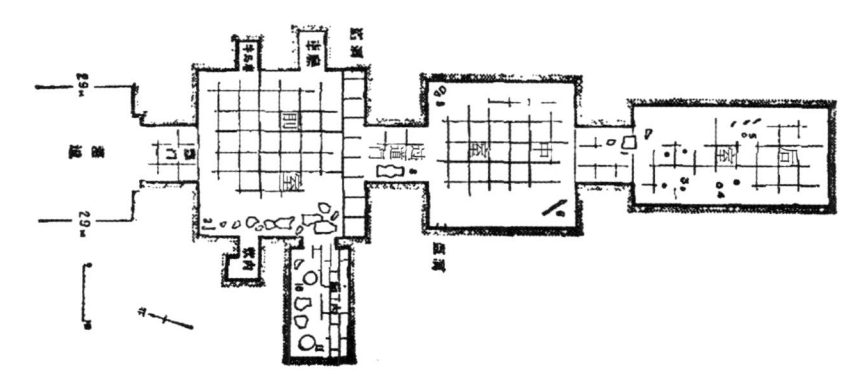

图3-6　新城魏晋3号墓平面图②

---

① 甘肃省文物考古研究所：《甘肃酒泉西沟村魏晋墓发掘报告》，《文物》1996年第7期。
② 嘉峪关市文物清理小组：《嘉峪关汉画像砖墓》，《文物》1972年第12期。

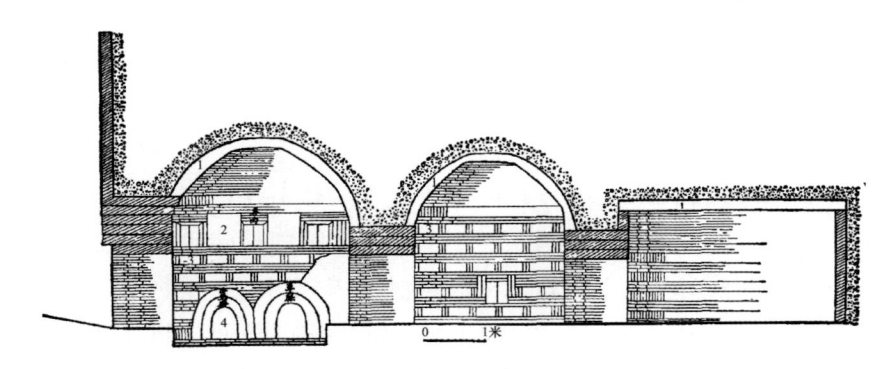

图 3-7　新城魏晋 3 号墓剖面图①

稍向外凸，四壁则以平砖起基，向上逐渐内倾，"使墓室平面的边线和剖面的顶线都成弧线"②。

嘉峪关新城魏晋 6 号壁画墓（图 3-8，图 3-9）有长而深的斜坡形墓道，墓道两壁上窄下宽呈"八"字形。该墓结构基本与前述新城魏晋 3 号墓相同，是砖砌三室墓，由墓道、墓门、前室甬道、前室、左右耳室、中室甬道、中室、后室甬道、后室等几部分组成。前室、中室盝顶，墓室平面接近正方形；后室为普通弧券，墓室平面呈长方形。前室四壁挑出二层半块砖模拟屋檐的倾向，更加形象具体，不仅在砖底用颜色绘成条状，还在砖侧绘出圆点，将两者相连，以象征楼阁建筑的屋檐、椽和椽头。在两层屋檐结构之间嵌有造型砖或半块壁画砖，并在这些造型砖或壁画砖的两旁留出空间作为形制小且无砖砌门扉的"壁龛"。东壁有一耳室，西壁有二耳室。③

嘉峪关新城魏晋 7 号壁画墓（图 3-10，图 3-11）结构与前述 3 号墓、6 号墓基本相同。唯后室也如前室、中室一样采用盝顶，地面

---

① 嘉峪关市文物清理小组：《嘉峪关汉画像砖墓》，《文物》1972 年第 12 期。
② 甘肃省文物队等：《嘉峪关壁画墓发掘报告》，文物出版社 1985 年版，第 11—17 页；嘉峪关市文物清理小组：《嘉峪关汉画像砖墓》，《文物》1972 年第 12 期。
③ 甘肃省文物队等：《嘉峪关壁画墓发掘报告》，文物出版社 1985 年版，第 11、17 页；嘉峪关市文物清理小组：《嘉峪关汉画像砖墓》，《文物》1972 年第 12 期。

第三章　汉唐时期河西壁画墓的形制流变与墓葬壁画发展轨迹

北低南高，稍有倾斜。耳室数量减少（前室和中室各带一个耳室），前室至中室、中室至后室过道门旁均开一方形小洞。①

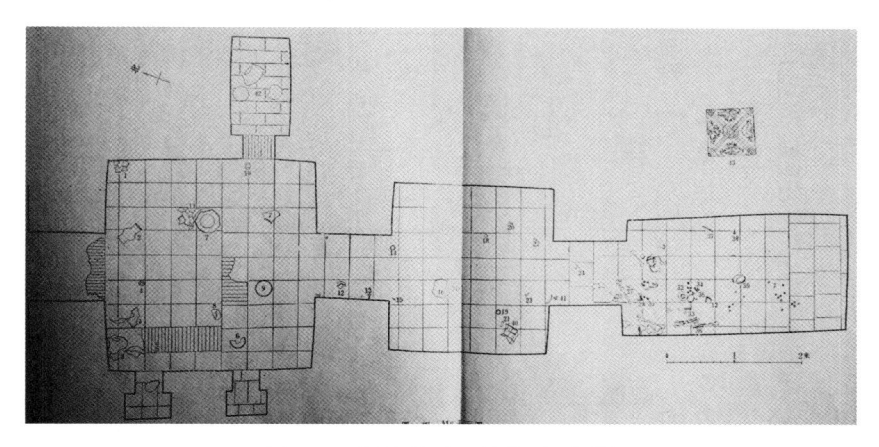

图 3-8　新城魏晋 6 号墓平面图②

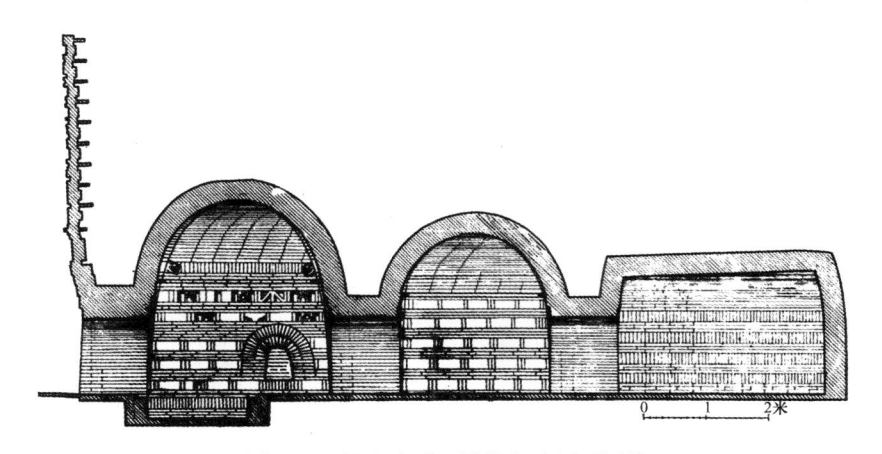

图 3-9　新城魏晋 6 号墓东壁剖面图③

---

① 甘肃省文物队等：《嘉峪关壁画墓发掘报告》，文物出版社 1985 年版，第 11 页；嘉峪关市文物清理小组：《嘉峪关汉画像砖墓》，《文物》1972 年第 12 期。
② 甘肃省文物队等：《嘉峪关壁画墓发掘报告》图一四，文物出版社 1985 年版，第 15 页。
③ 甘肃省文物队等：《嘉峪关壁画墓发掘报告》图一五，文物出版社 1985 年版，第 15 页。

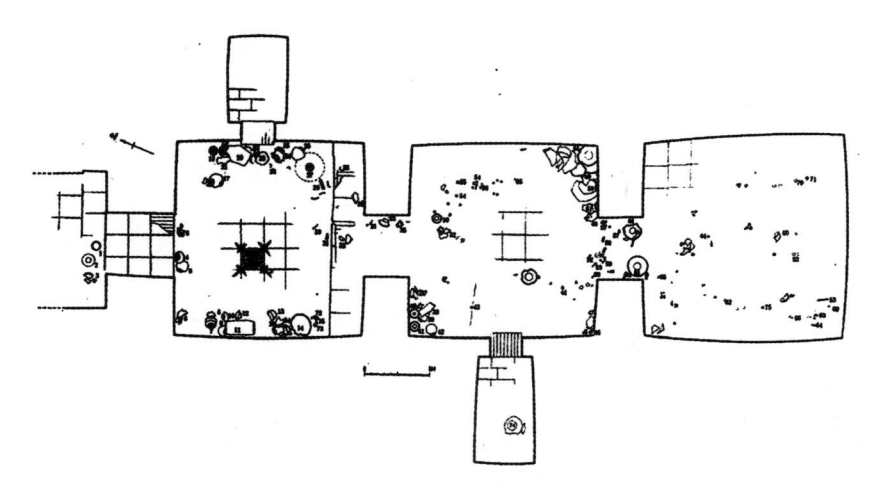

图 3-10　新城魏晋 7 号墓平面图①

图 3-11　新城魏晋 7 号墓剖面图②

Ⅱ式　三室墓，无耳室。墓室四壁平直，有斜坡墓道，墓门上方有照墙。二座，即高台南华镇 1 号墓和高台骆驼城画像砖墓。

高台南华镇 1 号墓为三室砖墓（图 3-12），墓道长 18.5 米、宽

---

① 甘肃省文物队等：《嘉峪关壁画墓发掘报告》图一六，文物出版社 1985 年版，第 16 页。
② 甘肃省文物队等：《嘉峪关壁画墓发掘报告》图一七，文物出版社 1985 年版，第 17 页。

1.84米、深6.4米，墓门高1.2米、宽1米。据发掘简报可知："墓门两侧壁用长条砖错缝平砌，顶部纵立券5层，在第二券层开始前凸起10厘米砌筑，和上部照墙齐平。照墙共有砌砖六层，砌出楼阙式样。第一层中部为双阙，左为牛首人身、右为鸡首人身砖雕图像，双阙之间有凸起的一层平砖作屋檐相连，下有阙门。左右各有立砌熊面力士砖雕。第二层中部立有熊面力士砖雕，两侧为立牙形砖斗拱。第三层中部为斗拱牙砖，两侧为熊面力士砖雕。第四层中部立有熊面力士砖雕，两侧为立牙形砖斗拱。第五层中部为斗拱牙砖，两侧为熊面力士砖雕。第六层中部立有熊面力士砖雕，两侧为立牙形砖斗拱。第六层之上分别是砖雕椽头三层、之字形垒砌的斜砖三层。其上残存两层平砌砖。"[①] 墓室由前甬道、前室、甬道、中室、后甬道、后室组成，前甬道高1.2米、宽1米、长1.2米，以条砖错缝券砌。前室为正方形，长2.7米、宽2.7米，穹窿形墓顶。建筑和墓壁砖砌法与画像砖墓相同，但在立砖的素面上没有绘画。"甬道高1.2米、宽1米、

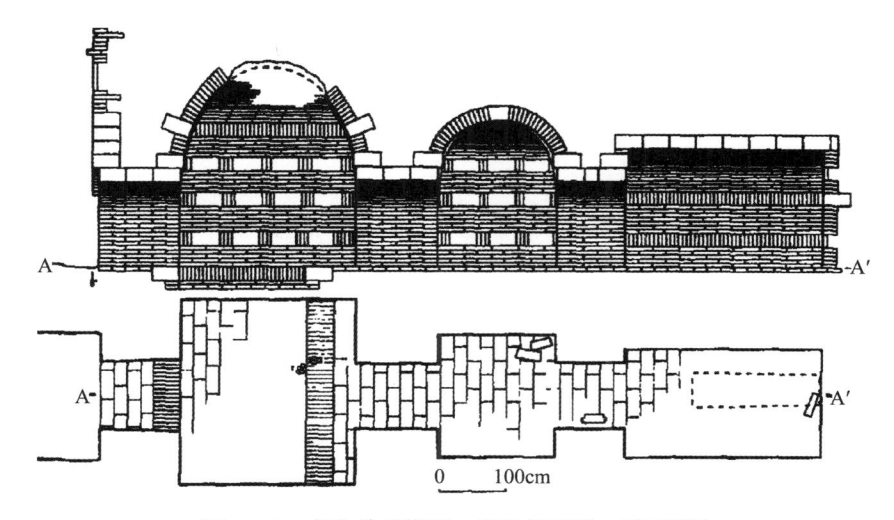

图3-12 高台县南华镇1号墓剖面图、平面图[②]

---

① 甘肃省文物考古研究所：《甘肃省高台县汉晋墓葬发掘简报》，《考古与文物》2005年第5期。
② 甘肃省文物考古研究所：《甘肃省高台县汉晋墓葬发掘简报》，《考古与文物》2005年第5期。

长 1.2 米，以条砖错缝券砌。中室为正方形，边长 1.78 米，墓顶为穹窿形，高 2.1 米。后甬道高 1.2 米、宽 1 米、长 1.2 米，以条砖错缝券砌。后室为长方形，长 2.98 米、宽 1.58 米、高 1.7 米，墓壁面砌砖与画像砖墓结构相近，留有绘画位置，但未画。"①

高台骆驼城画像砖墓（图 3-13）是一座由墓门、甬道、前室、中室、后室组成的砖室墓。墓室全为穹窿顶，三室平面均呈方形，室与室之间由拱形甬道相连。前室、后室的长、宽约 3.5 米，中室长宽约 2.5 米，甬道长约 1.2 米，墓室均高约 3 米。三个墓室墓壁用干砖砌筑，砌法为五平一竖。在竖的三至六砖间嵌一平面彩绘画砖，每壁嵌一层或两层，大部分画像砖被盗掘或破坏。画像砖的内容均以表现现实生活为主。②

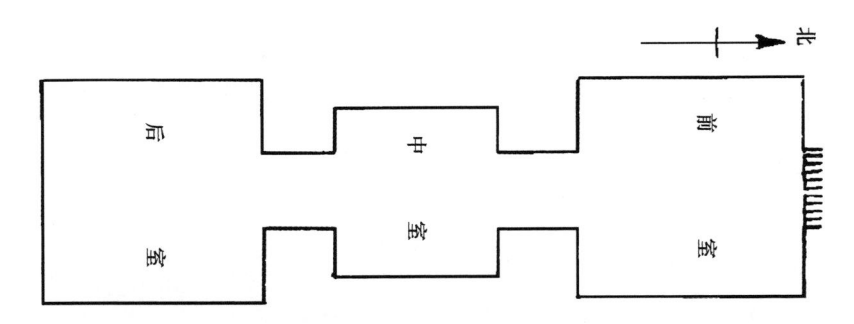

图 3-13　高台骆驼城画像砖墓平面图③

C 型　双室墓，有的带有耳室或壁龛，有的没有耳室或壁龛，有斜坡墓道和门楼式照墙。此类型壁画墓较多，主要分布于今酒泉、嘉峪关、敦煌三地。④ 根据墓葬形制及结构特征来分，又可分为四式。

Ⅰ式　前室方形，后室长方形，前室有耳室或壁龛。有门楼式照

---

① 甘肃省文物考古研究所：《甘肃省高台县汉晋墓葬发掘简报》，《考古与文物》2005 年第 5 期。
② 张掖地区文物管理办公室、高台县博物馆：《甘肃高台骆驼城画像砖墓调查》，《文物》1997 年第 12 期。
③ 张掖地区文物管理办公室、高台县博物馆：《甘肃高台骆驼城画像砖墓调查》，《文物》1997 年第 12 期。
④ 孙彦：《河西魏晋十六国壁画墓研究》，文物出版社 2011 年版，第 27 页。

第三章　汉唐时期河西壁画墓的形制流变与墓葬壁画发展轨迹　69

墙，饰以砖雕或彩绘砖，墓室有壁面彩绘壁画。代表性的有嘉峪关新城1号墓、4号墓、5号墓、12号墓、13号墓，酒泉西沟7号墓，酒泉小土山墓，敦煌佛爷庙湾133号墓。

嘉峪关新城1号墓是砖砌二室墓（图3-14），有长而深的斜坡形墓道，墓道两壁上窄下宽呈"八"字形。前室长2.8米，高3.5米，盝顶，墓室平面接近正方形；前室至后室过道长0.80米、宽0.94米，高1.16米，后室长4米，高2.6米，后室盝顶，墓室平面呈长方形。前室东壁和西壁的上部各设一阁门，用条砖砌框，对缝竖嵌两块条砖作为半开式双扇门，门上画凤鸟、衔环铺首或人物图像。前室左右各有一个耳室。墓室平面的边线中部都稍向外凸，四壁平砖起基，向上逐渐内倾，"使墓室平面的边线和剖面的顶线都成弧线"①。前室四壁、后室后壁均有彩绘的壁面和大量的画像砖，发掘报告认为："前室除庖厨炊爨及农耕、放牧等外，主要反映狩猎、军事等内容，似专为表现

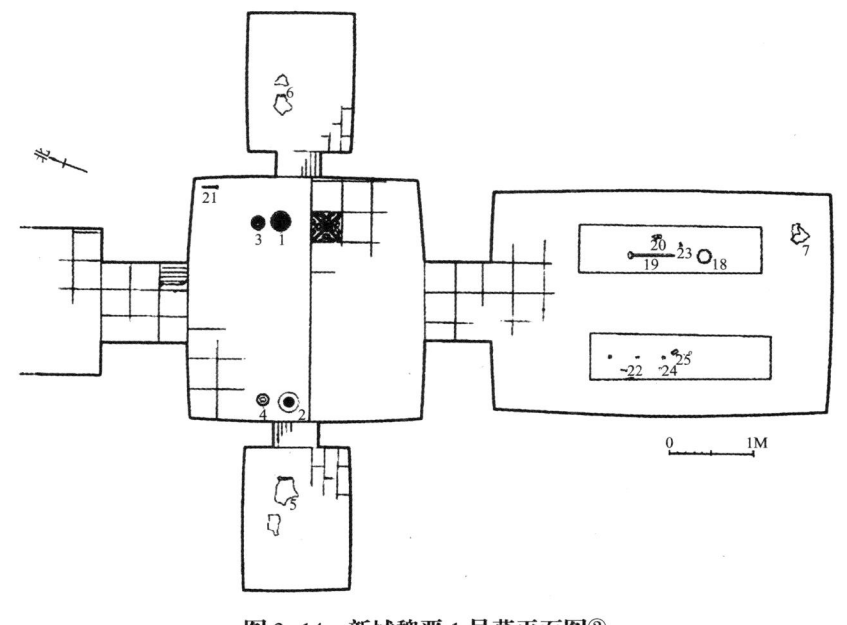

图 3-14　新城魏晋 1 号墓平面图②

---

① 嘉峪关市文物清理小组：《嘉峪关汉画像砖墓》，《文物》1972年第12期。
② 甘肃省文物队等：《嘉峪关壁画墓发掘报告》图一一，文物出版社1985年版，第12页。

男主人的生活，而中室与后室则多反映桑蚕绢帛等内容。"[1]

嘉峪关新城4号墓是砖砌二室墓，墓道水平长约28.4米，门楼式照墙残高约1.8米、宽1.7米，墓门高1.2米、宽0.9米，门道长1.1米。前室平面略呈方形，长3.02米、宽3.08米、高3.08米，盝顶；过道长1.1米，宽0.97米，高1.18米；后室平面呈长方形，长3.24米、宽2.28米，高2.1米，券顶。前室四壁均有彩绘画砖，但因受泥土侵蚀，部分彩绘画砖有所剥落，但大部分较好，基本保存完好的画面有58幅。前室壁画有人物、狩猎、庖厨、农牧等内容。后室绘有绢帛、扁笼、置有蚕茧的高足盘、丝束、方盒、锅和罩滤、镰斗、衾等。[2]

嘉峪关新城5号墓是砖砌二室墓，墓道水平长约22米、上宽1.28米、下宽1.45米，照墙式门楼残高1.3米，墓门高1.2米、宽0.91米，门道长1.07米。前室平面略呈方形，长2.84米、宽3.01米、高3.45米，盝顶，四壁屋檐状结构两层，东、西壁各有二耳室和二"各内"结构；过道长1.08米，宽0.9米，高1.2米；后室平面呈长方形，长3.22米、宽1.73米，高2.07米，券顶。[3]

新城12号墓（M12）、13号墓（M13）形制大体相同，有斜坡形墓道，M12墓道长24米、宽1.7米、近墓门处深6.7米。M13墓道长25.6米、宽1.8米、近墓门处深8.95米。墓道两壁垂直，底部均未铺砖。两座墓均为前后两室墓，前室都是穹窿顶，并设有"庭堂"；后室为拱型小砖券顶。M12略小于M13。M13前室平面基本上呈方形，长2.5米、宽2.52米，在后部靠近后室过道处有宽0.88米、高0.32米的一个二层台，把前室地面分为两半，形成所谓的明堂。从墓壁1.6米处四坡叠涩起券成穹窿顶。通往后室的过道门有二重券。门高1.26米、宽0.88米、纵深0.71米。后室平面略呈长方形，前宽

---

[1] 甘肃省文物队等：《嘉峪关壁画墓发掘报告》，文物出版社1985年版，第11、18—19、20—21页；嘉峪关市文物清理小组：《嘉峪关汉画像砖墓》，《文物》1972年第12期。

[2] 甘肃省文物队等：《嘉峪关壁画墓发掘报告》，文物出版社1985年版，第11、18—19、20—21页；嘉峪关市文物清理小组：《嘉峪关汉画像砖墓》，《文物》1972年第12期。

[3] 甘肃省文物队等：《嘉峪关壁画墓发掘报告》，文物出版社1985年版，第11、18—19、20—21页。

2.26米、后宽2.2米、长3.2米、高2.15米，拱形券顶，以条砖纵连起券。前后室墓壁砖砌法相同，从最底层开始直至起券处，均用干砖垒砌，不用粘合剂。砌法为三平一竖，四平一竖，五平一竖至起券处。凡竖层，间或将砖的大面朝里，形成一个个小平面，多在这些砖面上施画。墓室地面均用条砖错缝平铺。①

酒泉西沟7号墓即93JXM7（图3-15，图3-16）建筑面积较大，墓道较长，有高大的照墙，墓门用条砖错缝平砌封门，为双室墓。墓室结构复杂，由前室、后室、侧耳室等部分构成。前室顶为叠涩砌起的覆斗顶，后室为侧砖砌券弧顶。墓冢已坍，茔圈和墓道情况不明。斜坡状墓道，上宽2米、下宽1.65米、深6米、长18米。券拱形墓门，两侧用砖错缝平砌，券拱三层。墓门用条砖斜砌封堵，墓门之上建有照墙。该墓建筑结构较为简洁，为有前室、后室和侧耳室的砖室墓。墓室的地面以条砖错缝平铺。前室略呈正方形，长2.53米、宽2.5米、高3.19米。前室的地面较低，在靠近后壁有二层台，并与后室的地面齐平，东壁的中部有一耳室，通向耳室的门为券拱形，高

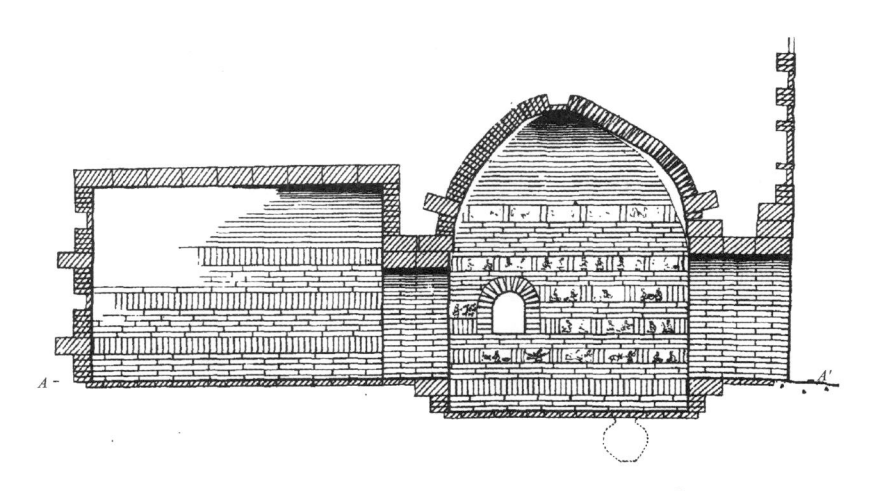

图3-15　酒泉西沟魏晋壁画墓93JXM7剖面图②

---

① 嘉峪关市文物管理所：《嘉峪关新城十二、十三号画像砖墓发掘简报》，《文物》1982年第8期。
② 甘肃省文物考古研究所：《甘肃酒泉西沟村魏晋墓发掘报告》，《文物》1996年第7期。

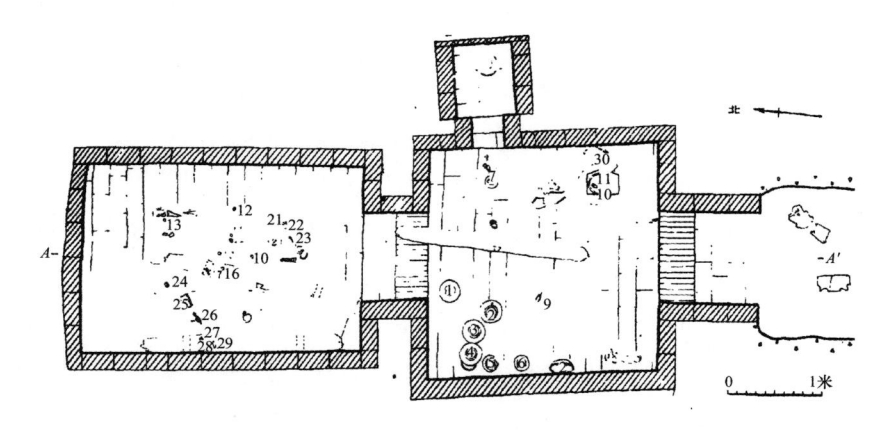

图 3-16　酒泉西沟魏晋壁画墓 93JXM7 平面图①

0.54 米、宽 0.66 米，耳室内的面积较小，长 0.78 米、宽 0.62 米、高 0.6 米，耳室的地面亦用条砖错缝平砌而成。前室顶为覆斗形。后室长方形，券拱顶，长 3 米、宽 2.05 米、高 2.15 米。两侧壁用五层错缝平砌夹一层立砌砖构建。②

酒泉小土山壁画墓（图 3-17）为砖砌双室墓，据发掘报告和笔者实地考察可知，该墓由车马室、贮藏室、甬洞、照墙、石门、甬道、前室、耳室、过道、后室等部分组成。东西向斜坡状墓道位于墓门东侧，清理长度 71 米，两壁上下呈三层台阶状，上宽 8.4 米，下宽 4.4 米，每壁各有 5 个小室，相距 6.35—7.55 米，左右对称。其中两个小室在二层台壁前端，小室形制基本相同，砖券拱形室门，有封门砖，内为挖制的洞穴式，平面呈横长方形，大小有差异，长 2.15—2.3 米，宽 2.0—2.15 米，高 1.7—2.15 米，室顶为穹窿式。甬洞位于墓门外，宽 2.78 米，高 2.53 米，进深 2.30 米，拱形，洞口顶部三层券砖，洞口两侧各镶嵌一块方形壁画砖。照墙位于甬洞口上方，高 2.18 米（甬洞口三层券砖以上计算）、宽 4.5 米，以中轴对称式修筑。

---

① 甘肃省文物考古研究所：《甘肃酒泉西沟村魏晋墓发掘报告》，《文物》1996 年第 7 期。
② 甘肃省文物考古研究所：《甘肃酒泉西沟村魏晋墓发掘报告》，《文物》1996 年第 7 期。

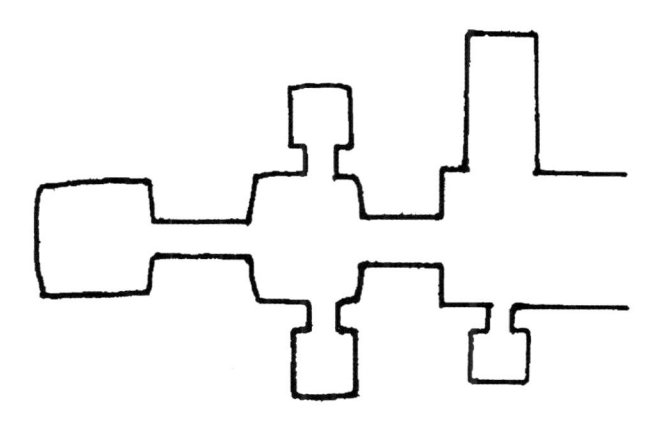

图 3-17　酒泉小土山壁画墓平面图①

券砖上第一层为平砌砖，上一层立砖，立砖上再平砌一层，再上为一层顺砖，凹于墙而作壁画。砖与砖之间用廊柱造型隔开，施朱砂色，形成廊檐式风格。壁画砖上层为一层平砌砖，间隔镶嵌八块方形砖雕力士，施朱砂色。砖雕层以上为平砌砖、人字造型等砌法砌成。车马室位于甬洞外右侧，平面呈竖长方形，长 5.05 米，宽 2.6 米，高 2.74 米，券顶。贮藏室位于甬洞外左侧，和右侧的车马室相对，弧形室门，宽 0.95 米，高 1.3 米，进深 0.88 米，室内呈方形，边长 1.94 米，高 2.0 米，覆斗形顶。石门由用花岗岩凿制的门框和门扇构成。内外框，双扇门，双扇门高 1.55 米、宽 0.7 米、厚 0.12 米；门扇已为碎块，门楣中央有破损。石门两侧和上部砌砖墙，砖墙中央各镶嵌一块方形壁画砖。甬道连通墓门和前室，平面呈长方形，长 3.02 米，宽 1.3 米，高 2.0 米，弧形券顶。前室横长方形，四边略带弧，长 3.98 米、宽 3.84 米、高 3.96 米。室顶为叠涩砌起的覆斗顶，有藻井。南北两壁偏东处各有一个耳室，形制、大小相同。耳室门宽 0.87 米、高 1.08 米、进深 1.05 米，弧形。室内呈竖长方形，长 2.12 米、宽 2.08 米、高 1.96 米，覆斗顶。过道连通前室和后室，平面呈长方

---

① 郭永利：《河西魏晋十六国壁画墓研究》，博士学位论文，兰州大学，2008 年。

形，长 3.84 米、宽 1.28 米、高 2.06 米，弧形券顶。后室为方形四边略带弧，边长 4.16、高 4.36 米，室顶为叠涩砌起的覆斗顶。靠四壁砌棺床，长 4.16 米、宽 1.46 米、高 0.18 米，床面铺砖同地面同。①

敦煌佛爷庙湾 133 号墓（图 3-18，图 3-19）为砖砌二室墓，由墓道、墓门、照墙、甬道、前室（附耳室、壁龛）、甬道、后室组成。长斜坡带台阶式墓道水平长 24.6 米、宽 1.5 米，依墓道末端垂直戈壁壁面向东挖前甬道、前室、后甬道、后室。前室北壁设壁龛、耳室，南壁前部亦设壁龛。四壁及其上以青砖叠券和垒砌。前室平面近方形，东壁略外弧，长 2.9 米、宽 2.72 米、高 2.98 米，前室为覆斗顶。前室西壁的南、北两端分嵌彩绘楼阁、谷仓以及表现庄园农作生活的画像砖。壁龛与耳室以青砖券砌，顶部均起券两重。其中北壁前部壁龛进深 0.64 米、宽 1.3 米、高 1.16 米。壁龛之后壁正中彩绘帷帐，其屋脊之两端绘相向鹦鹉，帷帐下端两侧为两龟。前室北壁后部耳室

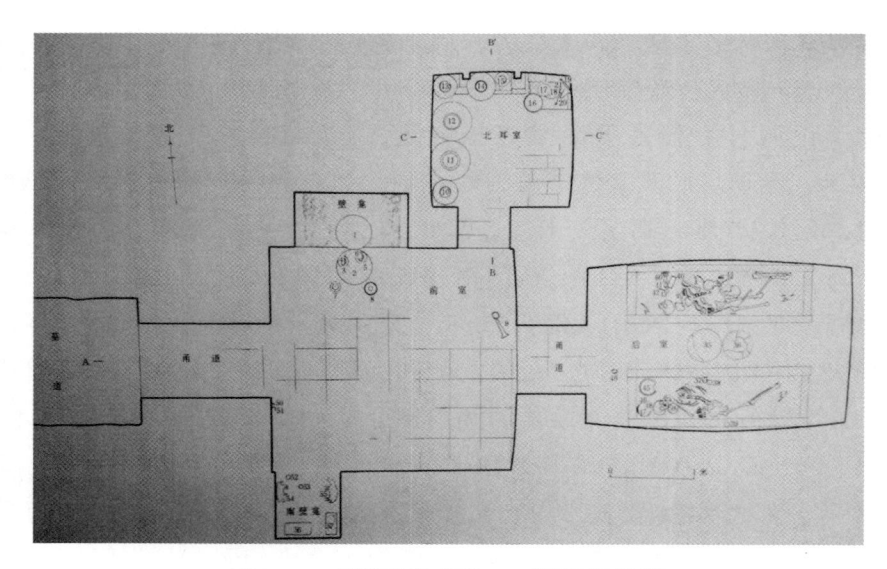

图 3-18 敦煌佛爷庙湾 133 号墓平面图②

---

① 肃州区博物馆：《酒泉小土山墓葬清理简报》，《陇右文博》2004 年第 2 期。
② 甘肃省文物考古研究所：《敦煌佛爷庙湾西晋画像砖墓》图一○，文物出版社 1998 年版，第 33 页。

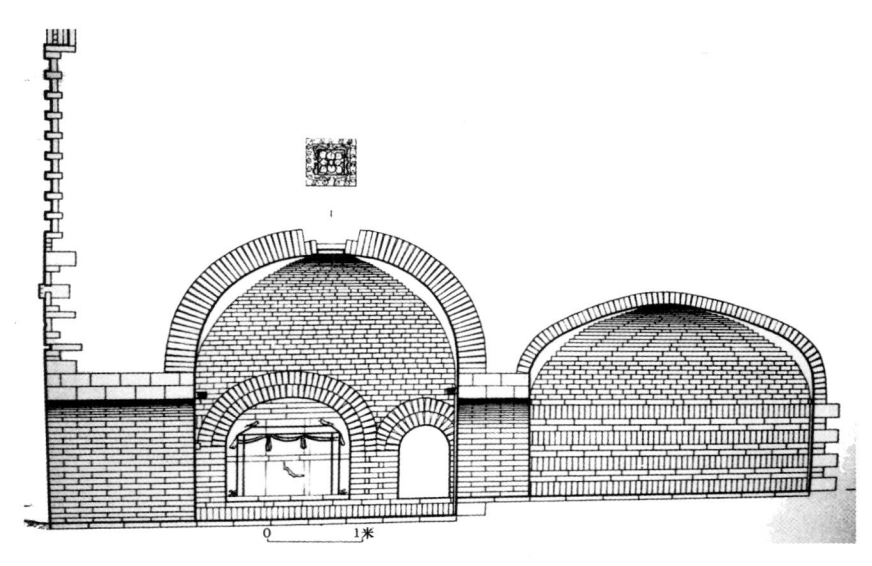

图 3-19　敦煌佛爷庙湾 133 号墓剖面图①

设甬道，进深 0.48 米、宽 0.56 米、高 0.82 米。耳室近方形，进深 1.58 米、宽 1.64 米、高 1.86 米。甬道偏靠于西侧。前室南壁前部壁龛进深 0.8 米、宽 0.76 米、高 1.2 米。后室除西壁平直外，其余三壁略作外弧，长 3.12—3.18 米、宽 1.86—2.06 米、高 2.2 米，覆斗顶。②

Ⅱ式　前室长方形，后室方形，前室带耳室或壁龛，照墙上装饰砖雕或彩绘砖。代表性的为敦煌佛爷庙湾 118 号墓、高台地埂坡 1 号晋墓。

敦煌佛爷庙湾 118 号墓（图 3-20，图 3-21）为双室土洞墓，由墓道、墓门、照墙、甬道、前室、壁龛和后室等几部分组成。长斜坡墓道水平长 20.7 米、宽 2 米。东端近墓门处低于墓室地面，形成天井，长 1 米、宽 1.5 米、距地表深 6.9 米。甬道长 1 米、宽 0.8 米、

---

① 甘肃省文物考古研究所：《敦煌佛爷庙湾西晋画像砖墓》图二一，文物出版社 1998 年版，第 34 页。
② 甘肃省文物考古研究所：《敦煌佛爷庙湾西晋画像砖墓》，文物出版社 1998 年版，第 31—35 页。

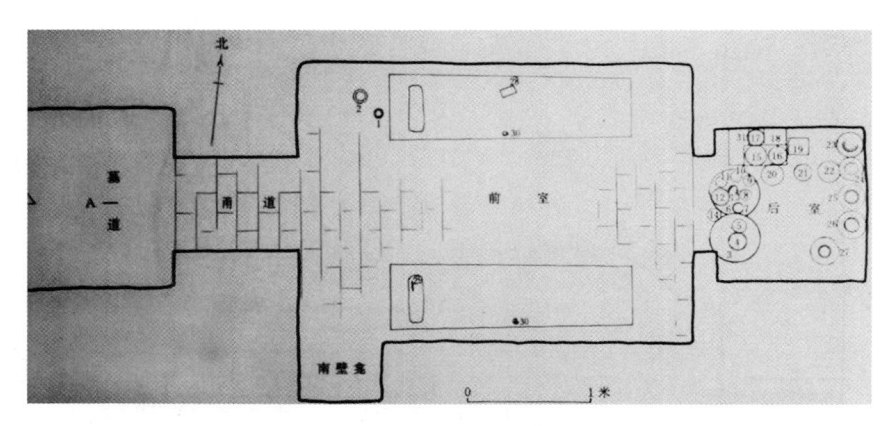

图 3-20　敦煌佛爷庙湾 118 号墓平面图①

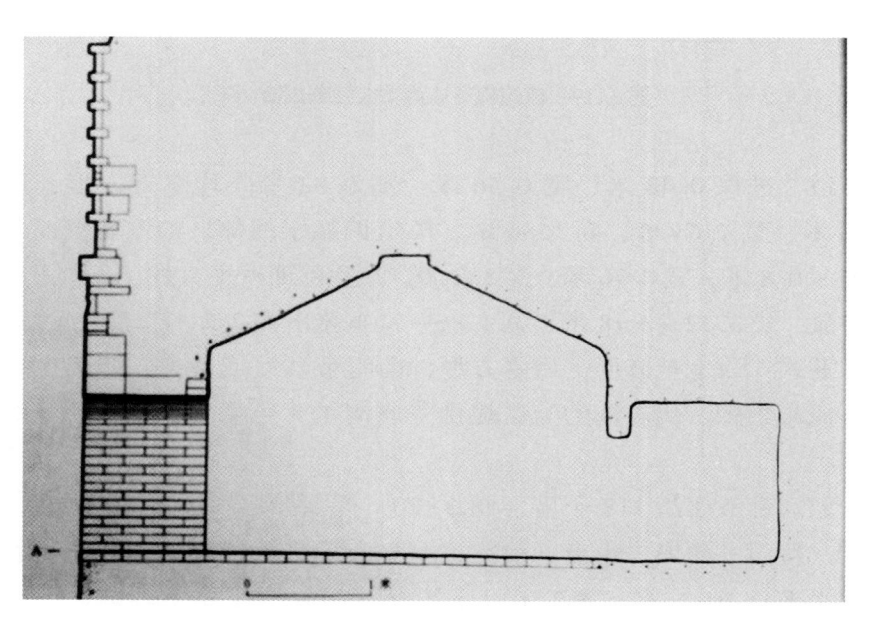

图 3-21　敦煌佛爷庙湾 118 号墓剖面图②

---

① 甘肃省文物考古研究所：《敦煌佛爷庙湾西晋画像砖墓》图一六，文物出版社 1998 年版，第 28 页。

② 甘肃省文物考古研究所：《敦煌佛爷庙湾西晋画像砖墓》图一七，文物出版社 1998 年版，第 30 页。

高 1.3 米。墓门处起券三重，其上以青砖叠砌夹嵌仿木构彩绘砖雕；再上为仿木造型砖五层，间夹画像砖；仿木造型砖以上现存画像砖四层，每层嵌画像砖三块。前室长方形，覆斗顶，长 3.25 米、宽 2.36 米、高 2.4 米。南侧壁前部设壁龛，进深 0.49 米、宽 0.69 米、高 0.7 米。后室甬道长 0.2 米、宽 0.8 米、高 1 米。后室近方形，长 1.19 米、宽 1.22 米、高 1.3 米。彩绘砖雕及画像砖均位于照墙之上，画像砖有鱼、大角神鹿、白象、鼋鼍、朱雀、羊、兔、虎等。[1]

高台地埂坡 1 号晋墓为双室土洞墓（图 3-22，图 3-23），由地表封土、墓道、照壁、墓门、甬道、前室、后室、耳室等几部分组成。长方形斜坡式墓道长 34 米、上口西端宽 1.9 米、底宽 2.64 米、最深处 15.1 米。墓道前端为照壁，上小下大略呈梯形，上部宽 1.9 米，下部宽 2.64 米。墓门长方形，位于照壁下部中间。墓门高 1.4 米、宽 1 米。门前有一宽 0.2 米、深 0.1 米的凹槽贯穿墓道。墓门内有封门砖。"前甬道长方形平顶，宽 0.9 米、进深 1.55 米、高 1.28 米。前室平面长方形，长 4.21 米、宽 3.81 米。南北壁及顶部用原生黄土雕出仿木结构梁架及屋顶，形成面阔一间进深三架椽的类似卷棚顶结构，残高 3.72 米。屋架由前后檐柱承梁，前檐梁头直接出跳，跳头施令栱承檐，后檐梁上设蜀柱承檐，梁上施大叉手，叉手上部两侧设斗承令栱，令栱上部结构未做完整。"[2] 前檐柱下设方座素面覆盆柱础，柱为梭形……柱顶施栌斗，斗口施支替承梁，梁与支替直接出头成斗口跳。支替后尾直截，跳头施斗、承令栱（北壁梁架令栱缺失）、替木、承槫，槫与墓顶相接。后檐柱位于侧壁与后壁转角处，雕出局部方形柱身，无柱础，柱头结构仅雕出里砖，做法与前檐相同，梁上贴壁雕蜀柱，施头承替木、承槫，槫以上做法同前檐。大叉手上部前后两侧施斗承令栱、替木，替木之上槫或枋的结构与墓顶连接未做出，两槫之间墓顶近似平顶，未做出椽子。两屋架间的屋顶中央有盗洞。前、

---

[1] 甘肃省文物考古研究所：《敦煌佛爷庙湾西晋画像砖墓》，文物出版社 1998 年版，第 28—31 页。

[2] 甘肃省文物考古研究所、高台县博物馆：《甘肃高台地埂坡晋墓发掘简报》，《文物》2008 年第 9 期。

后坡顶略有弧度，前坡略长，两坡均贴壁雕出近似半圆的椽子。前室前部南北两侧各一耳室。南耳室纵长方形，四壁较直，穹窿顶，长3.72米、宽1.45米、高1.56米。北耳室形制同南侧，长2.51米、宽

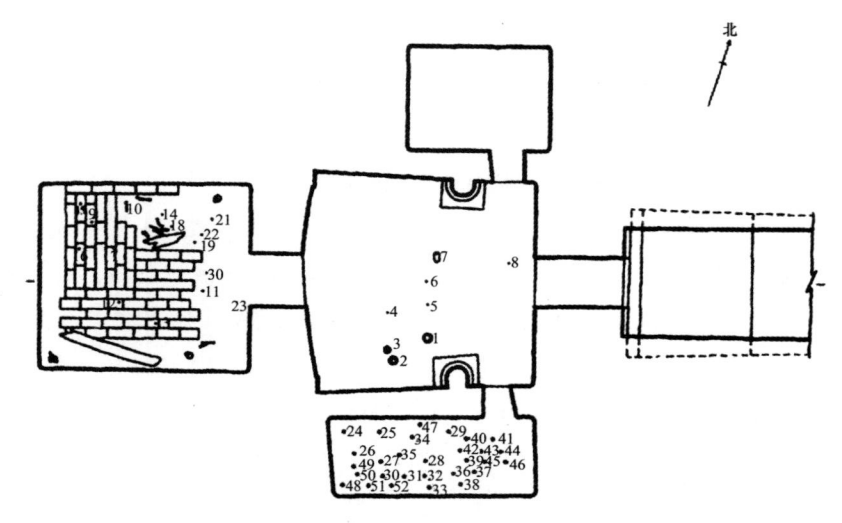

图 3-22　高台地埂坡 1 号墓平面图①

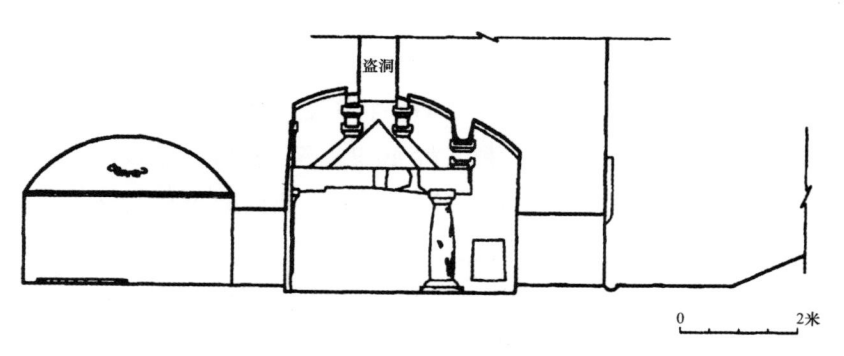

图 3-23　高台地埂坡 1 号墓剖面图②

---

① 甘肃省文物考古研究所、高台县博物馆：《甘肃高台地埂坡晋墓发掘简报》，《文物》2008年第9期。
② 甘肃省文物考古研究所、高台县博物馆：《甘肃高台地埂坡晋墓发掘简报》，《文物》2008年第9期。

1.86 米、高 1.45 米。后甬道长方形平顶，宽 0.96 米、进深 1.1 米、高 1.38 米。后室平面方形覆斗顶，长 3.71 米、宽 3.34 米、高 2.77 米。四壁较直，壁高 1.7—1.73 米。①

Ⅲ式　双室墓，无耳室、壁龛，前室平面略呈方形，后室平面呈方形或长方形，斜坡墓道。代表性的有酒泉丁家闸 5 号墓、酒泉西沟 2 号墓、酒泉三坝湾 10 号墓、酒泉孙家石滩 2 号墓。

酒泉丁家闸 5 号墓为双室砖室墓（图 3-24，图 3-25），墓道长

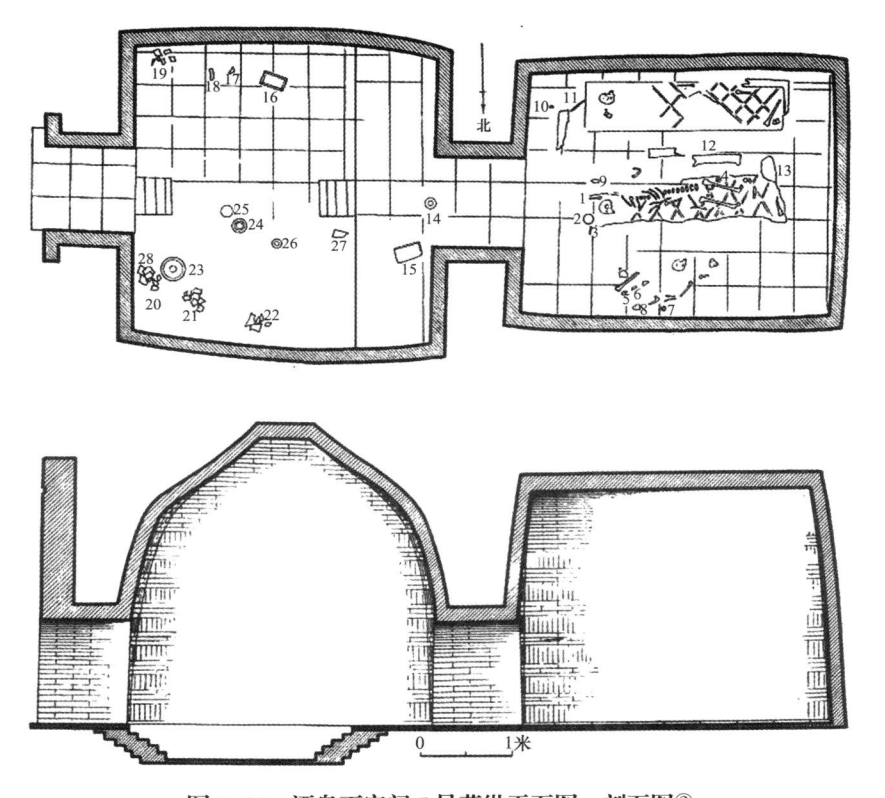

图 3-24　酒泉丁家闸 5 号墓纵平面图、剖面图②

---

① 甘肃省文物考古研究所、高台县博物馆：《甘肃高台地埂坡晋墓发掘简报》，《文物》2008 年第 9 期。
② 甘肃省文物考古研究所：《酒泉十六国墓壁画》，文物出版社 1989 年版，第 3 页。

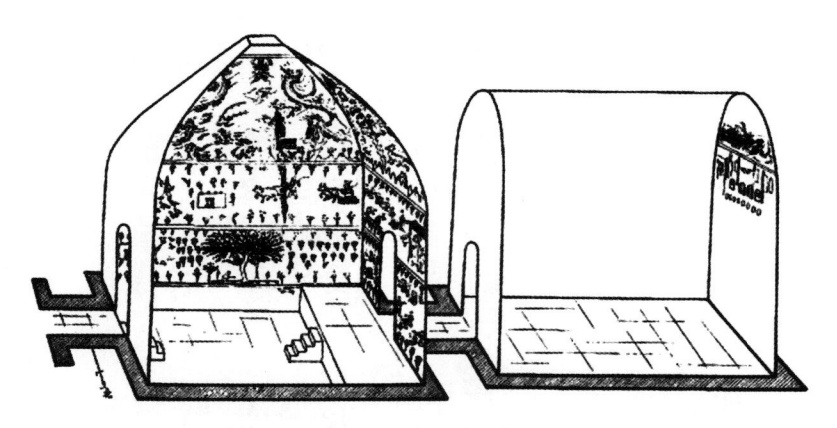

图 3-25　酒泉丁家闸 5 号墓结构示意①

33 米、宽 1.42 米、甬道 0.98 米，墓前室平面略呈方形，长 3.22 米、宽 3.32 米、高 3.36 米；后室平面呈长方形，长 3.32 米、宽 2.76 米、高 2.52 米。墓门至墓室有砖砌甬道。墓室壁面与顶面呈外凸弧线，前室方形，覆斗顶，后室长方形，券顶，前室前半部有方坑，方坑宽与墓室同，深约 0.40 米左右，方坑内前后尚砌有四层台阶。后半部有二层台，与后室过道相连。后室、二层台和墓门的地面等高。②

酒泉西沟 2 号墓编号 93JXM2（图 3-26），"为砖砌双室墓，有斜坡式墓道。墓道长 9.6 米、宽 1.26 米、深 3.2 米。此墓早期被盗，墓门的券顶和前室顶部被盗墓者拆毁，在前室淤积的砂砾中出土人面蛙身力士砖雕 1 块、墓道的填土中出土狐首力士砖雕 2 块，说明此墓的墓门上部原有照壁式的建筑结构。前室正方形，长 1.48 米、宽 1.56 米、高 2.12 米，地面略比后室低，前室靠近后壁处有用立砖砌成的二层台，台高与后室的地面齐平。后室长方形，长 3.12 米、宽 1.66 米、高 1.81 米。前后室均为弧形券顶"③。墓室的地面用青砖错缝平砌。墓壁的砌筑方法与嘉峪关等地发现的画像砖墓的砌筑方法相近。

---

① 甘肃省文物考古研究所：《酒泉十六国墓壁画》，文物出版社 1989 年版，第 5 页。
② 吴礽骧：《酒泉、嘉峪关晋墓的发掘》，《文物》1979 年第 6 期。
③ 甘肃省文物考古研究所：《甘肃酒泉西沟村魏晋墓发掘报告》，《文物》1996 年第 7 期。

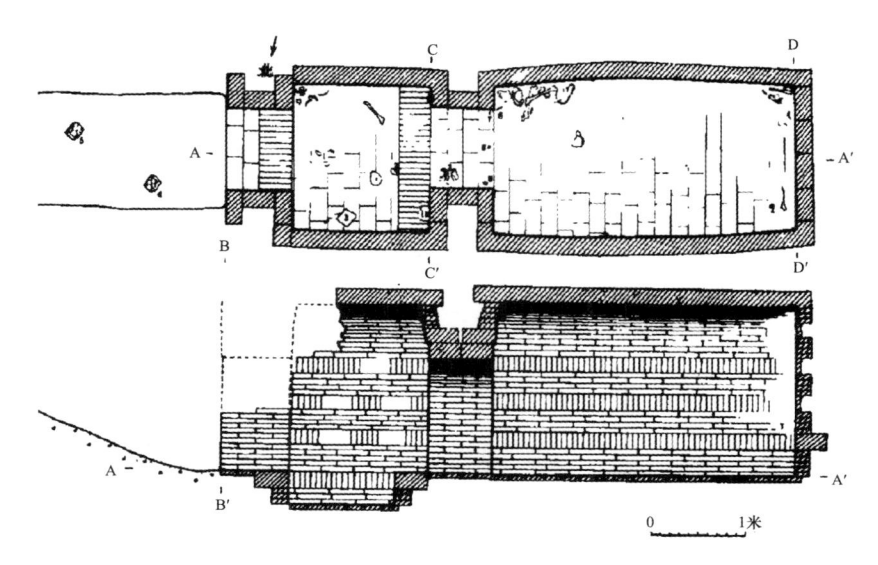

第三章　汉唐时期河西壁画墓的形制流变与墓葬壁画发展轨迹　　81

图3-26　酒泉西沟2号墓（93JXM2）平面、剖面图①

　　酒泉三坝湾10号墓编号2003JFSM10（图3-27），为长台阶墓道的双室砖墓，用青灰条砖叠砌而成。双室均为穹窿顶，平面呈方形。墓道宽1.2米、深9.6米、长28米。墓门高1.12米，甬道宽0.86米、长0.7米。墓门上部砌筑阙门式照墙，照墙基本完好，并装饰砖雕力士，未彩绘，共12层。墓道后由甬道、前室、甬道、后室组成。甬道高1.12米、宽0.86米、长0.70米，以条砖错缝券砌。前室略呈正方形，长2.08米、宽2.14米，墓顶错缝叠收成穹窿顶。墓壁砌砖结构类似画像砖墓，有两层立砖素面可彩绘，但未画。后甬道高1.14米、宽0.84米、长0.50米，以条砖错缝券砌。后室为正方形，长1.72米、宽1.70米，墓顶为错缝叠收成穹窿顶，高2.1米。墓室地面以方砖齐缝平铺。方砖边长36厘米、厚6厘米，并模印有图案，内容是"穿璧四灵"纹。②

---

① 甘肃省文物考古研究所：《甘肃酒泉西沟村魏晋墓发掘报告》，《文物》1996年第7期。
② 甘肃省文物考古研究所：《甘肃酒泉三坝湾魏晋墓葬发掘简报》，《考古与文物》2005年第5期。

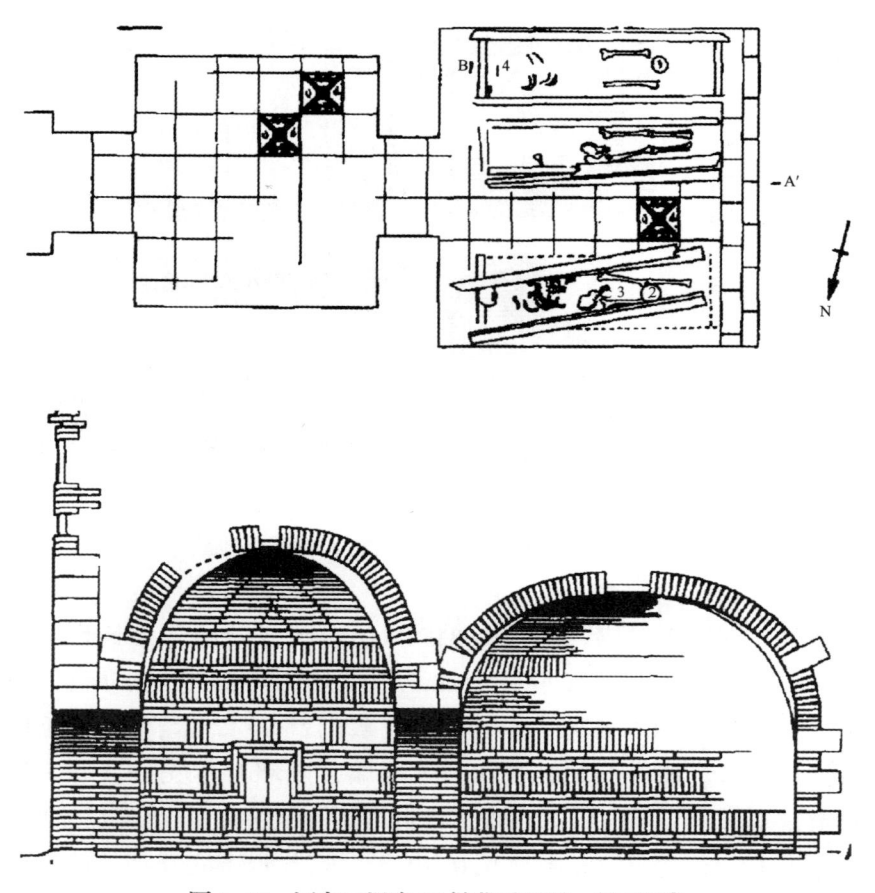

图 3-27　酒泉三坝湾 10 号墓平面图、剖面图①

　　酒泉孙家石滩 2 号墓编号 2003JSM2，为双室砖室墓（图 3-28），墓道长 13.4 米、宽 1.1 米、深 4.8 米。墓门宽 0.82 米、高 1.16 米，以条砖错缝券砌。其上砌筑阙门式照墙，照墙基本完好，共 5 层，有牙形砖斗拱、熊面力士砖雕。前甬道长 0.7 米、宽 0.92 米、高 1.16 米。前室正方形，长 2.1 米、宽 2.1 米、高 2.9 米，墓顶系错缝叠收穹窿形。东西两壁各有一砖砌小门，门顶部有凸出一层平砖作屋檐。

---

①　甘肃省文物考古研究所：《甘肃酒泉三坝湾魏晋墓葬发掘简报》，《考古与文物》2005 年第 5 期。

第三章　汉唐时期河西壁画墓的形制流变与墓葬壁画发展轨迹　　83

前室四角壁处各设砖雕彩绘龙头砖一块。后室长方形，长 2.86 米、宽 1.5 米、高 1.8—1.7 米。①

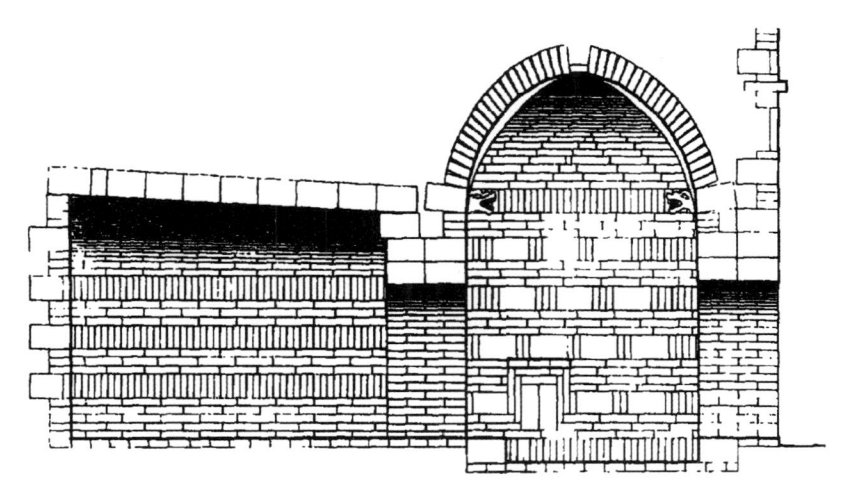

图 3-28　酒泉孙家石滩 2 号墓（2003JSM2）平面图、剖面图②

D 型　砖筑单室墓，平面呈方形，部分墓葬有耳室或壁龛，部分无耳室、壁龛，长斜坡墓道，照墙华美，壁画内容丰富。此类壁画墓在敦煌地区多见。依有无耳室、壁龛可分为二式。

Ⅰ式　砖筑单室墓，墓室平面呈方形，有耳室或壁龛。代表性的

---

① 甘肃省文物考古研究所：《甘肃酒泉孙家石滩魏晋墓发掘简报》，《考古与文物》2005 年第 5 期。
② 甘肃省文物考古研究所：《甘肃酒泉孙家石滩魏晋墓发掘简报》，《考古与文物》2005 年第 5 期。

为敦煌佛爷庙湾 37 号墓、39 号墓、敦煌翟宗盈壁画墓。

敦煌佛爷庙湾 37 号墓为砖室墓（图 3-29），墓道水平长 23 米、宽 1.8 米。依墓道末端掏挖墓门、甬道和墓室及墓室内的附属设施耳室、壁龛等，再以青砖券砌。墓门券顶，依墓门向上延出砖饰照墙。墓室略呈正方形，长 3.5 米、宽 3.58 米、高 3.46 米，覆斗顶。墓室前部北侧设耳室。耳室门青砖起券两重，耳室门高 0.82 米、宽 0.68 米，耳室甬道进深 0.46 米。耳室内为土洞，进深 1.65 米、宽 1.96 米、高 1.34 米，平面呈不规则长方形，北壁朝东南向略弧收，东壁弧边，耳室内部东部南壁侈出一弧形空间。弧形顶。耳室底部高出墓室底部 0.22 米。墓室前部南壁与北侧耳室对应处设一方形小龛，用青砖垒砌，券顶，进深 0.86 米、宽 0.85 米、高 1.34 米。墓室正中东壁彩绘帷幔及垂幛，上不成房顶状，屋脊之两端绘相向鹦鹉，其下檐之两端绘昂起的龙首。其下设一宽与彩绘帷幔同，长 0.7 米、高 0.16 米的供台。照墙画像砖绘玄鸟、神雀、麒麟、受福、骑射、天禄、白象、伯牙抚琴、子期听琴，基本依内容作对称排列。[①]

敦煌佛爷庙湾 39 号墓为砖室墓（图 3-30），墓道水平长 23 米、宽 1.8 米。墓门宽 0.9 米、高 1.28 米，甬道进深 1.44 米。甬道内侧起券二重，墓门外起券三重。照墙结构与敦煌佛爷庙湾 37 号墓相同，唯大斗造型砖雕上部现存画像砖四层，内容为麒麟、受福、白虎、白象、青龙、玄武、大角神鹿、朱雀、伯牙抚琴、子期听琴。墓室平面略呈方形，东西长 3.3 米、南北宽 3.2 米、高 3.1 米。墓室前部南北两侧对应构筑南、北耳室。北耳室甬道长 0.32 米、宽 0.8 米、高 0.84 米，长方形，边长 1.54 米、高 1.5 米。南耳室甬道长 0.34 米、宽 0.54 米、高 0.72 米，长方形，进深 0.6 米、宽 1.04 米、高 0.9 米。两耳室内为土洞，仅甬道部分以青砖起券。

敦煌翟宗盈壁画墓长斜坡墓道朝南，所填塞的砾石，高出地面尚不及半米，宽 3 米。墓道长 18.5 米，入口处附近有几块青砖和土坯的

---

① 甘肃省文物考古研究所：《敦煌佛爷庙湾西晋画像砖墓》，文物出版社 1998 年版，第 11—22 页。

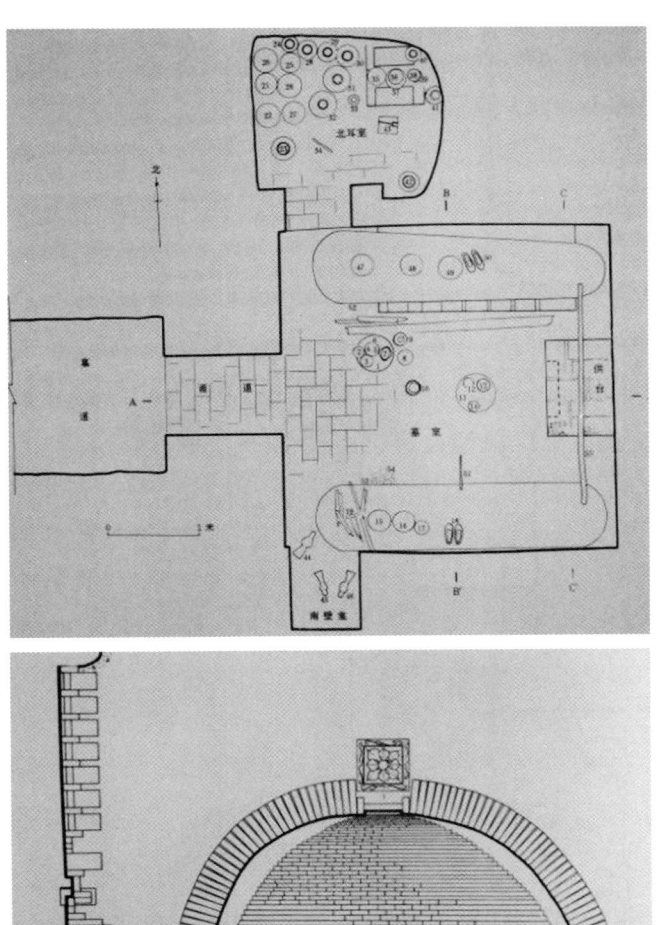

第三章　汉唐时期河西壁画墓的形制流变与墓葬壁画发展轨迹　　85

图 3-29　敦煌佛爷庙湾 37 号墓平面图、剖面图①

---

①　甘肃省文物考古研究所：《敦煌佛爷庙湾西晋画像砖墓》图四、五，文物出版社 1998 年版，第 13、14 页。

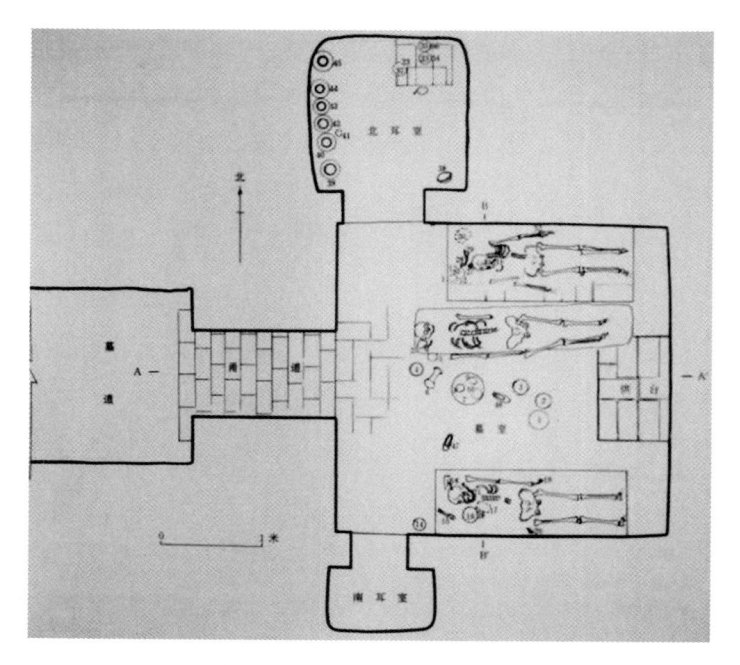

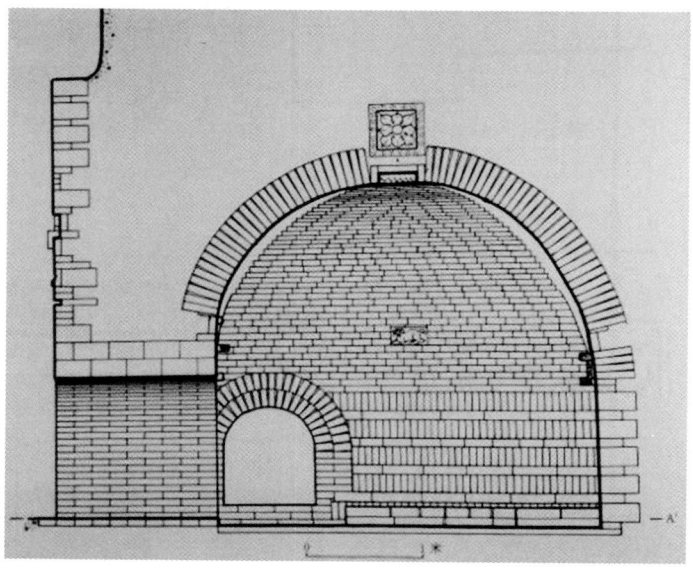

图 3-30 敦煌佛爷庙湾 39 号墓平面图、剖面图①

---

① 甘肃省文物考古研究所:《敦煌佛爷庙湾西晋画像砖墓》图一一、一二,文物出版社 1998 年版,第 23、24 页。

碎块。① 墓道上面有突起的垅埠，高出地表约 0.5 米。墓门为拱形，门高 1.2 米，宽 1.15 米，以砖封堵。墓门封砖前有木屑，可能原有木门。墓门以上建照墙。墓室平面为方形，覆斗顶，用方砖覆盖形成藻井。长宽各为 3 米，墓内有散乱放置的棺木、人骨和随葬品。东壁有一耳室，其内有砖砌的厨格，西壁有一小龛。墓室的东西壁下有棺木二具，头骨南向，向着墓门。在墓葬北壁（后壁）有一长方形平台，高不及 5 厘米，其周围散落陶器碎片。②

Ⅱ式　墓室平面呈方形，无耳室、壁龛。代表性的为敦煌祁家湾 310 号墓。

敦煌祁家湾西晋十六国 85DQM310 为单室墓（图 3-31），墓道长 15 米、宽 0.78 米、墓底距地表深 4.35 米。墓门拱形，下宽 0.72 米、中心高 0.93 米。甬道双重，长 1.2 米、其中前段长 0.6 米、宽 0.75 米、高 0.93 米，后段长 0.6 米、宽 0.72 米、高 0.9 米，土坯封堵在甬道后段，与墓室门齐平，土坯平置于约 0.2 米高的砂砾土上，存 4

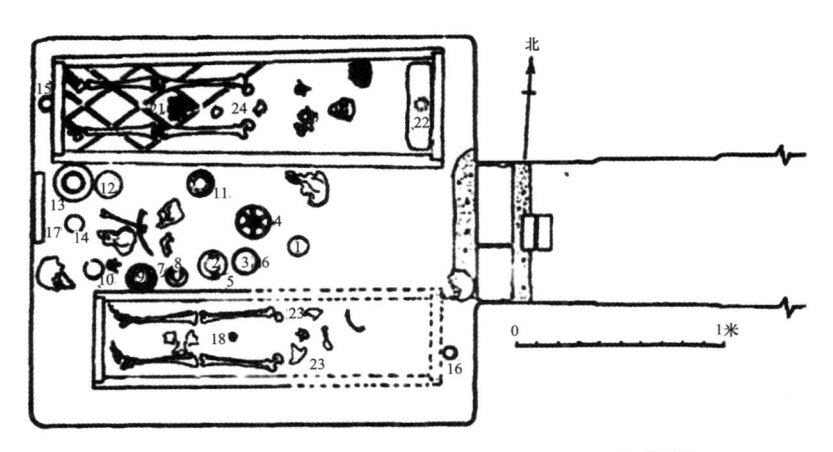

图 3-31　敦煌祁家湾西晋十六国 85DQM310 平面图③

---

① 夏鼐：《敦煌考古漫记（一）》，《考古通讯》1955 年第 1 期。
② 郭永利、杨惠福：《敦煌翟宗盈墓及其年代》，《考古与文物》2007 年第 4 期。
③ 甘肃省文物考古研究所、戴春阳、张珑：《敦煌祁家湾——西晋十六国墓葬发掘报告》，文物出版社 1994 年版，第 45 页。按，图中 17 即画像砖所在位置。

层。墓室长2.2米、宽2米、高1.98米，四壁斜直起至0.9米处骤收至顶，呈覆斗形。顶部掏有长方形藻井，长0.28米、宽0.16米、向上内凹0.09米。画像砖方形，立于墓室后壁下。[①]

三 唐代河西走廊模印砖墓、壁画墓形制

唐代河西走廊模印砖墓与汉代、魏晋十六国时期的壁画墓颇有区别，一是较少见到彩绘砖画或墓室彩绘壁画，以彩绘模印砖或素面模印砖为主；二是不见四室墓、三室墓，多为双室墓或单室墓。根据形制、建材、结构、规模和是否有耳室及壁龛等建筑特征作为标准，经过分类排序，可将其分为以下几种类型。

A型 双室模印砖墓，根据有无耳室又可分为二式。

Ⅰ式 双室模印砖墓，有两耳室，代表性的为山丹第一中学模印彩绘砖墓。

山丹第一中学模印彩绘砖墓，由墓门、天井、甬道、前室、左右耳室、后室组成。墓坐北向南，墓室平面呈方形，前、后室边长3.7米，高3.3米。[②]

Ⅱ式 双室模印砖墓，无耳室，代表性的为酒泉果园乡西沟1号唐墓。

酒泉果园乡西沟1号唐墓为砖筑双室墓（图3-32），前室长1.77米，宽1.45米，高2.46米，顶部已全部塌陷。门高1.53米，宽0.99米，门洞深0.48米。后室长3.09米，宽3.18米，高2.85米，覆斗顶。门高1.51米，宽0.96米，进深0.42米。该墓有华丽的棺床，长3米，宽1.04米，高0.3米。[③]

---

① 甘肃省文物考古研究所、戴春阳、张珑：《敦煌祁家湾——西晋十六国墓葬发掘报告》，文物出版社1994年版，第44—46、139—140页。
② 张掖市文物管理局：《张掖文物》，甘肃人民出版社2009年版，第258页。
③ 岳邦湖、田晓、杜思平、张军武：《岩画及墓葬壁画》，敦煌文艺出版社2004年版，第85—87页。

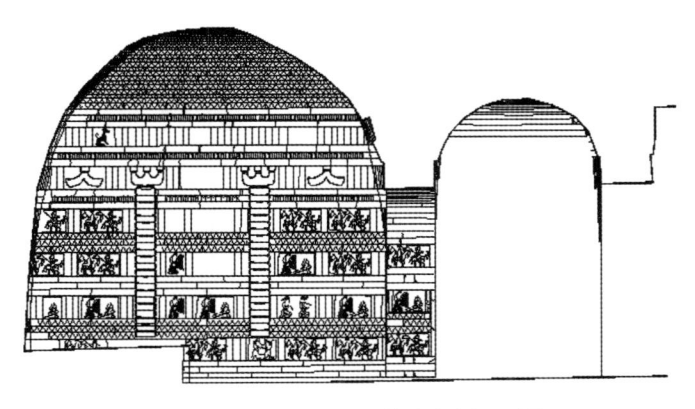

第三章　汉唐时期河西壁画墓的形制流变与墓葬壁画发展轨迹　　89

图 3-32　酒泉西沟 1 号唐墓剖面图①

B 型　单室模印砖墓，代表性的为敦煌佛爷庙湾 6 座唐代模印砖墓、酒泉果园乡西沟 2 号墓、3 号墓。

敦煌佛爷庙湾 6 座唐代模印砖墓均为长斜坡墓道的方形砖室墓。M123（图 3-33，图 3-34）分墓道、照墙、甬道、墓室四部分。墓道斜坡形，长 16 米、宽 1.5 米、深 4.4 米。照墙系在墓门券顶以上以条砖间以模印砖叠砌而成。甬道长 1.38 米、前宽 1.08 米、后宽 1.1 米、高 1.55 米。墓室平面呈方形，四壁略外弧，其中东西两侧壁弧度较大，顶部坍塌。墓室进深 3.4 米、宽 3.54 米、残高 1.6—2.93 米。依墓室后壁垒砌长 2.8 米、宽 1.5 米、高 0.18 米的棺床。M121（图 3-35，图 3-36）呈正方形，边长 3.3 米，残高 0.84—1.08 米。依后壁（北壁）所砌棺床长 2.64 米、宽 1.28 米、高 0.3 米。②

酒泉果园乡西沟 2 号墓、3 号墓均为砖筑单室墓，2 号墓长 3.44 米，宽 3.85 米，高 3.20 米，门高 1.75 米，进深 1.76 米。3 号墓长 3.45 米，宽 3.40 米，高 3.20 米，门高 1.76 米，进深 1.78 米，仿木结构。③

---

① 薛银花：《酒泉西沟唐墓研究》，硕士学位论文，西北师范大学，2015 年。
② 甘肃省博物馆：《敦煌佛爷庙湾唐代模印砖墓》，《文物》2002 年第 1 期。
③ 岳邦湖、田晓、杜思平、张军武：《岩画及墓葬壁画》，敦煌文艺出版社 2004 年版，第 89—90 页。

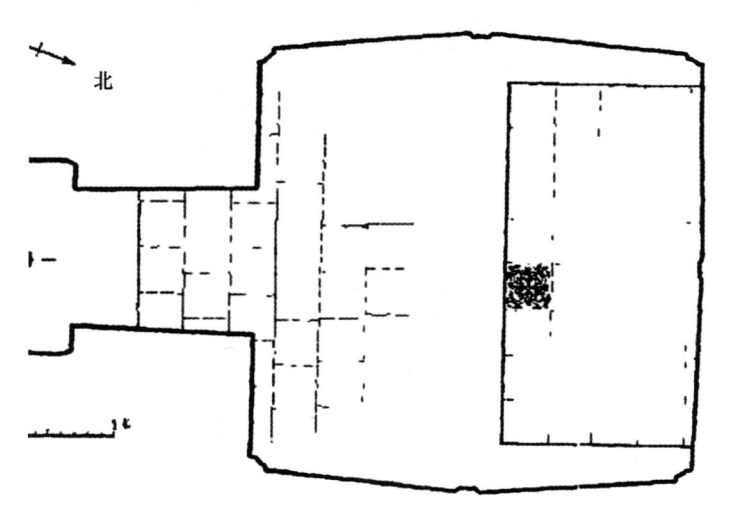

图 3-33　敦煌佛爷庙湾 M123 平面图①

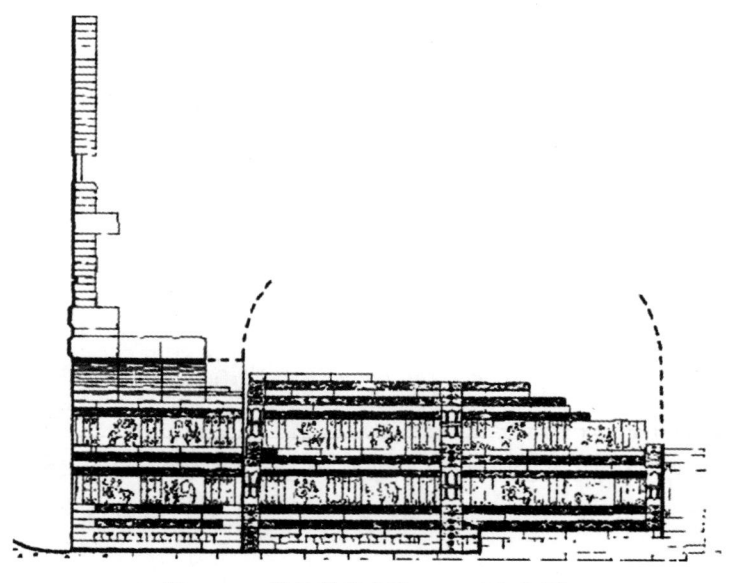

图 3-34　敦煌佛爷庙湾 M123 剖面图②

---

① 甘肃省博物馆：《敦煌佛爷庙湾唐代模印砖墓》，《文物》2002 年第 1 期。
② 甘肃省博物馆：《敦煌佛爷庙湾唐代模印砖墓》，《文物》2002 年第 1 期。

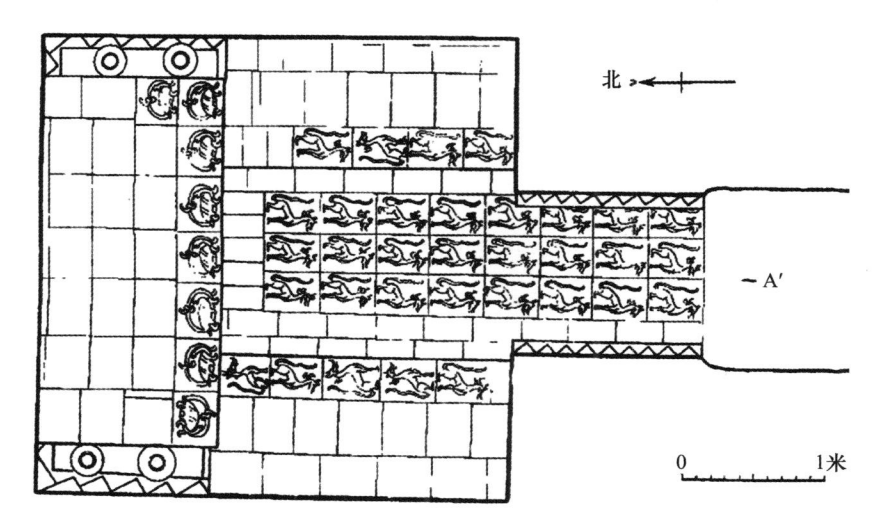

第三章　汉唐时期河西壁画墓的形制流变与墓葬壁画发展轨迹　91

图 3-35　敦煌佛爷庙湾 M121 平面图①

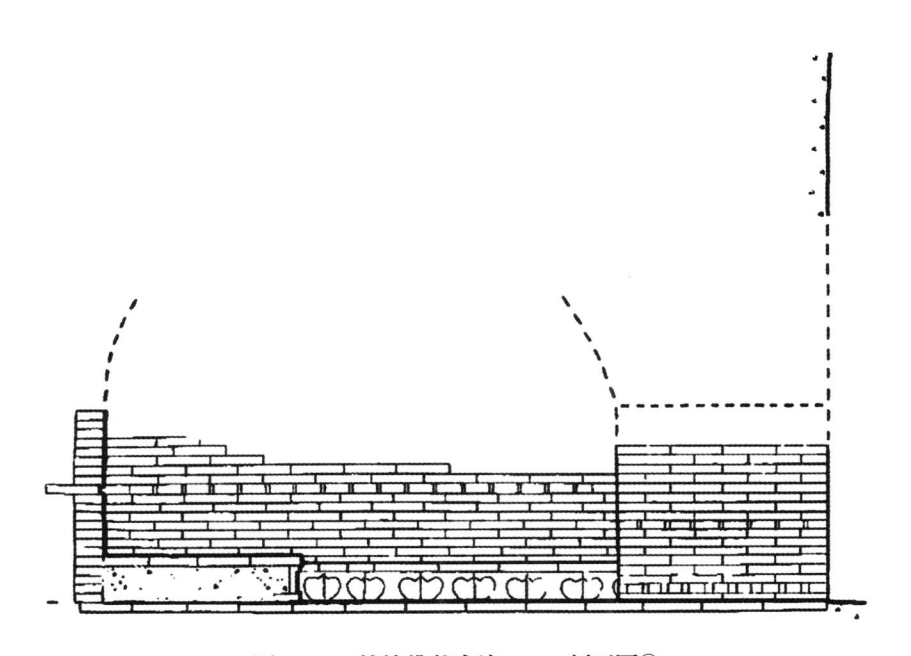

图 3-36　敦煌佛爷庙湾 M121 剖面图②

---

① 甘肃省博物馆：《敦煌佛爷庙湾唐代模印砖墓》，《文物》2002 年第 1 期。
② 甘肃省博物馆：《敦煌佛爷庙湾唐代模印砖墓》，《文物》2002 年第 1 期。

C 型 砖筑单室壁画墓，代表性墓葬为武周时期吐谷浑喜王慕容智墓（图3-37，图3-38）。

长斜坡墓道的单室砖室墓，由墓道、壁龛、封门墙、墓门、甬道和墓室组成，平面呈近刀形，方向170°。墓葬是先挖带长斜坡墓道的刀形竖穴土圹，再在土圹内砌筑砖室，形成单室砖室墓。

墓道位于墓室南部，南端略低，北端略高，高差0.8米。开口平面呈长方形，通长17.5米、南端开口处宽1.25米、北端宽1.55米。壁龛位于墓道底部墓门前，东、西两侧各一；拱形顶，龛外均使用青砖封堵，共13层。封龛墙均高1.12米、宽约0.7米；东、西壁龛内壁及底皆涂抹一层0.3—0.5厘米厚的草拌泥。其中西龛门宽0.62米、进深0.55米、高0.96米。龛内随葬彩绘陶仪仗俑和木俑，共计43件组；东龛门宽0.6米、进深0.53米、高0.9米，龛内随葬彩绘陶俑，共计27件组。甬道位于墓道北侧，为拱形券顶结构。土圹宽2.28米、进深2.1米、底距地表3.8米。砖结构平面呈长方形，甬道内南端宽

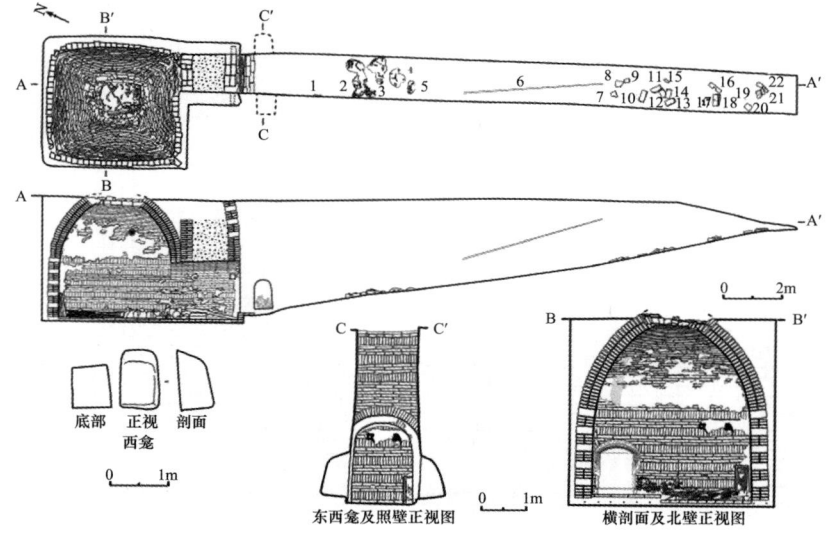

图 3-37　慕容智墓平面图、剖面图（1）[①]

[①] 甘肃省文物考古研究所、武威市文物考古研究所、天祝藏族自治县博物馆：《甘肃武周时期吐谷浑喜王慕容智墓发掘简报》图七，《考古与文物》2021年第2期。

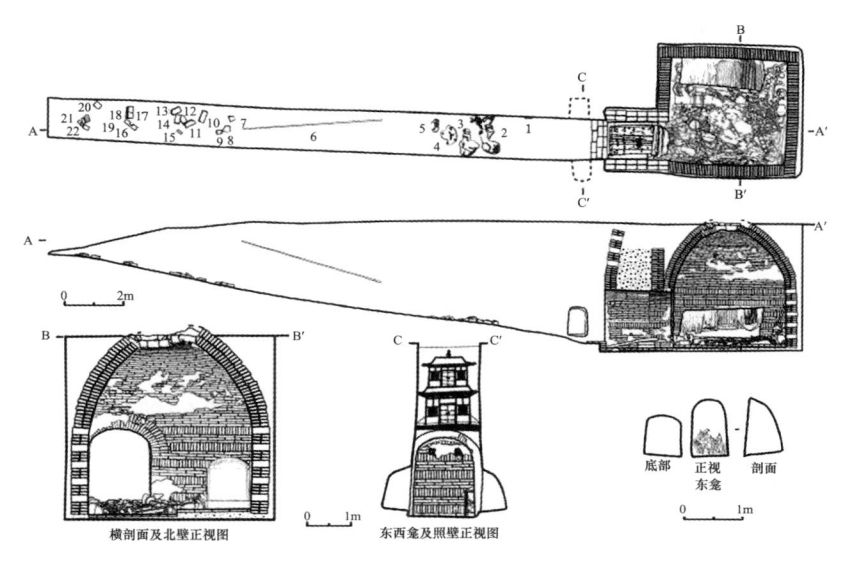

第三章 汉唐时期河西壁画墓的形制流变与墓葬壁画发展轨迹　　93

图 3-38　慕容智墓平面图、剖面图（2）①

1.26 米、北端宽 1.3 米、进深 2.1 米、高 1.9 米，于 1.53 米处起券。墓室土圹呈近方形，东壁较甬道微向东宽出 0.1 米左右，砖室结构宽 4.1 米、长 4.2 米、深 3.9 米，砖室内长 3.6 米、宽 3.4 米、残高 3.7 米。

综上所述，就目前所见资料而言，自汉到唐，河西走廊壁画墓、墓葬壁画经历了较大变革，总体上呈"凸"字形发展趋势，②其发展变化具有如下特点：

第一，汉代是河西走廊墓葬壁画的产生和初步发展时期，在东起武威、西至酒泉的区域内，均出现了壁画墓、墓葬壁画，但数量较少，奠定了此后河西走廊壁画墓、墓葬壁画的基础，这一阶段河西走廊墓葬壁画多为彩绘壁画或彩绘砖壁画，有部分模印砖，主要分布于

---

① 甘肃省文物考古研究所、武威市文物考古研究所、天祝藏族自治县博物馆：《甘肃武周时期吐谷浑喜王慕容智墓发掘简报》图七，《考古与文物》2021 年第 2 期。

② 包艳、张骋杰、史亦真《中国丝绸之路上的墓室壁画·西部卷·甘肃分卷》（东南大学出版社 2017 年版）将甘肃境内的墓室壁画分为兴盛期（汉代、魏晋南北朝时期）和繁荣期（隋唐五代、宋辽西夏金、元），这一分期方式忽视了甘肃东、西部之间的文化差异，河西走廊地区迄今为止发现的汉代壁画墓不足十座，与此后的魏晋十六国时期难以相提并论，这一点必须注意。

墓室之中；早期内容多为青龙、白虎、朱雀、玄武四灵图及日月图等，到中晚期出现了反映民众世俗生活的壁画。

第二，魏晋十六国时期河西走廊墓葬壁画艺术达到巅峰，壁画墓成为河西走廊主要的墓葬形式，广泛分布于河西走廊各地；墓葬壁画则是墓葬装饰的主要形式。壁画墓与墓室壁画内容丰富、风格多样，有砖室墓，也有土洞墓，以砖室墓为主；有多室墓，也有单室墓，多则四室，少则单室；有彩绘壁画，也有雕刻彩绘砖画，有整壁作画者，亦有一砖一画，或二者兼有者；既有四灵、祥瑞等仙灵内容，也有表现农耕、畜牧、射猎、炊厨、宰牲等世俗生活的内容。与升仙、祥瑞有关的壁画多出自照墙，反映现实生活的内容则主要出自墓室。前室、中室壁画多反映墓主生平或升仙的追求，后室壁画则以丝帛、奁盒等为主。

第三，需要指出的是，十六国之后的北朝时期，河西走廊没有发现壁画墓，这应当与河西走廊十六国北朝历史有关。公元439年北魏灭北凉后，迁北凉士民于平城，河西政治、经济、文化遭到重创，北凉沮渠氏西奔，保据高昌。① 考古未发现河西走廊北凉之后、隋唐之前的壁画墓，而在与河西走廊一衣带水的高昌地区发现内容、风格与魏晋十六国河西壁画墓一脉相承的墓葬，或即与此有关。

第四，与汉代、魏晋十六国时期相比，唐代进入河西走廊墓葬壁画的转变、更新期，初唐时期仍存在规模较大、绘制精美的壁画墓（慕容智墓），盛唐以降，模印砖墓成为代表性的墓葬形式，各类模印砖取代壁画成为墓葬装饰的主要构件，这一特点持续到唐末五代时期（敦煌佛爷庙湾模印砖墓年代均当在公元七世纪末、八世纪初的盛唐时期；酒泉西沟1号墓年代在盛唐时期，2号、3号墓时代在中晚唐时期）。尽管存在北朝时期的缺环，但武周时期慕容智壁画墓的发现，以及敦煌、酒泉等地盛唐、中晚唐模印砖墓的发现，大体能够得出如下认识，即盛唐以降出现的模印砖墓由汉代、魏晋十六国、初唐时期

---

① 汤球：《十六国春秋辑补》卷97《北凉录三·沮渠茂虔》，中华书局1985年版，第671—673页。

的壁画墓转变而来，这显示出地域文化传统的韧性与延续性。就目前所见，河西地区各地均有发现，武威地区发现有规模较大的壁画墓，酒泉、敦煌模印砖墓资料丰富，张掖各地亦零星发现有模印砖墓。就内容而言，武威慕容智墓既有照墙壁画，亦有人物图、天象图，但绝大部分已经脱落，难以确知详细内容；酒泉模印砖十二生肖图、出行图最多；敦煌模印砖以青龙、白虎、玄武图居多，间有出行图；张掖（包括山丹）模印砖以胡人牵驼出行、胡人牵马出行图居多。

第四章

汉唐时期河西墓葬壁画分类整理研究

关于汉唐墓葬壁画的分类问题，学界多有讨论，但迄今为止，仍然没有统一的意见。李发林将汉代画像的题材分为反映社会现实生活、描绘历史人物故事、反映祥瑞和神话故事、描绘自然景物等四类。① 信立祥把汉代画像石的题材则分为天上世界、仙人世界、人间现实世界和地下鬼魂世界四类。② 嘉峪关新城魏晋壁画墓的发掘者将该墓群壁画题材分为表现墓主人宴居生活内容为主的壁画（如宴饮、庖厨、汲水、奏乐图等）、有关墓主人庄园经济生活为主的壁画（如农桑、牧畜、酿造图等），以及后室表示财富的绢帛、丝束及生活用具图等几类。③ 酒泉丁家闸5号墓的发掘者将该墓壁画题材亦分为天、地、人三类。④ 敦煌佛爷庙湾西晋画像砖墓的发掘者则根据画像砖所表现的内容，认为除装饰辅助性上的烘托图案和雕绘外，大体有以下四类：一是以各种神禽灵兽为代表的祥瑞和神话传说，二是历史人物，三是具有佛教文化因素的动植物，四是世俗生活画面。⑤ 郑岩将魏晋南北朝墓葬壁画题材大致分为表现生产和消费活动的内容和升仙内容两个大的方面。⑥ 黄佩贤将汉代壁画墓的题材分为以下四类：天象、升仙、神话与祥瑞，御凶与驱邪逐疫，经史人物与故事，生平经

---

① 李发林：《汉画考释和研究》，中国文联出版社2000年版，第45页。
② 信立祥：《汉代画像石综合研究》，文物出版社2000年版，第62页。
③ 甘肃省文物队等：《嘉峪关壁画墓发掘报告》，文物出版社1985年版，第46—47页。
④ 甘肃省文物考古研究所：《酒泉十六国墓壁画》，文物出版社1989年版，第19页。
⑤ 甘肃省文物考古研究所：《敦煌佛爷庙湾西晋画像砖墓》，文物出版社1998年版，第107—108页。
⑥ 郑岩：《魏晋南北朝壁画墓研究》，文物出版社2002年版，第158页。

历与现实生活。① 汪小洋将汉代河西墓葬壁画题材分为表现仙界的内容和表现世俗场面的内容两大类②，将魏晋十六国河西砖墓壁画从题材上分为表现时人的劳动场景、表现墓主人的财富和享乐生活、表现军事题材等三类③。孙彦沿用了前述信立祥的划分方法，将魏晋十六国河西墓葬壁画题材分为天上世界、仙人世界、人间现实世界和地下鬼魂世界四类。④ 郭永利将酒泉和敦煌地区魏晋十六国墓葬壁画题材分为天上世界、升仙与仙境及祥瑞、墓主人的世俗生活及财富、镇墓驱邪厌胜、云气纹五类。⑤ 包艳、张骋杰、史亦真将甘肃境内的墓葬壁画题材分为现实生活类、历史人物故事类、宗教思想类、装饰纹样类四大类。⑥ 总的来看，上述成果中主要划分的题材类别有现实生活类、历史人物故事类、祥瑞和神话故事类、自然景物类、天上世界类、仙人世界类（升仙类）、人间现实世界类、地下鬼魂世界类、军事题材类、镇墓驱邪厌胜类、装饰纹样类（云气纹类）等类型，这种天、地、人式的粗线条分类（包括升仙类、镇墓驱邪厌胜类在内），反映了墓葬壁画分类的复杂性。因为墓葬及墓葬壁画、随葬物等等，均立足于时人的丧葬观念和宗教信仰，因而墓葬壁画本来就是体现时人宗教信仰、宗教思想的一种方式，壁画绘制的所有内容均可列入；历史人物故事类、自然景物类题材，往往与其他主题相伴生；军事题材内容，仍是反映人间现实世界的内容之一，等等。因此，绝大多数研究者在分类之时并不追求面面俱到，而仅取其大略。应当说，这些分类方式各有特点和价值，但严格地讲，上述诸种类别并不能在同一个范畴内讨论。因研究的侧重点不同，分类结果往往有所区别。绝大多数研究以"壁画墓"为研究对象，关注墓葬整体，因此题材分类时没有将建筑性装饰图案画或装饰性的花纹等内容考虑进去。虽然在社

---

① 黄佩贤：《汉代墓室壁画研究》，文物出版社 2008 年版，第 191—227 页。
② 汪小洋主编：《中国墓室绘画研究》，上海大学出版社 2010 年版，第 83 页。
③ 汪小洋主编：《中国墓室绘画研究》，上海大学出版社 2010 年版，第 92—95 页。
④ 孙彦：《河西魏晋十六国壁画墓研究》，文物出版社 2011 年版，第 118—121 页。
⑤ 郭永利：《河西魏晋十六国壁画墓》，民族出版社 2012 年版，第 111—114 页。
⑥ 包艳、张骋杰、史亦真：《中国丝绸之路上的墓室壁画·西部卷·甘肃分卷》，东南大学出版社 2017 年版，第 9—12 页。

会生活史、民俗研究中更多的会讨论到天上、人间、地下等主题的壁画内容，但当研究的对象是"墓葬壁画"时，必须考虑所有装饰性的花纹和图案，因此包艳等人关于"中国丝绸之路上的墓室壁画"的研究，将"装饰纹样类"单列为一大类，郭永利亦将在魏晋十六国河西墓葬壁画中大量使用的云气纹单列为一类，都值得肯定。而在具体的研究中，对于某一类型花纹的探究，一般是立足于考古类型学和美术史层面的关注。如《嘉峪关壁画墓发掘报告》指出："这些墓室是模仿当时世家豪族宅第的构造。因此，有壁画的墓室，也多绘有建筑性装饰图案画，这些图案除……门扉上的朱雀（或无朱雀）衔环铺首外，主要还有如下几种：虎头纹（仅见于5号墓前室'各内'旁的半块壁画砖上端）、彩绘鸟（绘在4号、5号、6号墓的门道门、耳室门、过道门拱券两旁三角砖上）、云气纹（画于3号、6号墓室内的砖面和斗拱形造型砖上，个别绘于过道门拱券两旁三角砖上）、连续三角纹（绘在六号墓斗拱形造型砖上，是一种类似锯齿的连续三角形纹饰）。"①（图4—1）《敦煌佛爷庙湾西晋画像砖墓》亦将分隔画像砖的辅助纹饰单独列出，其中绘于横砌平砖砖面上的纹饰分为三角纹、旋圈纹、花点纹、勾叶花蕊纹、草叶纹、云气纹、几何纹配勾点纹等几类。② 近年来发现的敦煌佛爷庙湾6座唐代模印砖墓，计出土各种题材的模印塑像砖212块、辅助花纹砖478.5块。"模印塑像砖的图案内容可分为四类：一是人物；其次是四神、怪兽；第三是植物花纹；第四是辅助性的陪衬花纹。"③ 植物纹模印砖中，缠枝葡萄纹砖86块，忍冬纹砖23块，相花纹砖24块；其他纹饰模印砖中，钉半环纹砖50块，钉莲房纹砖178块，波纹砖225块，莲花砖柱11块，壸门纹砖14.5块。④ 本书结合上述分类成果，在关注"壁画墓"这一大的绘画环境的基础上，将汉唐时期河西走廊墓葬壁画题材大致划分为现实（世俗）生活类、宗教思想类、装饰纹样类三大类，在不同时期各题

---

① 甘肃省文物队等：《嘉峪关壁画墓发掘报告》，文物出版社1985年版，第17页。
② 甘肃省文物考古研究所：《敦煌佛爷庙湾西晋画像砖墓》，文物出版社1998年版，第61页。
③ 甘肃省博物馆：《敦煌佛爷庙湾唐代模印砖墓》，《文物》2002年第1期。
④ 甘肃省博物馆：《敦煌佛爷庙湾唐代模印砖墓》，《文物》2002年第1期。

材又各有侧重；在具体的研究中，侧重对现实生活类、宗教思想类题材的考察。以下根据考古发现，对汉唐时期河西走廊墓葬壁画中反映现实生活和宗教思想题材的内容进行整理与考察。

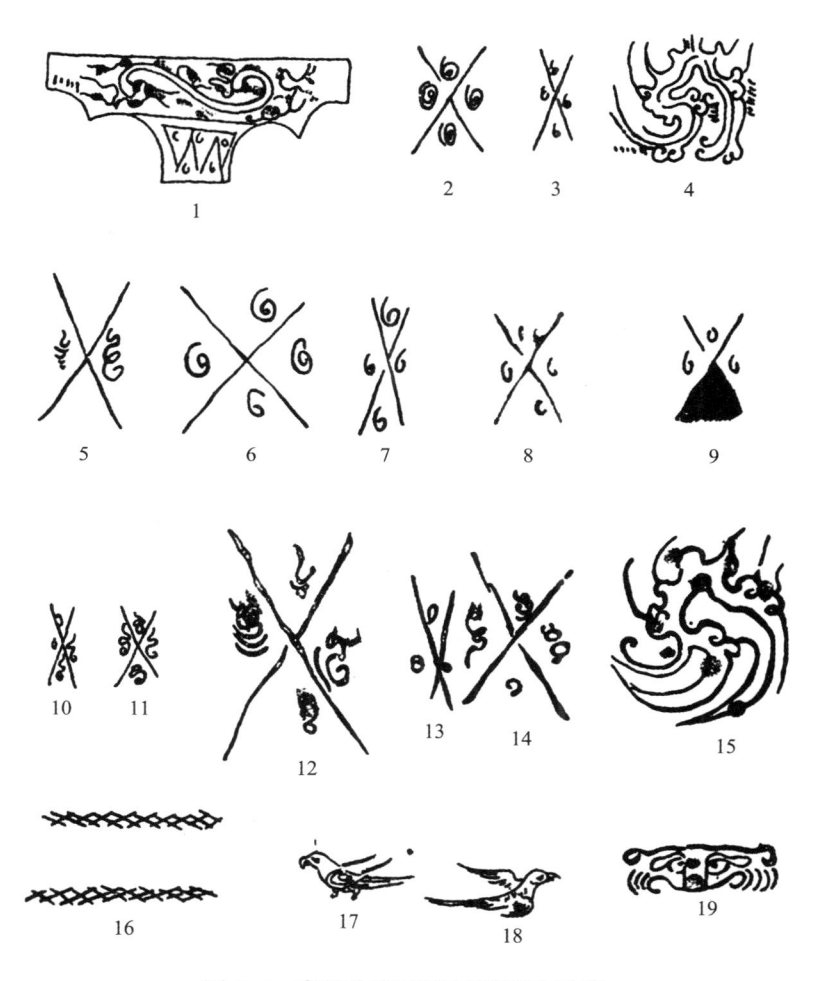

图 4-1 嘉峪关壁画墓建筑装饰图案①

1、2、3、4，M6。5、6、7，M7。8、9，M1。10、11、16、17、18、19，M5。12、13、14、15，M3。

---

① 甘肃省文物队等：《嘉峪关壁画墓发掘报告》图一八，文物出版社1985年版，第22页。

一　现实生活类题材壁画

反映墓主富足现实生活、或追求这种富足生活的的题材，在汉唐时期河西墓葬壁画中最为丰富。进一步划分，这种题材包括宴饮、炊厨、汲水、奏乐、农耕、牧畜、采桑、狩猎、屯垦、出行、坞壁、酿造、绢帛、丝束、生活用具等，根据《嘉峪关壁画墓发掘报告》，这些内容可归纳为表现墓主人宴居生活内容为主的壁画（如宴饮、庖厨、汲水、奏乐图等）、有关墓主人庄园经济生活为主的壁画（如农桑、牧畜、酿造图等），以及后室表示财富的绢帛、丝束及生活用具图三大类。① 为便于比较，形成直观印象，笔者据前述相关资料，对上述三类题材壁画内容分别做了统计，并以此为基础作进一步的探讨。由于反映墓主世俗生活的出行题材图像在汉唐时期河西走廊墓葬壁画中具有重要独特地位，而来自酒泉高闸沟晋墓、反映墓主人决讼断案内容的一组图像亦独具特色，因此笔者将这两类图像单独列出进行探讨。

（一）墓主人庄园经济生活壁画

现据相关资料，对反映墓主人庄园经济生活的壁画进行统计，如表 4-1 所示。

表 4-1 基本能够反映汉代、魏晋十六国时期、唐代河西走廊墓葬壁画中有关农牧内容的全貌。通过统计，我们可以得出如下认识：

第一，表中统计农作、畜牧、采桑、酿造、坞壁、狩猎内容画砖共 298 例，其中汉代农作、畜牧、采桑、狩猎图等共计 16 例，唐代缺少此类题材，其余均为魏晋十六国时期壁画内容，基本呈现了这一主题内容在汉唐河西走廊墓葬壁画中的分布情况。由此来看，从汉代墓葬壁画出现反映墓主生前生产生活的内容，到魏晋十六国时期成为河西墓葬壁画的主题，再到唐代这一主题消失，就墓葬壁画题材而言，

---

① 甘肃省文物队等：《嘉峪关壁画墓发掘报告》，文物出版社 1985 年版，第 46—47 页。

第四章 汉唐时期河西墓葬壁画分类整理研究

表4-1　汉唐时期河西壁画墓墓主人庄园经济生活壁画统计

时代	农作	畜牧	采桑	酿造	均壁	狩猎	所属墓葬	资料出处	备注
汉代	0	0	0	0	0	0	武威韩佐乡五坝山壁画墓	《岩画及墓葬壁画》，第7页	该墓整壁作画，神话色彩浓厚。北、东、南三壁作画，无墓主庄园经济生活内容
	3	0	2	0	0	4	酒泉下河清汉代1号彩绘砖墓	《酒泉下河清第1号墓和第18号墓发掘简报》，《文物》1959年第10期	本墓葬内共有画砖64块，计檐壁画砖7块，墓室内四壁画砖57块。与庄园生活有关者9块
	0	0	0	0	0	0	武威磨嘴子东汉壁画墓	《甘肃武威磨嘴子发现一座东汉壁画墓》，《考古》1995年第11期	壁画无墓主庄园经济生活内容
	2	1	0	0	2	0	嘉峪关新城魏晋汉代壁画墓	《河西出土的汉晋绘画简述》，《文物》1978年第6期	有画像砖十余块，其中前室12块，内容有庖厨、农耕、畜牧等，丝绸、蚕布帛、蚕茧和丝束
	0	0	0	0	0	1	民乐八卦营1号壁画墓	《民乐清理汉代壁画墓》，《中国文物报》1993年5月30日；《民乐县八卦营：壁画·古城·丝绸之路》1998年第3期	整壁作画。狩猎图位于西壁下部，内容为两骑士一前一后在追捕猎物（画面部分脱落）
	0	0	0	0	0	0	民乐八卦营2号壁画墓	同上	壁画无墓主庄园经济生活内容
	0	0	0	0	0	0	民乐八卦营3号壁画墓	同上	壁画无墓主庄园经济生活内容
							民乐八卦营4号、5号壁画墓	《张掖文物》，第246页	壁画内容不详
							张掖市甘州区沙井镇东五村双墩滩汉代墓群	《张掖文物》，第251页	墓葬内容不详
						1	下河清石庙滩汉代墓群	《中国文物地图集·甘肃分册（下）》，第237页	1974年清理双室画像砖墓1座，画像砖内容有农耕、宴乐、辎车等，具体内容不详

续表

时代	农作	畜牧	采桑	酿造	坞壁	狩猎	所属墓葬	资料出处	备注
魏晋十六国时期	0	0	0	0	0	0	敦煌翟宗盈壁画墓	夏鼐：《敦煌考古漫记（一）》，《考古通讯》1955年第1期	共有559块有彩绘画砖，门楼式照墙上有六十多块画砖，内容以珍禽异兽为主，其余内容不详
	6	5	0	2	0	0	酒泉嵩闸冶晋墓	《岩画及墓葬壁画》，第73—75页	共41块壁画砖
	11	7	0	3	0	0	酒泉西沟5号墓	《甘肃酒泉西沟村魏晋墓发掘报告》，《文物》1996年第7期；《岩画及墓葬壁画》，第80—82页	共113块壁画砖
	11	3	0	0	1	0	酒泉西沟7号墓	《甘肃酒泉西沟村魏晋墓发掘报告》；《岩画及墓葬壁画》，第76—79页	共87块壁画砖
	8	8	1	0	2	0	酒泉西沟4号墓	《岩画及墓葬壁画》，第83—84页	共58块壁画砖
	4	0	0	0	0	0①	敦煌佛爷庙湾37号、39号、91号、133号墓、167号墓	《敦煌佛爷庙湾西晋画像砖墓》，第60、83—86页	墓群出土动物造型砖14幅，画像砖227幅（彩绘215幅，墨绘12幅）
	2	0	0	0	0	1	敦煌佛爷庙湾壁画墓	郭永利：《河西魏晋十六国壁画墓》第152页	资料未正式发表，具体情况不详
	2	1	0	0	3	5	嘉峪关新城1号墓	《嘉峪关壁画墓发掘报告》，第97—98页；《岩画及墓葬壁画》，第150—152页	共57块壁画砖

① 37号墓照墙有射牛、射羊图，但被安置于以神禽灵兽为主的照墙部位，或亦表现李广善射的李广驰骑射羊、射牛图（《敦煌佛爷庙湾西晋画像砖墓》，文物出版社1998年版，第80—81页）。

续表

时代	农作	畜牧	采桑	酿造	坞壁	狩猎	所属墓葬	资料出处	备注
魏晋十六国时期	6	4	0	0	3	6	嘉峪关新城3号墓	《嘉峪关壁画墓发掘报告》，第99—103页；《岩画及墓葬壁画》，第153—157页	共122块壁画砖
	7	4	1	0	2	5	嘉峪关新城4号墓	《嘉峪关壁画墓发掘报告》，第103—105页；《岩画及墓葬壁画》，第158—160页	共70块壁画砖
	7	3	4	0	5	6	嘉峪关新城5号墓	《嘉峪关壁画墓发掘报告》，第48—56页；《岩画及墓葬壁画》，第160—163页	共73块壁画砖
	9	6	3	0	1	2	嘉峪关新城6号墓	《嘉峪关壁画墓发掘报告》，第56—66页；《岩画及墓葬壁画》，第164—169页	共137块壁画砖
	9	15	2	2	0	6	嘉峪关新城7号墓	《嘉峪关壁画墓发掘报告》，第105—109页；《岩画及墓葬壁画》，第170—175页	共150块壁画砖
	6	5	0	0	1	0	嘉峪关新城12号墓	《岩画及墓葬壁画》，第176—177页	共50块壁画砖
	11	8	0	0	0	3	嘉峪关新城13号墓	《岩画及墓葬壁画》，第177—178页	共50块壁画砖
	6	2	1	0	6	0	酒泉丁家闸5号墓	甘肃省文物考古研究所编：《酒泉十六国墓壁画》，文物出版社1989年版	丁家闸5号墓壁画为整体作画，因此统计时以墓葬壁画中较明显的独立场景为一个单位（块）

续表

时代	农作	畜牧	采桑	酿造	坞壁	狩猎	所属墓葬	资料出处	备注
魏晋十六国时期	3	4	0	0	1	0	高台骆驼城2号墓	《甘肃高台县骆驼城墓葬的发掘》，《考古》2003年第6期	共13块壁画砖
	3	3	0	0	0	0	高台骆驼城画像砖墓	《甘肃高台骆驼城画像砖墓调查》，《文物》1997年第12期	共58块画像砖
	2	0	0	0	0	0	高台地埂坡4号墓	《中国出土壁画全集》第9甘肃·宁夏·新疆，第29、38页	该墓整壁作画
	0	0	0	0	0	0	酒泉小土山墓	《酒泉小土山墓葬清理简报》，《陇右文博》2004年第2期	共15块画像砖，无墓主庄园经济生活内容
	0	0	0	0	0	1	玉门金鸡梁十六国壁画墓	玉门博物馆提供资料	共30块彩绘砖
	2	1	0	0	0	0	永昌乱墩子滩1号壁画墓	李勇杰：《甘肃永昌乱墩子滩1号壁画墓调查简报》，2015年7月	该墓整壁作画
唐代	0	0	0	0	0	0	酒泉果园乡西沟1号、2号、3号唐墓	《岩画及墓葬壁画》，第85—87页	模印砖主要为十二生肖模印砖、管乐伎模印砖、弦乐伎模印砖、骑士出行图等，无墓主庄园经济生活内容
	0	0	0	0	0	0	敦煌佛爷庙湾唐代模印砖墓	甘肃省博物馆《敦煌佛爷庙湾模印砖墓》，《文物》2002年第1期	这6座墓共出土人物、四神、怪兽等各种题材的模印塑像砖212块，辅助花纹砖478.5块。[①] 无墓主庄园经济生活内容

① 甘肃省博物馆：《敦煌佛爷庙湾唐代模印砖墓》，《文物》2002年第1期。

续表

时代	农作	畜牧	采桑	酿造	坞壁	狩猎	所属墓葬	资料出处	备注
唐代	0	0	0	0	0	0	山丹模印彩绘砖墓	《张掖文物》，第258页	有四神图、仪卫骑马出行图、胡人牵驼图，无墓主庄园经济生活内容
	0	0	0	0	0	0	张掖甘州区新乐小区唐代模印砖墓	据张掖市博物馆（甘州区博物馆）展出资料统计	内容为胡商牵驼图、胡商牵马图等，无墓主宴居生活内容
合计	120	80	14	7	27(+9)=36	41			

说明：①本表据前引相关考古报告、简报及图册制成，仅提供资料来源之考古报告、著作名称及页码，其余信息参前引相关信息。②本表大体按一砖一画式壁画为单位统计，若为整幅作画，则以较明显的独立场景为单位统计。③高台县博物馆藏有较多的坞壁图，据笔者考察约为10例，分别出自许三湾东墓群、骆驼城苦水口1号墓、骆驼城苦水口2号墓，但相关简报中没有准确的数据，因此只统计有可靠出处者（仅1例），而在合计数量中加了9例。④坞壁图与农作、畜牧、采桑、酿造并不属于同一范畴的概念，坞壁与中古时期大土地封建庄园、豪族共同体联系紧密，乃其建筑象征①，故将其与农作图等一起统计。

---

① 甘肃省文物队等：《嘉峪关壁画墓发掘报告》，文物出版社1985年版，第78—81页；孙彦：《河西魏晋十六国壁画墓研究》，文物出版社2011年版，第165—172页。

呈现出时间上"凸"字形的巨大变化。另外，需要注意的是，魏晋十六国时期河西墓葬壁画中出现反映墓主生前生产生活内容的，主要集中于酒泉、嘉峪关、高台等地，这一主题在敦煌、金昌等地却不占主导地位，在地域分布上，自西向东（或自东向西）亦呈现出"凸"字形的特点。

第二，上述298例墓主人庄园经济生活内容图像，农作内容最多（120），畜牧内容次之（80），狩猎图第三（41），坞壁图第四（36），采桑图第五（14），酿造图最少（7）。由于河西走廊汉代壁画墓中此类题材较少（农作5、采桑2、畜牧1、狩猎6），唐代则缺乏此类题材，因此若以图像内容对比当时河西走廊庄园经济，在一定程度上仅能说明魏晋十六国时期的相关问题。前已述及，坞壁图与中古时期大土地封建庄园、豪族共同体联系紧密，是其建筑象征，我们可以视其为墓葬壁画所见魏晋十六国河西庄园经济的基本背景，其余农作（115）、畜牧（79）、狩猎（35）、采桑（12）、酿造图（7），比例约为17∶12∶5∶2∶1。这是否就意味着魏晋十六国时期河西地区经济结构中，上述各种经济内容的比重也与此相近呢？若以农作图与畜牧图相比较，约为5∶3，农牧经济的比重，或许正与相关内容在该时期河西经济中所占的比例一致。若如此，则知魏晋十六国时期河西经济构成中农业的比重超过牧业，或者说是农牧并重、以农为主了。酿造图所占比例虽然不大，但在一定程度上也支持了上述判断，即河西地区粮食产量增大，河西民众日常生活内容因之日趋丰富。

第三，《三国志》卷二七《徐邈传》载："明帝以凉州绝远，南接蜀寇，以邈为凉州刺史，使持节领护羌校尉……邈修武威、酒泉盐池以收虏谷，又广开水田，募贫民佃之，家家丰足，仓库盈溢。乃支州界军用之余。市金帛骏马，通供中国之费……风化大行，百姓归心焉。西域流通，荒戎入贡，皆邈勋也。"[①] 皇甫隆任敦煌太守时，推广耧犁和衍溉，"岁终率计，其所省庸力过半，得谷加五"[②]。而到了四

---

① 《三国志》卷27《徐邈传》，中华书局1959年版，第739—740页。
② 《三国志》卷16《魏书·仓慈传》引《魏略》，中华书局1959年版，第513页。

至五世纪中期，因中原战乱频繁而"河西独安"，从关中、关东、江汉流域迁徙到河西的人口不下 20 万，它导致经济区内"土广民稀"的生态现象发生一定改变。① 加上五凉政权劝课农桑及发展屯垦等一系列举措的推动，使河西地区农业经济取得了长足进步。因此蒋福亚先生指出："河西社会经济在前凉时进入了第二个黄金时代，农业在河西经济构成中已占据了统治地位，并且深深植根了，这一变化促使生活在这里的少数民族面临是农是牧的抉择时，选择了农业。"② 北魏灭北凉时，魏军穿越河套进攻河西，一过黄河进入河西，便俘获到马、牛、羊、驼等战利品数十万头。此前追击柔然人，追至张掖水（弱水）后折向北边，沿途马、牛、羊满山遍野，返师时光马就带回 100 余万匹，杂畜则不可数计③，"自是魏之民间马牛羊及毡皮为之价贱"④。灭北凉后，北魏太武帝决定将河西辟为官牧场。"以河西水草善，乃以为牧地，畜产滋息，马至二百余万匹，橐驼将半之，牛羊则无数。"⑤ 对比上述史籍的相关记载和学界已有的研究可知，将魏晋十六国时期河西走廊墓葬壁画资料与传世史籍记载相结合，对于研究河西历史具有重要意义。

（二）墓主人宴居生活壁画

现据相关资料，对反映墓主人宴居生活的壁画进行统计，如表 4-2 所示。

表 4-2 基本能够反映汉唐时期河西走廊墓葬壁画中有关墓主宴居生活内容的全貌。通过统计，我们可以得出如下认识：

---

① 赵向群：《五凉史探》，甘肃人民出版社 1996 年 6 月第 1 版，2005 年 6 月第 2 次印刷，第 305 页。
② 蒋福亚：《魏晋之际河西走廊经济主体的演变》，《许昌学院学报》2003 年第 4 期；收入氏著《魏晋南北朝经济史探》，甘肃人民出版社 2004 年版，第 60 页。
③ 《魏书》卷 110《食货志》，中华书局 1974 年版，第 2857 页；赵向群：《汉晋之际河西经济区的变迁》，《西北师大学报》（社会科学版）1990 年第 5 期。
④ 《资治通鉴》卷 121 "宋文帝元嘉六年十月条"，中华书局 1956 年版，第 3812 页。
⑤ 《魏书》卷 110《食货志》，中华书局 1974 年版，第 2857 页。

表 4-2 汉唐时期河西壁画墓墓主人宴居生活壁画统计

时代	宴饮	炊厨	乐舞杂技	汲水	烤肉	六博	宰牲	所属墓葬	资料出处	备注
汉代	0	0	1	0	0	0	0	武威韩佐乡五坝山壁画墓	《岩画及墓葬壁画》，第7页	一人八字长须，身着彩服，双臂高举，赤足作舞蹈状
汉代	1	1	1	0	0	0	0	酒泉下河清汉代1号彩绘砖墓	《酒泉下河清第1号和第18号墓发掘简报》	绘二人对坐，中置器皿的宴饮图模糊不清
汉代	0	0	2	0	0	0	0	武威磨嘴子东汉壁画墓	《甘肃武威磨嘴子发现一座东汉壁画墓》	
汉代	1	4	0	0	1	0	1	嘉峪关牌坊梁汉代壁画墓	《河西出土的汉代绘画简述》	
汉代	0	0	0	0	0	1	0	民乐八卦营汉晋1—5号壁画墓	《民乐清理汉代壁画墓》；《民乐县八卦营：墓葬·壁画·古城》	无宴居生活图
汉代	0	0	1	0	0	0	0	敦煌翟宗盈壁画墓	《河西出土的汉代绘画简述》	在照墙上部画有二人，髡首，一在操琴，一俯拜在地，当为少数民族
魏晋十六国时期	4	3	0	0	0	0	1	酒泉高闸沟晋墓	《岩画及墓葬壁画》，第73—75页	
魏晋十六国时期	1	4	2	0	0	0	3	酒泉西沟5号墓	《甘肃酒泉西沟村魏晋墓发掘报告》；《岩画及墓葬壁画》，第80—82页	
魏晋十六国时期	1	6	5	2	0	0	3	酒泉西沟7号墓	《甘肃酒泉西沟村魏晋墓发掘报告》；《岩画及墓葬壁画》，第76—79页	

续表

时代	宴饮	炊厨	乐舞杂技	汲水	烤肉	六博	牵牲	所属墓葬	资料出处	备注
魏晋十六国时期	0	4	0	0	0	0	4	酒泉西沟4号墓	《岩画及墓葬壁画》,第83—84页	
	2	0	0	0	0	0	0	敦煌佛爷庙湾37号、39号、91号、133号、167号墓	《敦煌佛爷庙湾西晋画像砖墓》,第60、83—86页	统计的两例宴饮图之"进食图",分别为37号墓的"母童嬉戏图"和39号
	1	0	0	0	0	0	0	敦煌佛爷庙湾1号壁画墓	郭永利:《河西魏晋十六国壁画墓》,第158—159页	
	2	1	0	0	0	0	0	敦煌祁家湾M310、M369	《敦煌祁家湾——西晋十六国墓葬发掘报告》,第139—140页	M310:17绘1幅宴饮图,1幅炊厨图;M369:12分上下部分,上部绘宴饮图
	3	5	2	2	1	0	3	嘉峪关新城1号墓	《嘉峪关壁画墓发掘报告》,第97—98页;《岩画及墓葬壁画》,第150—152页	段清宴饮图亦统计入烤肉图
	2	4	2	2	0	0	4	嘉峪关新城3号墓	《嘉峪关壁画墓发掘报告》,第99—103页;《岩画及墓葬壁画》,第153—157页	
	1	4	1	0	0	0	3	嘉峪关新城4号墓	《嘉峪关壁画墓发掘报告》,第103—105页;《岩画及墓葬壁画》,第158—160页	
	2	4	0	0	0	0	3	嘉峪关新城5号墓	《嘉峪关壁画墓发掘报告》,第48—56页;《岩画及墓葬壁画》,第160—163页	
	18	6	1	0	0	0	7	嘉峪关新城6号墓	《嘉峪关壁画墓发掘报告》,第56—66页;《岩画及墓葬壁画》,第164—169页	
	17	17	1	0	3	1	5	嘉峪关新城7号墓	《嘉峪关壁画墓发掘报告》,第105—109页;《岩画及墓葬壁画》,第170—175页	
	0	0	0	2	0	0	3	嘉峪关新城12号墓	《岩画及墓葬壁画》,第176—177页	

续表

时代	宴饮	炊厨	乐舞杂技	汲水	烤肉	六博	宰牲	所属墓葬	资料出处	备注
魏晋十六国时期	0	1	0	0	0	0	3	嘉峪关新城13号墓	《岩画及墓葬壁画》，第177—178页	
	1	1	1	1	0	0	2	酒泉丁家闸5号墓	《酒泉十六国墓壁画》	
	0	0	0	0	0	0	0	高台骆驼城2号墓	《甘肃高台骆驼墓葬的发掘》	
	5					1	4	高台骆驼城苦水口1号墓	据高台县博物馆展出资料统计	资料不完整
						1		高台骆驼城苦水口2号墓	据高台县博物馆展出资料统计	资料不完整
	3	0	0	0	0	0	1	高台骆驼城画像砖墓	《甘肃高台骆驼画像砖墓调查》	
	1	0	2	0	0	0	0	高台地埂坡4号墓	《中国出土壁画全集9 甘肃·宁夏·新疆》，第29、38页	
	0	0	0	0	0	0	0	酒泉小土山墓	《酒泉小土山墓清理简报》	
	0	0	0	0	0	0	1	玉门金鸡梁十六国壁画墓	玉门博物馆提供资料	
	0	0	1	0	0	0	0	永昌双湾东四沟壁画墓	《河西出土的汉晋绘画简述》	仅存2块画砖
	0	0	0	0	0	0	0	永昌乱墩子滩1号壁画墓	《甘肃永昌乱墩子滩1号壁画墓调查简报》	

续表

时代	宴饮	炊厨	乐舞杂技	汲水	烤肉	六博	宰牲	所属墓葬	资料出处	备注
	0	0	0	0	0	0	0	酒泉果园乡西沟1号、2号、3号唐墓	《岩画及墓葬壁画》，第85—87页	多为人物、怪兽、出行及各种花纹图，无宴居生活内容
唐代	0	0	0	0	0	0	0	敦煌佛爷庙湾唐代模印砖墓		
	0	0	0	0	0	0	0	山丹模印彩绘砖墓	《张掖文物》，第258页	内容为十二生肖图、四神图、胡人牵驼图等，无墓主宴居生活内容
	0	0	0	0	0	0	0	张掖甘州区新乐小区唐代模印砖墓	据张掖市博物馆（甘州区博物馆）展出资料统计	内容为胡商牵驼图、胡商牵马图等，无墓主宴居生活内容
合计	66	65	23	7	5	3	51			

说明：①本表据前引相关考古报告、简报及图册制成，仅提供资料来源之考古报告、著作名称及页码，简报名称，其余信息参前引相关信息。②本表大体按一画一砖、一画式壁作画为单位统计，若为整壁作画，则以较明显的独立场景为单位统计。③表中统计高台县博物馆、张掖市博物馆等所藏相关墓葬资料不完整。

第一，表中统计宴饮、炊厨、乐舞杂技、汲水、烤肉、六博、宰牲等反映墓主宴居生活内容的画砖共219例，其中汉代13例，唐代缺少此类题材，其余均为魏晋十六国时期内容，基本呈现了这一主题内容在汉唐河西走廊墓葬壁画中的分布情况，这种变化趋势与前述反映墓主人庄园经济生活的壁画内容一样。就地域而言，敦煌、金昌、武威（古敦煌郡、古武威郡）等地这类题材很少，酒泉、嘉峪关、高台（古酒泉郡、张掖郡西部）等地这类题材则非常流行。

第二，炊厨、乐舞杂技、汲水、烤肉、六博、宰牲等内容，都是围绕墓主人宴饮主题展开的，因与宴饮主题的直接相关程度不同，加上如六博等内容的稀缺性，各类图像多寡有别。表4-2中，统计数据按数量多少排列，依次是宴饮（66）、炊厨（65）、宰牲（51）、乐舞杂技（23）、汲水（7）、烤肉（5）、六博（3），在一定程度上，这一排列反映了汉代以来宴饮图的礼仪性传统被河西走廊墓葬壁画所继承的情形。

第三，宴饮图及与其相关的炊厨、乐舞杂技等图像在反映墓主人世俗生活内容的壁画中所占比例较大，其构图以墓主人为中心，周围是众多的宾客和进食的仆婢。"来往不断的进食仆婢、堆积如山的食物、忙碌的厨间，而享用者只有墓主及宾客，再配上伎乐内容，墓主人舒适丰足的生活状态就展现出来。这是一幅理想的生活场景。"[1] 从宴饮图在墓葬中的位置来看，其多分布于中室并以墓主宴饮图为中心，体现的是宴饮场面受到墓主人及其子孙的重视程度。这一点与汉墓壁画一致。[2]

第四，与宴饮、炊厨相关的宰牲图值得重视。据表4-2统计可知，酒泉西沟4号墓、5号墓、7号墓均有宰牛、宰羊、杀猪图各一幅，4号墓另有一幅屠宰图，绘一屠夫右手持刀，左手拿罐。[3] 嘉峪关新城4号墓、5号墓、12号墓、13号墓亦各有宰牛、宰羊、杀猪图各一幅。丁家闸5号墓有杀猪图、椎牛图，缺宰羊图。看来，在同一座

---

[1] 郭永利：《河西魏晋十六国壁画墓》，民族出版社2012年版，第190页。
[2] 汪小洋：《汉墓壁画的宗教信仰与图像表现》，上海古籍出版社2012年版，第99页。
[3] 岳邦湖、田晓、杜思平、张军武：《岩画及墓葬壁画》，敦煌文艺出版社2004年版，第83页。

墓葬中，往往是单幅的宰牛、宰羊、杀猪图组成 1 组搭配齐全的宰牲图，作为宴饮的配套内容出现。嘉峪关新城 6 号墓有 3 幅杀猪图、3 幅宰羊图、1 幅杀牛图，其中一幅宰羊图仅为 1 庖丁牵着 1 只羊，若除去这一幅，从数量上讲仍为 2 组 6 幅，该墓宰牲图超出其余各墓，或与墓主人身份有关。

第五，六博图数量较少（3 例），时代均在魏晋及以后，汉代、唐代河西墓葬壁画中未见此类题材，这与汉代其他地区墓葬壁画中常见六博图的现象形成鲜明对比。但需要注意的是，在武威磨嘴子 48 号西汉末年墓葬发现有彩绘木雕双人六博俑，位于墓内夫妇两棺的前方。据发掘简报可知，该六博俑为两男俑，高 28—29 厘米，跪坐谈话状。两俑之间有一长方形木盘，盘面平整，盘前部高起为小方形。黑彩底，棋局绘白色"规矩纹"图案；后面大方形部分施黑彩，无图案。盘左一俑，俑以白、黑二色彩绘。穿长袍，梳圆髻，蓄须，右臂向前下伸，拇、食两指握一长方形木块（应为棋子），其余三指伸直似指木盘；盘右俑造型、服饰大致与左俑相同，右手放在膝上，左手举于胸前，五指伸直。这一组木俑描绘细致，造型生动别致（图 4-2）。[①]这一组陪葬俑恰可与魏晋时代墓葬壁画中的六博图（图 4-3，图 4-4，图 4-5）互证。但河西墓葬壁画中此类题材较少见，在一定程度上应该能说明六博图思想内涵在墓葬壁画这一特殊情境中的变化。陈成军认为："六博不仅仅是一种博戏，是一种娱乐活动，其博局还是重要的占卜用具，是连接神仙与世俗民众的中介，具有一种特殊的无声的代言功能，可以向西王母等神仙传递着汉代贵族、公卿大夫羽化登仙的希冀，为他们制造着种种迷彩梦幻。""六博图像与神话故事组合在一起，更是反映了当时人们渴望长生不老的期盼。"[②] 姜生认为："汉墓画像所见的六博图，是葬仪中用以对墓室进行时空仙化定性的符号，象征着墓室的另类时空属性；六博图之所在即仙界之所在。死后进入六博图所标识的空间，即是抵达异于人世的仙境时间结构之

[①] 甘肃省博物馆：《武威磨咀子三座汉墓发掘简报》，《文物》1972 年第 12 期。
[②] 陈成军：《试谈汉代画像砖、石上的六博图像》，《文物天地》2000 年第 5 期。

图 4-2　武威磨嘴子 48 号汉墓六博俑①

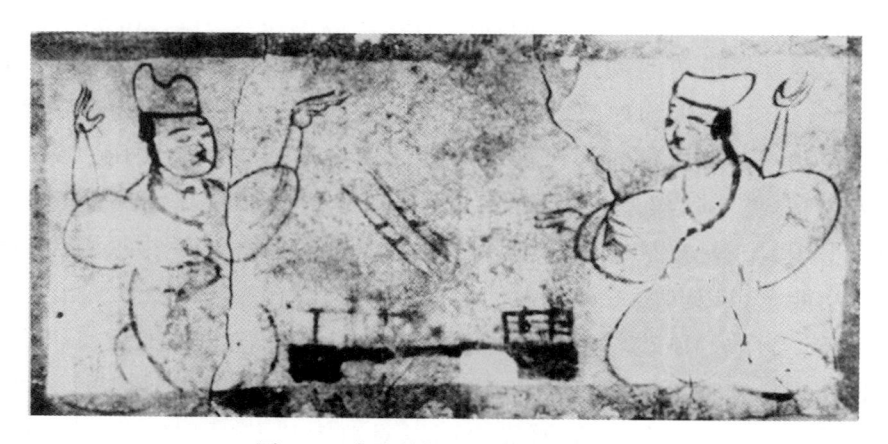

图 4-3　嘉峪关新城 7 号墓六博图②

---

① 甘肃省博物馆：《武威磨咀子三座汉墓发掘简报》，《文物》1972 年第 12 期，图版伍：3。
② 甘肃省文物队等：《嘉峪关壁画墓发掘报告》，文物出版社 1985 年版，图版八七（LXXXVII）之 2。

图 4-4　高台骆驼城苦水口 1 号墓六博图（高台县博物馆藏，贾小军摄）

图 4-5　高台骆驼城苦水口 2 号墓六博图（高台县博物馆藏，贾小军摄）①

中。"② 在河西走廊墓葬壁画中的六博图中，嘉峪关新城 7 号墓的六博图在墓内位于中室东壁，相邻画砖内容为宴饮、炊厨等③；高台骆驼城苦水口墓中的六博图与此相类，亦位于中室，与该图相邻者为家庭

---

① 该画砖究竟属于哪座墓葬存疑。据高台县博物馆馆藏介绍，出自骆驼城苦水口 2 号墓；但据笔者在高台县博物馆复原的骆驼城苦水口 1 号墓考察所知，该画砖又出自苦水口 1 号墓，未知孰是。笔者倾向于该画砖出自苦水口 2 号墓的说法。
② 姜生：《六博图与汉墓之仙境隐喻》，《史学集刊》2015 年第 2 期。
③ 甘肃省文物队等：《嘉峪关壁画墓发掘报告》，文物出版社 1985 年版，第 107 页。

宴乐、牛车出行等①。其在整个墓葬壁画中的意义，应当仅是作为宴饮体系的一环而出现，反映墓主人向往或者曾经享受过的奢华和悠闲的生活状态。与宗教思想类（升仙图类型）的图像没有布局上的直接联系，因此在分类时，本研究将之归于反映墓主宴居生活的内容当中。

（三）绢帛、丝束及生活用具类壁画

反映墓主人财富的绢帛、丝束及生活用具类壁画常见于魏晋十六国时期河西墓葬壁画当中，但在河西汉代壁画墓中较少，唐代模印砖墓中则没有发现。据相关资料可知，嘉峪关牌坊梁汉墓后室，有画砖数块，画着布帛、蚕茧和丝束。② 民乐八卦营2号汉墓则有兵器、器皿图。③ 新城1号墓后室绘绢帛、蚕茧、饰物、帷帐外婢女、衣架与衣服等④；新城3号墓后室绘有持团扇之婢女、绢帛、奁、丝束等⑤；新城4号墓后室绘有绢帛、奁、麈尾、便面、方箧、熨斗、蚕茧等⑥；新城5号墓后室绘有绢帛、麈尾、便面、圆盒、蚕茧、刀、丝束等⑦；新城6号墓后室绘有绢帛、漆奁、圆圈、丝束等⑧；新城7号墓后室绘有绢帛、箧、奁、丝束等⑨；新城12号墓、13号墓后室均绘绢帛、漆奁、丝束等⑩。酒泉西沟5号魏晋墓后室、7号魏晋墓后室均绘内室所藏物品如奁盒、书籍简牍（红黑相间的竖条）、箱柜等⑪；西沟4号墓墓室（砖混土洞墓）亦绘有奁盒、布帛、丝束、圆圈图⑫。高台苦

---

① 冯丽娟：《高台魏晋墓壁画形式与风格的研究》，硕士学位论文，西北师范大学，2009年。
② 张朋川：《河西出土的汉画绘画简述》，《文物》1978年第6期。
③ 施爱民、卢晔：《民乐清理汉代壁画墓》，《中国文物报》1993年5月30日第1版；施爱民：《民乐县八卦营：墓葬·壁画·古城》，《丝绸之路》1998年第3期。
④ 甘肃省文物队等：《嘉峪关壁画墓发掘报告》，文物出版社1985年版，第98页。
⑤ 甘肃省文物队等：《嘉峪关壁画墓发掘报告》，文物出版社1985年版，第102页。
⑥ 甘肃省文物队等：《嘉峪关壁画墓发掘报告》，文物出版社1985年版，第104—105页。
⑦ 甘肃省文物队等：《嘉峪关壁画墓发掘报告》，文物出版社1985年版，第55—56页。
⑧ 甘肃省文物队等：《嘉峪关壁画墓发掘报告》，文物出版社1985年版，第66页。
⑨ 甘肃省文物队等：《嘉峪关壁画墓发掘报告》，文物出版社1985年版，第108—109页。
⑩ 岳邦湖、田晓、杜思平、张军武：《岩画及墓葬壁画》，敦煌文艺出版社2004年版，第177—178页。
⑪ 甘肃省文物考古研究所：《甘肃酒泉西沟村魏晋墓发掘报告》，《文物》1996年第7期。
⑫ 岳邦湖、田晓、杜思平、张军武：《岩画及墓葬壁画》，敦煌文艺出版社2004年版，第84页。

水口 1 号墓后室绘侍女开箱、衣物、丝帛、剑戟刀枪、弓箭、盒等内容（图 4-6，图 4-7）①。酒泉丁家闸五号墓后室绘庆云、奁、扇、盒、弓、箭箙、丝束、绢帛等②。从形式上看，这类壁画主要为矩形图③、圆形图（包括圆形涡状图）、丝束图和奁盒图四种，也有弓箭图、便面或麈尾图、刀剑图等。在这类图像中，奁盒、弓箭、刀剑、便面、麈尾、衣架与衣服等形象直观易辨，但对矩形、圆圈图的认识却颇多争议。所谓矩形图，指有矩形边框，"以墨线绘出轮廓，中间以多条墨线竖向分栏，栏内间绘短粗的红或灰色线条，中间横向绘一道墨线至于边界，并绘出绳结的图像"④。《嘉峪关壁画墓发掘报告》认为这种图像代表绢帛，并认为："这与墓中随葬财富、钱币的意义相同。""墓中所绘之'绢帛''丝束'，并非一般装饰性图案，而是作为财富的象征随葬（画）于墓中的。"⑤ 椭圆形图像则为蚕茧。⑥ 丝束图多以连续的"∞"形出现。《甘肃酒泉西沟村魏晋墓发掘报告》则认为此类矩形图（红黑相间的竖条）为简牍书籍。⑦ 马建华进一步指出："（酒泉西沟魏晋墓）描绘箱柜奁盒以及简牍来表现墓主人的财富与学识。"⑧ 郭永利则支持矩形图像为绢帛的观点。⑨ 至于圆形图（包括圆形涡状图），《嘉峪关壁画墓发掘报告》推测可能为装饰物⑩，《酒泉、嘉峪关晋墓的发掘》观点与此相近⑪。随着考古工作的开展，上述争议逐渐得到解决。高台县博物馆藏、出土于高台许三湾古墓后室后

---

① 该墓资料为笔者考察高台苦水口 1 号复原墓所得。
② 张宝玺编：《嘉峪关酒泉魏晋十六国墓壁画》，甘肃人民美术出版社 2001 年版，第 309 页。
③ 郭永利：《河西魏晋十六国壁画墓》，民族出版社 2012 年版，第 203—210 页。
④ 郭永利：《甘肃河西魏晋十六国墓葬壁画中的"矩形""圆圈"图像考释》，《四川文物》2007 年第 1 期；收入郭永利《河西魏晋十六国壁画墓》，民族出版社 2012 年版，第 203 页。
⑤ 甘肃省文物队等：《嘉峪关壁画墓发掘报告》，文物出版社 1985 年版，第 55—56 页。
⑥ 甘肃省文物队等：《嘉峪关壁画墓发掘报告》，文物出版社 1985 年版，第 56 页。
⑦ 甘肃省文物考古研究所：《甘肃酒泉西沟村魏晋墓发掘报告》，《文物》1996 年第 7 期。
⑧ 马建华：《甘肃酒泉魏晋墓彩绘砖》，载马建华主编《甘肃酒泉西沟魏晋墓彩绘砖》封二，重庆出版社 2000 年版。
⑨ 郭永利：《河西魏晋十六国壁画墓》，民族出版社 2012 年版，第 210—216 页。
⑩ 甘肃省文物队等：《嘉峪关壁画墓发掘报告》，文物出版社 1985 年版，第 56 页。
⑪ 甘肃省博物馆：《酒泉、嘉峪关晋墓的发掘》，《文物》1979 年第 6 期。

壁①的榜题"采帛机"图（图4-8）和"相"图（图4-9），为辨识圆形图（包括圆形涡状图）提供了有力的证据。"采帛机"上放置的圆形涡状物，与"相"中所置圆形涡状物，当即丝帛。据此可知，"河西墓葬中所特有的涡状图形是表现彩色丝帛的形式之一"②。但要准确识别前述矩形图像，尚需等待进一步的考古发现。若能有类似"采帛机"榜题画砖出现，则相关争议自然迎刃而解。

图4-6　骆驼城苦水口1号（复原）墓后室壁画（1）（贾小军摄）

图4-7　骆驼城苦水口1号（复原）墓后室壁画（2）（贾小军摄）

---

①　郭永利：《河西魏晋十六国壁画墓》，民族出版社2012年版，第212页。
②　郭永利：《河西魏晋十六国壁画墓》，民族出版社2012年版，第212页。

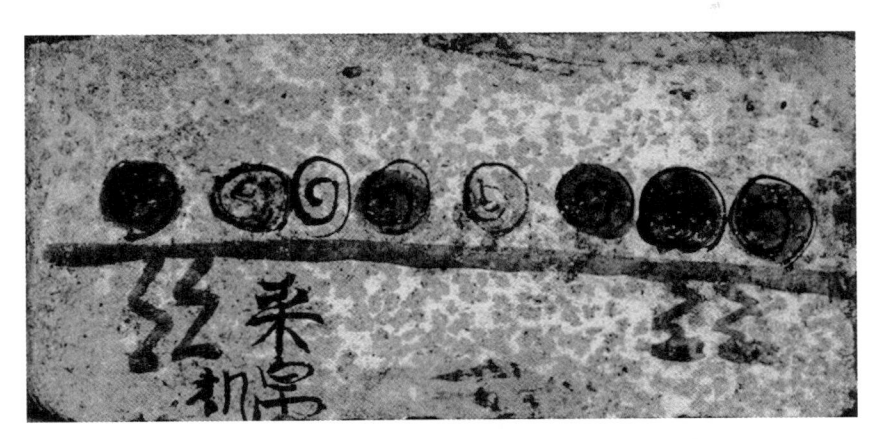

第四章　汉唐时期河西墓葬壁画分类整理研究　　119

图 4-8　高台博物馆藏"采帛机"壁画砖（贾小军摄）

图 4-9　高台博物馆藏"相"壁画砖（贾小军摄）

弓箭、刀剑、奁盒、衣服等图像，作为墓主人曾经使用过的"生器"的象征物，分别代表了男墓主和女墓主。《仪礼·既夕礼》云："用器：弓，矢，耒耜，两敦，两杅，盘，匜。役器：甲，胄，干，笮。燕器，杖，笠，翣。"① 《荀子·礼论篇》亦云："丧礼者……生

---

① 郑玄注，贾公彦疏，黄侃经文句读：《十三经注疏》之五《仪礼注疏》（附校勘记），上海古籍出版社 1990 年版，第 453 页。

器文而不功,明器貌而不用。"集解云:"生器,生时所用之器。《士丧礼》曰:用器,弓矢、耒耜、两敦、两杅、盘、匜之属。明器,鬼器,木不成器,竹不成用,瓦不成沬之属。《礼记》曰:周人兼用之,以言不知死者有知无知,故杂用生器与明器也。"① 可知弓、矢、耒耜、甲、胄、杖、笠等物在丧礼中的重要意义。敦煌文书 S.5381 记录了 10 世纪前后一位姓康的妇人留的一例遗嘱:"日落西山昏,孤男流(留)一群。剪刀并柳尺,贱妾□随身。盒令残妆粉,流(留)且与后人。"② 在该遗嘱中,妇人自己留了剪刀、柳尺,而将"盒令残妆粉"留与后人,显示出这些日常所用物品在生活中的重要地位。巫鸿先生根据马王堆一号汉墓出土的私人器物分析指出:"它们的核心是两件精美的漆奁和一只手杖。……漆奁由昂贵的丝织物精心包裹,置于神座之上以暗示軑侯夫人的存在。奁中有许多显然属于女性的物品……"③ 在墓室壁画中,亦有类似的配置。五代王处直墓前室左右耳室"象征着王处直及其夫人……这对夫妇的存在是通过绘于室内的两组对应器物暗示出来的。这些器物包括两件屏风,一件饰有山水画,一件饰有花鸟,分别与男用和女佣的帽、镜放在一起"④。在河西走廊墓葬壁画中,绘于后室的弓箭、刀剑、麈尾、奁盒、丝束、绢帛等图像,同样以象征的方式替代了男墓主和女墓主的身份。因此郑岩指出:"(新城5号墓)作为墓主起居之处,在南壁(正壁)绘制了墓主最贴身的用品,蚕丝和绢帛是服装材料,刀和麈尾是男墓主佩带把持的器具,圆盒可能是女主人梳妆或盛放细软的用具。……死者尸体的放置应为男右女左,因此壁画中将麈尾、刀等画在右侧,将圆盒等画在左侧,与死者尸体的位置相对应,与随葬品的摆放方式一样。"⑤

---

① 《荀子》,《诸子集成》第二册,上海书店出版社 1986 年版,第 243—245 页。
② 黄永武主编:《敦煌宝藏》第 42 册,新文丰出版社 1982 年版,第 288 页。
③ 巫鸿:《黄泉下的美术:宏观中国古代墓葬》,施杰译,生活·读书·新知三联书店 2010 年版,第 173 页。
④ 巫鸿:《黄泉下的美术:宏观中国古代墓葬》,施杰译,生活·读书·新知三联书店 2010 年版,第 81 页。
⑤ 郑岩:《魏晋南北朝壁画墓研究》,文物出版社 2002 年版,第 147 页。

(四) 出行图

出行图是汉唐墓葬壁画中的常见图像。就目前所见河西走廊墓葬壁画而言，汉代资料较少，仅见 1 幅出行图题材内容（馆藏捐赠品）；在魏晋十六国、唐代墓葬壁画中，出行图都是被突出表现的内容，且具有各自鲜明的时代特点。学界虽然已经注意到魏晋十六国河西墓葬壁画中的出行图，但总体来看相关成果并不系统，已有的关照往往见于零星的讨论，或是对其总体情况的简要描述，因此有必要对此类题材进行关注。由于出行图与以上三类反映墓主人宴居生活、庄园经济生活或表示财富的绢帛、丝束及生活用具图既有一定联系，又具有一定的独特性，不好简单归之于上述哪一类，故单列于此进行讨论。笔者据相关资料，对河西墓葬壁画中的出行图作了统计，制成表4-3：

表4-3　　　　　　　　河西走廊墓葬壁画中的出行图统计

时代	墓葬	出行图内容	资料来源
汉代	武威韩佐乡五坝山壁画墓	无	《岩画及墓葬壁画》，第7页
	酒泉下河清汉代1号彩绘砖墓	无	《酒泉下河清第1号墓和第18号墓发掘简报》
	武威磨嘴子东汉壁画墓	无	《甘肃武威磨嘴子发现一座东汉壁画墓》
	嘉峪关牌坊梁汉代壁画墓	无	《河西出土的汉晋绘画简述》
	民乐八卦营汉晋1—5号壁画墓	无	《民乐清理汉代壁画墓》；《民乐县八卦营：墓葬·壁画·古城》
	张掖博物馆藏	1块驱驴急行砖（捐赠）	据张掖市博物馆（甘州区博物馆）展出资料统计

续表

时代	墓葬	出行图内容	资料来源
魏晋十六国	武威韩佐乡五坝山壁画墓	无	《岩画及墓葬壁画》，第7页
	敦煌翟宗盈壁画墓	无	《河西出土的汉晋绘画简述》
	酒泉高闸沟晋墓	该墓共41块画砖，出行图9幅，其中5幅骑马出行图，4幅乘车出行图	《岩画及墓葬壁画》，第73—75页
	酒泉西沟5号墓	无	《甘肃酒泉西沟村魏晋墓发掘报告》；《岩画及墓葬壁画》，第80—82页
	酒泉西沟7号墓	该墓共87块画砖，其中6幅牛车图，5幅骑士出行图（4幅有榜题），1幅羌女送行图	《甘肃酒泉西沟村魏晋墓发掘报告》；《岩画及墓葬壁画》，第76—79页
	酒泉西沟4号墓	该墓共58块画砖，出行图2幅，其中1幅牛车出行图，1幅骑马出行图	《岩画及墓葬壁画》，第83—84页
	敦煌佛爷庙湾37号、39号、91号、133号墓、167号墓	无	《敦煌佛爷庙湾西晋画像砖墓》，第60页，第83—86页
	敦煌佛爷庙湾1号壁画墓	无	郭永利《河西魏晋十六国壁画墓》，第158—159页
	敦煌祁家湾M369	该墓共1块画砖，分上、下两部分，下半部为犊车出行图	《敦煌祁家湾——西晋十六国墓葬发掘报告》，第140页
	嘉峪关新城1号墓	该墓共57块画砖，出行图3幅，均为軿车出行图	《嘉峪关壁画墓发掘报告》，第97—98页；《岩画及墓葬壁画》，第150—152页
	嘉峪关新城3号墓	该墓共122块画砖，出行图6幅，其中3幅为大型出行图，另有10幅犊车、露车图	《嘉峪关壁画墓发掘报告》，第99—103页；《岩画及墓葬壁画》，第153—157页
	嘉峪关新城4号墓	该墓共70块画砖，出行图1幅，绘驾犊车的牛已解下，车上走出女墓主、孩童和一持团扇侍女，另有7幅犊车图	《嘉峪关壁画墓发掘报告》，第103—105页；《岩画及墓葬壁画》，第158—160页

第四章 汉唐时期河西墓葬壁画分类整理研究

续表

时代	墓葬	出行图内容	资料来源
魏晋十六国	嘉峪关新城5号墓	该墓共75块画砖，出行图4幅，其中1幅驿传图，1幅规模庞大的骑马仪仗出行图，1幅单人骑马出行图，1幅露车出行图，另有2幅牻车图	《嘉峪关壁画墓发掘报告》，第48—56页；《岩画及墓葬壁画》，第160—163页
	嘉峪关新城6号墓	该墓共144块画砖，出行图7幅，其中5幅为骑乘出行，1幅绘三人捧笏、捧剑出行（步行），1幅墓主牻车出行图；另有1幅牻车图	《嘉峪关壁画墓发掘报告》，第56—66页；《岩画及墓葬壁画》，第164—169页
	嘉峪关新城7号墓	该墓共150块画砖，其中8幅骑马持矟出行图，8幅马车或牻车图	《嘉峪关壁画墓发掘报告》，第105—109页；《岩画及墓葬壁画》，第170—175页
	嘉峪关新城12号墓	该墓共50块画砖，露车图7幅	《岩画及墓葬壁画》，第176—177页
	嘉峪关新城13号墓	该墓共50块画砖，露车图5幅	《岩画及墓葬壁画》，第177—178页
	酒泉丁家闸5号墓	该墓整壁作画，运输图1组，女墓主出行图1组。	《酒泉十六国墓壁画》
	高台骆驼城2号墓	该墓共13块画砖。出行图1幅，绘三牛拉骈车出行场面，车后紧随一人，手中持物，似为启，车身涂红色	《甘肃高台县骆驼城墓葬的发掘》
	高台骆驼城苦水口1号墓	共6幅出行图，其中2幅双人骑马出行图，2幅马车出行图，2幅牛车出行图	据高台县博物馆展出资料统计
	高台骆驼城苦水口2号墓	无	据高台县博物馆展出资料统计
	高台骆驼城画像砖墓	车马画像砖4块，其中车马出行画像砖2块，其一为双辕轿车，车上一驭手持鞭揽组赶车。车前一马驾辕。其二为一双辕棚车，车棚内有驭手驱车，车前驾一牛，车后跟随一牛牻（或为鹿）。牵马画像砖2块，画面一男子头束髻，身穿窄袖袄，长裤，右手牵一匹高头大马，马上驮有物品，右上方绘一犬	《甘肃高台骆驼城画像砖墓调查》

续表

时代	墓葬	出行图内容	资料来源
魏晋十六国	高台地埂坡 4 号墓	无	《中国出土壁画全集 9 甘肃·宁夏·新疆》，第 29、38 页
	酒泉小土山墓	无	《酒泉小土山墓葬清理简报》
	玉门金鸡梁十六国壁画墓	无	玉门博物馆提供资料
	永昌双湾东四沟壁画墓	无	《河西出土的汉晋绘画简述》
	永昌乱墩子滩 1 号壁画墓	有 1 幅双人骑马出行图	《甘肃永昌乱墩子滩 1 号壁画墓调查简报》
唐代	酒泉果园乡西沟 1 号、2 号、3 号唐墓	1 号模印砖墓前、后室自墓顶至地面共砌骑士出行模印砖 70 块。2 号、3 号模印彩绘砖墓的四壁镶嵌彩绘骑士出行砖共 184 块	苏银花《酒泉西沟唐墓研究》，西北师范大学硕士毕业论文，2015 年
	敦煌佛爷庙湾唐代模印砖墓	6 座墓出土各种题材模印塑像砖 212 块，其中骑士巡行砖 18 块，胡商牵驼砖 16 块	《敦煌佛爷庙湾唐代模印砖墓》
	山丹模印彩绘砖墓	仪卫骑马出行图与胡人牵驼图位于四层模印彩绘砖的第三、四层（自上而下）	《张掖文物》，第 258 页
	张掖甘州区新乐小区唐代模印砖墓	馆藏 9 块牵驼、牵马出行砖，牵驼图 6 幅，牵马图 3 幅	据张掖市博物馆（甘州区博物馆）展出资料统计

据表 4-3 可知，汉唐时期河西走廊墓葬壁画中的出行图具有如下特点：

第一，出行图一直是自汉及唐河西走廊墓葬壁画中的重要题材，但就目前所见，汉代出行图仅有零星出现，魏晋十六国时期形式多样、内容复杂，唐代出行图主题鲜明、分布广泛，具有鲜明的时代和河西地域特点。

第二，魏晋十六国时期河西墓葬壁画中的出行图分布广泛，形式多样。在酒泉西沟魏晋墓、嘉峪关新城魏晋墓、高台骆驼城魏晋墓、酒泉丁家闸十六国墓、永昌乱墩子滩十六国墓均有发现，以魏晋时期行政区划来看，主要集中在酒泉郡和张掖郡西部区域。根据出行图构图方式划分，可分为全景式构图和多幅连续式构图①；根据出行图内容划分，具有仪仗性质的表现男墓主身份的、声势浩大的戎装出行图是河西出行图的一大特点②，另有女墓主出行图，也在丁家闸五号墓壁画中全景式呈现③，单人骑马出行或双人骑马出行，则在出行图中较为常见，出自新城5号墓的邮驿图独具特色。需要注意的是，上述出行图之外，还有较多的犊车图、露车图，都应与出行有关。

第三，唐代墓室壁画出行图与魏晋十六国时期出行图有较大区别，其受模印砖特点的限制，出行图有较大的雷同现象。总的来讲，唐代河西墓室壁画出行图可以分为仪卫出行图（或称骑士出行图）和商旅出行图（或称胡商牵驼、牵马出行图）两类。前者既在酒泉西沟唐墓中集中出现，亦散见于张掖、敦煌、山丹等地的墓葬当中；后者主要散见于张掖、敦煌、山丹等地墓葬，这或许仅与考古发现有限有关。其中商旅出行图具有鲜明的时代特点，在敦煌墓葬壁画中，亦可见到同类题材内容。

第四，就出行图的时空特点来讲，汉唐时期河西走廊墓葬壁画中的出行图的变化主要体现在时代特点中，而不在河西走廊内部更为细小的地域分野上。魏晋十六国出行图主要集中于酒泉郡、张掖郡西部，但唐代出行图则广泛见于敦煌、酒泉、张掖等地。在今后的考古工作中，或许会有更多的发现。

第五，魏晋十六国河西走廊墓葬出行图常常与宴饮图等同时出现，具有浓厚的世俗生活色彩，用以表现墓主的身份与地位。有学者认为这些出行图表达了升仙的意义④，但出行图与宴饮、农耕等图像一起，表现的仍是墓主的世俗生活，并非直接表达其升仙的意图。在一定意义上，说其具有升仙的意义或不为过，因为无论是世俗生活题

---

① 郭永利：《河西魏晋十六国壁画墓宴饮、出行图的类型及其演变》，《考古与文物》2008年第3期；汪小洋：《汉墓壁画的宗教信仰与图像表现》，上海古籍出版社2012年版，第253页。
② 汪小洋：《汉墓壁画的宗教信仰与图像表现》，上海古籍出版社2012年版，第253页。
③ 郭永利：《河西魏晋十六国壁画墓》，民族出版社2012年版，第192页。
④ 园田俊介：《河西画像砖墓所见胡人图像》，《西北出土文献研究》第5号，2007年。

材还是宗教思想题材，均出现在墓葬这个大的环境之中，首先表示的是人们对于生死的某种认识，如敦煌祁家湾 M369：12 画砖犊车出行图就具有这个性质。郑岩指出："这些图像首先反映的是死者最基本需要，为死者在阴间的'生活'提供了衣食的保障，少量的乐舞百戏表现了精神的享乐。"① 如果说照墙上的神禽灵兽表达了墓主人升仙的意义，那么进入墓门之后即是墓主死后的居处，因此墓室内部壁画在一定意义上就是他们借以升仙的现实基础，或者是墓主人升仙之后所达到的"彼岸世界"中的理想生活。

（五）决讼断案图

1993 年 9 月，在酒泉高闸沟砖厂发现的晋代太守墓是一座壁画墓，共有彩绘砖 48 块，除 4 块因画面脱落内容不清外，其余内容涉及官事活动、巡察、出行、宴饮、炊厨、农耕及牧羊等，生动、形象地反映了墓主人的政治地位及生活状况。尤其是体现墓主人"决讼断案"的一组画砖，用连环画的形式，描绘出墓主人（太守）公正执法的全过程（表4-4）。②

表 4-4　　　　　　酒泉高闸沟晋墓"决讼断案"组图③

编号	画砖内容
1	听讼（图4-10）：画面绘一位头戴二梁进贤冠的官员，身着交领官服，端坐于一长榻之上，前面跪着一位手举笏板的小吏，官员身后站立一位仆人
2	复述（图4-11）：画面绘两位头戴二梁进贤冠的官吏相向而坐，左侧站着一位仆人，右侧一人双手举笏板跪着
3	捕拿（图4-12）：画面绘两位头戴红帻、身穿红衣的皂隶，右手高举大棍，作疾步行走状
4	申辩（图4-13）：画面绘两位头戴二梁进贤冠，身着白领玄色官服的官员，双手举着笏板，弯腰屈背，似在禀报或申辩

---

① 郑岩：《魏晋南北朝壁画墓研究》，文物出版社 2002 年版，第 158 页。
② 岳邦湖、田晓、杜思平、张军武：《岩画及墓葬壁画》，敦煌文艺出版社 2004 年版，第 57—59 页。
③ 本表据岳邦湖、田晓、杜思平、张军武《岩画及墓葬壁画》（第 73—74 页）、酒泉市博物馆《酒泉文物精粹》（中国青年出版社 1998 年，第 56—58 页）制成。

第四章　汉唐时期河西墓葬壁画分类整理研究　　127

续表

编号	画砖内容
5	行刑（图4-14）：画面绘两位头戴二梁进贤冠、身着黑色交领长衫的官员手举笏板跪趴在地上。前一官员低着头，另一官员斜窥前者，这位官员身后两位戴红帻、上身着淡黄衫、系短裙、下穿长裤的皂隶，高举刑棍
6	结案（图4-15）：画面绘两位头戴二梁进贤冠、身着黑色交领长衫的官员揣袖而坐，右侧一位被摘去进贤冠的官吏站在一木框内

图4-10　听讼图①

图4-11　复述图②

---

① 徐光冀主编：《中国出土壁画全集9 甘肃·宁夏·新疆》，科学出版社2012年版，第22页。
② 酒泉市博物馆：《酒泉文物精粹》，中国青年出版社1998年版，第56页。

图 4-12　捕拿图①

图 4-13　申辩图②

图 4-14　行刑图③

---

① 酒泉市博物馆编：《酒泉文物精粹》，中国青年出版社 1998 年版，第 57 页。
② 酒泉市博物馆编：《酒泉文物精粹》，中国青年出版社 1998 年版，第 57 页。
③ 徐光冀主编：《中国出土壁画全集 9 甘肃·宁夏·新疆》，科学出版社 2012 年版，第 23 页。

第四章　汉唐时期河西墓葬壁画分类整理研究　　129

图 4-15　结案图①

　　岳邦湖、张金莲、马军强等均曾对这批画砖予以关注②。岳邦湖等指出："像这样以连环画形式表现执法内容的资料非常少见，为研究魏晋时期的刑事法律以及执法情况提供了珍贵的资料。"③ 诚是。而该组壁画中的官员的衣饰如所戴二梁冠等，与丁家闸五号墓墓主人图像中的衣饰④、酒泉小土山墓门外画像砖上的相关资料⑤一道，也为了解彼时职官制度提供了形象的素材。史载："凡郡国皆掌治民，进贤劝功，决讼检奸。常以春行所主县，劝民农桑，振救乏绝。秋冬遣无害吏案讯诸囚，平其罪法，论课殿最。岁尽遣吏上计。并举孝廉，郡口二十万举一人。"⑥ 这组"决讼断案"图与该墓另一组"春巡图"⑦

---

①　徐光冀主编：《中国出土壁画全集 9 甘肃·宁夏·新疆》，科学出版社 2012 年版，第 24 页。
②　岳邦湖、田晓、杜思平、张军武：《岩画及墓葬壁画》（敦煌文艺出版社 2004 年版，第 64—65、73—75 页），张金莲、许晶：《酒泉高闸沟魏晋墓出土的画像砖浅论》（《陇右文博》2011 年第 2 期），马军强：《酒泉高闸沟砖厂墓出土壁画砖及墓葬时代浅析》（《丝绸之路》2016 年第 16 期）。
③　岳邦湖、田晓、杜思平、张军武：《岩画及墓葬壁画》，敦煌文艺出版社 2004 年版，第 64 页。
④　甘肃省文物考古研究所：《酒泉十六国墓壁画》，文物出版社 1989 年版。
⑤　据笔者实地考察所得资料。
⑥　《后汉书》志 28《百官五》注，中华书局 1965 年版，第 3621 页。
⑦　据岳邦湖、田晓、杜思平、张军武《岩画及墓葬壁画》，该组图共 5 幅，"一块绘两小吏为前哨，是先行队伍，三块绘太守前往各地巡察，一块绘两小吏断后处理事务。"敦煌文艺出版社 2004 年版，第 64、73—74 页。

(图4-16、图4-17），正好形象地说明了郡守的上述职责。

图4-16　出巡图（之一）①

图4-17　出巡图（之二）②

二　宗教思想类题材壁画

与集中出现于魏晋十六国时期的现实生活类题材壁画相比，反映

---

① 徐光冀主编：《中国出土壁画全集9 甘肃·宁夏·新疆》，科学出版社2012年版，第20页。
② 酒泉市博物馆编：《酒泉文物精粹》，中国青年出版社1998年版，第65页。

墓主人及墓葬营建者宗教思想题材的神话故事图、升仙图、四神图、力士图、守门图等，在时空分布上更为广泛。自汉及唐，从东迤西，河西墓葬壁画中均有反映墓主人及墓葬营建者宗教思想题材的壁画，但在不同时期、河西不同区域，反映宗教思想题材的壁画在内容上有一定区别。已如前述，孙彦根据信立祥划分汉代壁画题材的标准，将河西走廊魏晋十六国时期反映墓主人及墓葬营建者宗教思想题材的壁画分为反映天上世界的内容、仙人世界的内容以及地下鬼魂世界的内容进行讨论。① 郑岩则将这类图像概括为"升仙"题材内容，认为其反映了人们希望超凡脱俗、追求永恒的宗教需要。②

集中反映宗教思想题材的汉唐时期河西走廊墓葬壁画，当数敦煌佛爷庙湾墓群相关墓葬的照墙。《敦煌佛爷庙湾西晋画像砖墓》对该墓群 M37、M39、M118、M133 等墓葬的照墙均有详细描述③，以下据之进行讨论。

敦煌佛爷庙湾 M37 甬道外侧墓门起券三重，券顶最高处以上平砖五层，报告称："（第）五层以朱红勾绘上下边框，中间黑底上绘白色云气纹。其上凹进约 5 厘米，自下而上分别以顺砌立砖四层间以一平、二平和一平。在此空间内，中部嵌饰彩绘仿木斗拱砖雕。……仿木斗拱下的底砖分别以'X'形纹、三角填充花蕊纹等装饰。两重斗拱的外侧分别彩绘飞鸟。第二重斗拱之间则嵌以彩绘'托山力士'画像砖。斗拱之上以画像砖为主，仍自下而上镶嵌，形式为平顺结合，每排并列四块，现存七排。其下为间夹于仿木造型砖之间表现'李广射虎'传说的连续画面和兽面。"④ 画像砖的画面基本依内容作对称排列。笔者根据考古报告对画像砖的命名，用表 4-5 来说明该照墙画像砖的位置关系及其内容。

---

① 孙彦：《河西魏晋十六国壁画墓研究》，文物出版社 2011 年版，第 118—121 页。
② 郑岩：《魏晋南北朝壁画墓研究》，文物出版社 2002 年版，第 158 页。
③ 甘肃省文物考古研究所：《敦煌佛爷庙湾西晋画像砖墓》，文物出版社 1998 年版，第 11—39 页。以下相关内容均引自该部分。
④ 甘肃省文物考古研究所：《敦煌佛爷庙湾西晋画像砖墓》，文物出版社 1998 年版，第 15—16 页。

表 4-5　　　　　　佛爷庙湾 M37 照墙画像砖分布①

上

	画像砖内容	画像砖内容	画像砖内容	画像砖内容
第九层	玄鸟	神雀	神雀	玄鸟
第八层	受福	麒麟	麒麟	受福
第七层	骑射	中矢奔羊	骑射	中矢野牛
第六层	玄武	朱雀	朱雀	玄武
第五层	伯牙抚琴	天鹿	天鹿	子期听琴
第四层	鹦鹉	白象	白象	鹦鹉
第三层	白虎	大角神鹿	大角神鹿	青龙
第二层	大斗造型砖雕	兽面	大斗造型砖雕	兽面	大斗造型砖雕
第一层	砖雕柱	李广射虎	兽面	砖雕柱	兽面	山虎	砖雕柱
第二重斗拱	飞鸟	仿木斗拱	装饰纹	托山力士	装饰纹	仿木斗拱	飞鸟
第一重斗拱	装饰纹	飞鸟	仿木斗拱砖雕	飞鸟	装饰纹

下

敦煌佛爷庙湾 M39 照墙结构与 M37 相同，"唯大斗造型砖雕上部现存画像砖四层"②。现以表 4-6 来说明该照墙画像砖的位置关系及其内容。

表 4-6　　　　　　佛爷庙湾 M39 照墙画像砖分布③

上

	画像砖内容	画像砖内容	画像砖内容	画像砖内容
第六层	麒麟	受福	受福	麒麟
第五层	白虎	白象	白象	青龙
第四层	玄武	大角神鹿	大角神鹿	朱雀
第三层	伯牙抚琴	团点云气纹	团点云气纹	子期听琴
第二层	大斗造型砖雕	兽面	大斗造型砖雕	兽面	大斗造型砖雕
第一层	砖雕柱	李广射虎	兽面	砖雕柱	兽面	山虎	砖雕柱
第二重斗拱	飞鸟	仿木斗拱	装饰纹	托山力士	装饰纹	仿木斗拱	飞鸟
第一重斗拱	装饰纹	飞鸟	仿木斗拱砖雕	飞鸟	装饰纹

---

① 本表自下而上，从第二重斗拱砖雕以上开始统计。
② 甘肃省文物考古研究所：《敦煌佛爷庙湾西晋画像砖墓》，文物出版社 1998 年版，第 22 页。
③ 本表自下而上，从第二重斗拱砖雕以上开始统计。

第四章 汉唐时期河西墓葬壁画分类整理研究

下

第四层以下为大斗造型砖雕三块，斗间夹兽面两铺，其下自左至右镶嵌画像砖二块，左为李广纵马返身张弓，右系中矢山虎。其下三层依次为飞鸟、雕绘熊面力士与两魌頭、兽面五铺。

敦煌佛爷庙湾 M118 照墙情况是："墓门处起券三重；其上以青砖叠砌夹嵌仿木构彩绘砖雕，结构与 M37 相同；再其上为仿木造型砖五层，也间夹画像砖；仿木造型砖以上现存画像砖四层，每层嵌画像砖三块。"① 现以表 4-7 来说明该照墙画像砖的位置关系及其内容。

表 4-7　　　　　　　佛爷庙湾 M118 照墙画像砖分布

上

	画像砖内容	画像砖内容	画像砖内容
第九层	鱼	大角神鹿	鱼
第八层	白象	毫黽	白象
第七层	朱雀	卧羊	朱雀
第六层	毫黽	托山力士	毫黽
第五层	大斗造型砖雕　卧兔	大斗造型砖雕　卧兔	大斗造型砖雕
第四层	兽面	毫黽　　毫黽	兽面
第三层	兽面　仿木斗拱	赤雀　仿木斗拱	兽面
第二层	鹦鹉	仿木斗拱	鹦鹉
第一层	奔虎　兽面　斗拱柱	熊面力士彩绘砖雕　斗拱柱	兽面　奔虎

下

敦煌佛爷庙湾 M133 前甬道前端墓门处券顶三重。券顶之上以青砖横砌错缝平铺，其上壁面装饰经事先的规划亦系自下而上循序镶嵌各种类型的仿木结构造型砖和各种彩绘画像砖。现以表 4-8 来说明该照墙画像砖的位置关系及其内容。

---

① 甘肃省文物考古研究所：《敦煌佛爷庙湾西晋画像砖墓》，文物出版社 1998 年版，第 29 页。

表 4-8　　　　　　　　佛爷庙湾 M133 照墙画像砖分布

上

	画像砖内容	画像砖内容	画像砖内容	画像砖内容
第十三层	带翼神马	着冠力士	羽人	带翼神马
第十二层	洛书	带翼神羊	带翼神羊	河图
第十一层	带翼神兔	朱雀	玄武	带翼神兔
第十层	玄鸟	凤	仁鹿	神雀
第九层	天鹿（禄）	方相	方相	天鹿（禄）
第八层	四耳神兽	赤鸟搏兔	策杖人物	五耳六足神兽
第七层	双首朱雀	双首翼兽	双头鱼	大角神鹿
第六层	飞鱼	仁鹿	白象	大鲵
第五层	辟邪	麒麟	受福	辟邪
第四层	赤鸟	李广返身骑射	中矢山虎	赤鸟
第三层	鹦鹉	斗拱	托山力士	斗拱	鹦鹉
第二层	伯牙抚琴	仿木斗拱	子期听琴
第一层	白虎	斗拱柱	熊面力士彩绘砖雕	斗拱柱	青龙

下

　　上述四座墓葬照墙的图像内容大同小异，由于保存情况有别，M37、M39、M118 均仅保存有照墙下半部分，上半部分残毁，已无法确知详情。就目前见到的内容看，以朱雀、玄武、青龙、白虎四神和玄鸟、受福、麒麟、白象、仁鹿、鹦鹉、神兔等神禽异兽，加上伯牙弹琴、子期听琴等高士画像，组成照墙图像系统。四座墓葬照墙形制相同，图像的联系与区别，则主要体现在以下几个方面：第一，均有白象图、神鹿图，以及四神图像中的部分内容。第二，M37、M39、M133 照墙均有伯牙弹琴、子期听琴的高士图，M118 没有。由于伯牙、子期图在前述三座墓葬照墙上均位于仿木斗拱以下或斗拱以上偏下的位置（最高的是 M37，位于画像砖第三层），M118 照墙虽然残毁，但斗拱上下几层均保存完好，未知该照墙是否也会有伯牙、子期图。第三，M37、M39 照墙大斗造型砖雕以下内容相同，M118、M133 大斗造型砖雕以下内容相近。第四，M118 照墙图像中的三幅鼍鼍图为其所独有。第五，带翼神马、带翼神羊、带翼神兔、五耳六足神兽、双首朱雀等奇禽异兽和河图、洛书图像，仅见于保存完整的M133照墙。这种联系与区别，应当不仅仅因为M37、M39、M118照墙残毁。由于佛爷庙湾画像砖的绘制是在墓葬构筑完成以后进行的[1]，因此不同墓葬、不同照墙图像内容的异同，应当是有所选择的异同。发掘者认为，M37、M39、M118、M133这四座画像砖墓的墓主人均非品官，而都应是具有相当实力的豪族地主[2]。需要注意的是，M37位于该家族墓地茔圈内最北端的祖墓之位[3]，M39则位于以M37为祖墓的该家族墓地茔圈内的第三穴[4]；M118位于该家族墓地茔圈内的第二穴[5]；M133位于其所在家族墓地茔圈内最北端的祖墓之位[6]。根据这四座墓葬在其家族墓地中的位置判断，M37、M133在家族墓地内地位崇高，M118、M39则稍逊一筹。从墓葬本身来讲，M37、M39为带壁龛、耳室的单室墓，M118、M133为带耳室或壁龛的双室墓，这或许会影响到画像砖内容安排时的细微差别。这些差别通过不同墓葬的随葬品也能反映一二。《敦煌佛爷庙湾西晋画像砖墓》指出："M133与M37、M39除在墓葬形制上有单室、双室之分外，在随葬品内容、组合甚至数量方面并无本质的区别。"[7] 虽然如此，但不同照墙上瑞兽的排列组合的确存在区别。又，双室墓M118、M133随葬品中均有笔与砚，而单室墓M37、M39随葬品中没有。M118前室北侧墓主左腕处有石板砚1件[8]，M133后室北侧男墓主头左侧置石板砚、石研、毛笔头、毛笔管、铁削各一件，其中铁削原与笔管捆扎在一起[9]。墓内这

---

[1] 甘肃省文物考古研究所：《敦煌佛爷庙湾西晋画像砖墓》，文物出版社1998年版，第112页。
[2] 甘肃省文物考古研究所：《敦煌佛爷庙湾西晋画像砖墓》，文物出版社1998年版，第106页。
[3] 甘肃省文物考古研究所：《敦煌佛爷庙湾西晋画像砖墓》，文物出版社1998年版，第11页。
[4] 甘肃省文物考古研究所：《敦煌佛爷庙湾西晋画像砖墓》，文物出版社1998年版，第22页。
[5] 甘肃省文物考古研究所：《敦煌佛爷庙湾西晋画像砖墓》，文物出版社1998年版，第7页。
[6] 甘肃省文物考古研究所：《敦煌佛爷庙湾西晋画像砖墓》，文物出版社1998年版，第31页。
[7] 甘肃省文物考古研究所：《敦煌佛爷庙湾西晋画像砖墓》，文物出版社1998年版，第106页。
[8] 甘肃省文物考古研究所：《敦煌佛爷庙湾西晋画像砖墓》，文物出版社1998年版，第28、31页。
[9] 甘肃省文物考古研究所：《敦煌佛爷庙湾西晋画像砖墓》，文物出版社1998年版，第33、38—39页。

些随葬物品应当与照墙画像一道，体现墓主升仙意愿的同时，也显示出不同墓葬的营建者和画像砖的绘制者对升仙认识的细微区别。

照墙画像"和其赫然引人注目的位置体现了汉魏以来社会各阶层强烈的崇慕仙幻的思想追求"①，而伯牙弹琴、子期听琴等内容，主要起着帮助墓主升仙的作用。郑岩指出："包括伯牙弹琴等内容在内的高士画像之所以在墓葬中流行，是与古人死后升仙的观念分不开的。"② 王中旭认为："佛爷庙湾照墙上的伯牙弹琴实际上起着调和阴阳的作用，暗示着升仙的必要条件，或升仙的辅助手段。"③ 杨莹沁亦认为："敦煌佛爷湾三座墓伯牙抚琴与子期听琴，与神仙类图像并列，也是被视为神仙的结果。但之所以用高士图替代神仙，在于突出高士的雅逸情趣，这是当时魏晋玄学的精神使然。"④ 而直观来看，伯牙善鼓琴，琴艺感物；钟子期善听，二人以"知音"传为佳话。"伯牙、子期等名士则着意表现的是一种内在的儒雅气质。……作为历史英雄人物的李广，画师则抓住其神勇善骑射的特点。"⑤ 能文能武，这或许正是墓主人理想中的高士所具备的特质，也是他们追求的目标。只有首先达到名士的高度，升仙的理想才有可能实现。在上述四座墓葬的照墙中，以佛爷庙湾 M133 照墙保存最为完整，因此很多研究者往往以之为例说明照墙装饰及其意义。⑥ 郑岩由下向上解读 M133 照墙的这组图像。他认为："这些'表格式'的画像应当是祥瑞的主题，这种主题和形式在山东嘉祥东汉武梁祠顶部就已出现，此外还见于河北望都 1 号汉墓和内蒙古和林格尔小板申汉墓壁画。虽然其中具体的内容组合有所变化，但主题和基本形式却保持了传统的格局。……实际上，诸如'双首朱雀''双首翼兽''双头鱼'等很可能就是武梁祠

---

① 甘肃省文物考古研究所：《敦煌佛爷庙湾西晋画像砖墓》，文物出版社 1998 年版，第 108 页。
② 郑岩：《魏晋南北朝壁画墓研究》，文物出版社 2002 年版，第 155 页。
③ 王中旭：《敦煌佛爷庙湾墓伯牙弹琴画像之渊源与含义》，《故宫博物院院刊》2008 年第 1 期。
④ 杨莹沁：《汉末魏晋南北朝时期墓葬中神仙与佛教混合图像分析》，《石窟寺研究》2012 年。
⑤ 甘肃省文物考古研究所：《敦煌佛爷庙湾西晋画像砖墓》，文物出版社 1998 年版，第 111 页。
⑥ 郑岩：《魏晋南北朝壁画墓研究》，文物出版社 2002 年版，第 154—158 页；孙彦：《河西魏晋十六国壁画墓研究》，文物出版社 2011 年版，第 118 页。

和《宋书·符瑞志》所见的'比翼鸟''比肩兽''比目鱼'等。根据《宋书·符瑞志》的解释，不同的祥瑞代表了上天向人们表达的不同意志。""祥瑞画像以上是绘有双虎的假门，两侧立一对细小的柱子，外侧的双阙绘守门的人物，门扉以上又有小窗，两侧的守卫则不是人的形象，而是牛首人身和鸡首人身的神怪，可能意味着通过假门后是另一个不同于人间的世界。再向上则是照墙的顶点，其拱起的顶部正是天的象征。""死者的灵魂从墓门出发开始其升仙的旅行，四神中的青龙白虎确定他正确的方向，又有着高士陪伴、西王母引导和骑士护卫，上天降下种种祥瑞来迎接他，穿越这些祥瑞，最后的假门正是汉代画像中常见的'天门'。终点接近地表，死者的灵魂似乎真要从这里去往遥远的天上。"①

照墙壁画反映宗教思想，应当来自汉代以来形成的传统。酒泉下河清1号墓壁画檐壁（即照墙，引者）壁画主要在浮雕"斗拱"形砖的左右及其中间陡砖面上，其内容可以看清的有羽人图、舞人图、驰牛图、翼龙图、行虎图。② 曹魏时期的敦煌翟宗盈墓门楼式照墙上有六十多块画砖，内容以珍禽异兽为主。③

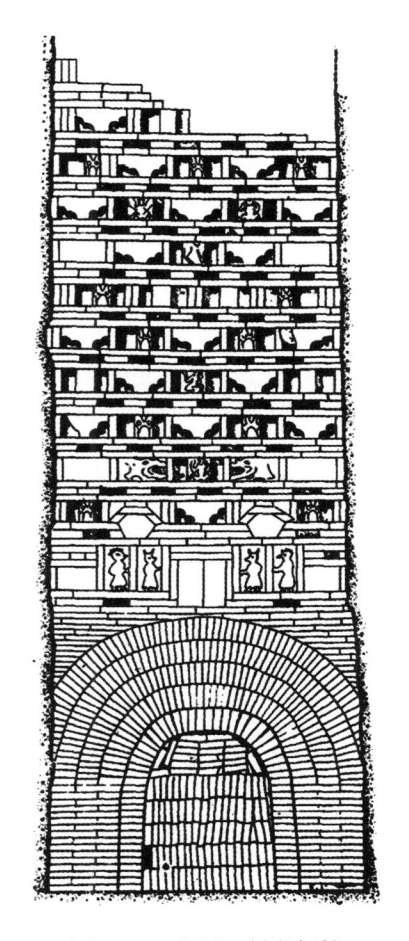

图 4-18 新城 6 号墓门楼

---

① 郑岩：《魏晋南北朝壁画墓研究》，文物出版社 2002 年版，第 154—157 页。
② 甘肃省文物管理委员会：《酒泉下河清第 1 号墓和第 18 号墓发掘简报》，《文物》1959 年第 10 期。
③ 张朋川：《河西出土的汉晋绘画简述》，《文物》1978 年第 6 期。

时代较敦煌佛爷庙湾墓群为早的嘉峪关新城魏晋墓群也有类似照墙。据《嘉峪关壁画墓发掘报告》，嘉峪关新城6号墓照墙（图4-18）上部每组平砖顺砌的砖侧，绘有土红色斜线，在未内收的丁砌砖侧，画有建筑装饰图案虎头纹饰。在各组侧砖的顺砌砖面上，有青龙、白虎、朱雀、蜚廉、麒麟等图像（图4-19—图4-22，惜具体位置不详——引者）……砖砌双阙上也画有彩绘图案和壁画。象征阙顶的六角形砖上涂满朱红色，上绘云气纹；在覆盖于阙顶左、右侧的三角形砖上，则画有建筑装饰图案彩绘鸟；在双阙间的砖砌门扉上，则画上双虎图案。报告认为："这与崔豹《古今注》中对阙的描述，'其上皆丹垩，其下皆画云气仙灵、奇禽怪兽'大体相同。"[①]

图4-19　新城6号墓门楼彩绘朱雀图（摹本）[②]

[①]　甘肃省文物队等：《嘉峪关壁画墓发掘报告》，文物出版社1985年版，第9页。
[②]　甘肃省文物队等：《嘉峪关壁画墓发掘报告》，文物出版社1985年版，图版一七之2。

第四章 汉唐时期河西墓葬壁画分类整理研究　　139

图 4-20　新城 6 号墓门楼彩绘青龙图（摹本）①

图 4-21　新城 6 号墓门楼彩绘蜚廉图（摹本）②

图 4-22　新城 6 号墓门楼彩绘麒麟图（摹本）③

---

① 甘肃省文物队等：《嘉峪关壁画墓发掘报告》，文物出版社 1985 年版，图版一六之 1。
② 甘肃省文物队等：《嘉峪关壁画墓发掘报告》，文物出版社 1985 年版，图版一六之 2。
③ 甘肃省文物队等：《嘉峪关壁画墓发掘报告》，文物出版社 1985 年版，图版一七之 1。

《嘉峪关壁画墓发掘报告》认为："（门楼）这种建筑应当是象征墓主人生前居宅的某种建筑。从墓葬出土的陶楼模型以及壁画和古代文献的记载分析，它们大概与防守御敌的楼橹（或望楼）一类的建筑有关。"① "门楼下端的阙门结构，自然是阙门建筑的象征物。……既然这些墓主人生前都是世家豪族或兼为官吏，大概其生前住所建有楼橹或阙。在他们死后，又将之模拟砌筑在墓门拱券上端，形成这种形式的门楼建筑。"② 从建筑形制上讲，这一推断无疑是有道理的。不过联系照墙（即门楼）壁画内容来看，照墙的作用与意义已远远超出了其在世俗建筑中的作用与意义。郑岩指出："照墙的功用有两层：一，它是墓葬豪华的门楼，走进去是死者在地下的'家'。二，它象征着死者升仙的通道。"③ 虽与佛爷庙湾墓葬升仙气氛浓厚的照墙相比尚有差距，但同样属于西晋时期墓葬的新城六号墓④照墙上的青龙、白虎、朱雀、蜚廉、麒麟等奇禽怪兽图像，反映出墓主人或墓葬营建者对升仙的认识与追求，也反映出地域相邻的嘉峪关（汉唐时期属酒泉郡）、敦煌（汉唐时期的敦煌郡）在丧葬文化上的联系。又，酒泉肃州区总寨镇三奇堡村南 2.5 千米晋代崔家南湾墓群曾发掘画像砖墓 2 座，画像砖彩绘朱雀、飞廉、翼虎、守门吏、守门卒等，皆绘制于墓门照墙之上，头戴黑帻的守门吏只画了半身，是正面像；守门卒有单手托颌、双手托颌和双手抱头等多种姿势，均为半身像，头戴赤帻，胡子翘起，身披铠甲，胳膊上饰以斑纹，壁画风格与敦煌翟宗盈墓相同，线条粗豪奔放，健壮有力，画动物尤为纯熟。⑤《敦煌佛爷庙湾西晋画像砖墓》指出："以嘉峪关、酒泉为中心的画像砖墓与佛爷庙湾画像砖墓既有共同点又有各自的鲜明特点。如两者均为小砖画，照墙均流行嵌饰仿木斗拱彩绘造型砖。画像砖造型简练，色调明快，构图鲜明活泼，笔法凝练豪放。然而前者以墓室内壁为主要施画区域，后者则以

---

① 甘肃省文物队等：《嘉峪关壁画墓发掘报告》，文物出版社 1985 年版，第 10 页。
② 甘肃省文物队等：《嘉峪关壁画墓发掘报告》，文物出版社 1985 年版，第 11 页。
③ 郑岩：《魏晋南北朝壁画墓研究》，文物出版社 2002 年版，第 158 页。
④ 甘肃省文物队等：《嘉峪关壁画墓发掘报告》，文物出版社 1985 年版，第 74 页。
⑤ 张朋川：《河西出土的汉晋绘画简述》，《文物》1978 年第 6 期；国家文物局：《中国文物地图集·甘肃分册（下）》，测绘出版社 2011 年版，第 241 页。

照墙为主。嘉峪关、酒泉地区画像砖的内容侧重于表现世俗的现实生活，生产、生活气息浓郁。而佛爷庙湾画像砖墓中神禽灵兽等神怪形象和历史人物故事却占有重要位置和极大比重。后者所弥漫的浓重的仙幻灵异氛围和文化品位应是敦煌地区民间意识形态与这一地区文化水平的真实反映。""两者的文化性质基本一致，即都秉承渊源于两汉以来的中原传统文化。然而其间的差异也较为突出，这种差异应是区域性文化特征的反映。"① 正由于目前考古资料所见河西走廊各地墓葬及其照墙存在地域差异，相关成果所做的立足考古学的分区研究，在一定程度上也推进了相关研究。但应当注意的是，河西走廊丰富的地下墓葬遗存与目前所知的考古发现相比，何异九牛一毛！因此很难保证上述分区研究的结论就非常准确。以金昌市博物馆收藏的一批（23件）彩绘画像砖为例，在一定程度上就能说明一些问题。根据李勇杰的介绍，这批画像砖为公安机关早年移交而来，源自河西走廊一座晋代画像砖室墓葬，是早期道教羽化成仙思想作用于丧葬习俗的结果。②由于信息缺乏，所以无法确知这座墓葬具体位置，但一般而言，公安机关也有地域分工，因此这座画像砖墓或许就是金昌市某地的墓葬。如果这一推断无误，则这批画像砖对金昌地区乃至河西走廊晋代丧葬习俗的研究具有重要意义。这批画像砖均为一砖一画式的彩绘砖，题材包括四灵、羽人、神禽灵兽、神仙人物和方相等。具体情况是，四灵砖5件，其中青龙砖2件，白虎砖2件，朱雀砖1件；羽人砖2件；神禽灵兽砖4件，其中日月砖（内有金乌、蟾蜍）1件，天鹿砖1件（图4-23），方相砖2件；人物砖3件；托梁兽砖7件；莲花藻井砖1件；花鸟砖1件。③ 根据这些题材内容和形制判断，这批画像砖绝大多数应当位于该墓葬照墙之上，莲花藻井砖应当位于墓室顶部。具体而言，两块造型彩绘人物砖（图4-24，图4-25）作用应当与前述大

---

① 甘肃省文物考古研究所：《敦煌佛爷庙湾西晋画像砖墓》，文物出版社1998年版，第114页。
② 李勇杰：《早期道教羽化成仙思想的生动再现——甘肃省金昌市博物馆馆藏晋代彩绘画像砖》，载中共嘉峪关市委宣传部、甘肃省历史学会《嘉峪关与丝绸之路历史文化研究》，甘肃教育出版社2015年版，第205—212页。
③ 李勇杰：《早期道教羽化成仙思想的生动再现——甘肃省金昌市博物馆馆藏晋代彩绘画像砖》。按，这批画像砖在金昌市博物馆正常展出。

图 4-23 天鹿砖（金昌市博物馆藏 贾小军摄）①

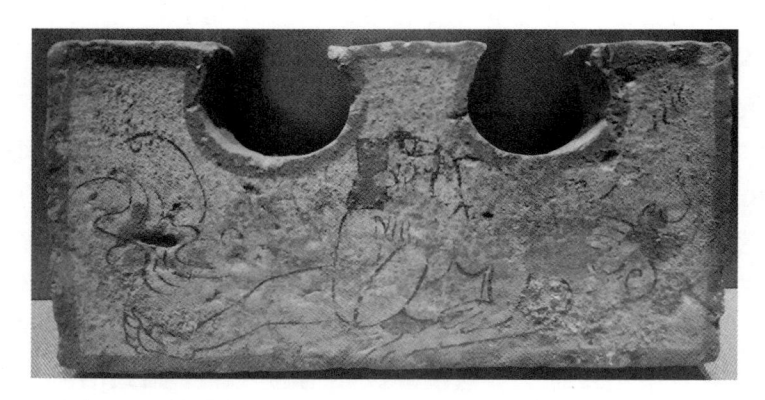

图 4-24 造型彩绘人物砖（1）（金昌市博物馆藏 贾小军摄）

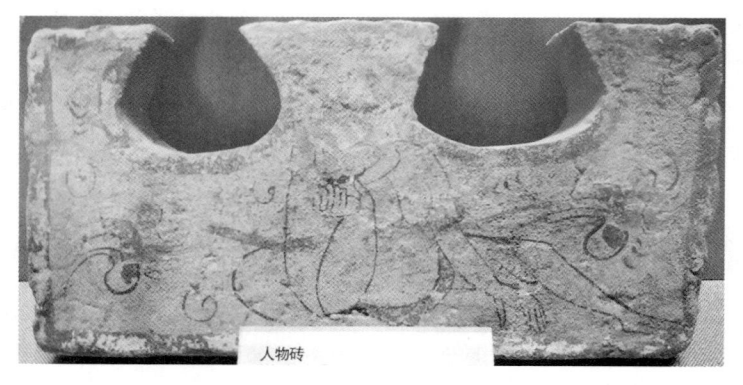

图 4-25 造型彩绘人物砖（2）（金昌市博物馆藏 贾小军摄）

① 该"天鹿"与图 4-13 新城六号墓门楼彩绘麒麟形态颇为相近。

斗砖相近，砖面所绘人物方向相反、动作相近，或说明它们一左一右对称出现在照墙之上。另一块被金昌市博物馆命名为"东王公"的人物砖，或位于墓室内部某处。7块托梁兽砖作用应与这两块人物造型砖作用相近，要在承重并分隔其余画像砖。其余11块表现祥瑞、升仙主题的四灵砖、神禽灵兽砖则为照墙壁画主要内容。从绘画题材和配置来看，这批画像砖题材与敦煌佛爷庙湾画像砖墓内容非常相近，因此，李勇杰将这批画像砖时代暂定为西晋时期①，当是。但金昌市辖区②与敦煌地区相距较远，中间相隔张掖、酒泉两地，这种在同一时期相距较远区域壁画墓的雷同不好用考古学的分区方法解释。因为无论是从政治上、经济上还是文化上讲，汉唐时期的河西走廊在绝大多数时间里都是一个整体，也正是作为一个整体，才保证了河西走廊区域政治相对稳定、经济不断发展，文化兼收并蓄且形成自身特色③，如此看来，在部分区域考古资料有限的情况下，相关研究似乎不宜做更加细致的区域划分。而比较河西走廊各地墓葬壁画内容，差异主要在于时代特点，并不在更小的区域特征。

敦煌佛爷庙湾唐代模印砖墓发现有较多四神图像，主要见于照墙④，这或许也是对魏晋以来照墙装饰传统的继承。

反映宗教思想题材的汉唐时期河西走廊墓室内部绘画，以酒泉丁家闸五号墓最具代表性。该墓前室覆斗顶四披"表现的是天，都是祥瑞之物。上部各绘一倒悬龙首，两侧绘庆云"⑤，"西披（正披）绘西王母，东披（前披）绘东王公，北披（左披）绘飞驰的神马，南披（右披）绘白鹿和羽人"⑥。"三种图像类型——天象、祥瑞和神仙——构成了穹窿顶上的天界，位于方形墓室和饰以荷花的墓顶之

---

① 李勇杰：《早期道教羽化成仙思想的生动再现——甘肃省金昌市博物馆馆藏晋代彩绘画像砖》。按，这批画像砖在金昌市博物馆正常展出。
② 按，今金昌市两汉、曹魏属张掖郡，西晋属武威郡，隋属武威郡，唐属凉州（约当隋武威郡）。
③ 赵向群：《汉晋之际河西经济区的变迁》，《西北师大学报》1990年第5期；贾小军：《魏晋十六国河西史稿·自序》，天津古籍出版社2009年版。
④ 甘肃省博物馆：《敦煌佛爷庙湾唐代模印砖墓》，《文物》2002年第1期。
⑤ 甘肃省文物考古研究所：《酒泉十六国墓壁画》，文物出版社1989年版，第4—5页。
⑥ 张宝玺：《酒泉丁家闸十六国五号墓壁画》，载张宝玺编《嘉峪关酒泉魏晋十六国墓壁画》，甘肃人民美术出版社2001年版，第309页。

间。中国神话的两个主神——东王公和西王母——分别位于东西两边斜坡上，与日月相伴。两个祥瑞动物——飞马和奔鹿——主导了南北两侧的天顶。一座绵延的山脉将此天界与绘于四面墙上的地上景色一分为二。"① 这座分隔天界与地上景色的绵延的山脉，张朋川称之为"仙山图"，他认为："（这）和当时流行的神仙思想相关"，"魏晋南北朝时期士大夫阶层的逃避现实的出世思想与神仙家如出一辙，传说中的仙山往往也是士大夫'隐士派'隐居的地方"②。

  酒泉丁家闸五号墓之外，反映宗教思想题材的汉唐墓室内部壁画，散见于河西走廊各处，这也反映出绘制宗教思想题材类壁画是河西走廊墓室壁画自汉代以来逐渐形成的传统。武威韩佐乡五坝山墓壁画充满神话色彩。该墓北壁画山水，山涧绘二虎一牛，东壁正中绘一神兽，昂首翘尾，双目前视，两耳竖起。神兽身后绘一树，仅存树干。南壁彩绘一人，八字长须，身着彩服，双臂高举，赤足作舞蹈状。③ 武威磨嘴子汉代壁画墓壁画绘制在前室后半部的墓壁与顶部的白灰面上绘天象图，左面为太阳，太阳中立金乌；右面为月亮，月亮中有蟾蜍。日月周围的天空，衬以升腾的朵朵行云；西北壁画面右侧下角剥落，图面仅存一动物臀部，有短尾，躯体有羽，似为一头生翅膀的大象。大象背上似有一人骑坐，画面残损严重，形象已不可辨。④ 民乐八卦营1号墓前室四壁均绘有壁画，主要是反映宗教思想题材的内容。"覆斗形东、西、南、北壁面依次绘青龙、白虎、朱雀、玄武。青龙作腾飞状，晃头摇尾，龙头前部绘一红日，日中绘一疾飞的黑色金乌；白虎昂头张口，翘尾舞爪，虎头前部绘一展翅欲飞的鹭鸶；朱雀鸡头凤尾，作展翅飞状；玄武为一龟一蛇相交，在其前部绘一在水中捕鱼的鹭鸶。另在'四神'周围满绘云气，下部或绘水波（南北壁），或绘山峦（东西壁）。中室、后室东西壁面用丹砂清

---

① 巫鸿：《黄泉下的美术：宏观中国古代墓葬》，施杰译，生活·读书·新知三联书店 2010 年版，第 31 页。
② 张朋川：《酒泉丁家闸五号墓壁画艺术》，载甘肃省文物考古研究所《酒泉十六国墓壁画》，文物出版社 1989 年版，第 20 页。
③ 岳邦湖、田晓、杜思平、张军武：《岩画及墓葬壁画》，敦煌文艺出版社 2004 年版，第 7 页。
④ 党寿山：《甘肃武威磨嘴子发现一座东汉壁画墓》，《考古》1995 年第 11 期。

绘日、月。"① 八卦营2号墓题材与1号墓相近，"前室券顶及左右壁面满绘云气，在云气间绘腾飞的青龙，人首蛇身的三女娲及日、月。女娲头脑后披长发，身着交领服，两手于胸前，三尾相交。日中绘含食疾飞的金乌，月中绘蟾蜍、持杵的玉兔"②。八卦营3号墓内容亦与1号墓、2号墓相似。"前室顶四面均绘有壁画，画面以云气为主，在云气间，东面绘有日中疾飞的金乌；西面绘有月中的蟾蜍，持杵的玉兔；南面绘星宿；北面绘北斗七星，在云气间的空挡还绘有站立或飞翔的鸟雀。墓顶正中为方形藻井，上绘三角、棱形，在其间饰以云气、水波纹饰。墓室四壁下部均绘山峦树木。另在前室墓门左侧的山峦间绘一独角兽，此兽尖嘴、长颈、蜥尾、狮腿，形体极似恐龙。后券顶满绘星云。"③

在魏晋十六国时期其他河西走廊墓室壁画中，反映宗教思想的这一传统得到广泛的印证。如伏羲女娲图（图4-26）、羽人神兽图（图4-27）、日月图（图4-28）、龙虎图（图4-29）、祥瑞图（图4-30）等，仍见于高台骆驼城苦水口壁画墓、高台地埂坡壁画墓、永昌县双湾东四沟壁画墓和玉门金鸡梁壁画墓等处。

据目前所见资料，唐代河西走廊墓葬壁画主要以模印砖形式出现，有素面砖，亦有彩绘砖，其内容已如前述，有生肖图、乐伎图、骑士图、仪卫出行图、胡人牵驼图、四神图等，其中反映宗教思想题材的四神图主要见于敦煌佛爷庙湾墓群、山丹唐代模印砖墓以及金昌市博物馆藏的一批来自公安部门的画砖。敦煌佛爷庙湾唐代M121墓室西侧棺床上铺素面砖和5块龙首犬身怪兽模印砖，东侧棺床上铺素面砖和4块坐龙首犬身怪兽模印砖，墓道及甬道地面铺龙首犬身怪兽模印砖24块。④ 山丹唐代模印砖墓青龙、玄武、朱雀等四神图均位于

---

① 施爱民、卢晔：《民乐清理汉代壁画墓》，《中国文物报》1993年5月30日第1版；施爱民：《民乐县八卦营：墓葬·壁画·古城》，《丝绸之路》1998年第3期。
② 施爱民、卢晔：《民乐清理汉代壁画墓》，《中国文物报》1993年5月30日第1版；施爱民：《民乐县八卦营：墓葬·壁画·古城》，《丝绸之路》1998年第3期。
③ 施爱民、卢晔：《民乐清理汉代壁画墓》，《中国文物报》1993年5月30日第1版；施爱民：《民乐县八卦营：墓葬·壁画·古城》，《丝绸之路》1998年第3期。
④ 甘肃省博物馆：《敦煌佛爷庙湾唐代模印砖墓》，《文物》2002年第1期。

图 4-26　伏羲女娲图（魏晋，高台骆驼城墓群苦水口 1 号墓）①

图 4-27　羽人神兽图（魏晋，高台骆驼城苦水口 1 号墓）②

---

① 高台骆驼城墓群苦水口一号墓中室顶部藻井壁画，采自贺西林、郑岩主编《中国墓室壁画全集·汉魏晋南北朝》，河北教育出版社 2011 年版，第 95 页。

② 采自贺西林、郑岩主编《中国墓室壁画全集·汉魏晋南北朝》，河北教育出版社 2011 年版，第 96 页；甘肃省文物局编《高台县博物馆》，甘肃人民美术出版社 2011 年版，第 26 页。

第四章　汉唐时期河西墓葬壁画分类整理研究　　147

图 4-28-1　日月图（西晋，金昌市博物馆藏，贾小军摄）

图 4-28-2　日月图（十六国，金鸡梁壁画墓）[①]

[①]　玉门市博物馆藏，王璞供图。

图 4-29 龙虎图（魏晋，永昌县双湾东四沟壁画墓）①

图 4-30 祥瑞图（魏晋，高台罗城乡河西村地埂坡 4 号墓）②

---

① 永昌县博物馆藏，永昌县博物馆曹生奎、永昌县第一中学桑娟红供图。
② 采自徐光冀主编：《中国出土壁画全集 9 甘肃·宁夏·新疆》，科学出版社 2012 年版，第 32 页。

墓室内部。① 就这些四神图而言，与汉代和魏晋十六国时期相比，其作为墓室建筑构件的特征更加明显，那种通过这些祥瑞图像体现的浓郁的升仙气息已渐去渐远。

值得注意的是，武威天祝武周时期吐谷浑喜王慕容智墓内亦有规模较大的天象图，但总体来看，其风格应当主要承袭了汉代、魏晋十六国时期的传统，在河西壁画墓发展序列中具有承前启后的意义。

综上可知，宗教思想题材的壁画，是汉唐时期河西走廊墓葬壁画中最为重要的内容之一，但该题材壁画在墓葬中的位置颇有变化。汉代壁画墓发现较少，宗教思想题材壁画主要见于墓室之中。魏晋十六国时期河西走廊墓葬壁画被大量发现，反映宗教思想的题材也最为丰富，其中以神禽灵兽图为代表的祥瑞图多位于照墙之上，代表着墓主人升仙的祈求；以西王母、东王公、伏羲女娲、羽人、日月图等为代表的天上世界，则主要在相关墓葬顶部得到体现。唐代模印砖墓中，上述相应内容既见于照墙，亦见于墓室内部，但其规模及所反映出的宗教氛围已不可与魏晋十六国时期同日而语。已如上述，这些变化主要体现在时代特点中，而不在河西走廊内部更为细小的地域分野上。

---

① 张掖市文物管理局：《张掖文物》，甘肃人民出版社2009年版，第258页。

中　卷

第五章

高台魏晋"庭院家居图"画砖解析

甘肃高台县博物馆藏有一出土于许三湾墓群的壁画砖,该壁画砖中央绘一处有门楼的建筑物,门有双门扉,上部有坡形屋顶,有屋脊和角翘;左边绘建筑内部景象,三人一跪一坐一立,画砖左下角的跪者双手端盆,似在炊事,跪者前应为灶台;坐者在画砖左侧中部偏右;站立者在左上角,似向右走;画砖右侧为高低错落的建筑,门前似立一人。2009年出版的《甘肃出土魏晋唐墓壁画》将其命名为"庭院劳作图"(图5-1)[①],但据笔者多次在高台博物馆的调查,该画砖被命名为"作坊人物图"。笔者以为,根据该画砖内容并参照河西

图5-1 魏晋"庭院劳作图"(高台县博物馆藏,贾小军摄)

---

① 俄军、郑炳林、高国祥主编:《甘肃出土魏晋唐墓壁画》,兰州大学出版社2009年版,第437页。

其他各处发现的墓葬画砖分析，就该画砖命名而言，出版较早的《甘肃出土魏晋唐墓壁画》似更接近真实，而称其为"作坊人物图"虽有不妥，却仍能给我们若干启示。两种不同的命名，实际都强调了该画砖反映的两个主题，一为画中建筑，二为画中的人物活动。本章即根据相关资料对此图及其内涵进行考察，以就教于方家。

一 "庭院劳作图"之坞壁

高台"庭院劳作图"[①]以一处建筑和其中人物为主，似乎反映的是在此建筑之内生产或者生活的场景。因此，对这处建筑的用途、其中人物关系及所从事的活动的考察，将是了解此画砖内涵并对其进行最终命名的关键。

高台"庭院劳作图"中建筑的门楼在该图中居于显要的位置，因此是该画砖主要表现的内容之一。该建筑前为门，门上有楼，门后及左右两侧皆有围墙，是一处完整的院落式建筑形象。在河西地区出土的魏晋十六国壁画墓中，与此相似的院落式建筑并非仅此一例。嘉峪关新城5号墓08号画砖（图5-2）[②]、17号画砖（图5-3）、47号画砖（图5-4）皆绘一坞，四周高墙围绕，前面设有大门，门上有楼，楼上有窗户以便瞭望[③]。画中门楼与"庭院劳作图"中的门楼颇为相似，上部皆有坡形屋顶，有屋脊和角翘。画砖右侧为高低错落的建筑，门前似立一人，别无异处。但画砖之上整个建筑的轮廓清晰可辨，与嘉峪关新城5号墓08号画砖、17号画砖、47号画砖中四周高墙围绕的坞非常相像。另外，新城1号墓36号画砖中的坞也有门楼（图5-5），与"庭院劳作图"中的门楼相近。由此，我们似可认定，这是一处坞壁建筑形象。只是此图画面内容较为繁杂，画中内容难免彼此冲淡，加之画砖左侧人物较多，所以分析者忽视了这座建筑是坞也就不足为奇了。

---

① 按，在最终定名之前，本章暂将此画砖称之为"庭院劳作图"。
② 甘肃省文物队等：《嘉峪关壁画墓发掘报告》文物出版社1985年版，图版七五之1。
③ 甘肃省文物队等：《嘉峪关壁画墓发掘报告》文物出版社1985年版，第49页。

第五章　高台魏晋"庭院家居图"画砖解析　　155

图 5-2　嘉峪关新城 5 号墓 08 画砖①

图 5-3　嘉峪关新城 5 号墓 19 画砖②

---

① 甘肃省文物队等：《嘉峪关壁画墓发掘报告》，文物出版社 1985 年版，图版七五之 1。
② 甘肃省文物队等：《嘉峪关壁画墓发掘报告》，文物出版社 1985 年版，图版五四之 2。

图 5-4　嘉峪关新城 5 号墓 47 画砖①

图 5-5　嘉峪关新城 1 号墓 036 画砖②

---

① 张宝玺编：《嘉峪关酒泉魏晋十六国墓壁画》，甘肃人民美术出版社 2001 年版，第 139 页。
② 甘肃省文物队等：《嘉峪关壁画墓发掘报告》，文物出版社 1985 年版，图版七四之 1。

第五章　高台魏晋"庭院家居图"画砖解析　　157

图 5-6　嘉峪关新城 3 号墓 025 壁画①

此处坞壁右侧还有高低错落的建筑，这在河西魏晋墓葬画砖所绘坞壁形象中仅见，因此关于坞壁外侧高低不一的建筑性质尚难判断。由于坞壁一般为世族地主所居，其周围往往分布着下层民众的居所，如嘉峪关新城 3 号墓 025 号画砖所绘坞壁旁边，有两座低矮的穹庐，穹庐里各有一人，似是少数民族成员；同墓 043 号画砖亦绘有两座穹庐，左边穹庐里一人卧于其中，右边穹庐里一人以简单器具煮食（图 5-6）。"庭院劳作图"中高大坞壁外边高低错落的建筑是否与上述穹庐同样为下层民众居所，尚需进一步考证。

有关魏晋十六国时期河西地区的坞壁情况，据史书记载和考古资料，可列出如下发展序列："'钜鹿坞'（东汉）→'坞'（曹魏）→'坞'、'坞田'、'坞舍'、'临蘽坞'（西晋）→'村坞'（前凉）→'赵羽坞'（西凉）、'侯坞'（北凉）、'若厚坞'（北凉）。"②

---

① 甘肃省文物队等：《嘉峪关壁画墓发掘报告》文物出版社 1985 年版，图版七四之 2。
② 贾小军：《临泽出土〈田产争讼爰书〉释读及相关问题》，《鲁东大学学报》（哲学社会科学版）2012 年第 5 期。

考古学者研究认为："（魏晋时期河西）世家大族和官吏，居住在四周有高墙围绕的坞壁里……房前筑有场圃，屋后有果木园林。"① 新出西晋《田产争讼爰书》② 简文多次提到"坞"、"坞田"、"坞舍"以及"临藁坞"，正是这一判断的绝好补充。这也正反映出"坞"在历史变迁过程中的一个重要阶段。至于坞壁内部居住者的生产生活活动，据笔者目前所见，史书尚无明文记载。而众多墓葬画砖所反映的坞壁内容，正好补充了史书记载的不足，也为我们了解此点提供了很好的补充。

二 "庭院劳作图"之家居

高台"庭院劳作图"的另一主题是人物活动。画砖左边所绘一立一跪一坐之三人，其中左下角的跪者双手端盆，似向另一容器倒物，坐者在画砖左侧中部偏右，站立者在左上角。此三人之整体组合，即《甘肃出土魏晋唐墓壁画》中所谓"劳作"内容。从画砖上三人姿势来看，中间坐者身份应高于其他两人。为说明此点，我们再引几幅同样藏于高台县博物馆的画砖证明之（图5-7、图5-8、图5-9）。图5-7中间坐者在图中诸人中身份最尊。图5-8"筵宴图"中人物虽少于图5-7，但情景非常接近，图中右首居中坐者身份在诸人中也为最尊，或为墓主夫人或女墓主人形象。此二人神态与"庭院劳作图"中坐者也最为接近。图5-9"对坐品茗图"中右侧坐者姿态与"庭院劳作图"中坐者相似，但其身份当不及图中左侧右向坐者。

嘉峪关新城魏晋墓中也有较多与上述诸图内容相近的内容。如新

---

① 甘肃省文物队等：《嘉峪关壁画墓发掘报告》，文物出版社1985年版，第86页。
② 杨国誉：《"田产争讼爰书"所展示的汉晋经济研究新视角——甘肃临泽县新出西晋简册释读与初探》，《中国经济史研究》2012年第1期；贾小军：《临泽出土〈田产争讼爰书〉释读及相关问题》，《鲁东大学学报》2012年第5期。

城六号墓 69 号、70 号、74 号、77 号、82 号、83 号、110 号画砖[①]等，这些画砖主题皆为宴饮。由此我们似可认为，"庭院劳作图"左侧中部坐者为正在宴饮的墓主人。

图 5-7　魏晋"筵宴图"（高台县博物馆藏　贾小军摄）

图 5-8　魏晋"筵宴图"（高台县博物馆藏　贾小军摄）

---

① 张宝玺编：《嘉峪关酒泉魏晋十六国墓壁画》，甘肃人民美术出版社 2001 年版，第 190—206 页。

图 5-9　魏晋"对坐品茗图"（高台县博物馆藏　贾小军摄）

　　画砖左下角的跪者双手端盆，似在灶台旁炊事。《甘肃出土魏晋唐墓壁画》认为该跪者是一正在屋檐下忙于庖厨的女婢，诚是。嘉峪关新城 7 号墓 81 号（图 5-10）①、88 号②、111 号③、113 号画砖（图 5-11）④、13 号墓 13 号画砖⑤，酒泉丁家闸 5 号墓壁画也有类似炊厨图（图 5-12）⑥。比较起来，这几幅图内容、构图相近，其中新城 7 号墓 113 号画砖与丁家闸 5 号墓的炊厨图与"庭院劳作图"左下角场景最为接近，可知"庭院劳作图"左下角的确为炊厨内容，跪者为一正在庖厨的女婢。

---

① 俄军、郑炳林、高国祥主编：《甘肃出土魏晋唐墓壁画》（中）（兰州大学出版社 2009 年版），第 338 页。按，张宝玺编《嘉峪关酒泉魏晋十六国墓壁画》（甘肃人民美术出版社 2001 年版），内容及画砖编号与此画砖同，但炊者在右，左向庖厨（第 254 页），未知孰是。
② 俄军、郑炳林、高国祥主编：《甘肃出土魏晋唐墓壁画》（中），兰州大学出版社 2009 年版，第 373 页。
③ 俄军、郑炳林、高国祥主编：《甘肃出土魏晋唐墓壁画》（中），兰州大学出版社 2009 年版，第 388 页。
④ 俄军、郑炳林、高国祥主编：《甘肃出土魏晋唐墓壁画》（中），兰州大学出版社 2009 年版，第 378 页。
⑤ 张宝玺编：《嘉峪关酒泉魏晋十六国墓壁画》，甘肃人民美术出版社 2001 年版，第 297 页。
⑥ 张宝玺编：《嘉峪关酒泉魏晋十六国墓壁画》，甘肃人民美术出版社 2001 年版，第 326 页。

第五章 高台魏晋"庭院家居图"画砖解析 161

图 5-10 庖厨图①

图 5-11 庖厨图②

---

① 俄军、郑炳林、高国祥主编:《甘肃出土魏晋唐墓壁画》(中),兰州大学出版社 2009 年版,第 338 页。
② 俄军、郑炳林、高国祥主编:《甘肃出土魏晋唐墓壁画》(中),兰州大学出版社 2009 年版,第 378 页。

图 5-12　丁家闸 5 号墓炊厨图①

图 5-13　"庭院劳作图"站立者

"庭院劳作图"左上角站立之人似向右走（图5-13），单独考察此人活动，显然很难知其所以然。笔者以为，只有将画砖左侧站立者与中间的宴饮者（图5-14），甚至将站立者、宴饮者以及左下角的炊厨图联系起来（图5-15）考察，始可知其究竟。由于左上角站立者手臂部分为院墙所隔挡，其手中持物与否、或者持何物都不得而知。不过若将此人姿态与其他画砖相关内容比较，或可为我们了解此人活动提供参考。嘉峪关新城七号墓71号画砖"进食图"中的三位侍者（图5-16）前后相随，右向行走，前二人手中端物，后一人

---

①　张宝玺编：《嘉峪关酒泉魏晋十六国墓壁画》，甘肃人民美术出版社2001年版，第326页。

右手提物；新城 6 号墓 71 号画砖 "进食图" 亦绘三位侍者依次进食（图 5-17），神态与 "庭院劳作图" 中的站立者非常相似。

图 5-14　"庭院劳作图" 左上角　　图 5-15　"庭院劳作图" 左侧

图 5-16　进食图[①]

---

① 张宝玺编：《嘉峪关酒泉魏晋十六国墓壁画》，甘肃人民美术出版社 2001 年版，第 249 页。

图 5-17 进食图①

而"庭院劳作图"左侧站立者、坐者的组合图，与其他河西魏晋壁画墓中的几处宴饮图非常相像，如新城 6 号墓 75 号画砖"宴饮图"（图 5-18），区别只是"庭院劳作图"站立者在左，坐者在右，"宴饮图"正好相反。

图 5-18 宴饮图②

---

① 张宝玺编：《嘉峪关酒泉魏晋十六国墓壁画》，甘肃人民美术出版社 2001 年版，第 191 页。
② 张宝玺编：《嘉峪关酒泉魏晋十六国墓壁画》，甘肃人民美术出版社 2001 年版，第 193 页。

第五章　高台魏晋"庭院家居图"画砖解析

若把站立者、坐者及炊厨者联系起来考察，则"庭院劳作图"构图更为复杂，在此前发现的河西一砖一画的墓葬画砖中，尚未见到过此类画砖。这不仅让我们想到整壁分层作画的丁家闸五号墓。该墓前室东壁绘有内容较为复杂的炊事、炊具内容（图5-19）。该图左下角一女炊事，该女身后有一盆，盆后一井，画中上方为炊具架，有叉、盆多件。该图虽与"庭院劳作图"左边内容相近者仅有炊厨内容及位置，实际上，二者在同一位置绘多种内容的构图方式很是相似。类似整壁作画的河西魏晋壁画墓还有高台地埂坡晋墓。① 如此看来，画砖左边三人并非单独分别成画，而是一个错落有致的整体构图，即由炊厨、进食、宴饮三个步骤构成的家居生活全过程。

图5-19　炊事、炊具图②

另外，"庭院劳作图"中坞壁右侧高低错落的建筑前有似立一人，

---

① 甘肃省文物考古研究所、高台县博物馆：《甘肃高台地埂坡晋墓发掘简报》，《文物》2008年第9期。
② 甘肃省文物考古研究所：《酒泉十六国墓壁画》，文物出版社1989年版，图版"厨炊"。

但此人头部乃至上半身皆难知详细，其身份及所从事活动也就很难判断，只能希望以后有类似画砖出现再作讨论了。

三 坞壁与家居之关系

至此，我们可继续讨论"庭院劳作图"中坞壁与家居内容之间的关系了。前已论及，有关魏晋十六国时期坞壁内部居住者的生产生活活动，学界虽早有关注，但多为推测，若将上引相关墓葬画砖联系起来，似可解决史书记载不足的难题。

新城1号墓33号画砖绘一男一女一牛车，男在前弯弓射鸟，女在牛车之前，前为一坞，坞外有树，坞门微开，上有门楼；同墓34号画砖绘一牛车朝坞走去，前有一马系于树下，车后一侍女，车旁一童弯弓射鸟，车前亦有一童；同墓35号画砖绘一坞，坞外有马、牛、羊等。① 新城3号墓025号画砖左为两穹庐，右为坞，二穹庐内各有一髡发者，一蹲一卧，蹲踞者煮食（图5-6）②；同墓035号画砖绘一坞，坞外一猪似在觅食③；037号画砖也绘一有楼橹的坞壁门外一头猪在吃食④。新城4号墓52号画砖绘一人立于坞外。⑤ 前引嘉峪关新城5号墓047号画砖绘坞内一猪，坞门有一人守卫；同墓19号画砖绘一坞，坞外一人一犬一树。⑥ 酒泉丁家闸5号墓东壁、北壁、南壁皆绘有坞壁，坞壁外有耕作、耙地、扬场等劳作场景，这些内容又与炊厨、宰猪、椎牛等场景构成一个整体。⑦ 高台博物馆藏"坞壁射鸟图"画砖绘一坞壁，外有一人一树，树上有两只飞鸟，一人在树下弯弓射鸟

---

① 甘肃省文物队等：《嘉峪关壁画墓发掘报告》，文物出版社1985年版，第98页；张宝玺编：《嘉峪关酒泉魏晋十六国墓壁画》，甘肃人民美术出版社2001年版，第28、29、30页。
② 甘肃省文物队等：《嘉峪关壁画墓发掘报告》，文物出版社1985年版，第99页；图版七四之2。
③ 张宝玺编：《嘉峪关酒泉魏晋十六国墓壁画》，甘肃人民美术出版社2001年版，第60页。
④ 张宝玺编：《嘉峪关酒泉魏晋十六国墓壁画》，甘肃人民美术出版社2001年版，第61页。
⑤ 甘肃省文物队等：《嘉峪关壁画墓发掘报告》，文物出版社1985年版，第104页；张宝玺编：《嘉峪关酒泉魏晋十六国墓壁画》，甘肃人民美术出版社2001年版，第109页。
⑥ 甘肃省文物队等：《嘉峪关壁画墓发掘报告》，文物出版社1985年版，第50页。
⑦ 张宝玺编：《嘉峪关酒泉魏晋十六国墓壁画》，甘肃人民美术出版社2001年版，第311—314页。

(图 5-20)。①

图 5-20　坞壁射鸟图（高台县博物馆藏，贾小军摄）

以上为目前所见河西魏晋十六国墓葬壁画中坞壁画砖的主要内容。总体看来，除反映坞壁本身形制之外，更多地反映了坞壁外部的民众活动，如农作、出行、守卫等。而反映坞壁内部情景的饲养图在一定程度上将坞壁内外景象联系在一起。丁家闸 5 号墓壁画中的炊厨、宰猪、椎牛等场景与农作图所构成的整体，则是上述联系的印证。回顾高台"庭院劳作图"坞壁中诸人的家居活动场景，与丁家闸 5 号墓壁画所反映的这种整体含义何其相似乃尔。至于坞壁画砖中几处弯弓射鸟内容，当有其他特殊含义，笔者将另外著文讨论，兹不赘述。

坞壁内外既有如此丰富的生产生活场景，则坞壁在魏晋十六国时期河西地区民众生活中的重要性不言而喻。由此，民众也就以此为基本的生活场所，即《甘肃出土魏晋唐墓壁画》所谓的"庭院"了。

---

① 贾小军：《魏晋十六国河西社会生活史》图 8-1，甘肃人民出版社 2011 年版，第 208 页。

四　小结

综合上述，我们可得出如下认识：

第一，画砖内容可作如下解释：（1）画砖中央有门楼的建筑应为坞壁，此坞壁结构完整，有门有楼有墙；（2）画砖左边三人一立一跪一坐，但此三人并非单独分别成画，而是由"炊厨→进食→宴饮"组成的一个错落有致的家居图。（3）结合上述几点，我们可将"庭院劳作图"更名为"庭院家居图"。

第二，魏晋十六国时期，坞壁作为河西社会中上层民众的基本生活场所，其外民众劳作、出行，其内居者炊厨、宴饮，可谓内容丰富。

第三，该画砖布局与高台出土其他一砖一画墓葬画砖有别，而与酒泉丁家闸五号墓、高台地埂坡一号墓整壁作画的风格一致。其内容与丁家闸五号墓更为接近。无论将其命名为"庭院劳作图"，还是"作坊人物图"，应该都考虑到了这一点。

第四，将坞壁、宴饮绘于同一块画砖，就目前所见，在魏晋十六国河西壁画墓中仅此一例。虽如此，这块"庭院家居图"对河西墓葬画砖断代却具有重要意义。若上述几点成立，此画砖时代似在典型的嘉峪关新城一砖一画式墓葬壁画之后、酒泉丁家闸五号墓壁画之前。

第六章

河西墓葬壁画中的儿童图浅析

数量众多的河西墓葬壁画，反映了古代河西民众生活的方方面面，因此可以视为河西社会生活的百科全书。其中的儿童图，学界以往虽有关注，但成果并不丰富，且多数只关注到敦煌佛爷庙湾西晋39号墓的"母子嬉戏图"，其余河西墓葬壁画中含有儿童元素的图像鲜有关注。[①] 本章拟在系统梳理河西墓葬壁画儿童图像的基础上，对相关问题进行讨论，以期对该项研究有所推进。

一 河西墓葬壁画中的儿童图

据笔者统计，目前所见河西墓葬壁画中的儿童图共有17幅，均为一砖一画形式，图像的选择标准一是壁画中有明显的儿童形象出现[②]，二是相关考古报告、简报的判断。分别为嘉峪关新城1号墓"墓主侍女图"（图6-1）、"母子出游图"（图6-2）、"出行图"（图6-3）和"牧畜图"（图6-4），新城4号墓"母子出游图"（图6-5）、"牵羊

[①] 如畏冬《中国古代儿童题材绘画》，紫禁城出版社1988年版，第11—13页；甘肃省文物考古研究所《敦煌佛爷庙湾西晋画像砖墓》，文物出版社1998年版，第85—86页；王义芝、胡朝阳《敦煌古代儿童游戏初探》，《寻根》2007年第3期；杨秀清《敦煌石窟壁画中的古代儿童生活（一—三）》，《敦煌学辑刊》2013年第1、2、3期连载；丛振《敦煌壁画中的儿童游戏》，《山西档案》2015年第5期；周海燕《魏晋南北朝儿童研究》，博士学位论文，郑州大学，2018年，等等。

[②] 《晋书》卷26《食货志》云："（男女年）十二已下六十六已上为老小。"（中华书局1974年版，第790页）知十二岁以下为晋代法定的儿童年龄界限。但由于墓葬壁画中人物无法获知其年龄信息，其形象大小亦不是判断的唯一标准，因此需要根据整幅壁画（包括一砖一画形式）的内容来判断，如妇女怀抱儿童，或在同一场景下（出行图上绘制在车内形象很小的墓主、车前将车奴，或帐居图中类似的人物除外），壁画上人物形象有明显长幼、大小之分，则判断为儿童图。

图"（图6-6）、"舞乐图"（图6-7）"牧马图"（图6-8）和"果木园图"（图6-9），新城6号墓"采桑图"（1，2，3）（图6-10，图6-11，图6-12），新城7号墓"抱婴图"（图6-13），新城12号墓"妇人童子图"（图6-14），酒泉果园乡高闸沟晋墓出土的"撒种图"（图6-15）和"出行图"[1]，以及学界关注较多的敦煌佛爷庙湾36号墓的"母子嬉戏图"（图6-16）。

图6-1 墓主侍女图[2]

---

[1] 岳邦湖、田晓、杜思平、张军武：《岩画及墓葬壁画》，敦煌文艺出版社2004年版，第74页。
[2] 嘉峪关市文物局编：《嘉峪关文物图录·可移动文物卷》，三秦出版社2014年版，第122页。

第六章　河西墓葬壁画中的儿童图浅析　　171

图 6-2　母子出游图（1）①

图 6-3　出行图②

---

① 嘉峪关市文物局编：《嘉峪关文物图录·可移动文物卷》，三秦出版社 2014 年版，第 125 页。
② 张宝玺编：《嘉峪关酒泉魏晋十六国墓壁画》，甘肃人民美术出版社 2001 年版，第 29 页。

图 6-4 牧畜图①

图 6-5 母子出游图（2）②

---

① 岳邦湖、田晓、杜思平、张军武:《岩画及墓葬壁画》,敦煌文艺出版社 2004 年版,彩图 19。
② 嘉峪关市文物局编:《嘉峪关文物图录·可移动文物卷》,三秦出版社 2014 年版,第 90 页。

第六章　河西墓葬壁画中的儿童图浅析　　173

图 6-6　牵羊图①

图 6-7　舞乐图②

---

① 罗世平主编：《中国美术全集·墓室壁画》，黄山书社 2010 年版，第 148 页。
② 嘉峪关市文物局编：《嘉峪关文物图录·可移动文物卷》，三秦出版社 2014 年版，第 85 页。

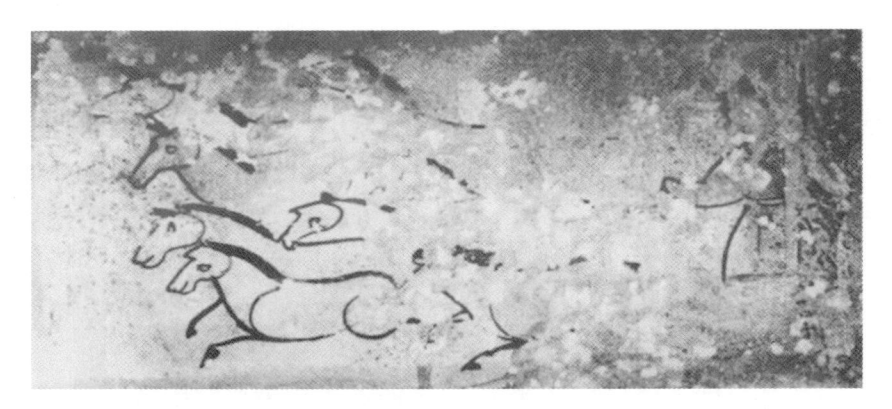

图 6-8　牧马图①

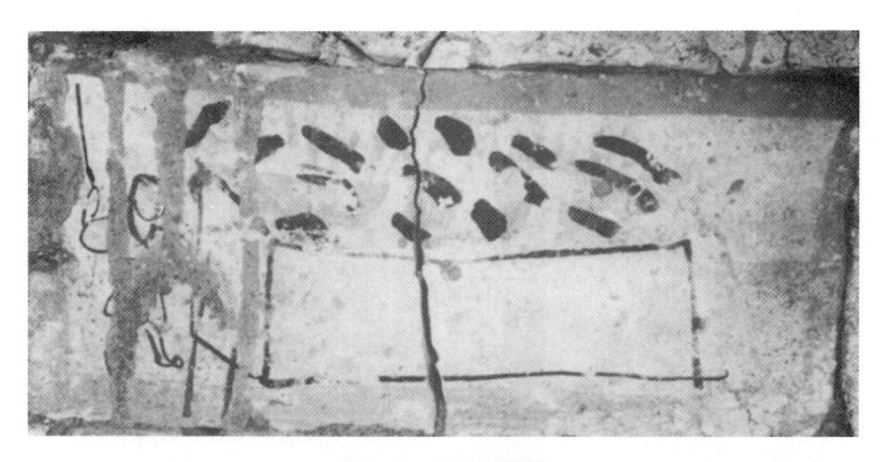

图 6-9　果木园图②

---

① 张宝玺编:《嘉峪关酒泉魏晋十六国墓壁画》,甘肃人民美术出版社 2001 年版,第 91 页。
② 张宝玺编:《嘉峪关酒泉魏晋十六国墓壁画》,甘肃人民美术出版社 2001 年版,第 108 页。

第六章　河西墓葬壁画中的儿童图浅析　　175

图 6-10　采桑图（1）①

图 6-11　采桑图（2）②

---

① 宿白主编：《中国美术全集・绘画编 12 墓葬壁画》，文物出版社 1989 年版，第 35 页。
② 甘肃省文物队等：《嘉峪关壁画墓发掘报告》，文物出版社 1985 年版，图版四七之 2。

图 6-12　采桑图（3）①

图 6-13　抱婴图②

---

① 徐光冀主编：《中国出土壁画全集 9 甘肃·宁夏·新疆》，科学出版社 2012 年版，第 70 页。
② 张宝玺编：《嘉峪关酒泉魏晋十六国墓壁画》，甘肃人民美术出版社 2001 年版，第 229 页。

第六章　河西墓葬壁画中的儿童图浅析　　　　　　　　　　　　　177

图 6-14　妇人童子图①

图 6-15　撒种图②

---

① 罗世平主编：《中国美术全集·墓室壁画》，黄山书社 2010 年版，第 164 页。
② 肃州区博物馆编：《肃州文物图录·可移动文物卷》，甘肃文化出版社 2016 年版，第 199 页。

图 6-16　母童嬉戏图①

　　上述 17 幅儿童图中共 18 位儿童，可根据图像内容分为五类，第一类是"抱婴图"，共 2 例，即图 6-1"墓主侍女图"和图 6-13"抱婴图"；第二类是"母子出游图"，共 5 例，即图 6-2、图 6-3 和图 6-5，以及高闸沟晋墓的"出行图"，图 6-14"妇人童子图"题材及风格与"母子出游图"类似，故亦归入此类；第三类是与劳作有关的"牧畜图""牵羊图""牧马图""果木园图""撒种图"和三幅"采桑图"，暂称为"劳作图"，共 8 例，即图 6-4、图 6-6、图 6-8、图 6-9、图 6-15 和图 6-10、图 6-11、图 6-12；第四类是舞乐图，共 1 例，即图 6-7；第五类是"母子嬉戏图"，1 例，即图 6-16。以下对上述图像进行简要介绍。

　　1. 第一类"抱婴图"共 2 例，占所统计儿童图的 11.8%。图 6-1"墓主侍女图"画绘制于新城 1 号墓前室东壁"各内"门扉左扉上（编号 01），"左一女抱一婴，右一女站立其前，右扉画朱雀衔环铺首"②（图 6-17）。《嘉峪关壁画墓发掘报告》认为该画内容为"侍女

---

① 甘肃省文物考古研究所：《敦煌佛爷庙湾西晋画像砖墓》，文物出版社 1998 年版，图版五八之 1。

② 甘肃省文物队等：《嘉峪关壁画墓发掘报告》附录二"嘉峪关魏晋墓壁画内容总表"，文物出版社 1985 年版，第 97 页。

与主妇"①，该画绘于左侧门扉上，该门扉虚掩，颇有"半启门"图的风格，此点将在下文专门讨论，不赘。图6-13"抱婴图"出自新城7号墓前室东壁（编号07）②，绘一侍女抱一婴儿。上述两图所体现的主题即侍女怀抱婴儿内容在目前所见河西墓葬壁画中非常少见，因此具有重要的史料和学术价值。

图6-17 "各内"门扉上侍女与主妇、朱雀衔环铺首③

2. 第二类"母子出游图"共两小类5例，占所统计儿童图的

---

① 甘肃省文物队等：《嘉峪关壁画墓发掘报告》，文物出版社1985年版，图版五九之2。张宝玺编《嘉峪关酒泉魏晋十六国墓壁画》命名为"阁门上主妇与侍女"，甘肃人民美术出版社2001年版，第13页。

② 甘肃省文物队等：《嘉峪关壁画墓发掘报告》附录二"嘉峪关魏晋墓壁画内容总表"，文物出版社1985年版，第105页。

③ 甘肃省文物队等：《嘉峪关壁画墓发掘报告》，文物出版社1985年版，图版五九之2。

29.5%。第一小类为乘车出游图，共4例：图6-2出自新城1号墓前室西壁（编号025），"前为将车奴和容车，车上坐女墓主。车后童、婢三人，一婢手提食物，跟随车后"①，图6-3出自新城1号墓前室南壁（编号034），绘一容车朝坞走去，前有一马系于树下，车后一侍女，车旁一童正弯弓射鸟，车左前方也有一女童②，右前方一披发人，当为将车者③；图6-5出自新城4号墓前室西壁（编号036），内容是"出游归来，驾犊车的牛已解下，从车上出来了女墓主人、孩童和一手持团扇的侍女"④，高闸沟晋墓"出行图"则"绘1白色伞形篷车，1大人坐在车前，1小孩从大人背后伸出头来，面带笑容，十分可爱"（编号14）⑤，其中图6-2和图6-5是典型的"母子出游图"。第二小类为步行出游图，共1例，即图6-14"妇人童子图"，出自新城12号墓前室西壁（编号25），该图绘一妇女领一披发幼童前行⑥。

3. 第三类是与劳作有关的儿童图，共8例，即图6-4、图6-6、图6-8、图6-9、图6-10、图6-11、图6-12和图6-15，占统计儿童图的47.1%。图6-4"牧畜图"位于新城1号墓前室西壁（编号032），绘"一牧童在放牧，计牲畜二牛、十二羊。画上有朱书题榜'畜牧'二字"⑦；图6-6"牵羊图"位于新城4号墓前室东壁（编号07），绘"一侍女提桦前行，后一僮返身拉羊"⑧；图6-8"牧马图"位于新城4号墓前室北壁（编号010），绘一牧童放牧马群⑨；图6-9

---

① 甘肃省文物队等：《嘉峪关壁画墓发掘报告》附录二"嘉峪关魏晋墓壁画内容总表"，第97页。
② 甘肃省文物队等：《嘉峪关壁画墓发掘报告》附录二"嘉峪关魏晋墓壁画内容总表"，第98页。
③ 畏冬：《中国古代儿童题材绘画》将该图命名为"射鸟图"（紫禁城出版社1988年版，第12页）。
④ 甘肃省文物队等：《嘉峪关壁画墓发掘报告》附录二"嘉峪关魏晋墓壁画内容总表"，文物出版社1985年版，第104页。
⑤ 岳邦湖、田晓、杜思平、张军武：《岩画及墓葬壁画》，敦煌文艺出版社2004年版，第74页。
⑥ 岳邦湖、田晓、杜思平、张军武：《岩画及墓葬壁画》，敦煌文艺出版社2004年版，第176页。
⑦ 甘肃省文物队等：《嘉峪关壁画墓发掘报告》附录二"嘉峪关魏晋墓壁画内容总表"，文物出版社1985年版，第98页。
⑧ 甘肃省文物队等：《嘉峪关壁画墓发掘报告》附录二"嘉峪关魏晋墓壁画内容总表"，文物出版社1985年版，第103页。
⑨ 甘肃省文物队等：《嘉峪关壁画墓发掘报告》附录二"嘉峪关魏晋墓壁画内容总表"，文物出版社1985年版，第103页。

第六章　河西墓葬壁画中的儿童图浅析　　181

"果木园图"位于新城4号墓前室南壁（编号049），绘一童在围墙外持长杆在看护果木园①；图6-10、图6-11、图6-12三幅"采桑图"为组图，均位于新城6号墓前室东壁（编号依次为09、010、011），图6-10"采桑图"（1）"右为一赤足女童，胸前挂一受桑器，正弯弓作射状，左为一剪发赤足的少数民族妇女，一手提笼，一手在采摘桑叶"②，图6-11"采桑图"（2）"两旁各有一棵桑树，一女童胸前挂一受桑器，双臂系彩缨举双手在采摘桑叶"③，图6-12"采桑图"（3）"中间一棵大桑树，左边一赤足女童，双臂系彩缨，胸前挂着受桑器，举着双手在采摘桑叶。右边也有一剪发赤足少数民族妇女，正举手采摘桑叶"④。图6-15"撒种图"出自酒泉果园乡高闸沟晋墓（编号29），"绘1农人带1小孩，左手端籽种盆，右手撒播，农人梳髻、穿长衫，孩子短衣赤足。孩子身后绘1棵大树。为体现内容，撒出的种子都点成大的颗粒"⑤。《酒泉文物精粹》认为，这是"父子在田里撒种"⑥。

4. 第四类是"舞乐图"，共1例，即图6-7，占统计儿童图的5.8%。该画砖出自新城4号墓前室西壁（编号035），绘"一乐师在树下弹琵琶，另一人举手舞蹈"⑦。此处所指的儿童是指举手舞蹈者。需要指出的是，该图在《嘉峪关壁画墓发掘报告》和《嘉峪关酒泉魏晋十六国墓壁画》中均未认定为儿童图，前者称为"另一人"，后者迳称"舞者"⑧。但该"舞者"体态正常，又与他前面的弹琵琶者身

---

① 甘肃省文物队等：《嘉峪关壁画墓发掘报告》附录二"嘉峪关魏晋墓壁画内容总表"，文物出版社1985年版，第104页。
② 甘肃省文物队等：《嘉峪关壁画墓发掘报告》附录二"嘉峪关魏晋墓壁画内容总表"，文物出版社1985年版，第57页。
③ 甘肃省文物队等：《嘉峪关壁画墓发掘报告》附录二"嘉峪关魏晋墓壁画内容总表"，文物出版社1985年版，第57页。
④ 甘肃省文物队等：《嘉峪关壁画墓发掘报告》附录二"嘉峪关魏晋墓壁画内容总表"，文物出版社1985年版，第57页。
⑤ 岳邦湖、田晓、杜思平、张军武：《岩画及墓葬壁画》，敦煌文艺出版社2004年版，第75页。
⑥ 酒泉市博物馆编：《酒泉文物精粹》，中国青年出版社1998年版，第62页。
⑦ 甘肃省文物队等：《嘉峪关壁画墓发掘报告》附录二"嘉峪关魏晋墓壁画内容总表"，文物出版社1985年版，第104页。
⑧ 张宝玺编：《嘉峪关酒泉魏晋十六国墓壁画》，甘肃人民美术出版社2001年版，第101页。

高差距明显，笔者测得图中两人身高比例为 5∶4，据研究，汉代河西简牍中所载男性平均身高为 170.28 厘米①，又据唐锡麟等的统计，1985 年甘肃省 19—22 岁男青年平均身高为 169.55 厘米②，本文取 170 厘米与上述比例计算，可推知"舞者"身高为 136 厘米。另外，笔者测得前引图 6-14"妇人童子图"中前行妇女与跟随的童子身高比例约为 87∶50，仍据唐锡麟等的统计，1985 年甘肃省 19—22 岁女青年平均身高为 157.96 厘米③，联系上述比例计算，则图中童子身高约为 91 厘米。以此数据判断，该舞乐图中的舞者应为儿童。但显然，这两例与"母子出游图""抱婴图"及"母子嬉戏图"等儿童图有较大区别。

5. 第五类是"母子嬉戏图"，共 1 例，即图 6-16，占统计儿童图的 5.8%。该图出自敦煌佛爷庙湾西晋 39 号墓（编号 M39：西 2-2），该图"一阔面丰颐女子头梳高髻，髻后垂鬓，身穿长袍服跽坐，双臂关切地作前伸呵护状。其前一束髻童子，上身穿无袖短衫，内着兜肚，下身裸，右手持一棍状物于胯下作骑马状。画面左侧一侍婢左手持便面，右手持叉形物"④。幼童胯下之物应系中国民间儿童常见的自娱性游戏"骑竹马"之"竹马"，实即当马骑的竹竿儿。⑤ 前引杨秀清等先生的研究均注意到了这一点。⑥

二 河西墓葬壁画中儿童图的特点

上述儿童图有如下特点：
1. 墓葬时代及分布地域集中。上述 17 例儿童图有 14 例出自嘉峪

---

① 姚慧琳：《简牍与秦汉三国时期身高问题研究》，硕士毕业论文，郑州大学，2017 年。
② 唐锡麟、王志强、王冬妹：《中国汉族青年身高水平的地域分布》，《人类学学报》1994 年第 2 期。
③ 唐锡麟、王志强、王冬妹：《中国汉族青年身高水平的地域分布》，《人类学学报》1994 年第 2 期。
④ 甘肃省文物考古研究所：《敦煌佛爷庙湾西晋画像砖墓》，文物出版社 1998 年版，第 85 页。
⑤ 甘肃省文物考古研究所：《敦煌佛爷庙湾西晋画像砖墓》，文物出版社 1998 年版，第 85—86 页。
⑥ 杨秀清：《敦煌石窟壁画中的古代儿童生活（三）》，《敦煌学辑刊》2013 年第 3 期；丛振：《敦煌壁画中的儿童游戏》，《山西档案》2015 年第 5 期；周海燕：《魏晋南北朝儿童研究》，博士学位论文，郑州大学，2018 年。

关新城墓群，其中 1 号墓 4 例，4 号墓 5 例，6 号墓 3 例，7 号墓 1 例，12 号墓 1 例，其余有 2 例出自酒泉高闸沟晋墓、1 例出自敦煌佛爷庙湾 39 号墓，而在酒泉以东的高台、金昌、武威等地墓葬壁画中未见儿童图。魏晋时代，今嘉峪关新城、酒泉果园乡高闸沟均属酒泉郡；敦煌佛爷庙湾则属敦煌郡。因此就地域分布而言，儿童图主要集中分布在古酒泉郡所在的今嘉峪关新城、酒泉果园乡这一区域，而酒泉郡以东的张掖郡、武威郡墓葬壁画中尚未见到儿童图。就儿童画所在墓葬的时代而言，新城 1 号墓是曹魏甘露二年（257）的墓葬，新城 4 号墓、6 号墓应属于西晋时期，新城 7 号墓较 6 号墓晚，但下限也不会晚于 4 世纪初（西晋末年）[1]；新城 12 号墓应为魏晋时期墓葬[2]；酒泉高闸沟晋墓和敦煌佛爷庙湾 36 号墓均为西晋墓葬。可知，这些儿童图均出自魏晋时代墓葬，没有见到时代更晚如十六国时期墓葬中的儿童图。

2. 内容轻重有别，题材较为单一。据以上统计，各类儿童图占统计儿童图的比例有轻有重，按比例大小依次为劳作图 47.1%，出游图 29.5%，抱婴图 11.8%，舞乐图 5.8%，母子嬉戏图 5.8%，其中劳作图所占比例最大，而最能体现儿童好动、爱玩天性的游戏图比例不高。畏冬认为："（这些）作品描绘了儿童们放牧劳动和游戏生活。""这些表现儿童游戏的作品，有的也含有劳动的意味……但作品中重点表现的不是儿童劳动，而是儿童在劳动过程中的那种'童趣'。"[3] 因此将新城墓群的相关儿童图分为"放牧图"和"婴戏图"两类。据以上统计可知，"放牧图"当以"劳作图"命名更加恰当。综合考虑以上儿童图所在的图像环境，真正具有"婴戏图"意义的仅有两例"抱婴图"和一例"母童嬉戏图"，其余诸图表现的重点，应当还是劳作等内容，这或许与河西地区是汉代以来典型的农牧区有关。但不可否认的是，这些"劳作图"中儿童的行为举止仍然含有游戏的意味。

---

[1] 甘肃省文物队等：《嘉峪关壁画墓发掘报告》，文物出版社 1985 年版，第 70—74 页。
[2] 嘉峪关市文物管理所：《嘉峪关新城十二、十三号画像砖墓发掘简报》，《文物》1982 年第 8 期。
[3] 畏冬：《中国古代儿童题材绘画》，紫禁城出版社 1988 年版，第 11—12 页。

3. 儿童画形式生动、风格多样。图6-1"墓主侍女图"绘制在左侧门扉之上，与其右侧门扉上的朱雀衔环铺首组成颇为独特的画面，侍女右手抱婴儿面向画面右边的女墓主，亦如前述，该门扉虚掩，颇有"妇人启门图"的风格；图6-13"抱婴图"侍女面向左，左手抱婴儿，婴儿在画面右侧。图6-2"母子出游图"绘有树木、容车、拉车牛（马）和将车奴、女墓主、儿童、手提食物的婢女等共5人，值得注意的是，根据图像判断该将车奴也应当是儿童。图6-3"出行图"绘有树木、坞、容车、系于树下的马，以及侍女、挽弓射鸟的男童、女童、披发的将车者共4人，男童活泼、女童温婉乖巧。高闸沟晋墓"出行图"中"一小孩从大人背后伸出头来，面带笑容，十分可爱"。图6-4"牧畜图"中的牧童身材修长，左手向后、右手向前驱赶牲畜。图6-6"牵羊图"中向后方使劲退却的羊与浑身使劲努力向前拉羊的男童惟妙惟肖。图6-11、图6-12"采桑图"中的儿童双臂系彩缨，《嘉峪关壁画墓发掘报告》援引《荆楚岁时记》所载"五月俗称恶月……以五彩丝系臂，名曰'辟兵'，令人不病瘟。"认为："五月正是河西地区蚕桑季节。"① 图6-15"撒种图"中的农人撒播，撒出的种子被点成较大的颗粒，农人后一男童双手左右伸展，颇为活泼。图6-16"母子嬉戏图"中身穿长袍服踞坐的阔面丰颐女子头梳高髻面向左前方，双臂前伸，呵护其前穿无袖短衫，内着兜肚，裸着下身，正做"骑竹马"游戏的束髻童子，右手"牵"竹马，左手上扬，双足皆以脚尖轻点地面，加上向左飘动的发髻，显得体态轻盈，正似纵马驰骋的骑士，该童子面朝右方，与画面右侧的女墓主形成很好的互动，画面生动活泼，跃然纸上。另外，图6-5"母子出游图"中下车的女性脸朝左后方，看着身后紧跟的男童，男童则以右手轻挽女性衣袖，同图6-16"母子嬉戏图"中呵护骑竹马男童的女子一道，表现出母亲的慈爱之情及母子间的天伦之乐。正如畏冬所指出的那样，这些儿童图"虽然还带有汉画古拙幼稚的痕迹，但比汉画已有长足的进步。线条收放自如，波磔分明，运动感很强，设色以赭石和朱

---

① 甘肃省文物队等：《嘉峪关壁画墓发掘报告》，文物出版社1985年版，第57页。

红为主，效果热烈而明快。……作者在表现儿童时……开始有意识地描绘他们的面部表情，并且已经能够通过对面部表情的描绘，来表现儿童的心理活动和性格特征。"①

4. 内容丰富，信息量大。总体来看，统计的 17 幅儿童图中，既有侍女怀抱的婴儿，也有跟随母亲出游的孩童；既有采桑的赤足女童，也有随父撒播的男童；既有挽弓射鸟者，亦有在母亲的呵护下骑竹马者，当然，还有图 6-2 中作为将车奴的儿童，这些儿童图都是对成人世界中儿童的地位予以强调，内涵极为丰富。虽说儿童图数量并不很多，但就本章所统计的 17 幅儿童图来看，其提供了非常丰富的信息。"抱婴图"中所体现的哺育孩童及古人对传宗接代、人口繁衍的追求，"母子出游图"中对孩童形象的强调，亦与这一主题相关；"牧畜图""牵羊图""采桑图""撒种图"中的汉族或少数民族儿童，都在农、牧生活当中发挥作用，形象地反映出古代河西地区农牧民众日常生活的细节；"舞乐图"中随着琵琶声在树下舞蹈的童子，以及"母子嬉戏图"中骑竹马的男童，更多地反映出儿童善于舞蹈、喜欢游戏的天性。而将车儿童的出现，也表明处于社会底层的儿童生存的艰难。

5. 儿童形象多样，内涵丰富。除两幅"抱婴图"中均为婴儿外，其余 15 例均为大小有别的儿童。图 6-2"母子出游图"中儿童束髻、着长衣，为汉族男童。图 6-3"出行图"中女童梳高髻，挽弓射鸟的男童束发，亦为汉族儿童，与车前披发的将车人形成鲜明对比。图 6-5"母子出游图"、图 6-6"牵羊图"、图 6-16"母子嬉戏图"中的男童皆束发垂髫，自为汉族人。而图 6-13"抱婴图"由于婴儿幼小，头发皆垂于脑后。图 6-6"舞乐图"中男童从发式、服饰看，亦为汉族人。图 6-10、图 6-11、图 6-12"采桑图"组图中的儿童则均剪发，《嘉峪关壁画墓发掘报告》援引《晋书·西域传·龟兹》关于龟兹人"男女皆剪发垂项"的记载认为，图中成年妇女可能为龟兹人②，

---

① 畏冬：《中国古代儿童题材绘画》，紫禁城出版社 1988 年版，第 13 页。
② 甘肃省文物队等：《嘉峪关壁画墓发掘报告》，文物出版社 1985 年版，第 57 页。

据此,剪发赤足的儿童族属或与此妇女相同。图 6-14 "妇人童子图"中幼童与图 6-10 等 "采桑图" 中的女童发型一致。

三 儿童图所见魏晋河西社会生活史

儿童是社会的未来和希望。畏冬论道:"封建经济对人口增长的需要、以及由此而激发起的封建国家和人民对养子生孙的热情,乃是当时人们喜爱和欣赏儿童题材绘画的社会基础。"① 但正如杨秀清所论:"无论是传世文献,还是敦煌出土文献,我们更多地看到的是教育儿童的道德规范,是当时社会普遍认同的'好孩子'的标准。在这一知识背景下,我们看到的是被模式化了的'高大全'式的儿童,而在现实生活中真实存在的欢乐与幸福,却被忽略了,以至于我们今天再来追寻这一童年的足迹时,既缺少这方面的文字记载,更缺乏图像方面的资料。"② 汉代画像石、画像砖中的部分儿童图,内涵大体亦如之。如武梁祠画像《梁节姑姐故事图》中虽有儿童,但"孝子列女这类题材绘画'成教化、助人伦'的目的,以及重在说教、缺乏情趣的特点,也是造成儿童形象较刻板而少生气的一个原因"③。显然,上述河西地区魏晋墓葬壁画中形式多样、内涵丰富的儿童图,为我们提供了深入了解古代儿童生活世界的重要资料,具有重要的史料价值和学术意义。

(一)儿童图与墓葬等级、墓主人身份

据以上统计,上述 17 例儿童图分属 7 座墓葬,嘉峪关新城 1 号墓墓主人段清是河西的世家豪族,还是地方政府属佐④;新城 4 号墓墓主人是当地的豪族地主⑤;新城 6 号墓墓主人可能是比二千石(第六

---

① 畏冬:《中国古代儿童题材绘画》,紫禁城出版社 1988 年版,第 5 页。
② 杨秀清:《敦煌石窟壁画中的古代儿童生活(二)》,《敦煌学辑刊》2013 年第 2 期。
③ 畏冬:《中国古代儿童题材绘画》,紫禁城出版社 1988 年版,第 8—9 页。
④ 甘肃省文物队等:《嘉峪关壁画墓发掘报告》,文物出版社 1985 年版,第 75 页。
⑤ 甘肃省文物队等:《嘉峪关壁画墓发掘报告》,文物出版社 1985 年版,第 76 页。

品）或千石以下的官吏①；新城 7 号墓墓主人王霜应该是将军、刺史以下的武官②；新城 12 号墓与新城 1—7 号墓"属同一墓区，墓内所出土随葬器物，画像砖的内容，绘画艺术风格以及墓葬结构形制等"都极为相近③，因此，其墓主人至少也应是当地豪族地主；酒泉高闸沟晋墓墓主应为太守一级的地方大员④，敦煌佛爷庙湾 39 号墓墓主人应是具有相当经济实力的豪族地主⑤，因此可以说，上述儿童图均出自河西地方豪族或者文武官员墓葬。至于儿童图是否能够成为判断墓主人是地方豪族或文武官员身份的依据，尚需新的考古发现来证明。另外，需要指出的是，图 6-1 是本章所引唯一一幅同时表现儿童与女墓主主题的墓室壁画，而图 6-1 又是图 6-17 "启门图"的一部分（详后），其象征意义更加明显。

（二）魏晋时期儿童参与的日常生活

王子今指出："儿童是绝大多数家庭的基本成分，又是整个社会的基本成分。儿童生活的形式和内容对他们的人生轨迹有重要的影响。""儿童的生存权利能否得到保障，他们在什么样的情况下得以温饱，他们中有多大的比例能够获得受教育的机会，他们承负着怎样的生产和生活的压力，都是考察社会生活史时应当关注的重要的问题。"所以说，"研究儿童的生活，可以通过一个特殊的观察视角，更真实地了解当时社会关系的原生形态"⑥。通过上述儿童画，我们大体也能够了解魏晋时期河西儿童社会生活的片段。

1. 将车。无论童年是如何美好，在魏晋时代，残酷的现实总会让一大批儿童早早面对生活的辛酸。如"将车"这一需要一定技术要求

---

① 甘肃省文物队等：《嘉峪关壁画墓发掘报告》，文物出版社 1985 年版，第 76 页。
② 甘肃省文物队等：《嘉峪关壁画墓发掘报告》，文物出版社 1985 年版，第 75—76 页。
③ 嘉峪关市文物管理所：《嘉峪关新城十二、十三号画像砖墓发掘简报》，《文物》1982 年第 8 期。
④ 岳邦湖、田晓、杜思平、张军武：《岩画及墓葬壁画》，敦煌文艺出版社 2004 年版，第 57、64—65 页。
⑤ 甘肃省文物考古研究所：《敦煌佛爷庙湾西晋画像砖墓》，文物出版社 1998 年版，第 106 页。
⑥ 王子今：《从"儿童视窗"认识中国历史与文化》，《文汇报》2018 年 6 月 1 日第 W02 版。

的劳动，也有儿童承担的情形，前引图 6-2 "母子出游图"中的将车奴就是儿童，这与身后有女墓主人紧紧跟随的乘车儿童形成鲜明对比。据研究，这一题材渊源有自，在汉代画像资料中就已出现，如山东邹城郭里镇羊山村汉画像石中可见未成年人"将车"画面，陕西绥德刘家湾出土汉画像石所见三辆车的"将车"者，都是未成年人[1]。这在河西地区出土的汉代简牍资料上也有体现，如金关简 73EJT37：833A 云：

> 居延亭长平明里不更张广年廿三长七尺五寸黑色轺车一乘用
> 　□从者居延□□里大夫徐□年十二长五尺四寸黑色五月己亥
> 入七月□[2]

王子今认为："以'从者'身份出现的'徐□年十二'，很可能是服务于'居延亭长''张广'的'将车'者。所御车辆为'轺车一乘'。"[3] 十二岁的徐□或许要比图 6-2 "母子出游图"中的将车奴年纪稍长，但都较早地体会了生活的不易，看到了社会个体之间生活的巨大差距。另外，时代与图 6-2 "母子出游图"所在的新城 1 号墓相近的武威雷台墓出土的铜车马有隶书铭刻，其中驾驭"小车马"者被称为"御奴"，驾驭"辇车马"（货运车马）者则被称作"将车奴"[4]。可见，儿童将车现象自汉代至魏晋时期在河西地区一直存在。

2. 从事农牧活动。如前所述，"放牧图"是古代儿童题材绘画的主要内容之一，这在本章所统计的儿童图中得到了较好的体现，图 6-4 "牧畜图"、图 6-6 "牵羊图"、图 6-8 "牧马图"三例体现这一主

---

[1] 王子今：《行走的秦汉少年——教育史视角的考察》，《中山大学学报》（社会科学版）2020 年第 1 期。

[2] 甘肃简牍博物馆、甘肃省文物考古研究所、甘肃省博物馆、中国文化遗产研究院古文献研究室、中国社会科学院简帛研究中心编：《肩水金关汉简（肆）》下册，中西书局 2015 年版，第 72 页。

[3] 王子今：《行走的秦汉少年——教育史视角的考察》，《中山大学学报》（社会科学版）2020 年第 1 期。

[4] 甘博文：《甘肃武威雷台东汉墓清理简报》，《文物》1972 年第 2 期；甘肃省博物馆：《武威雷台汉墓》，《考古学报》1974 年第 2 期。

题的图像，占所统计图像的六分之一强。这固然与"自武威以西……地广民稀，水草宜畜牧，故凉州之畜为天下饶"① 的地理优势有关，但由于这些画砖均出自豪族地主或地方文武官员的墓葬，因此可以确定的是，图像中出现的从事畜牧活动的儿童，应当是豪族地主或地方文武官员的童仆。考古简报认为："画面中的牧羊儿童、骑牛牧童、赶车和射鸟的童奴等，当系'徒附'之子，他们从小就遭受地主阶级的沉重压迫和残酷剥削。"② 联系到三幅"采桑图"中的赤脚女童、图6-9果木园前看护果木的男童，这一判断应该是没有问题的。而图6-15"撒种图"中参与撒种劳动的赤足男童，或为其前方的农人之子，或为参与撒种的童仆。这些参与农牧活动的孩童，已经用自己稚嫩的双手和肩膀，挑起了日常生活的重担。

3. 儿童游戏。正如杨秀清所论："游戏是儿童的天性，是儿童成长过程中出自本能的有意识的活动，因而是儿童日常生活的重要内容。"③ 也正因如此，"婴戏图"是古代儿童题材绘画的主要内容。本章统计的儿童图中，体现儿童游戏主题的仅有图6-16"母子嬉戏图"，描绘的儿童游戏已如前述是"骑竹马"。这是古代颇受儿童欢迎的一种游戏。《后汉书》卷三一《郭伋传》中就有童儿骑竹马的记载："（郭伋）始至行部，到西河美稷，有童儿数百，各骑竹马，道次迎拜。伋问'儿曹何自远来'。对曰：'闻使君到，喜，故来奉迎。'伋辞谢之。"④ 郭伋为东汉初年重臣，知"骑竹马"游戏自西汉时代已为"童儿"所爱。《锦绣万花谷》引张华《博物志》云："小儿五岁曰鸠车之戏，七岁曰竹马之戏。"⑤ 是知晋代有"鸠车之戏"和"竹马之戏"等游戏。《世说新语·方正》亦载："诸葛靓后入晋……与武帝有旧，帝欲见之而无由，乃请诸葛妃呼靓。既来，帝就太妃间相见。礼毕，酒酣，帝曰：'卿故复忆竹马之好不？'……"⑥ 晋武帝以儿童一

---

① 《汉书》卷28下《地理志下》，中华书局1962年版，第1644—1645页。
② 嘉峪关市文物清理小组：《嘉峪关汉画像砖墓》，《文物》1972年第12期。
③ 杨秀清：《敦煌石窟壁画中的古代儿童生活（三）》，《敦煌学辑刊》2013年第3期。
④ 《后汉书》卷31《郭伋传》，中华书局1965年版，第1093页。
⑤ 张华撰，范宁校证：《博物志校证》，中华书局1980年版，第129页。
⑥ 刘义庆著，刘孝标注，余嘉锡笺疏：《世说新语笺疏》，中华书局2011年版，第255页。

起玩游戏时的"竹马之好"指代与诸葛靓年幼之时的友情,亦显示出"竹马之戏"是时人熟知的儿童游戏。东晋桓温回想自己与殷浩少年时一起游戏的情形,也说:"少时吾与浩共骑竹马,我弃去,浩辄取之,故当出我下也。"[①] 图 6-16"母子嬉戏图"的出现,则说明至迟在西晋时期,"骑竹马"游戏已为河西民众所熟知,在这一点上,河西的情形与中原应当是一致的。

值得重视的是,包括"骑竹马"游戏在内的许多儿童游戏,在敦煌出土文献、敦煌壁画及唐宋诗词中多有反映,如前所引,学界已有较多研究成果,不赘。

据上可知,魏晋时期河西墓葬壁画中的儿童图内容丰富,特色突出,具有重要的史料价值和学术价值,对深入研究魏晋河西社会史、了解河西历史的相关细节都有非常重要的意义。又由于这些儿童画所具有的艺术价值,使其在中国古代儿童题材的绘画中也占有一席之地,因此,这些儿童图自然也有其在中国美术史上的地位。当然,以上仅对相关问题做了初步探讨,旨在抛砖引玉,希望今后有更多的学者关注这一领域,共同推动这一研究。

---

① 《晋书》卷 77《殷浩传》,中华书局 1974 年版,第 2047 页。

第七章

论河西墓葬壁画中的"启门图"

从汉代开始,绘画或雕刻中常常出现"启门图",这类图式包括两个基本元素:一是半启的门,二是启门人(有男有女)。由于"启门图"中的启门人多为女性,学界常称之为"妇人启门(图)",因此也是这类图式的标准模式。"除此之外,还存在部分非典型的启门图,没有开门人的形象"[1],"这似乎暗示着启门者在这类图式中并非必不可少"[2],因此,学者们根据这类图像的具体内容,往往会称之为"妇人启门(图)""启门图""半启门"等,并有大量研究成果问世[3]。需要指出的是,这类图式多被认为是汉代开始,在宋元时期大行其道,而魏晋至隋唐之际几乎遁形,笔者在梳理河西走廊墓葬壁画时,发现魏晋十六国河西墓葬壁画中有一些类似图像,尚未得到学界

---

[1] 张善庆:《佛教艺术语境中的启门图》,《敦煌学辑刊》2018年第3期。
[2] 吴雪杉:《汉代启门图像性别含义释读》,《文艺研究》2007年第2期。
[3] 相关的研究主要有:宿白《白沙宋墓》,文物出版社1957年第1版(2002年第2版);梁白泉《墓饰"妇人启门"含义揣测》,《中国文物报》1992年11月8日第3版;刘毅《"妇人启门"墓饰含义管见》,《中国文物报》1993年5月16日第3版;郑滦明《宣化辽墓"妇人启门"壁画小考》,《文物春秋》1995年第2期;郑岩《白驹过隙与侍者启门——东汉缪宇墓画像中的时间与空间》,《文物天地》1996年第3期;冯恩学《辽墓启门图之探讨》,《北方文物》2005年第4期;张鹏《妇人启门图试探》,《艺术考古》2006年第3期;吴雪杉《汉代启门图像性别含义释读》,《文艺研究》2007年第2期;李清泉《空间逻辑与视觉意味——宋辽金墓"妇人启门"图新论》,《美术学报》2012年第2期;李明倩《打开一扇门——中国古墓妇人启门图像研究综述》,《戏剧丛刊》2011年第5期;吴伟《"启门"题材汉画像砖石研究》,硕士学位论文,南京大学,2013年;樊睿《汉代画像石中的启门图图式浅析》,《中原文物》2012年第6期;郑岩《论"半启门"》,郑岩《逝者的面具》,北京大学出版社2013年版,第378—419页;罗二虎《东汉墓"仙人半开门"图像解析》,《考古》2014年第9期;丁雨《浅议宋金墓葬中的启门图》,《考古与文物》2015年第1期;张善庆《佛教艺术语境中的启门图》,《敦煌学辑刊》2018年第3期。

关注，因此有必要进行专门讨论。为便于讨论，本章使用"启门图"这一名称。

一　河西墓葬壁画中的"启门图"

　　河西墓葬壁画中典型的"启门图"（指图像中既有半启的门，又有启门人），以笔者目前所见，共有 2 例，分别出自嘉峪关新城 1 号墓和酒泉丁家闸 5 号墓。嘉峪关新城 1 号墓"启门图"绘制于新城 1 号墓前室东壁"各内"左侧门扉上（编号 M1∶01），该门扉虚掩，上绘左一女抱一婴，右一女站立其前，右扉画朱雀衔环铺首（图 7-1）[①]。从构图元素来看，该图既有虚掩的门扉，又有绘于门扉上的女性，可以认为该图具备了"启门图"的基本元素，又考虑到右侧门扉上的朱雀衔环铺首，可知该半启之门并非因绘制该画的门扉砖发生过位置变动使然，退一步讲，即使该半启之门扉为该门扉砖发生过位置移动所致，仍不会影响该图"启门图"的性质。只是半启的门扉上所绘为两位女性及一女怀抱的婴儿，与常见的"启门图"启颇有不同，可归入"双女启门图"[②]。

　　酒泉丁家闸 5 号墓"启门图"（图 7-2）绘制于该墓前室北壁下层中部偏西，"坞墙上有七雉堞，两角各立一鸟。坞壁内耸起碉楼，楼上有三雉堞。坞壁两门半开，门内立一披发小看门奴。坞壁前有两公鸡相斗。另一公鸡在扬翅高啼。坞壁下方绘桑树三株，树间立五采桑女。"[③] 该图的独特性在于启门人是披发门奴，所启之门为坞壁之门。

　　其余十余幅"启门图"是没有启门人的图像，这些图像均与坞壁图或绘有围墙的果木园有关，仍然集中出现于嘉峪关新城魏晋墓群和酒泉丁家闸五号墓。

　　[①]　甘肃省文物队等：《嘉峪关壁画墓发掘报告》附录二"嘉峪关魏晋墓壁画内容总表"，文物出版社 1985 年版，第 97 页；该报告图版五九之 2 命名为"侍女与主妇"。张宝玺编《嘉峪关酒泉魏晋十六国墓壁画》命名为"阁门上主妇与侍女"，甘肃人民美术出版社 2001 年版，第 13 页。
　　[②]　冯恩学：《辽墓启门图之探讨》，《北方文物》2005 年第 4 期。
　　[③]　甘肃省文物考古研究所：《酒泉十六国墓壁画》，文物出版社 1989 年版，第 7 页。

第七章　论河西墓葬壁画中的"启门图"　　193

图 7-1　新城 1 号墓"启门图"①

图 7-2　丁家闸 5 号墓"启门图"②

---

① 甘肃省文物队等:《嘉峪关壁画墓发掘报告》,文物出版社 1985 年版,图版五九之 2。
② 甘肃省文物考古研究所:《酒泉十六国墓壁画》,文物出版社 1989 年版,图版"坞壁"。

新城魏晋墓群有 9 幅，分别出自 1 号墓（3 幅）、3 号墓（1 幅）、5 号墓（4 幅）和 6 号墓（1 幅）。新城 1 号墓前室西壁设一阁门（编号 M1：022，图 7-3），"用条砖砌框，对缝竖嵌两块条砖作为双扇门，为半开式，门上画凤鸟、衔环铺首，"① "门楣上绘一对黑色鸟"②，与东壁阁门呈对称分布。新城一号墓出游图（图 7-4，编号 M1：033）"前为一仆、一侍女，后为一容车，正朝坞走去"③。同样出自新城一号墓的"坞"图（图 7-5，编号 M1：036），"左为坞，坞外有马、牛、羊等，画上有朱书题榜'坞'字"④。这两图坞门形制相同，皆双扉，左侧门扉关闭，右侧门扉微微开启，因此可以视之为没有启门人的"启门图"。

图 7-3　新城 1 号墓前室西壁阁门⑤

---

① 嘉峪关市文物清理小组：《嘉峪关汉画像砖墓》，《文物》1972 年第 12 期。
② 甘肃省文物队等：《嘉峪关壁画墓发掘报告》，文物出版社 1985 年版，第 97 页。
③ 甘肃省文物队等：《嘉峪关壁画墓发掘报告》，文物出版社 1985 年版，第 98 页。
④ 甘肃省文物队等：《嘉峪关壁画墓发掘报告》，文物出版社 1985 年版，第 98 页。
⑤ 嘉峪关市文物清理小组：《嘉峪关汉画像砖墓》，《文物》1972 年第 12 期，图三。

第七章　论河西墓葬壁画中的"启门图"　　195

图 7-4　出游图①

图 7-5　"坞"图②

新城 3 号墓的"坞壁穹庐图"（图 7-6，编号 M3：025）位于前室北壁东侧，"左边二穹庐内各有一髡发者（河西鲜卑），一卧、一蹲踞着煮食。右为坞"③。整个壁画绘制于数块砖面或砖之侧壁之上，显

---

① 嘉峪关文物局编：《嘉峪关文物图录·可移动文物卷》，三秦出版社 2014 年版，第 93 页。
② 嘉峪关文物局编：《嘉峪关文物图录·可移动文物卷》，三秦出版社 2014 年版，第 132 页。
③ 甘肃省文物队等：《嘉峪关壁画墓发掘报告》，文物出版社 1985 年版，第 99 页。

示出该坞规模不小。该坞平面长方形，设两门，一门设于左侧墙壁，另一门设于画面前方的墙壁右侧，两门皆微微开启，无启门人。

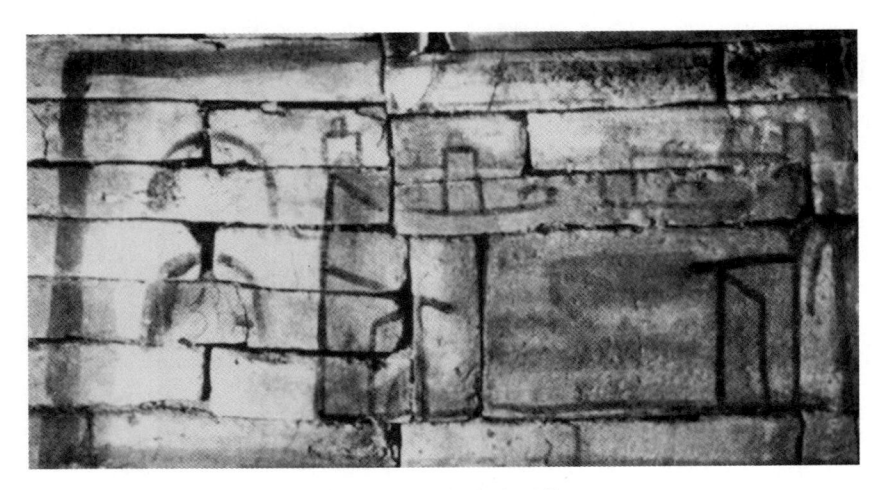

图 7-6　坞壁穹庐图①

新城 5 号墓的"坞壁守卫图"（图 7-7，编号 M5：08）位于前室南壁东侧，绘一男子手持棍棒立于坞外，该坞四周高墙围绕，前面设有大门，门上有楼，楼上有窗户以便瞭望。②该坞门朝左，门扉半开。另一幅"坞壁守卫图"（图 7-8，编号 M5：019）位于该墓前室东壁，绘一男子手持木棍，立于坞门之前，右边蹲着一犬。③坞门半开。这两幅"坞壁守卫图"又不同于单纯缺启门人的"启门图"，门扉半开，缺启门人，但门外有人守卫，在图像内涵上，似与前引酒泉丁家闸 5 号墓"启门图"（图 7-2）相近。"果木园图"（图 7-9，编号 M5：016）亦位于该墓前室南壁东侧，绘一座四周有高墙围绕的果木园，前方开有一门，门扉半开。果木枝叶披露墙头④。需要指出的是，这是《嘉峪关壁画墓发掘报告》唯一一处说明"门扉半开"的、缺少明

---

① 甘肃省文物队等：《嘉峪关壁画墓发掘报告》，文物出版社 1985 年版，图版七四之 2。
② 甘肃省文物队等：《嘉峪关壁画墓发掘报告》，文物出版社 1985 年版，第 49 页。
③ 甘肃省文物队等：《嘉峪关壁画墓发掘报告》，文物出版社 1985 年版，第 50 页。
④ 甘肃省文物队等：《嘉峪关壁画墓发掘报告》，文物出版社 1985 年版，第 50 页。

显启门人的同类图像。出自该墓前室南壁西侧的另一幅果木园图（图7-10，编号 M5：048），绘一守园人手持棍棒在看护果木园。果木园四周有高墙围绕，前方开有一门，树枝披露墙头，树梢有一飞鸟①。坞门半开。这两幅"果木园图"的共同点是园门半开，主要区别在于前者无人看护，后者有人看护。

图 7-7 坞壁守卫图②

图 7-8 坞壁守卫图③

① 甘肃省文物队等：《嘉峪关壁画墓发掘报告》，文物出版社 1985 年版，第 54 页。
② 甘肃省文物队等：《嘉峪关壁画墓发掘报告》，文物出版社 1985 年版，图版七五之1。
③ 罗世平主编：《中国美术全集·墓室壁画》，黄山书社 2010 年版，第 150 页。

图 7-9　果木园图①

图 7-10　果木园图②

---

① 甘肃省文物队等:《嘉峪关壁画墓发掘报告》,文物出版社 1985 年版,图版五七之 2。
② 甘肃省文物队等:《嘉峪关壁画墓发掘报告》,文物出版社 1985 年版,图版五七之 1。

新城6号墓"坞壁图"（图7-11，编号M6：017）位于该墓前室东壁南侧，坞四面有高墙围绕，中间有一高耸的楼橹，以便瞭望、俯射。前方开一门。① 坞门半开，无启门人。

图7-11 坞壁图（贾小军摄）

丁家闸5号墓有5幅，分布于该墓前室北壁中层（1例，图7-12）、南壁中、下层2例，图7-13)、东壁中层（2例，图7-14）。前室北壁中层坞壁图位于画面右侧，坞门半开，周围有树丛环绕。坞壁左侧有一棵大树，树下一人，树上有一鸟。坞壁右侧为农夫扬场图。南壁中层偏东绘一坞壁，坞壁上有四雉堞，坞壁门为木制门框，门扇半开。四周有树丛围绕。坞壁左右分别是扬场图、犁地图，扬场者汉族打扮，犁地者高鼻深目，当是胡人。需要指出的是，这是唯一一处为《酒泉十六国墓壁画》所描述（即"门扇半开"）的"启门图"。南壁下层左侧亦绘一坞壁，坞门半开，周围亦有树丛围绕。坞壁外有一披发、赤足、着长衣的扬场人。东壁中层左（北侧）右（南侧）两侧、中间各有一幅坞壁图，但中间的坞壁已模糊难辨，故不在统计之列。左侧坞壁（图7-15）周围树丛围绕，坞门有木制门框，门扉半

---

① 甘肃省文物队等：《嘉峪关壁画墓发掘报告》，文物出版社1985年版，第58页。

开，坞外右上侧为一耙地图，右下侧为一耕地图。右侧坞壁图（图7-16）虽受盗洞影响，但半开的门扉及木制门框尚可辨识，周围亦有树木围绕，唯难以判断有没有启门人，权作无启门人计。这5例无启门人的"启门图"有一个共同特点，即坞外树木围绕，近旁有农作场景，劳作者既有汉人，亦有胡人。

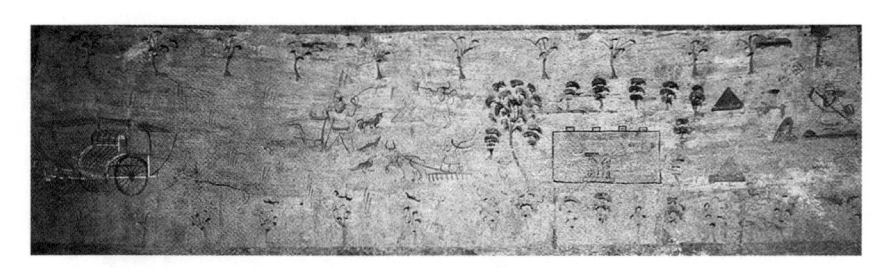

图7-12　丁家闸5号墓前室北壁中层壁画①

图7-13　丁家闸5号墓前室南壁中、下层壁画②

---

① 甘肃省文物考古研究所：《酒泉十六国墓壁画》，文物出版社1989年版，图版"北壁壁画"。
② 甘肃省文物考古研究所：《酒泉十六国墓壁画》，文物出版社1989年版，图版"南壁壁画"。

第七章 论河西墓葬壁画中的"启门图"　　201

图 7-14　丁家闸 5 号墓前室东壁中层壁画①

图 7-15　丁家闸 5 号墓东壁中层左侧坞壁图②

---

① 甘肃省文物考古研究所：《酒泉十六国墓壁画》，文物出版社 1989 年版，图版"东壁壁画"。
② 甘肃省文物考古研究所：《酒泉十六国墓壁画》，文物出版社 1989 年版，图版"东壁壁画"。

图 7-16　丁家闸 5 号墓东壁中层右侧坞壁图①

以上是笔者目前所见到的河西魏晋壁画墓中的"启门图"，共 16 幅，这 16 幅图中只有 2 幅与壁画中的坞壁无关，其余 14 幅均为与坞壁之门有关。与以往常见的既有半开的门扉、又有启门人的"启门图"相近的有 2 幅（图 7-1、图 7-2），其余 13 幅虽与典型的"启门图"有较大差别，但亦有各自特点，其中 3 幅（图 7-7、图 7-8、图 7-10）虽无"启门人"，但图中坞门、园门皆半开，门外有人守卫；其余 11 幅均为无启门人的"启门图"。以下对这些典型或特殊的"启门图"进行讨论。

二　河西墓葬壁画"启门图"的图像特点

上述河西墓葬壁画"启门图"之所以一直没有受到学界重视，主要原因应当有以下两点：一是这些图像与典型的"启门图"或"妇人

---

① 甘肃省文物考古研究所：《酒泉十六国墓壁画》，文物出版社 1989 年版，图版"东壁壁画"。

启门图"有一定差距，这又与学界对此类图像要素的定位有关；二是与学者们关注的侧重点不在"启门"或"半启之门"，因为上述半启之门绝大多数为坞壁之门，而学者们的关注点在于坞壁本身。以下的讨论就从这两点展开。

(一) 论上述"启门图"之成立

前已述及，典型的"启门图"多为"妇人启门图"，因此郑岩论道："这种图式包括两个基本元素：一是半启的门，二是启门的女子。减少其中任何一个元素，这种图式都将不复成立。"[1] 但在实际的讨论中，学者们往往采取非常灵活的方式，因此又有"男子启门图""双女启门图"等类别出现[2]，而随着研究的推进，也有学者认为"启门者在这类图式中并非必不可少"[3]，因此将没有开门人形象的图像纳入到讨论范畴[4]，山东地区的汉画像石就有"启门者尚不构成必要元素的启门图"[5]，由此看来，"启门图"最为基本的元素，在于有已启之门，因为既然有已启之门，那么在图像中是否看到启门人已不再必要，启门人的意义已经包含在"已启之门"当中了。

另外，图 7-1 半启的门扉上所绘为女墓主和怀抱婴儿的侍女和图 7-2 中启门的披发者，都是以往在典型的"（妇人）启门图"中没有见到的，后者较好理解，因为在以往讨论的"启门图"中，就有启门的男侍等形象出现，图 7-2 中启门的披发者被称为"看门奴"，身份或与河北宣化辽墓"男子启门图"（图 7-17）中的持函启门男子相类。而图 7-1 与图 7-3 这两幅新城 1 号墓内的"启门图"还需进一步说明。

[1] 郑岩：《论"半启门"》，载氏著《逝者的面具》，北京大学出版社 2013 年版，第 378—419 页。
[2] 冯恩学：《辽墓启门图之探讨》，《北方文物》2005 年第 4 期。
[3] 吴雪杉：《汉代启门图像性别含义释读》，《文艺研究》2007 年第 2 期。
[4] 张善庆：《佛教艺术语境中的启门图》，《敦煌学辑刊》2018 年第 3 期。
[5] 樊睿：《汉代画像石中的启门图图式浅析》，《中原文物》2012 年第 6 期。

图 7-17 宣化辽墓"男子启门图"①

  以往讨论的"启门图"中虽未见到有抱婴儿的女侍，但"启门图"中出现较多人物形象却早已有之。如辽宁凌源富家屯 1 号元墓墓门上部的启门图就有手持各种器皿、并肩向外张望的三位女子出现（图 7-18），因此就启门图的复杂性而言，图 7-1 新城 1 号墓"启门图"并不是唯一的例子。另外，就绘画内容来讲，由于该图中的女墓主、侍女及侍女怀抱的婴儿全部展现在半启的门内，画面似乎没有多少神秘感。但启门人物身体全部露出门扉的"启门图"在后世也能见到，如四川泸县青龙镇 1 号墓后壁龛启门图中的侍女双手托灯盘，站

---

① 河北省文物考古研究所：《宣化辽墓——1974—1993 年考古发掘报告》，文物出版社 2001 年版，彩版 62。

在微启的门扉前面（图7-19）①，暗示她刚刚从门间走出②。就画面基本的构思来讲，认为该图是较为典型的"启门图"，理由除了半启的门扉、门扉上的女性人物两个要素之外，还有第三个理由值得注意，即该图与右侧门扉上的朱雀衔环铺首形成很好的呼应，在后世"启门图"中，由于启门人的存在，启门人所在门扉上本应有的铺首等内容或被遮挡，或被省略，乃有意为之。显然，该图具备了这一特点。同时，该"启门图"与图7-3"启门图"在墓室之内的对称分布，继承了汉代以来"启门图"在经营位置上的特点，因此，将这两幅图认定为"启门图"是没有问题的。

图7-18 辽宁凌源富家屯1号元墓墓门之"启门图"③

图7-19 四川泸县青龙镇1号墓后壁龛"启门图"④

---

① 四川省文物考古研究所编：《泸县宋墓》，文物出版社2004年版，第18页，图11。
② 郑岩：《论"半启门"》，载氏著《逝者的面具》，北京大学出版社2013年版，第378—419页。
③ 辽宁省博物馆、凌源县文化馆：《凌源富家屯元墓》，《文物》1985年第6期，图3。
④ 四川省文物考古研究所编：《泸县宋墓》，文物出版社2004年版，第18页，图11。

另外需要说明的是前述三幅坞（园）门半开的守卫图。河西墓葬壁画坞壁中，也有坞门紧闭、并且有人在坞外活动者。酒泉西沟 7 号魏晋墓的"坞舍"图（图 7-20）"绘一密封的高墙深院建筑，建筑物的顶部有垛墩，墙上题有'坞舍'二字。一人头戴白帻帽，身着镶红、黑边的交领白色束腰长衫，右手持手杖正向坞舍门走去"①。高台骆驼城苦水口 1 号墓"坞壁射鸟图"（图 7-21）绘一高大的三层坞

图 7-20　酒泉西沟 7 号墓"坞舍"图②

图 7-21　高台骆驼城苦水口 1 号墓"坞壁射鸟图"（高台县博物馆藏，贾小军摄）

① 甘肃省文物考古研究所：《甘肃酒泉西沟村魏晋墓发掘报告》，《文物》1996 年第 7 期。
② 酒泉市博物馆：《酒泉文物精粹》，中国青年出版社 1998 年版，第 83 页。

壁，坞门紧闭，坞外右侧有一大树，树上两鸟，一人站立树下挽弓射鸟。与这两幅坞壁图相比较，可知前引三幅守卫图中的坞（园）门半开乃有意为之，并有特定意义。因此可以认为，将这几幅图归入"启门图"没有问题，在一定程度上，还可以拓展对传统"启门图"的认识。

（二）河西墓葬壁画"启门图"的特点

据前述可知，河西墓葬壁画中的"启门图"具有以下特点：

1. 在经营位置方面，与以往汉画像石或唐代以后的"启门图"通常位于墓室某处空间的中心对称轴上，或者位于墓门照墙之上不同，河西墓葬壁画"启门图"分布位置较为分散。图7-1、图7-3位于新城1号墓前室东壁、前室西壁（图7-21），图7-2、7-12、7-15、7-16分别位于丁家闸5号墓前室北壁、东壁（图7-22），图7-4和图7-5均位于新城1号墓前室西壁（图7-23），图7-6位于新城3号墓前室北壁东侧（图7-24），图7-7、图7-9、图7-10位于新城5号墓前室南壁（图7-25），图7-7位于新城5号墓前室东壁（图7-26），图7-11位于新城6号墓前室东壁南侧（图7-27），图7-13（2幅）位于丁家闸5号墓前室南壁（图7-28）。

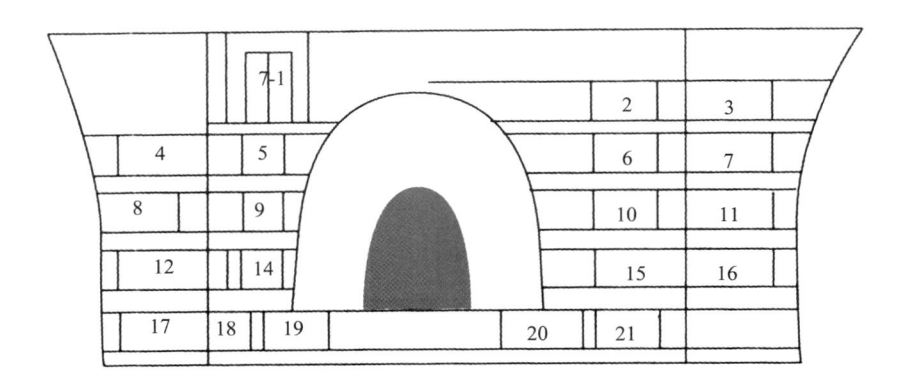

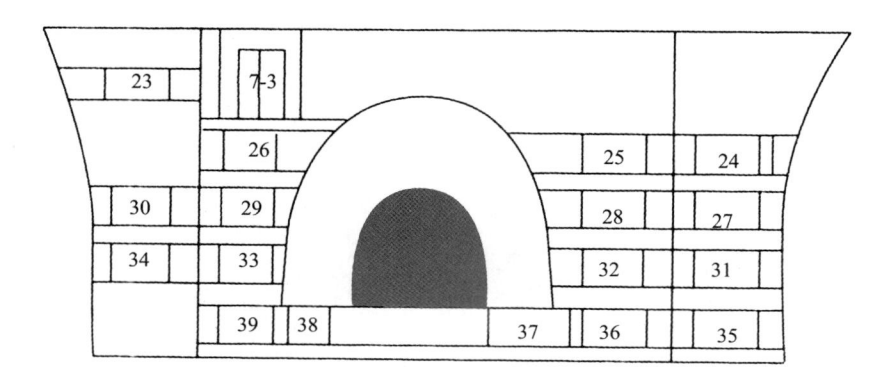

图 7-21　图 7-1、图 7-3 所在位置示意图①

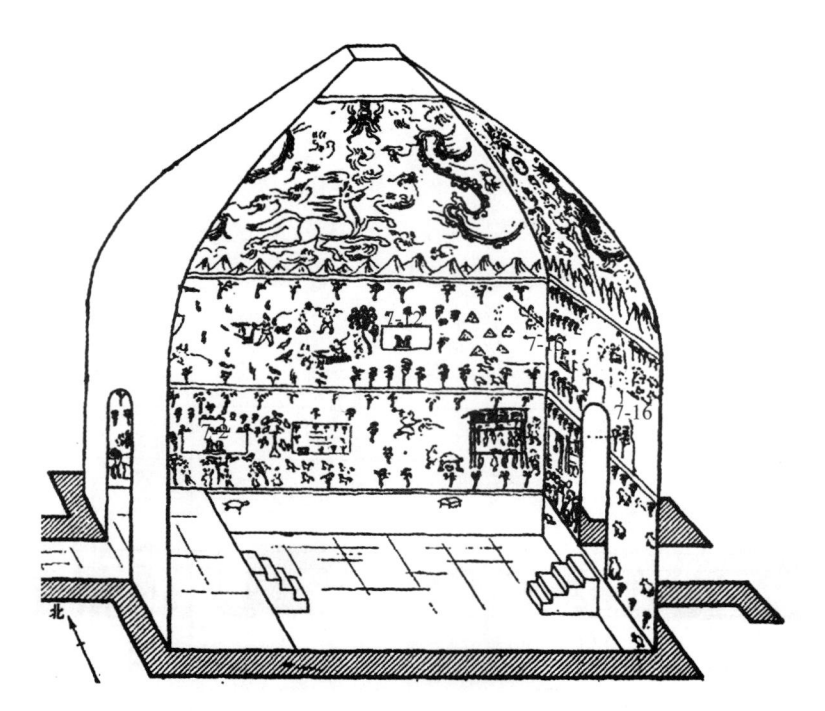

图 7-22　图 7-2、图 7-12、图 7-15、图 7-16 所在位置示意图②

---

① 张宝玺编：《嘉峪关酒泉魏晋十六国墓壁画》，甘肃人民美术出版社 2001 年版，第 7 页。
② 甘肃省文物考古研究所：《酒泉十六国墓壁画》，文物出版社 1989 年版，第 4 页，图八。

第七章 论河西墓葬壁画中的"启门图"

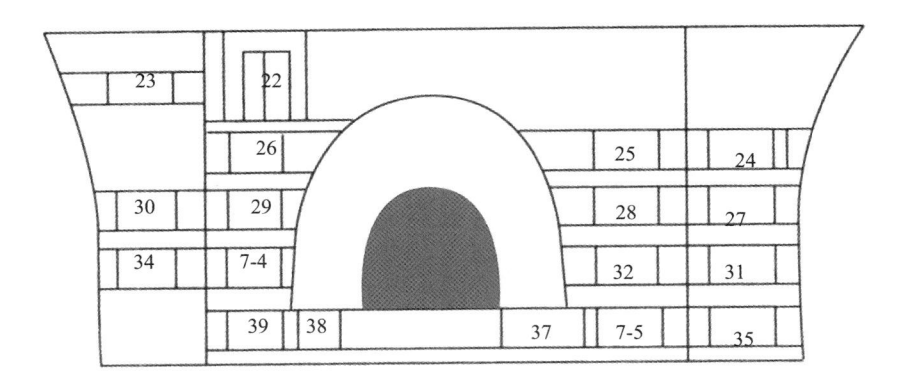

图 7-23 图 7-4 与图 7-5 所在位置示意图①

图 7-24 图 7-6 所在位置示意图②

---

① 张宝玺编:《嘉峪关酒泉魏晋十六国墓壁画》,甘肃人民美术出版社 2001 年版,第 7 页。
② 甘肃省文物队等:《嘉峪关壁画墓发掘报告》,文物出版社 1985 年版,图版二三之 2。

图 7-25　图 7-7、图 7-9、图 7-10 所在位置示意图①

图 7-26　图 7-8 所在位置示意图②

---

① 甘肃省文物队等：《嘉峪关壁画墓发掘报告》，文物出版社 1985 年版，图版二七。
② 贺西林、郑岩主编：《中国墓室壁画全集·汉魏晋南北朝》，河北教育出版社 2011 年版，第 90 页。

第七章 论河西墓葬壁画中的"启门图"　　211

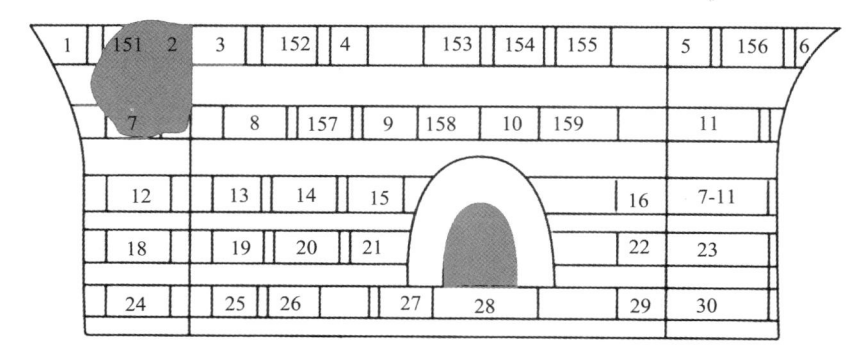

图 7-27　图 7-11 所在位置示意图①

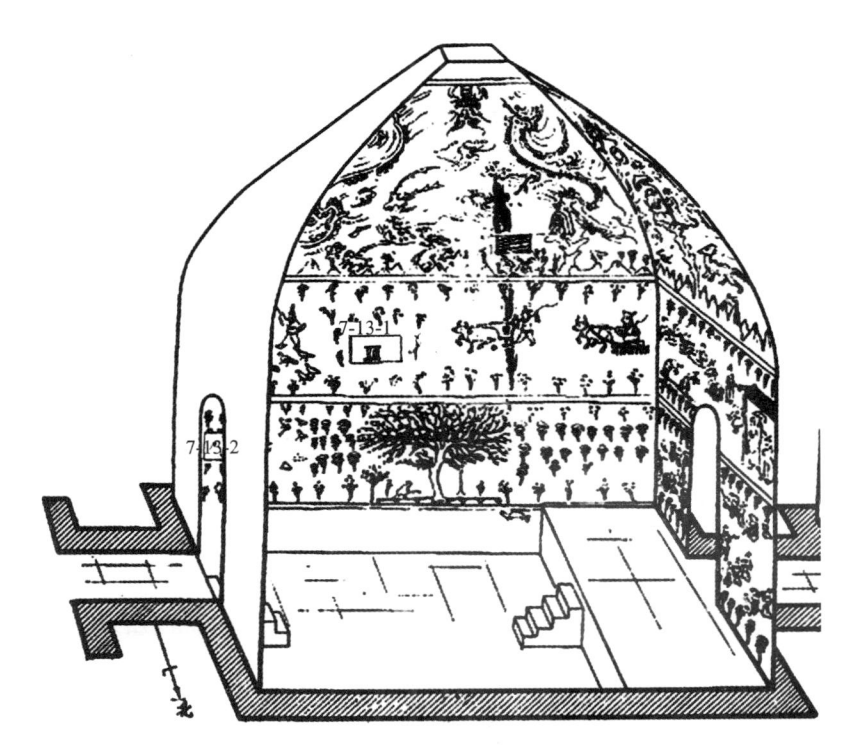

图 7-28　图 7-13 所在位置示意图②

---

① 张宝玺编:《嘉峪关酒泉魏晋十六国墓壁画》,甘肃人民美术出版社 2001 年版,第 152 页。
② 甘肃省文物考古研究所:《酒泉十六国墓壁画》,文物出版社 1989 年版,第 5 页。

这 16 幅"启门图"全部来自墓室，其中 6 幅出自丁家闸 5 号墓前室，4 幅出自新城 1 号墓（前室西壁 3 幅，前室东壁 1 幅），4 幅出自新城 5 号墓（前室南壁 3 幅，前室东壁 1 幅），其余 2 幅出自新城 3 号墓前室北壁、新城六号墓前室东壁。丁家闸 5 号墓前室 6 幅"启门图"大体呈对称分布；新城 1 号墓前室东西壁的阁门"启门图"在墓室内亦呈对称分布。其余 8 幅均来自新城魏晋墓群，分布较为零散，在所在墓葬中亦无明显的对称特点。与以往学界所揭示的"墓葬启门图通常位于墓室某处空间的中心对称轴上，或者位于墓门照墙……（或）位于葬具棺椁前后挡板"①的特点相比，河西墓葬壁画"启门图"既继承了汉代以来"启门图"的基本位置特点，又有自身较为鲜明的地域和时代风格。这反映出"启门图"图式的多样及内涵的丰富。

2. 在构图元素方面，河西墓葬壁画"启门图"的构图元素，虽然也有与以往常见的"启门图"相近即由半启之门和启门人两个元素共同构成（图 7-1、图 7-2），但更多的"启门图"则没有启门人，显然，在这些"启门图"中，半启的门扉才是核心元素。更值得注意的是，在河西墓葬壁画 16 幅"启门图"中，有 12 幅图的"半启之门"为坞壁之门，2 幅为与坞壁相近的果木园门扉，可以说，半启的坞壁之门成了河西墓葬壁画"启门图"非常重要的构图元素。其中，有 1 幅"启门图"的启门人为披发人，应为古代某少数民族成员的形象，这与其他时代、其他地域的"启门图"形成鲜明对比；有 3 幅图无启门人，但半启的门外还有人守卫，似乎暗示着他们刚刚从门内走出，同时拒绝其他无关人员进入。邳县东汉彭城相缪宇墓画像石上残存"［守］［门］吏"字样②，或许这几位坞壁（果木园）的守卫者与汉代画像石上的"守门吏"相类。这都是以往的研究没有关注到的细节。因此可以认为，与汉代或者后世较为常见的由半启之门和启门人两个元素共同构成的"启门图"相比，河西墓葬壁画"启门图"有较

---

① 张善庆：《佛教艺术语境中的启门图》，《敦煌学辑刊》2018 年第 3 期。
② 南京博物院、邳县文化馆：《东汉彭城相缪宇墓》，《文物》1984 年第 8 期。

强的时代和地域特色。

3. 在图像来源方面，由于"启门图"起源于汉代，因此可以笼统地说河西墓葬壁画的"启门图"来自汉代的传统，但不同的"启门图"由于图像元素不同而来源有所不同。对 2 幅有启门人的"启门图"而言，直接说其来自汉代的传统应该没有什么问题，而其余各幅则具有较为明显的时代和地域特色，需要仔细辨别。如缺启门人的"启门图"，应当在中原地区"启门者尚不构成必要元素的启门图"[①]中寻找根源；门扉半开、缺启门人、门外有人守卫、上有飞鸟的果木园图，或许也来自汉代画像石上相近的题材（详后）。但上述"启门图"出现的基本建筑背景——坞壁，更多地体现出这些"启门图"共同的时代和地域特点。考古报告认为："这种守备森严、易守难攻的坞，壁画中每有出现，正反映了当时阶级矛盾的尖锐程度。"[②] "世族门阀制度是魏晋南北朝时期封建政权的社会阶级基础。这在壁画中由广建坞壁，强迫部曲从事生产和自给自足的自然经济面貌而得到充分的证明。"[③] 魏晋十六国时期，战乱频仍，墓葬壁画的创作者将中原地区汉代画像石的"启门图"搬迁至此，但雕梁画栋式的传统建筑却变成了这个时代常见的坞壁形象。

三 河西墓葬壁画"启门图"的图像意义

从图像性质上讲，"启门图"是表达人物与建筑关系的一种图式，它虽绘制于墓壁，却又"力求突破墙的局限，半开的门扉、美丽的女子，都将观者的注意力从墙上移开，从死亡中移开"[④]，从而将观者带到丰富的理想世界之中，这一理想中的"世界"，或许就是"启门图"所表达的目的。

[①] 樊睿：《汉代画像石中的启门图图式浅析》，《中原文物》2012 年第 6 期。
[②] 甘肃省文物队等：《嘉峪关壁画墓发掘报告》，文物出版社 1985 年版，第 58 页。
[③] 甘肃省文物考古研究所：《酒泉十六国墓壁画》，文物出版社 1989 年版，第 17 页。
[④] 郑岩：《论"半启门"》，载氏著《逝者的面具》，北京大学出版社 2013 年版，第 378—419 页。

（一）门内是什么？

在以往的研究中，"启门图"的"门内"往往被联想为庭院、房屋、厅堂①，或墓主的寝室等等②，这与学者们对"启门图"这类图式的限定即既要有半启之门、又要有启门人有关。前引图7-1应该就具备了这一特点。就绘画内容来讲，由于该图中的女墓主、侍女及侍女怀抱的婴儿全部展现在半启的门内，画面似乎没有多少神秘感。但考虑到该图画面的丰富性，在同类图式中仍然具有独特性。该图首先表现的应该是时人对繁衍子嗣的追求，但也不排除其他的象征意义。李清泉在讨论宋辽金墓中的"妇人启门"图时认为，这类图像潜在的社会文化根源是"妇人治寝门之内"的传统女性伦理观念③，新城一号墓墓主人既为世家豪族、亦是地方政府属佐，"妇人治寝门之内"的传统女性伦理观念应当适用于墓主的身份。

但更多的河西墓葬壁画"启门图"中启门人的缺失，使我们无法就此一概而论。事实上，在汉代画像石中既有缺启门人的启门图，也有半启的门内有其他内容者，如邳县东汉彭城相缪宇墓西壁横额的画像石"宴饮图"（图7-29）内就有两幅启门图，"宴饮图的主体为一座楼房，……院门半开，一侍者探头向外张望。门外立进谒者二人，一戴山形冠，一戴进贤冠。正厅大门敞开，宾主跽坐屏风前，两人之间有一曲足几，几上有器物。厅门外一侍者手中捧三足食奁盒。左边马厩门半开，露出一马后半身。屋顶栖息珍禽"④。该图中一例为典型的"启门图"，启门人为侍者；另一例为缺启门人的"启门图"，半启的门内是一匹马，因此该门乃马厩之门，而屋顶栖息的珍禽，很容易让我们联想到前引图7-10中果木园上的飞鸟，甚至图7-3门楣上的一对黑鸟。

---

① 宿白：《白沙宋墓》，文物出版社2002年版，第54—55页。
② 李清泉：《空间逻辑与视觉意味——宋辽金墓"妇女启门"图新论》，《美术学报》2012年第2期。
③ 李清泉：《空间逻辑与视觉意味——宋辽金墓"妇女启门"图新论》，《美术学报》2012年第2期。
④ 南京博物院、邳县文化馆：《东汉彭城相缪宇墓》，《文物》1984年第8期。

图 7-29　东汉彭城相缪宇墓"宴饮图"画像石①

　　这个例子告诉我们,"启门图"中半启之门内涵丰富,不能仅仅局限于庭院、厅堂或寝室。

　　前已述及,绝大多数河西墓葬壁画的"启门图"与坞壁或果木园这样封闭的防卫性建筑有关,因此,回答"门内是什么"这个问题看起来就比较简单了:门内即坞内(或园内)。坞壁是作守备之用的军事防御建筑。韩昇指出:动乱年代,原来作为政府基层行政组织的乡、亭、里等,"成为掳掠财富与人口的目标,常遭兵燹。所以,城内百姓便在乡里大族率领下,逃往山林陂泽,聚众凭险自卫,从而形成'坞壁'"②。即所谓"永嘉之乱,百姓流亡,所在屯聚"③。陈寅恪先生指出:"西晋末世中原人民之不能远徙者,亦藉此类小障库城以避难逃死而已。"④ "坞壁之内"代表着安全。因此,简单地理解,半启的坞门之内,是一个安全的世界。"安全"应该不是人们理想中的最高追求,但这或许是动乱年代包括可能是位在王侯、三公之列的丁家闸五号墓墓主人⑤在内的人们颇为无奈的选择。用坞壁、楼橹表示墓主人生前生活的场所早已有之。如河北安平逯家庄东汉壁画墓中

---

① 南京博物院、邳县文化馆:《东汉彭城相缪宇墓》,《文物》1984 年第 8 期,图八。
② 韩昇:《魏晋隋唐的坞壁和村》,《厦门大学学报》(哲学社会科学版) 1997 年第 2 期。
③ 《晋书》卷 100《苏峻传》,中华书局 1974 年版,第 2628 页。
④ 陈寅恪:《桃花源记旁证》,《清华大学学报》(自然科学版) 1936 年第 1 期。
⑤ 甘肃省文物考古研究所:《酒泉十六国墓壁画》,文物出版社 1989 年版,第 11—12 页。

室的"府舍图"（图7-30），"宅邸外有围墙，内有多重院落，房屋为木构瓦顶，下有台基。画面中最突出的建筑为一座望楼，楼体为方柱形，庑殿顶上有旗杆，彩旗和长带随风飘扬，檐下立一扁圆形大鼓"①。就此而言，河西墓葬壁画中"启门图"多与坞壁有关，在一定程度上也是对汉代墓葬壁画传统的沿袭。

图 7-30　府舍图②

（二）坞壁与桃花源

进一步讲，类似坞门之内的安全世界即墓主人理想的生活世界。巫鸿在论及丁家闸 5 号墓前室壁画时指出："前室中绘有三个不同的

---

① 徐光冀主编：《中国出土壁画全集 1 河北》，科学出版社 2012 年版，第 12—13 页。
② 徐光冀主编：《中国出土壁画全集 1 河北》，科学出版社 2012 年版，第 12—13 页。

界域：宇宙、仙境和模仿人间的'幸福家园'。"① 这个"幸福家园"应当就是墓主人理想的生活世界。在这样的幸福家园中，有农耕与畜牧，有狩猎与采桑，也有炊厨与宴饮，更有仪仗与出行，墓主人生前的荣光，在死后以壁画的形式随葬于黄泉之下，进而追求升仙和长生不老。

传世文献对理想生活境界的描述，莫过于陶渊明笔下的"桃花源"。《桃花源记》云："土地平旷，屋舍俨然，有良田、美池、桑竹之属。阡陌交通，鸡犬相闻。其中往来种作，男女衣著，悉如外人。黄发垂髫，并怡然自乐。"② 以此对照河西墓葬壁画中的坞壁内外景致，何其相似乃尔！高台骆驼城苦水口一号墓"坞壁图"（图7-31）中，坞内树木枝叶茂密，坞外良田美畴，畦畛相望。前引丁家闸五号墓前室内的几幅坞壁图往往掩映在茂密的树丛之中，坞外则可以见到从耕种到收获的农业生产全过程。敦煌佛爷庙湾37号墓的"纳凉图"（图7-32）"画面左侧为丘形谷堆，右侧一老者戴角巾跽坐……手持便面纳凉。一僮……侍立于老者身侧"③。老者平静的表情，正反映出其在"幸福家园"中的悠闲与坦然。高台许三湾墓群出土的"庭院家居图"（图7-33）绘一门扉紧闭的坞壁，坞壁内部是一组"炊厨→进食→宴饮"图，展示了坞壁之内丰富的生活情景。而丁家闸五号墓"启门图"中那位披发启门人，似是桃花源中那些"见渔人，乃大惊"并"设酒杀鸡作食"的桃花源人。

诚然，正如唐长孺先生所指出的："如《桃花源记》所述的那种没有剥削的生活，那种'虽有父子无君臣'的秩序是和那时常见的避兵集团的坞壁生活很不相同的。"④ 但见于世族地主乃至官僚阶层墓葬壁画的"坞壁"，无疑体现的是"坞主"们的追求，在他们看来，层

---

① 巫鸿：《黄泉下的美术：宏观中国古代墓葬》，施杰译，生活·读书·新知三联书店2010年版，第34页。
② 唐满先注：《陶渊明集浅注》，江西人民出版社1985年版，第151页。
③ 甘肃省文物考古研究所：《敦煌佛爷庙湾西晋画像砖墓》，文物出版社1998年版，第84页。
④ 唐长孺：《读〈桃花源记旁证〉质疑》，载氏著《魏晋南北朝史论丛续编》，中华书局2011年版。

层设防的坞壁之内,才是乱世真正的"幸福家园"。我们虽然要批判坞壁内这种存在剥削的生产关系,却无法阻挡墓主人乃至他的部曲、仆从有这样的追求。

图 7-31　坞壁图(高台县博物馆藏,贾小军摄)

图 7-32　纳凉图①

---

① 甘肃省文物考古研究所:《敦煌佛爷庙湾西晋画像砖墓》,文物出版社 1998 年版,图版五六之 2。

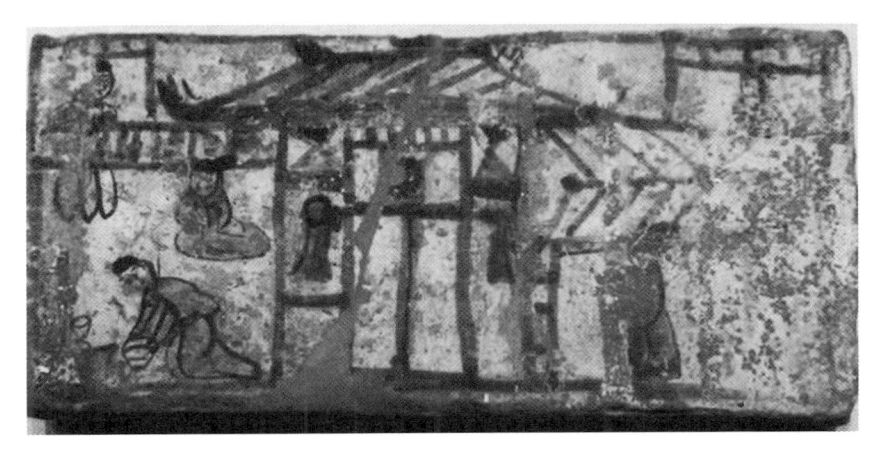

图7-33 庭院家居图（高台县博物馆藏，贾小军摄）

当然，坞壁及其半启之门并非墓主人死后理想世界的全部，但坞壁内外的"幸福家园"无疑是死者、墓葬艺术的设计者所能感受到的一切死后追求的基础，而天界与仙境，则成为他们的进一步追求。这也是为什么丁家闸5号墓壁画坞壁内外的"幸福家园"之上，才是天象、祥瑞与神仙（可参图7-22、7-28）。诚如巫鸿所论："设计者将死后世界设想成若干界域的拼合，这些界域在墓葬的不同部分以不同的图像与器物来表现。它们之间的关系并不清楚，我们也很难判定死者到底将会居住在哪一个界域中。似乎是墓葬设计者为了尽量表达他们的孝心和取悦死者，提供了他们所知道的所有有关彼岸世界的答案。"[①]

以此观之，上述"启门图"中所启之门只是图像创作者所营造的"幸福世界"的一个基本元素，它本身并不重要，重要的是半启之门沟通了坞门内外的世界。

[①] 巫鸿：《黄泉下的美术：宏观中国古代墓葬》，施杰译，生活·读书·新知三联书店2010年版，第63页。

四　河西墓葬壁画"启门图"的学术史意义

　　据考证，目前所见"妇人启门图"年代最早的一例是山东邹城卧虎山 2 号西汉晚期墓石椁东端所刻门扉的该主题图像。[①] 但汉唐之间该类图式发现较少。1987 年在山西大同北魏平城时代湖东 1 号墓发现的一具漆棺后档上绘门楼一座，门楼上有此类图式："朱色大门以细墨线勾画轮廓，左扇门向外半启，门内一人头戴白色尖圆顶窄缘帽，着圆领窄袖黑色衣，腰系带，探身翘首前视。门外两旁各绘左右对视的守门侍者，侍者曲身呈胡跪式，双手置于膝上胸前，均头戴白色尖圆顶窄缘帽，着圆领窄袖红色衣，腰系带。"[②] 显然，前引河西墓葬壁画"启门图"在汉唐间"妇人启门图"类图式中具有重要意义，这些图像应当来源于汉代中原的类似题材，又在很大程度上丰富了该图式的内涵，在汉唐历史传承中具有承上启下的地位。

　　由此可见，这些"启门图"的意义，不仅仅在于增加了这类图式在魏晋十六国北朝时期图像的数量，由半启的门所引发的关于我们对时人创作墓葬壁画的动机及丧葬理念的认识才更加重要。关注这些"启门图"，既丰富了我们对这类图式的认识，也能够推动这些图像赖以存在的墓葬本身的研究。

　　[①] 郑岩：《论"半启门"》，载氏著《逝者的面具》，北京大学出版社 2013 年版，第 378—419 页。
　　[②] 山西省大同市考古研究所：《大同湖东北魏一号墓》图一〇，《文物》2004 年第 12 期。

第八章

论河西魏晋十六国墓葬壁画中的"帷帐图"

河西地区出土的魏晋十六国墓葬壁画中有较多的"帷帐图",也有墓内帷帐实物出土,是表现时人丧葬观念的重要方式。学界以往的研究对此虽有涉及,如卢兆荫曾对甘肃酒泉晋墓出土的龙首形帐构予以关注,巫鸿、郑岩、程酩茜将敦煌佛爷庙湾 M133 前室壁龛内或 M37 墓室东壁正中所绘帷帐图与墓主人、灵座等联系起来进行讨论[1],等等,但缺少专门的研究,因此有必要对河西地区魏晋十六国墓中的帷帐图进行较为系统的梳理,寻找其中的学术信息,藉此深入理解该时期河西地区的丧葬习俗及民众的丧葬观念。

一 河西魏晋十六国墓葬壁画中的"帷帐图"

河西地区的墓葬壁画主要集中于魏晋十六国时期,以下根据考古

---

[1] 卢兆荫:《略论两汉魏晋的帷帐》,《考古》1984 年第 5 期;巫鸿:《黄泉下的美术:宏观中国古代墓葬》,施杰译,生活·读书·新知三联书店 2010 年版;郑岩:《墓主画像的传承与转变——以北齐徐显秀墓为中心》,载氏著《逝者的面具:汉唐墓葬艺术研究》,北京大学出版社 2013 年版,第 195—218 页;程酩茜:《汉唐墓葬中的施帐现象研究》,硕士学位论文,南京大学,2018 年。与该主题相关的研究成果还有:劳榦《汉晋时期的帷帐》,《台湾大学文史哲学报》1951 年第 2 期;扬之水《说帷幄》,《中国文化》2002 年第 1 期;郑以墨、习化娜《两汉魏晋南北朝墓葬中的帷幔图像研究》,《装饰》2017 年第 2 期;刘振东《新见汉晋南北朝时期的帷帐》,《文物》2018 年第 3 期;权弼成《从"遮蔽"到"环绕":公元 3—5 世纪北方地区墓葬帷帐的空间位移》,《文博》2019 年第 6 期;付丁涛、赵慧《魏晋南北朝时期墓葬壁画中的帷帐》,《艺海》2020 年第 3 期,等等。

资料，以考古报告、简报判断的墓葬时代先后为序，对其中的"帷帐图"进行介绍。

酒泉下河清 1 号汉墓为三室砖砌墓，其前室南北两壁各有壁画六层，"第四层画帷幔人物……第六层画帷幔、人物和动物等"①，北壁第六层的"做饭人"图（图 8-1）"上悬帷幔，下有锅灶，一位女子跪于灶前，双目注视灶门，左手扶在灶台上"②，这几幅"帷帐图"当属河西地区同类题材中较早者，可惜这几幅图中见诸简报者仅一幅，其余几例"帷帐图"已难知究竟。

曹魏甘露二年（公元 257 年）嘉峪关新城 1 号墓前室西壁 029 号"宴居图"画砖，左侧绘一帷帐，帷帐内侍女为墓主人搊凉，帐外两旁各立侍女一人，右侧榻上亦坐一贵妇，身后一侍女为之搊凉，榻前置有斛、镟、槃和箸（图 8-2）。③

图 8-1　做饭人（摹本）④

---

① 甘肃省文物管理委员会：《酒泉下河清第 1 号墓和第 18 号墓发掘简报》，《文物》1959 年第 10 期。
② 甘肃省文物管理委员会：《酒泉下河清第 1 号墓和第 18 号墓发掘简报》，《文物》1959 年第 10 期。
③ 甘肃省文物队等：《嘉峪关壁画墓发掘报告》，文物出版社 1985 年版，第 98 页。
④ 甘肃省文物管理委员会：《酒泉下河清第 1 号墓和第 18 号墓发掘简报》封二下图，《文物》1959 年第 10 期。

第八章　论河西魏晋十六国墓葬壁画中的"帷帐图"　223

图 8-2　宴居图①

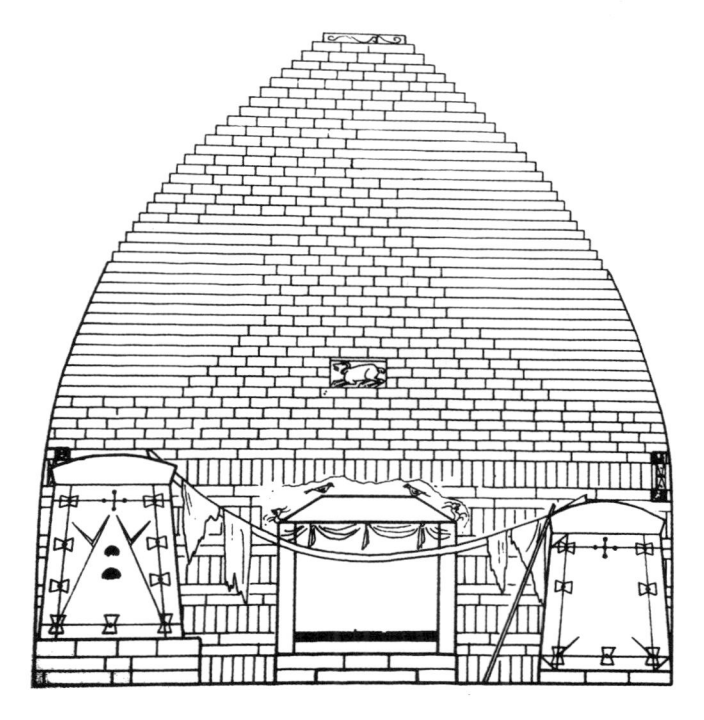

图 8-3　敦煌佛爷庙湾西晋 M37 剖视图②

---

① 嘉峪关市文物局：《嘉峪关文物图录·可动文物卷》，三秦出版社 2014 年版，第 114 页。
② 甘肃省文物考古研究所：《敦煌佛爷庙湾西晋画像砖墓》，文物出版社 1998 年版，第 17 页，图七。

西晋早期的敦煌佛爷庙湾 M37（早于公元 290 年）[①] 墓室东壁正中涂垩彩绘帷幔及垂幛，画幅距墓室底部 0.16—1.05 米，宽 1 米。上部呈房顶状，屋脊之两端绘相向鹦鹉，其下檐之两端绘昂起的龙首，画幅正面涂垩素面。其下设一宽与帷幔相同，长 0.7、高 0.16 米的供台（图 8-3，图 8-4）。[②]

图 8-4　敦煌佛爷庙湾西晋 M37 墓室[③]

时代略晚于 M37、同属西晋早期的敦煌佛爷庙湾 M133[④] 前室北壁前部壁龛进深 0.64、宽 1.3、高 1.16 米，龛之后壁正中涂敷草拌泥，表面涂垩，上为彩绘帷帐。其屋脊之两端绘相向鹦鹉，帷帐下端两侧

[①] 甘肃省文物考古研究所：《敦煌佛爷庙湾西晋画像砖墓》，文物出版社 1998 年版，第 102—103 页。
[②] 甘肃省文物考古研究所：《敦煌佛爷庙湾西晋画像砖墓》，文物出版社 1998 年版，第 15 页。
[③] 甘肃省文物考古研究所：《敦煌佛爷庙湾西晋画像砖墓》，文物出版社 1998 年版，图版五。
[④] 甘肃省文物考古研究所：《敦煌佛爷庙湾西晋画像砖墓》，文物出版社 1998 年版，第 102—103 页。

第八章　论河西魏晋十六国墓葬壁画中的"帷帐图"　225

为两龟（图 8-5，图 8-6）。①

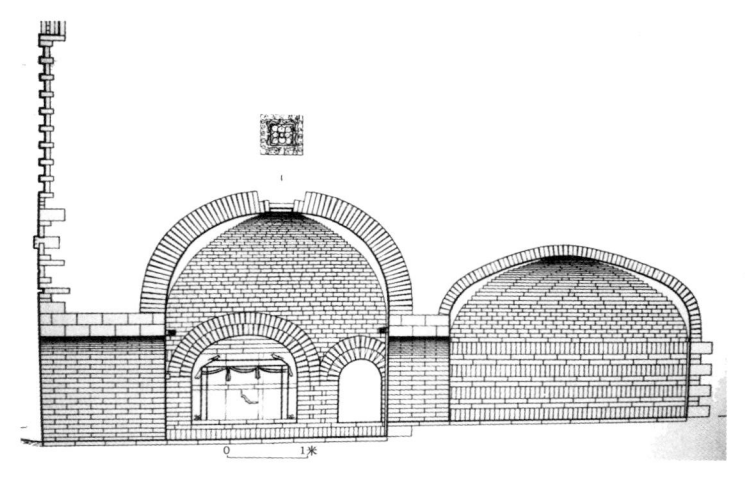

图 8-5　敦煌佛爷庙湾西晋 M133 剖视图②

图 8-6　敦煌佛爷庙湾西晋 M133 前室北壁壁龛帷帐图③

---

① 甘肃省文物考古研究所：《敦煌佛爷庙湾西晋画像砖墓》，文物出版社 1998 年版，第 35 页。
② 甘肃省文物考古研究所：《敦煌佛爷庙湾西晋画像砖墓》，文物出版社 1998 年版，图二一。
③ 甘肃省文物考古研究所：《敦煌佛爷庙湾西晋画像砖墓》，文物出版社 1998 年版，图版一二。

酒泉果园乡高闸沟晋墓出土的"宴饮图"（图 8-7），砖面彩绘两女子相对而坐。中间置一樽、一案及羽觞。左女梳双髻，着裙；右女以巾束发，下着裙。屋顶绘帷幔画像生动表现了魏晋时期富裕阶层人们居家生活的情形。①

图 8-7　宴饮图②

同样出自酒泉市果园乡高闸沟魏晋墓的"决讼断案"组图共 6 幅，其中 5 幅绘有帷帐（图 8-8—图 8-12），帷帐之下有听讼、议事、申辩、行刑、结案等场景。

图 8-8　听讼图③

---

① 杨永生主编：《酒泉宝鉴》，甘肃文化出版社 2012 年版，第 172 页。
② 杨永生主编：《酒泉宝鉴》，甘肃文化出版社 2012 年版，第 172 页。
③ 徐光冀主编：《中国出土壁画全集 9 甘肃·宁夏·新疆》，科学出版社 2012 年版，第 22 页。

第八章 论河西魏晋十六国墓葬壁画中的"帷帐图" 227

图 8-9 议事图①

图 8-10 申辩图②

---

① 酒泉市博物馆：《酒泉文物精粹》，中国青年出版社 1998 年版，第 56 页。
② 酒泉市博物馆：《酒泉文物精粹》，中国青年出版社 1998 年版，第 57 页。

图 8-11　行刑图①

图 8-12　结案图②

　　高台许三湾古城遗址东南墓出土的魏晋"彩绘人物帐居图"（图 8-13），画面中间绘一帷帐，上部分为帐顶，以土黄色为底，上绘云气纹。帐内坐墓主人夫妇，二人对饮，中间为酒具。男墓主着红衣，坐于榻上；女墓主着石绿色襦服，席地而坐。帐外左右各

---

① 徐光冀主编：《中国出土壁画全集 9 甘肃·宁夏·新疆》，科学出版社 2012 年版，第 23 页。
② 徐光冀主编：《中国出土壁画全集 9 甘肃·宁夏·新疆》，科学出版社 2012 年版，第 24 页。

第八章 论河西魏晋十六国墓葬壁画中的"帷帐图"

立一人。左侧立一男子，头戴冠，身著素色袍服；右侧立一女子，面上点妆。①

图 8-13 彩绘人物帐居图②

玉门市金鸡梁墓群出土的一批前凉画像砖③中，亦有几例帷帐图（图 8-14—图 8-17）。图 8-14"帷帐图"颇为漫漶，帷帐隐约可见，帷帐内有一长榻（几），榻（几）上摆放四件圆形物品，细节难辨。图 8-15"帷帐图"内容清晰可见，构图与图 8-14 相近，帷帐内有一长榻（几），上置一盘，盘内一物。图 8-16"帷帐图"帷帐、长榻清晰可见，但榻上左右一红一黑，似为两人形象，两人中间似有酒具之属。图 8-17"帷帐图"与图 8-16 相近，帷帐内榻上左侧一人身着红衣，隐约可见，右侧图像以黑色墨线勾出，但上部漫漶，已难辨识。

---

① 俄军、郑炳林、高国祥主编：《甘肃出土魏晋唐墓壁画》，兰州大学出版社 2009 年版，第 484 页。
② 俄军、郑炳林、高国祥主编：《甘肃出土魏晋唐墓壁画》，兰州大学出版社 2009 年版，第 484 页。
③ 据玉门市博物馆资料，出土这批画像砖的墓葬为前凉墓葬。

图 8-14 帷帐图（玉门博物馆藏）

图 8-15 帷帐图（玉门博物馆藏）

第八章 论河西魏晋十六国墓葬壁画中的"帷帐图" 231

图 8-16 帷帐图（玉门博物馆藏）

图 8-17 帷帐图（玉门博物馆藏）

敦煌祁家湾 369 号西凉建初十一年（415）墓①出土的"宴乐出行图"画像砖（编号 M369：12，图 8-18），"用粗墨线在砖面的四边画出边框，再用一道墨线从中分成上下两部分。上部分墓主人夫妇席地端坐于帷帐之内，观赏杂耍驯兽。男墓主人头戴有岐之帢，着右衽阔

---

① 甘肃省文物考古研究所、戴春阳、张珑：《敦煌祁家湾》，文物出版社 1994 年版，第 119、122、149 页。

袖长衣；女墓主人双发髻高盘，穿圆领朱色阔袖长衣。两人皆双手掬于胸前，朱色点饰出嘴唇、脸颊。墓主人夫妇右侧放置一几，几下有一酒瓮，瓮口封盖，上系红绸带，几上置一樽，一侍女手持长勺从樽内为主人取食。下半部分一侍女赶着带棚犊车，棚上搭有三条朱红色彩带，一飞禽立于棚头。犊车前一人持鞭做赶马状，马身上备有朱红色鞍裤褶，仰头跨步做前进状。赶马人头顶上空有一大雁身披朱红色彩带，正引颈向前飞翔"[1]。

图 8-18　宴乐出行图[2]

魏晋十六国时期与河西同属一个文化区的新疆吐鲁番北凉哈拉和卓 97 号墓、98 号墓壁画中，均有帷帐图。97 号墓帷帐图位于墓室北壁。画面四周用粗磨线条勾框，其内划分为六格，分成 6 个画面，其

---

[1] 甘肃省文物考古研究所、戴春阳、张珑：《敦煌祁家湾》，文物出版社 1994 年版，第 139—140 页。

[2] 罗世平主编：《中国美术全集·墓室壁画》，黄山书社 2010 年版，第 184 页。

中第三个画面是主要画面：上边是帷幕，中间一男子，穿阔袖长袍，席地而坐，其旁略后坐一女子，也穿阔袖长袍，这男、女应是主人。墙上挂有一副弓箭，箭放在囊内。在弓箭下，有一张小桌，上插有一支笔杆及一个陶盂。① 其余画面分别画了炊厨、弓箭、驼马、牛车和树木等形象（图8-19）。②

图 8-19　庄园生活图③

98号墓帷帐图亦位于该墓墓室北壁。此图在内容、形式和表现手法上与第97号墓壁画大致相似又略有不同，它描绘了东晋十六国时期吐鲁番地区地主庄园的生活场景。图中可见，这户地主拥有自己的耕地、葡萄园、桑树园以及牛车、鞍马。庄园内可以加工粮食、烧煮食品，墓主人间或骑马出门，使用弓箭打猎（图8-20）。④

以上18幅"帷帐图"根据帷帐特点及壁画（画像砖）构图可分为五组，第一组是图8-2和图8-13，帷帐三面闭合，区别在于图8-2帷帐正面约开二分之一，露出女墓主人和身后手持团扇的侍女半身，图8-13帷帐正面开若舞台，露出男女墓主人，可以说这两座帷帐很

---

① 新疆博物馆考古队：《吐鲁番哈喇和卓古墓群发掘简报》，《文物》1978年第6期。
② 宿白主编：《中国美术全集 绘画编12 墓葬壁画》，文物出版社1989年版，图版说明第20页。
③ 宿白主编：《中国美术全集 绘画编12 墓葬壁画》，文物出版社1989年版，第48页。
④ 宿白主编：《中国美术全集 绘画编12 墓葬壁画》，文物出版社1989年版，图版说明第21页。

图 8-20　庄园生活图①

好地发挥了遮蔽和阻隔的作用；第二组是敦煌佛爷庙湾西晋墓的两幅空帷帐，两幅帷帐皆三面闭合，露出正面；第三组是酒泉高闸沟晋墓男墓主"决讼断案"图与女墓主宴饮图，帷帐呈整齐的连弧形，皆绘于画砖上方，男女墓主或与情景相关的人员绘于帷帐下方；第四组是玉门金鸡梁前凉墓中的 4 幅"帷帐图"，画砖上方及左右绘有帐构，帷帐悬于正上方，束系帷幔的组绶位于两个弧形的中间部位，红色的帷幔一直垂到左右两侧的底部，帷帐下面绘有长榻或长几，上坐男女墓主或置有各种供品；第五组是将帷帐图与出行图、牛耕图等题材绘制在一起的西凉敦煌祁家湾墓葬壁画和北凉吐鲁番哈拉和卓壁画墓，敦煌祁家湾 M369 帷帐有绶带，北凉哈拉和卓壁画墓帷帐无绶带；另外酒泉下河清一号墓的"做饭人"图中亦有帷幔，汪小洋认为："汉墓壁画中的宴饮图应当包含乐舞图和庖厨图。"② 因此，可以将这幅"帷帐图"归于第五组。根据"帷帐图"的内容，可以将这五组"帷帐图"中的帷帐分为两类，即家居的坐帐（床帐）、用于飨神和丧葬的帐，第一组、第三组、第五组及第四组中的图 8-16 属于家居之坐

---

① 宿白主编：《中国美术全集 绘画编 12 墓葬壁画》，文物出版社 1989 年版，第 48 页。
② 汪小洋：《汉墓壁画的宗教信仰与图像表现》，上海古籍出版社 2012 年版，第 97 页。

帐，第二组与第四组其他帷帐是用于飨神和丧葬的帐。

二　河西魏晋十六国"帷帐图"的特点

我们发现，以上18幅"帷帐图"具有如下特点：

第一，从地域分布上讲，在以上18幅"帷帐图"中，出土于河西走廊及吐鲁番地区的10座墓葬，属于河西走廊墓葬壁画者有16幅，其余2幅属于北凉时期的新疆吐鲁番地区，因此可以与河西地区的"帷帐图"视作同一时期同一文化区内的丧葬现象。河西地区的16幅"帷帐图"均出自魏晋十六国时期的敦煌郡和酒泉郡所属区域的墓葬，而在今武威市、张掖市东部地区即魏晋十六国时期的武威郡、张掖郡所属区域的墓葬中尚未发现"帷帐图"。

第二，从墓葬时代上讲，从东汉、曹魏甘露二年（257）经西晋、前凉，直到西凉建初十一年（415）和北凉时期，"帷帐图"均有出现，这表明"帷帐图"是东汉、魏晋十六国时期河西文化区内墓葬壁画中较为稳定的题材。

第三，就上述"帷帐图"在具体墓葬中的位置而言，图8-2位于嘉峪关新城一号墓前室西壁靠近耳室处；图8-3、图8-4所示"帷帐图"位于敦煌佛爷庙湾M37墓室东壁正中；图8-5、图8-6所示"帷帐图"位于敦煌佛爷庙湾M133前室北壁前部壁龛后壁正中；图8-7—图8-12所示酒泉高闸沟晋墓种的几幅"帷帐图"具体位置不详[①]；图8-13所示高台许三湾古城遗址东南墓出土的魏晋"彩绘人物帐居图"具体位置不详[②]；图8-14—图8-17为玉门金鸡梁前凉墓中出土的"帷帐图"，据玉门市博物馆陈列资料可知，该墓为前室双后室砖室墓，图8-14位于前室（即玉门博物馆称之为"墓厅"）东壁第三

[①] 岳邦湖、田晓、杜思平、张军武《岩画及墓葬壁画》（敦煌文艺出版社2004年版，第64—65、73—75页），张金莲、许晶《酒泉高闸沟魏晋墓出土的画像砖浅论》（《陇右文博》2011年第2期），马军强《酒泉高闸沟砖厂墓出土壁画砖及墓葬时代浅析》（《丝绸之路》2016年第16期）等先后介绍该墓，但均未介绍画像砖具体分布位置。

[②] 该墓详细情况尚未公布。

层，图8-15位于墓葬西后室北壁，图8-16、图8-17位于前室西壁第二层；图8-18所示敦煌祁家湾369号西凉建初十一年（415）墓"宴乐出行图"画像砖立于墓室后壁下；新疆吐鲁番北凉哈拉和卓97号墓、98号墓壁画"帷帐图"均位于所在墓室北壁。图8-3、图8-18、图8-19、图8-20等4幅"帷帐图"，均位于所在墓葬内部非常显眼的位置，图8-5之"帷帐图"亦为学界认为墓主"灵座"所在，因此强调的意义非常明显。4幅玉门金鸡梁前凉墓中的"帷帐图"位置与敦煌佛爷庙湾M37、M133相近，区别在于双后室均有棺木。

第四，就"帷帐图"内容而言，在18幅"帷帐图"中，11幅有男、女墓主人同时或单独出现；2幅即图8-10"申辩图"、图8-11"行刑图"虽无墓主人出现，但因这两幅图与其他几幅共同组成一组"决讼断案"，"申辩"与"行刑"使作为主审的男墓主亦在现场，另有2幅空帷帐（佛爷庙湾M37、M133，图8-3—图8-6）被学界视作墓主灵座所在，因此这4幅可以视作有墓主的"帷帐图"。其余2幅为出自玉门金鸡梁前凉墓的"帷帐图"，虽无墓主人形象出现，但有类似供品的物品出现在帷帐中，与该墓大约同一时代（东晋的4世纪初至4世纪中叶）的辽宁朝阳县袁台子东晋墓中出土的帷帐实物及其复原情景[1]，与此颇为类似（图8-21）。因此可以认为，这些帷帐图始终与墓主人直接联系在一起，可以说，绘制帷帐图的目的，就是表达墓主人或其灵座所在。

第五，出自玉门金鸡梁前凉墓的4幅"帷帐图"与同时期辽宁朝阳县袁台子东晋墓中出土的帷帐实物风格接近，吐鲁番北凉时期的"帷帐图"（图8-19、图8-20）与牛耕、炊厨、驼马等题材绘制在一起，这与西凉建初十一年（415）敦煌祁家湾M369"帷帐图"同出行图绘制在一起的风格亦颇为接近，这在一定程度上说明，"帷帐图"题材在同一时期的不同区域具有较为接近的表现方式。

---

[1] 辽宁省博物馆文物队、朝阳地区博物馆文物队、朝阳县文化馆：《朝阳袁台子东晋壁画墓》，《文物》1984年第6期。

第八章　论河西魏晋十六国墓葬壁画中的"帷帐图"　　237

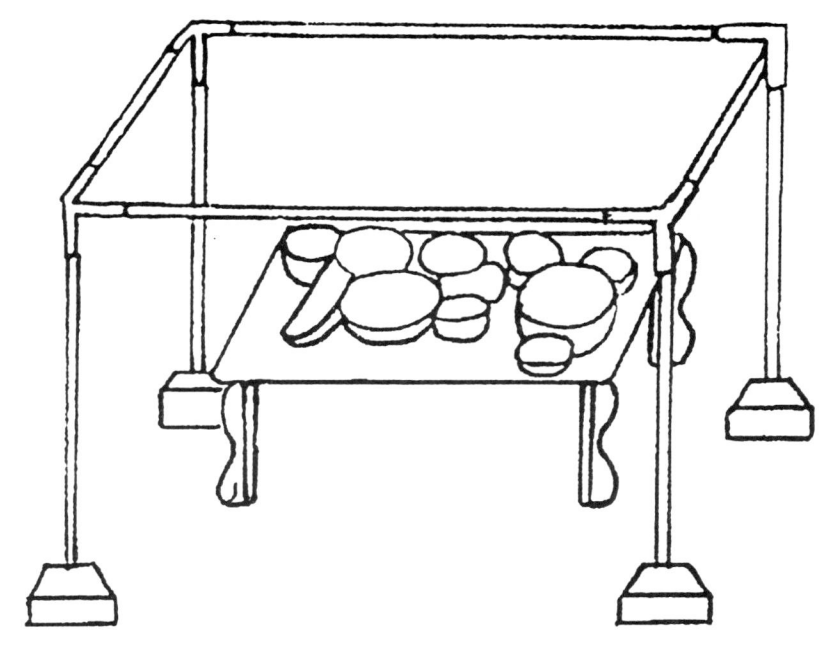

图 8-21　东晋袁台子墓帐架及漆案复原图①

第六，"帷帐在魏晋北朝时期的流行体现了封建王朝的等级制度。……无论臣子生前死后，使用帷帐都体现了墓主人非同一般的身份"②。据考古报告，图 8-2 新城一号墓"宴居图"的男墓主段清，是河西的世家豪族，还是地方政府属佐③；图 8-3—图 8-6"帷帐图"所在的敦煌佛爷庙湾西晋 M37、M133 的墓主人均非品官，都应是具有相当经济实力的豪族地主④；图 8-7—图 8-12 的墓主人应为河西地方郡守⑤；图 8-13—图 8-17 缺详细的考古信息，但能够修建壁画墓，

---

① 辽宁省博物馆文物队、朝阳地区博物馆文物队、朝阳县文化馆：《朝阳袁台子东晋壁画墓》，《文物》1984 年第 6 期，图三四。
② 权弼成：《从"遮蔽"到"环绕"：公元 3—5 世纪北方地区墓葬帷帐的空间位移》，《文博》2019 年第 6 期。
③ 甘肃省文物队等：《嘉峪关壁画墓发掘报告》，文物出版社 1985 年版，第 74—75 页。
④ 甘肃省文物考古研究所：《敦煌佛爷庙湾西晋画像砖墓》，文物出版社 1998 年版，第 106 页。
⑤ 岳邦湖、田晓、杜思平、张军武：《岩画及墓葬壁画》，敦煌文艺出版社 2004 年版，第 64—65 页。

墓主生前经济实力不弱，起码也应为地方豪族地主；图 8-18 "宴乐出行图" 所在的敦煌祁家湾 369 号西凉墓为乙 C 型墓①，墓主约为一般中、小地主②；吐鲁番哈拉和卓 97 号墓、98 号墓墓主人也应是当地豪族地主。报告虽未说明酒泉下河清一号墓墓主身份，但从该墓规模及出土的弩机等兵器随葬品判断，墓主人起码应是豪族地主。这说明，"尽管帷帐仍然作为一种等级身份的象征，但是魏晋以来可能已不具有那么严格的界限"。"随着政治环境不断动荡，它所具有的等级意义似乎受到了一定冲击。"③ 在河西地区表现得尤为明显。

三　墓内祭奠及其场景的变化

帷帐及帷帐内墓主画像的存在，说明魏晋十六国时期河西墓内祭奠的存在。墓葬壁画说到底只是古人为奉死送终、纪念死者而营建的壁画墓的有机组成部分，因此其内容在一定程度上就是墓主人的"陪葬品"，而"帷帐图"独特的性质及作用，"彰显了主人身份，并塑造所谓身份的'内'与'外'，在墓中则表现了生者死者、亲属之间所受的阻隔"④。因此直接绘制墓主图像于其中并予以强调，或者将空帷帐视作墓主"灵座"所在，最宜表达墓主在世的亲人对逝者的追思。这应是河西地区魏晋十六国墓葬壁画中绘制"帷帐图"的直接原因。

除了通过"帷帐图"直接表达男女墓主人的形象或其"灵座"之外，河西魏晋十六国墓葬壁画常常以宴饮图为中心来表达墓主人的身份。汪小洋在论及汉代宴饮图礼仪内容时指出："汉代的礼仪规定了

---

① 甘肃省文物考古研究所：《敦煌祁家湾西晋十六国墓葬发掘报告》，文物出版社 1994 年版，第 42—44 页。
② 甘肃省文物考古研究所：《敦煌祁家湾西晋十六国墓葬发掘报告》，文物出版社 1994 年版，第 171 页。
③ 权弼成：《从"遮蔽"到"环绕"：公元 3—5 世纪北方地区墓葬帷帐的空间位移》，《文博》2019 年第 6 期。
④ 权弼成：《从"遮蔽"到"环绕"：公元 3—5 世纪北方地区墓葬帷帐的空间位移》，《文博》2019 年第 6 期。

宴饮图的内容，尊老、祭祀、乐舞和庖厨等都是被礼仪规定而产生的情节，所以汉墓壁画中的宴饮图应当包含乐舞图和庖厨图。""在汉画的各种图像题材中，宴饮图因为包含着礼仪的内容而成为国家宗教在汉代最通俗的绘画表现，也是被普遍反映的题材。"[1] 河西魏晋十六国墓葬壁画的题材与内容，承袭中原地区汉代墓葬壁画传统，因此可以说上述判断基本也适用于河西地区。帷帐及帷帐内的墓主人像，成为墓主后人进行墓内祭奠的对象。

河西地区魏晋十六国墓葬壁画中最具代表性的墓主人宴饮图，当数绘制于丁家闸5号墓前室西壁第三层的墓主人"燕居行乐图"（图8-22）：北侧绘一单间单檐顶轩，青瓦、正脊，有柱无墙。轩内为墓主人，头戴三梁进贤冠，蓄长发，身着朱砂间石黄色袍，跪坐于榻上。身后立一男侍和一女侍。女侍……手持方形曲柄华盖。柄上系青缯囊。男侍……手持圆顶黑帽。西壁中部（通后室过道门上），绘一方案。案上一樽。樽内置勺。案下有温器。温器内置一带提梁的高颈直口壶。案北侧立一男侍……在男侍以北，轩外，墓主人前，有一男乐伎……左手摇鼗鼓，右手执鼓槌，作下蹲跨步状，似为乐伎之指挥者。案南侧有一童仆……在童仆以南，立一女舞伎。头挽四髻，身着三色褶，五彩接袖，腰束带，两手各挥动一方扇，翩翩起舞。再往南为另一女舞伎。衣着同前，衣边飘起，下露红袴，回首踏歌舞蹈。其南上侧为乐伎。踞坐一列，其第一人为男乐伎……双手抚琴。后面三人为女乐伎，……第二人奏琵琶。第三人吹竖笛。第四人双手拍腰鼓。乐队下方为百戏。地铺席，席上有两女伎，着红裤、三色褶、腰束带，赤足，两手着地倒立。[2] 张朋川指出："（该图）比较注意对人物的细致刻画。作者能抓住不同人物的特征和表情，分别刻画出墓主人、伎人、舞女和乐师的形象。"[3] 如此宏大的燕居行乐场面，其主旨自在表现墓主人生前显赫的身世及死后仍将继续生前荣华富贵的愿望，考虑到该墓壁画所营造的包括宇宙、仙境和模仿人间的"幸福家

---

[1] 汪小洋：《汉墓壁画的宗教信仰与图像表现》，上海古籍出版社2012年版，第97页。
[2] 甘肃省文物考古研究所：《酒泉十六国墓壁画》，文物出版社1989年版，第5—6页。
[3] 甘肃省文物考古研究所：《酒泉十六国墓壁画》，文物出版社1989年版，第20页。

园"在内的"三重宇宙"①，该"燕居行乐图"表达墓主人身份的意图更加明显。这位坐在轩内、头戴三梁进贤冠的墓主人自然成为墓内祭奠的对象。

图 8-22　丁家闸 5 号墓前室西壁壁画②

另外一处值得重视的是高台地埂坡 4 号墓宴饮图（图 8-23）。该宴饮图位于这座双室土洞墓的前室北壁。宴饮图位于墨绘双柱、斗拱及架梁组成的房屋之内，具有较为明显的强调意义。宴饮画面可以分为左右两部分。左边绘二男子相对而坐，似在博弈，二人均头戴尖顶帽，着圆领衣，直鼻大眼，胡须浓重，应为居于河西的少数民族（图 8-24）。右边二男子相对而坐，头戴双歧帽，上着交领袍服，中间置

---

① 巫鸿：《黄泉下的美术：宏观中国古代墓葬》，施杰译，生活·读书·新知三联书店 2010 年版，第 31—35 页。
② 甘肃省文物考古研究所：《酒泉十六国墓壁画》，文物出版社 1989 年版，图版"前室壁画"之"西壁壁画"。

酒具，是宴饮场景，从其衣饰看，是汉族（图8-25）[①]。郭永利认为，该宴饮图左侧头戴高帽的两人应为墓主人，因为"此二人形象与7—8世纪乌兹别克斯坦的片治肯特古城壁画中的的粟特宴饮人物几乎完全一致，所以墓主人应为粟特人"[②]。但7—8世纪的片治肯特古城壁画晚出，以之为据判断魏晋十六国时期（220—439）的壁画墓主人很成问题。况且该宴饮图由两组画面组成，左侧一组应为少数民族（粟特）人，右侧一组为汉人形象，汉人宴饮情景非常明显，而粟特人是否为宴饮尚难判断，因此很难仅凭其中一组就认定墓主人是谁，尚需进一步探讨。不过可以肯定的是，该图中粟特人、汉人的身份都不低，至于为何将这两组图像安排在一起，尚难确知。

图8-23 地埂坡4号墓宴饮图[③]

[①] 徐光冀主编：《中国出土壁画全集9 甘肃·宁夏·新疆》，科学出版社2012年版，第35页。
[②] 郭永利：《河西魏晋唐墓中的胡人形象》，《丝路文明》第二辑，上海古籍出版社2017年版，第45—59页。
[③] 徐光冀主编：《中国出土壁画全集9 甘肃·宁夏·新疆》，科学出版社2012年版，第35页。

图 8-24　宴饮图①

图 8-25　宴饮图②

---

① 徐光冀主编：《中国出土壁画全集 9 甘肃·宁夏·新疆》，科学出版社 2012 年版，第 36 页。
② 徐光冀主编：《中国出土壁画全集 9 甘肃·宁夏·新疆》，科学出版社 2012 年版，第 37 页。

第八章　论河西魏晋十六国墓葬壁画中的"帷帐图"　　243

但将这两组图并列绘制在一起，应当具有前述"墓内祭奠"的目的。由于宴饮图位于墨绘的房屋之内，该房屋在一定程度上就具有了前述"帷帐"的作用，这一点值得注意。

实际上，该房屋的"帷帐"意义解释还可以更进一步。由于地埂坡四号墓的详细资料未见公布，但与其一起发掘的一号墓给我们了解四号墓提供了参考。一号墓同样为双室土洞墓。据《甘肃高台地埂坡晋墓发掘简报》：

（M1）前室平面长方形，长4.21、宽3.81米。南北壁及顶部用原生黄土雕出仿木结构梁架及屋顶，形成面阔一间进深三架椽的类似卷棚顶结构，残高3.72米。屋架由前后檐柱承梁，前檐梁头直接出跳，跳头施令栱承檐，后檐梁上设蜀柱承檐，梁上施大叉手，叉手上部两侧设斗承令栱，令栱上部结构未做完整。

前檐柱下设方座素面覆盆柱础，柱为梭形……柱顶施栌斗，斗口施支替承梁，梁与支替直接出头成斗口跳。支替后尾直截，跳头施斗、承令栱（北壁梁架令栱缺失）、替木、承槫，槫与墓顶相接。后檐柱位于侧壁与后壁转角处，雕出局部方形柱身，无柱础，柱头结构仅雕出里砖，做法与前檐相同，梁上贴壁雕蜀柱，施头承替木、承槫，槫以上做法同前檐。

大叉手上部前后两侧施斗承令栱、替木，替木之上槫或枋的结构与墓顶连接未做出，两槫之间墓顶近似平顶，未做出椽子。两屋架间的屋顶中央有盗洞。前、后坡顶略有弧度，前坡略长，两坡均贴壁雕出近似半圆的椽子。[①]

这种仿木结构架梁与屋顶所形成的面阔一间进深三架椽的建筑结构（图8-26），与地埂坡4号墓绘于墓室内部的房屋结构非常相似，只是形式更为简单。如此，则4号墓壁画中房屋内部的宴饮场景也应

[①] 甘肃省文物考古研究所、高台县博物馆：《甘肃高台地埂坡晋墓发掘简报》，《文物》2008年第9期。

该在1号墓中出现。但据发掘简报,1号墓前室并无壁画。那么前述4号墓中能够进行的墓内祭奠如何在1号墓前室实现?显然,1号墓中的墓内祭奠场所,就在这间由原生黄土雕出的房屋之内。既然1号墓的雕刻完成了4号墓壁画所能表现的内容,并且效果较4号墓更加令人震撼,那么壁画就没必要出现在墓葬之内了。或者可以说,1号墓雕刻形成的房屋,是一种特殊意义"壁画"。由于1号墓后室平面方形覆斗顶,置棺,在顶部及四坡绘有藻井及四神图像[1],这使上述判断更加坚实:雕刻出的房屋型前室,正是进行墓内祭奠的所在,而在原生黄土上完成的雕刻已经替代了类似4号墓前室壁画的功能。

图8-26 高台地埂坡M1前室结构[2]

高台地埂坡1号墓这样独特的造型,令人想起汉代以石材模仿当时木构建筑祠堂,或者祠堂与墓葬结合在一起的做法,如山东历城县孝里铺孝堂山石祠(图8-27、图8-28)[3]、安徽宿县褚兰汉画像石

---

[1] 甘肃省文物考古研究所、高台县博物馆:《甘肃高台地埂坡晋墓发掘简报》,《文物》2008年第9期。

[2] 甘肃省文物考古研究所、高台县博物馆:《甘肃高台地埂坡晋墓发掘简报》,《文物》2008年第9期,图九、图一〇。

[3] 罗哲文:《孝堂山郭氏墓石祠》,《文物》1961年第4、5期合刊。

墓①、江苏徐州青山泉白集东汉画像石墓②、山东临淄东汉王阿命刻石③等。而嘉峪关新城13号墓前室结构则在一定程度上继承了这种形制："前室平面基本上呈方形，长2.5米、宽2.52米，在后部靠近后室过道处有宽0.88米、高0.32米的一个二层台，把前室地面分为两半，形成所谓的明堂。"④ 看来，地埂坡1号墓前室是将汉代中原地区进行祭祀的石祠及此前河西地区在墓葬前室设置"明堂"等的形制搬到地下墓穴之中，以方便死者在世的亲人进行墓内祭奠。而前述丁家闸5号墓墓主人像所在的那间有柱无墙、青瓦、正脊的单檐顶轩，也应该具有同样的性质。与墓葬壁画中绘制"帷帐图"相比，这样的场景无疑更加具有现场感。

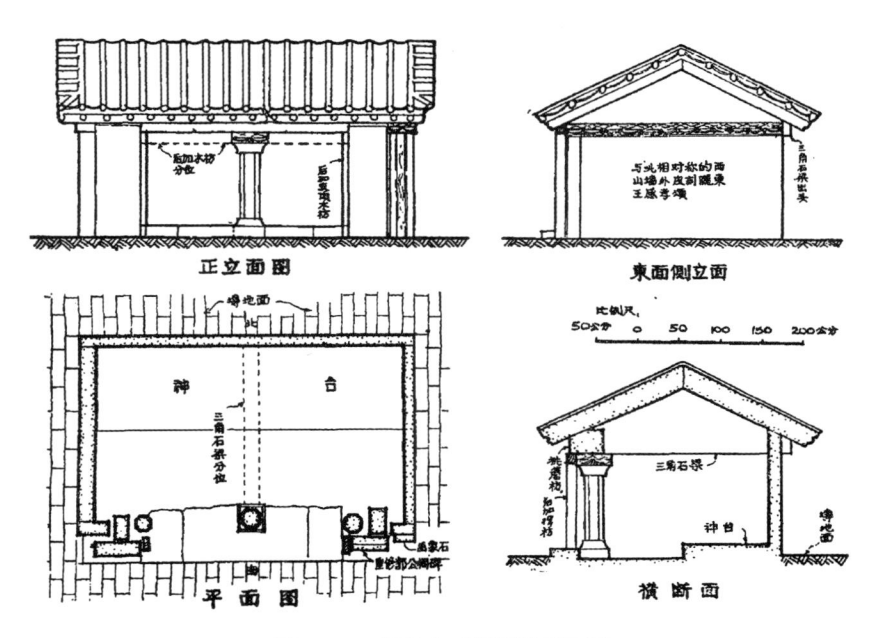

图 8-27　孝堂山石祠测绘简图⑤

---

① 王步毅：《安徽宿县褚兰汉画像石墓》，《考古学报》1993年第4期。
② 南京博物院：《徐州青山泉白集东汉画像石墓》，《考古》1981年第2期。
③ 郑岩：《山东临淄东汉王阿命刻石的形制及其他》，载氏著《逝者的面具：汉唐墓葬艺术研究》，北京大学出版社2013年版，第98—125页。
④ 嘉峪关市文物管理所：《嘉峪关新城十二、十三号画像砖墓发掘简报》，《文物》1982年第8期。
⑤ 罗哲文：《孝堂山郭氏墓石祠》图1，《文物》1961年第4、5期合刊。

透视

图 8-28 孝堂山石祠透视图①

回到地埂坡 4 号墓的讨论上来，我们可以想见，如此继承汉代传统并有一定创新的墓葬主人或者墓葬的营建者，究竟会是什么人。由于墓内缺乏直接的证据很难断言，但该墓所处的魏晋十六国时期，能够在河西地区营建如此规模墓葬的，或许只有汉族豪强。而中原在河西地区保存、传承的传统文化内容，或许就包括地埂坡 4 号墓这种润物无声的方式。

以上对河西地区魏晋十六国时期墓葬壁画中的"帷帐图"进行梳理并做了初步的探讨。根据相关"帷帐图"，我们可以进一步认识河西墓葬壁画的丰富内涵，并对深入理解魏晋隋唐河西历史变迁具有一定积极意义。显然，当下学术研究所揭示出的河西墓葬壁画所蕴涵的社会历史信息，实在非常有限，更多的信息，尚待今后学界更加深入、细致地发掘。

---

① 刘敦桢主编：《中国古代建筑史》第二版，中国建筑工业出版社 1984 年版，第 56 页，图 36。

下 卷

第九章

榜题与画像：魏晋十六国河西墓葬壁画中的社会史

在汉唐时期河西墓葬壁画中，有为数不少的榜题，这些榜题主要集中于魏晋十六国河西墓葬壁画中。这些榜题在直观地说明墓葬壁画内容的同时，还携带着丰富的社会历史信息。系统考察这些榜题，对深入了解魏晋十六国河西墓葬壁画的特点、该时期河西民众的宗教信仰，以及魏晋十六国河西社会史细节都有重要意义。对此，学界专门的研究较少。本章拟对魏晋十六国河西墓葬壁画中的榜题作一梳理与探究，以就教于方家。

一 魏晋十六国河西墓葬壁画中的榜题

魏晋十六国河西墓葬壁画中有较多的榜题，就目前笔者所见，计有64处，分别为：敦煌佛爷庙湾西晋墓（M1）照墙画像砖"尚阳"（2）、"凤"、"麒麟"、"河图"、"洛书"、"赤雀"（2）、"力士"（2）、"舍利"、"受福"、"白兔"（2）、"鹿"（2）、"万鱣"（2）、"儿鱼"（2）、"千秋"（2）、"李广"（2）、"青龙"、"白虎"、"赤鸟"（2）、"鼋鼍"（2）、"戏豹"（2）[①]；嘉峪关新城1号墓07号画砖

[①] 殷光明：《敦煌西晋墨书题记画像砖墓及相关内容考论》，《考古与文物》2008年第2期。按，括号内数字为有相同榜题的画砖数量。

"段清"、"幼絜"①，32号画砖"牧畜"②，35号画砖"井饮"③，36号画砖"坞"④，同墓37号画砖"耕种"⑤；新城三号墓前室"中合"、"各内"、"车庑"、"臧内"、"炊内"⑥，同墓17号画砖"马"⑦；酒泉西沟魏晋四号墓34号画砖"坞舍"⑧；西沟魏晋七号墓46号画砖"坞舍"⑨，54号画砖"鼓史"⑩，55号画砖"童史"、"都伯吴才"⑪，56号画砖"兵胡大年"、"兵孙旌"，57号画砖"兵鲁义"、"兵王昭"⑫；酒泉高闸沟晋墓31号画砖"大仓"⑬；高台博物馆藏许三湾墓群前秦"卧具"（图9-1），许三湾墓群魏晋"炭炉"、"亭灯"、"采帛机"（图9-2）⑭、"相"（图9-3），"合绩"、"典"⑮、"镜奁"⑯；高台地埂

---

① 甘肃省文物队等：《嘉峪关壁画墓发掘报告》，文物出版社1985年版，图版五八之1；张宝玺编：《嘉峪关酒泉魏晋十六国墓壁画》，甘肃人民美术出版社2001年版，第16页。按，本画砖虽有两处榜题，但指同一主题，故统计为一处，下同。

② 甘肃省文物队等：《嘉峪关壁画墓发掘报告》，文物出版社1985年版，第98页。

③ 张宝玺编：《嘉峪关酒泉魏晋十六国墓壁画》，甘肃人民美术出版社2001年版，第29页。

④ 张宝玺编：《嘉峪关酒泉魏晋十六国墓壁画》，甘肃人民美术出版社2001年版，第30页。

⑤ 张宝玺编：《嘉峪关酒泉魏晋十六国墓壁画》，甘肃人民美术出版社2001年版，第30页。

⑥ 甘肃省文物队等：《嘉峪关壁画墓发掘报告》，文物出版社1985年版，第11—17页；图版一二。

⑦ 甘肃省文物队等：《嘉峪关壁画墓发掘报告》，文物出版社1985年版，第99页。

⑧ 岳邦湖、田晓、杜思平、张军武：《岩画及墓葬壁画》，敦煌文艺出版社2004年版，第84页。

⑨ 甘肃省文物考古研究所：《甘肃酒泉西沟村魏晋墓发掘报告》图八五，《文物》1996年第7期。

⑩ 甘肃省文物考古研究所：《甘肃酒泉西沟村魏晋墓发掘报告》封面，《文物》1996年第7期。

⑪ 甘肃省文物考古研究所：《甘肃酒泉西沟村魏晋墓发掘报告》图八八，《文物》1996年第7期。按，本画砖两处榜题所指不同，故计做两处。以下56、57号画砖及许三湾墓群魏晋"炭炉"、"亭灯"榜题同。

⑫ 甘肃省文物考古研究所：《甘肃酒泉西沟村魏晋墓发掘报告》，《文物》1996年第7期；按，杨永生主编《酒泉宝鉴》称该57号画砖榜题为"兵鲁清"、"兵王昭"（甘肃文化出版社2012年版，第173页）。

⑬ 肃州区博物馆：《肃州文物图录·可移动文物卷》，甘肃文化出版社2016年版，第201页；岳邦湖、田晓、杜思平、张军武：《岩画及墓葬壁画》作"粮仓"，敦煌文艺出版社2004年版，第75页。

⑭ 高台县博物馆编印的《高台文物概览》称该画砖为"采帛木几图"。

⑮ 俄军、郑炳林、高国祥主编：《甘肃出土魏晋唐墓壁画》，兰州大学出版社2009年版，第453—454页。

⑯ 俄军、郑炳林、高国祥主编：《甘肃出土魏晋唐墓壁画》，兰州大学出版社2009年版，第441页；贺西林、郑岩主编：《中国墓室壁画全集1汉魏南北朝》，河北教育出版社2011年版，图版第97页，图版说明第43页。

坡晋墓 M6 墙壁刻画 "樊字遂"①；高台地埂坡墓 M4 中书写于两块龙头建筑构件的 "西南""中东北角"②。

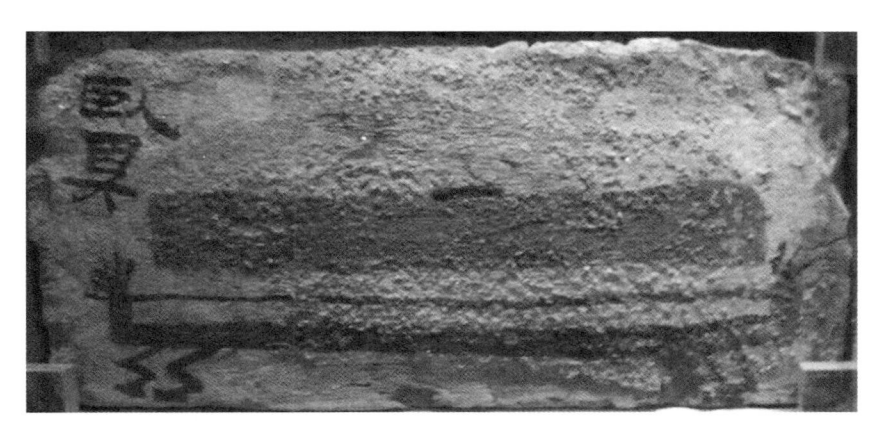

图 9-1　"卧具"图（高台县博物馆藏，贾小军摄）

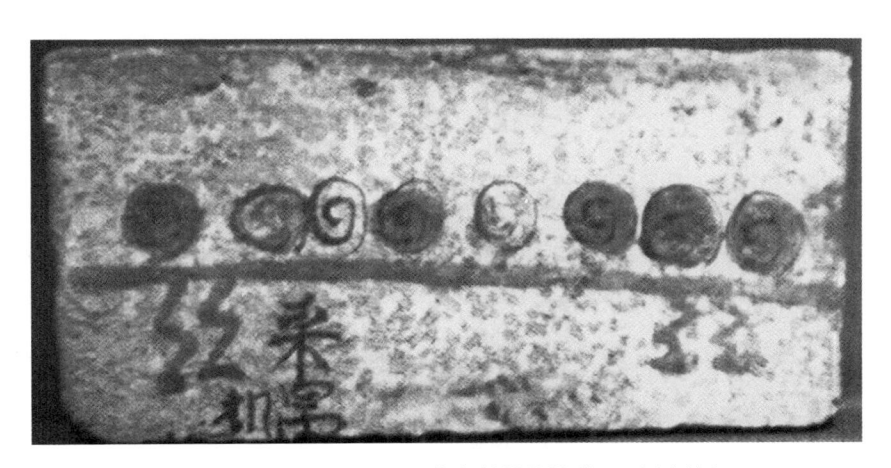

图 9-2　"采帛机"图（高台县博物馆藏，贾小军摄）

---

① 甘肃省文物考古研究所、高台县博物馆：《甘肃高台地埂坡晋墓发掘简报》，《文物》2008 年第 9 期。
② 郑怡楠：《河西高台县墓葬壁画祥瑞图研究——河西高台县地埂坡 M4 墓葬壁画研究之一》《敦煌学辑刊》2010 年第 1 期。

上述 64 处榜题可根据其所反映的壁画砖内容分为三大类七种，第一类是反映现实生活的内容，共有人名与身份、农牧生产场景、器物名、建筑名称等四种；第二类有两种，一种是历史人物榜题，一种是以奇禽异兽为代表的祥瑞和神话传说榜题；第三类一种，是书写于作为墓葬建筑构件的龙头之上表示方位的榜题。以下对这些榜题及其所反映的对象进行简要介绍。

图 9-3　"相"图（高台县博物馆藏，贾小军摄）

1. 反映人物与身份的榜题共 9 处，约占统计榜题的 15%。其中书写于壁画砖上的有 8 处，分别为"段清、幼絜""鼓史""童史""都伯吴才""兵胡大年""兵孙旌""兵鲁义""兵王昭"。据相关资料，写有"段清、幼絜"榜题的画砖出自嘉峪关新城 1 号墓，段清字幼絜，为新城 1 号墓墓主人；其余 7 处榜题均出自西沟魏晋墓 7 号墓，为前后相连的四块画砖①，报告称这四块画砖与另外一块画砖共为军事场面，结合上述榜题来看，似为墓主人出行仪仗的部分内容。另有一处"樊字遂"，阴刻于高台地埂坡晋墓 M6 前室后壁甬道上方，发掘简报认为是墓主人姓名。

2. 反映农牧生产场景的榜题共 4 处，约占统计榜题的 6.5%，分

---

① 甘肃省文物考古研究所：《甘肃酒泉西沟村魏晋墓发掘报告》，《文物》1996 年第 7 期。

别为"牧畜""井饮""耕种""马",除"马"榜题出自嘉峪关新城3号墓外,其余三处均出自嘉峪关新城一号墓。此类榜题数量虽少,但却已能代表当时河西地区农耕与畜牧两个主要生产领域。而且,马作为河西畜牧业的重要产品和在骑乘、作战等方面的作用,以及马、牛、羊等形象在魏晋十六国河西墓葬壁画中的大量存在,使考察此类榜题及其所反映的社会历史信息,具有重要意义。

3. 反映建筑名称的榜题共9处,约占统计榜题的15%。其中书写于壁画砖上的4处,为坞、坞舍(2处)、大(粮)仓,分别出自新城一号墓、西沟四号墓、西沟七号墓、高闸沟晋墓。其余"中合""各内""车庑""藏内""炊内"等5处书写于新城三号墓前室东西耳室券门上方,其指代对象并非绘画内容,而是指榜题所在位置本身的象征意义。

4. 反映器物名称的榜题共8处,约占统计榜题的13%,分别书写于高台博物馆所藏许三湾墓壁画砖的魏晋"炭炉""亭灯",魏晋"采帛机""相""合缋""典""镜奁",前秦"卧具",由于"炭炉""亭灯""采帛机""卧具"等在民众日常生活或者墓主人死后所处"世界"的重要性,这几处榜题及其所反映的图像内容形象地呈现了传世文献中往往忽略的内容,因此在魏晋十六国河西墓葬壁画的研究中具有重要意义。如"采帛机"榜题,直观地说明该图中类似圆圈的内容为代表财富的丝帛无疑,这也为嘉峪关新城壁画墓中圆圈形象的认定提供了重要依据。

5. 历史人物榜题。只有"李广"榜题2例。"李广"榜题所在画砖出土于敦煌市佛爷庙湾,画面彩绘一马飞奔,骑一射手,转身拉满弓,箭在离弦之际,旁题墨书"李广"二字[1],表现著名的"李广射虎"故事。

6. 以奇禽异兽为代表的祥瑞和神话传说榜题。此类榜题在所有榜题中数量最多,共30例,占统计榜题的48%强,都集中于1991—1992年发掘的佛爷庙湾一号晋墓,这些内容反映了丰富的河西民间信

---

[1] 杨永生主编:《酒泉宝鉴》,甘肃文化出版社2012年版,第179页。

仰信息，值得深入研究。

7. 书写于作为墓葬建筑构件的龙头之上表示方位的榜题。此类榜题目前所见仅有 2 处，即出自前述高台地埂坡墓 M4，具有"明显的表示方位的特征"①。

二 魏晋十六国河西墓葬壁画榜题的特点

据上述，魏晋十六国河西墓葬壁画榜题具有如下特点：

1. 简洁明了。上述 64 处榜题，字数均在 1—4 字以内。这些榜题与栩栩如生的画砖内容结合，使榜题及绘画所表达内容跃然纸上，一目了然。其中"童史""都伯吴才""兵胡大年""李广""河图""洛书"等榜题及指代对象虽然简单，但却具有较为丰富的内涵。

2. 占榜题比例较多的奇禽异兽为代表的祥瑞和神话传说榜题，主要有以下三类：青龙、白虎、朱雀、玄武四神；见于有关典籍并与神话相联系的"河图""洛书""尚阳"等；还有一些在民间流传，或散见于诸典籍，或现已不可考其具体含义的奇禽异兽，如赤雀、赤鸟、戏豹等。就目前考古发现来看，像这样集中、系统地出土的祥瑞和神话传说题材，并在画面上题有确切名称者很少见到。因此，这批墨书题记画像砖的出土，"不仅为（河西墓葬壁画中）同类题材的定名和研究提供了旁证资料，也为敦煌石窟壁画艺术渊源的研究提供了重要资料"②。

3. 与国内其他地区出土的汉代画像石榜题相比，上述画砖榜题中除了神话及历史人物、祥瑞图像等内容，还有较多反映现实生活的内容，但榜题及其指代内容的故事意义很弱，即使榜题及相关画砖有表示故事的含义存在，也只是故事的众多组成部分之一而已。如"段清"榜题意在标明墓主人姓名。"童史""都伯吴才""兵胡大年""兵孙旌""兵鲁义""兵王昭"等内容，应是该墓主人出行图中的部

---

① 郑怡楠：《河西高台县墓葬壁画祥瑞图研究——河西高台县地埂坡 M4 墓葬壁画研究之一》，《敦煌学辑刊》2010 年第 1 期。

② 殷光明：《敦煌西晋墨书题记画像砖墓及相关内容考论》，《考古与文物》2008 年第 2 期。

第九章　榜题与画像：魏晋十六国河西墓葬壁画中的社会史　　255

分场景，其书写及绘画目的也应是为了表明墓主生前地位的高贵。"牧畜""坞""井饮"等榜题，也反映出壁画墓的创作者所刻意表现的现实生活的某些内容，或者是希望墓主人死后所能拥有的生活世界的内容。

4. 榜题书写很灵活。既有朱书，也有墨书；既没有固定的位置，也没有传统意义上的榜题边框即所谓"榜"的部分，即有题无榜。以高台博物馆所藏"炭炉""亭灯""采帛机""相""卧具"诸榜题而论，"炭炉""亭灯""相"为朱书，"采帛机""卧具"墨书；"炭炉""亭灯"书于指代物右侧，"相"书于右上方，"卧具"二字在左上方，"采帛机"则书写于左下方。佛爷庙湾"鹿"榜题则书写于鹿颈前。[①] 嘉峪关新城一号墓36号画砖"坞"、酒泉西沟魏晋4号墓34号画砖"坞舍"、西沟魏晋7号墓46号画砖"坞舍"等榜题又直接书写于物像（即"坞""坞舍"）之上。

5. 榜题书法多样。上述榜题皆为民间作品，书法较为随意，却自有特点。如"鼓史""童史""都伯吴才""坞舍""相""镜簌"等榜题书写自然，笔画不拘行格，写法通俗简捷，具有古拙、天然的意趣；"卧具"榜题及佛爷庙湾"李广""鹿"等榜题颇有隶书味道，尤其"卧具"二字波挑分明，艺术性强；"采帛机"榜题具有行楷的特点，"采"字笔画更是简洁活泼，富于美感；而地埂坡6号墓刻画"樊字遂"，楷中带隶，行笔虽较流畅但不免稍欠庄重。相比较而言，"炭炉""亭灯"榜题及对应绘画笔法粗糙拙劣，不及"鼓史""童史""都伯吴才""李广"等榜题及对应绘画内容流畅，其中差别是否能反映壁画墓级别及墓主人身份差异，尚需进一步考证。

6. 榜题分布地域广泛。据上可知，榜题在魏晋十六国河西墓葬壁画较为集中的敦煌、嘉峪关、酒泉、高台等地皆有发现，在以上64例榜题中，敦煌32例，嘉峪关11例，酒泉10例，高台11例。具体到墓葬而言，佛爷庙湾西晋1号墓32例，西沟魏晋7号墓8例，新城魏晋3号墓6例，新城魏晋1号墓5例，许三湾魏晋墓7例，西沟魏晋4

---

① 杨永生主编：《酒泉宝鉴》，甘肃文化出版社2012年版，第180页。

号墓1例，高闸沟晋墓1例，地埂坡晋墓3例，许三湾前秦墓1例。就上述榜题而言，据相关发掘报告或简报对墓葬时代的判断，较早的魏晋墓榜题较多，而较晚的晋墓、十六国墓榜题较少。但这是否能够作为河西壁画墓断代的标准，由于上述榜题中没有任何纪年信息，因此难知究竟。

三 榜题所见魏晋十六国河西社会史

已如上述，魏晋十六国河西墓葬壁画榜题所反映的主要是墓葬壁画的创作者所刻意表现的现实生活的某些内容，或者是希望墓主人死后所能拥有的生活世界的内容，以及反映河西民间信仰的某些内容。就此而论，这些榜题虽然简单，却仍然具有重要的社会史意义。

（一）榜题与墓葬等级、墓主人身份

"段清""幼絜""牧畜""井饮""坞""耕种"诸榜题皆出自嘉峪关新城1号墓，其中写有"段清"榜题的画砖位于前室南壁东侧，是墓主人的宴饮图。[①] 段清戴黑介帻。《晋书·段灼传》称，段氏"世为西土著姓"[②]。又据《晋书·舆服志》："介帻服文吏，平上帻服武官也。"[③] 而据墓葬壁画可知，凡服黑介帻皁缘领袖中衣者，在出行图中多为导骑或在轺车前后捧笏的官吏，其身份应为魏晋时期地方政府中的属佐文吏。据此可知，1号墓墓主人段清是曹魏时期河西的世家豪族，还是地方政府属佐文吏。

"中合""各内""车庑""臧内""炊内""马"等榜题出自新城3号墓前室，据发掘报告，该墓出行图的导从着尖顶帽、灰袴褶、持矟，但出行仪仗无盖，可知3号墓墓主人应是将军、刺史以下的武官。[④]

[①] 甘肃省文物队等：《嘉峪关壁画墓发掘报告》，文物出版社1985年版，第74页。
[②] 《晋书》卷48《段灼传》，中华书局1974年版，第1336页。
[③] 《晋书》卷25《舆服志》，中华书局1974年版，第770页。
[④] 甘肃省文物队等：《嘉峪关壁画墓发掘报告》，文物出版社1985年版，第75—76页。

第九章 榜题与画像：魏晋十六国河西墓葬壁画中的社会史

"鼓史""童史""都伯吴才""兵胡大年""兵孙旌""兵鲁义""兵王昭"等榜题位于酒泉西沟M7前室西壁第四层壁画砖上，表现的是军事场面。据发掘报告，该墓墓主人的画像砖绘得清晰传神，其身着紫袍，头戴一梁冠坐于榻上。据《汉官仪》："千石以下至小吏冠一梁。"《晋书·舆服志》载："六百石以下至令史、门郎、小史并冠一梁。"① 联系上述表现军事场面的壁画内容，可知西沟M7墓主人为曾担任过军队下级官职的中小官吏。而上述榜题所指"鼓史""都伯"等小吏职名和"胡大年"等军士姓名，应为M7墓主人属下的真实人物。②

两处"坞舍"榜题画砖，其一出自西沟魏晋M7，另一"坞舍"榜题画砖出自西沟魏晋M4，据发掘报告，该墓为中型墓，级别较西沟M7为低，墓主人身份也应较西沟M7墓主人为低，当是普通民众或者中小地主。

有"樊字遂"刻画的高台地埂坡M6随葬品简单、数量较少，棺上绘制女娲图像，技法拙劣。与该墓相邻的M2规格较高却遭扰乱，但出土随葬品仍然较多，且有金银器、铜器、铁器、漆器等贵重器物，其身份至少为世族地主。若墓主人当真为名叫樊字遂者，且与M2为某一家族的两座相邻墓葬，则樊字遂当属该世族地主家族下层民众或者与M2并无联系的普通百姓。

佛爷庙湾西晋1号墓墓主人宴饮图中，男主人着交领广袖汉式襦服，头戴进贤冠，冠顶似有三梁。③ 据《晋书·舆服志》："三公及封郡公、县公、郡侯、县侯、乡亭侯，则冠三梁。"④ 另外，随葬品中有武官用的铁剑、文人用的石板砚、铁削等，由以上因素可以认为此墓主人可能为品官，是敦煌具有相当经济实力的豪族地主。⑤

据上可知，榜题集中出现的佛爷庙湾1号墓、新城1号墓、3号

---

① 《晋书》卷25《舆服志》，中华书局1974年版，第767页。
② 甘肃省文物考古研究所：《甘肃酒泉西沟村魏晋墓发掘报告》，《文物》1996年第7期。
③ 殷光明：《敦煌西晋墨书题记画像砖墓及相关内容考论》，《考古与文物》2008年第2期。
④ 《晋书》卷25《舆服志》，中华书局1974年版，第767页。
⑤ 殷光明：《敦煌西晋墨书题记画像砖墓及相关内容考论》，《考古与文物》2008年第2期。

墓、西沟 7 号墓皆为魏晋时期河西地方文武官吏，其余几处墓葬中的榜题都是零星出现，从榜题书法及所反映内容来看，其墓主人身份一般为普通百姓。不过，能否根据榜题内容判断墓葬的级别及墓主人身份，还需根据进一步的考古工作进行深入分析。

（二）魏晋十六国时期河西民众居室什物

据相关研究，上述榜题所提及的坞或坞舍，是魏晋十六国时期河西民众的主要居所。在坞或坞舍之中，中合、各内、车庑、臧内、炊内、粮仓等更小的建筑一应俱全。① 不过坞壁及相关庭院内部的居室什物，史籍并无明确记载。许三湾墓群出土的"卧具""炭炉""亭灯""采帛机""相""合缋""典""镜荌"等画砖及榜题，为我们深入了解这一问题提供了重要线索。

许三湾墓出土"卧具"画砖，绘一由足、底座及被褥组成的长条形"卧具"，与今天日常所见家具之"床"颇为相近。"床"在河西地区民众生活中早已有之。西北汉简就有关于"床"的记录②：

    其一六尺
（1）床二　　　　　　　　见（E. P. T6：82）③
    一八尺板三枚
（2）上传外坐床六尺二　□
  外六尺□□□　　　　□（E. P. T59：395）④

床上自然少不了被、褥。敦煌汉简中就有相关记录，如"縑被"（合

---

① 贾小军：《魏晋十六国河西社会生活史》，甘肃人民出版社 2011 年版；贾小军：《民族融合背景下西北边疆民众的生存空间——以魏晋十六国时期河西走廊为中心》，《河西学院学报》2015 年第 1 期。
② 庄小霞：《西北汉简所见汉代居室什物考》，载中共金塔县委等编《金塔居延遗址与丝绸之路历史文化研究》，甘肃教育出版社 2014 年版，第 172—181 页。
③ 甘肃省文物考古研究所等：《居延新简》，文物出版社 1990 年版，第 41 页。
④ 甘肃省文物考古研究所等：《居延新简》，文物出版社 1990 年版，第 385 页。

143·29)、"绵被"（敦1043）① 等。

另外，"炭炉""亭灯"画砖所反映的是民众居室取暖及照明情景，而"采帛机""相""合绩""典""镜鋄"等榜题内容，均应是居室什物，在一定程度上都在表现墓主人的财富。其中"采帛机"为家庭手工业的重要表征，在古代传统的男耕女织社会中自有其一席之地。"相""合绩"等则是反映代表财富的丝帛在民众生活中的重要影响力。研究者认为："'相'即'箱'，由题名可知所画内容是箱。箱内绘多个圆涡状图，应是箱内装有丝帛的意思，用以表现墓主人的财富。"②"合绩"题记画砖"画面绘一只盝顶大箱，内有涡状图，是呈卷状的丝帛，表现墓主人的财富"③。"典"题记画砖"画面绘一只盝顶大箱，一只平顶箱，上面有题名，似为'典'字"④。至于"镜鋄"，则应为"盛放铜镜的鋄囊"⑤。

（三）"大仓"及民众日常生活

在河西魏晋十六国墓葬壁画中，表现生产生活的内容是其最为重要的题材之一，其功用与汉代墓室壁画相关主题一致，即"保障墓主在地下家园中的生活所需"⑥。河西走廊墓葬壁画中常见的粮堆、仓房等内容也具有同样意义，"大仓"榜题（图9-4）自然也表现了这一主题的重要性。已有学者指出："汉画像石题记中常见'此中人马皆食大仓'之类的套语，反映了同样的观念，即死者及受其役使各种奴仆、生灵皆可就食于取之不尽的'大仓'。"⑦ 信然。但需要注意的是，

---

① 甘肃省文物考古研究所：《敦煌汉简》，中华书局1991年版。
② 俄军、郑炳林、高国祥主编：《甘肃出土魏晋唐墓壁画》，兰州大学出版社2009年版，第451页。
③ 俄军、郑炳林、高国祥主编：《甘肃出土魏晋唐墓壁画》，兰州大学出版社2009年版，第453页。
④ 俄军、郑炳林、高国祥主编：《甘肃出土魏晋唐墓壁画》，兰州大学出版社2009年版，第454页。
⑤ 贺西林、郑岩主编：《中国墓室壁画全集1汉魏南北朝》，河北教育出版社2011年版，图版说明第43页。
⑥ 郑岩：《魏晋南北朝壁画墓研究》，文物出版社2002年版，第163页。
⑦ 郑岩：《魏晋南北朝壁画墓研究》，文物出版社2002年版，第163页。

墓葬壁画主题对大仓、粮食以及肉食内容的强调，或许在一定程度上反映了在"民以食为天"的社会生活中粮食的缺乏。如上所述，河西走廊壁画墓的墓主人一般为具有一定经济实力的豪族地主或中下层官员，他们对衣食如此看重，普通百姓的情况可想而知。也正因如此，才使河西民众在墓葬壁画中经久不衰地表现"丰衣足食"这样的理想境界。

图9-4 "大仓"图[①]

（四）"炭炉"、木炭与民众取暖炊厨用料

就地理环境而言，河西地区纬度较高，在一年季节轮替中往往出现冬夏较长而春秋较短甚至并不明显的现象。据相关研究，近五千年以来，我国气候出现过多次寒暖变化，公元3世纪初至6世纪中叶的魏晋南北朝时期属于寒冷期。[②] 考诸史籍，这一时期河西地区也颇多灾异天象。《晋书·五行志下》载："（东晋穆帝永和）七年三月，凉州大风拔木，黄雾下尘。"[③] 穆帝永和七年为公元352年，这条史料所反映的应是一次严重沙尘暴的记录，农历三月河西地区天气尚未转暖，这种大风沙尘天气对民众生活的影响可想而知。同书同卷载：

[①] 肃州区博物馆编：《肃州文物图录·可移动文物卷》，甘肃文化出版社2016年版，第201页。
[②] 竺可桢：《中国近五千年气候变迁的初步研究》，《中国科学》1973年第3期。
[③] 《晋书》卷29《五行志下》，中华书局1974年版，第892页。

第九章 榜题与画像：魏晋十六国河西墓葬壁画中的社会史

"（东晋穆帝永和）十年五月，凉州雪……京房《易传》曰：'夏雪，戎臣为乱。'"① 所谓"戎臣为乱"，指公元355年前凉重臣宋混等攻灭张祚并立张玄靓之事。这条资料虽意在指出治乱与天象之间的联系，但夏天突降大雪毕竟罕见，对河西民众而言，如何渡过这种极端天气颇费思量。同书同卷载："（穆帝升平）五年八月，凉州地震。"② 穆帝升平五年为前凉张玄靓执政的公元361年，农历八月河西天气已凉，加上地震，民众之艰难情境可想而知。

上述几种情境均需驱寒保暖，但这一时期河西民众日常究竟如何应对寒冷和某些极端天气，高台许三湾墓群所出"炭炉"榜题画砖，为我们提供了重要线索。画砖中"炭炉"虽然仅有寥寥粗糙数笔，但炭炉及其中燃烧的木炭形象及其带来的温暖效果已跃然纸上。显然，这个"炭炉"应当是墓主人生活中的取暖工具。又由于"炭炉"被作为一个重要内容反映在壁画砖中，可知此"炭炉"在墓主人生活中具有重要意义，或者说，这个"炭炉"在某种程度上反映了墓主人在当时社会中的重要身份。

我国用木炭作燃料冶铁的历史较早。从春秋后期开始，人们就用木炭做冶铁燃料冶炼生铁。就河西地区而言，据近年来在张掖黑水国史前遗址的局部考古发掘，获得了几十件铜器，出土了冶炼红铜的炉渣，最近发现了坤铜的线索，该遗址中还发现有朱砂和大漆以及草木灰。③ 至于河西地区何时用木炭开始冶炼尚不得而知，不过悠久的冶炼历史，使我们有理由相信河西地区很可能与中原地区一同进入木炭冶炼时代。而到了魏晋十六国时期，用木炭冶炼必然非常普遍了。

魏晋十六国时期，河西地区除了在金属冶炼中使用木炭，在生活领域内使用木炭也应较为普遍。嘉峪关新城六号魏晋墓壁画中的烤肉

---

① 《晋书》卷29《五行志下》，中华书局1974年版，第875页。
② 《晋书》卷29《五行志下》，中华书局1974年版，第897页。
③ 《甘肃张掖黑水国遗址2011年度考古工作会纪要》，中国考古网2011-11-2，http://www.kaogu.cn/cn/detail.asp？ProductID=13949。

图，以及敦煌祁家湾西晋十六国墓葬中出土的三齿餐叉[①]、高台魏晋墓《庖厨图》画砖右上角的三齿餐叉形象[②]，应都是使用木炭进行烤肉食用的重要证明。

不过在传世的相关记载中，却很少见到河西民众日常用"炭炉"及"炭"的内容，而薪柴倒是偶尔可见。《晋书·吕隆载记》称，后凉末年，沮渠蒙逊围攻姑臧，"姑臧穀价踊贵，斗直钱五千文，人相食，饥死者十余万口。城门尽闭，樵采路绝，百姓请出城乞为夷虏奴婢者日有数百"[③]。所谓"樵采"，应是指日常的薪柴采集诸事。《魏书·段承根传》："自昔凉季，林焚渊涸。"[④] 这条资料说的是因战乱等造成的自然环境的破坏，不过其中强调"林""渊"的重要性非常明显。"林""渊"乃河西民众的基本生活空间和大部分生产、生活资料的来源之所，即"樵采"发生之所。

魏晋十六国河西墓葬壁画中的炊厨图亦可证薪柴在河西民众日常生活中的重要性。嘉峪关新城7号墓81号画砖[⑤]、113号画砖[⑥]，各绘一女跪于灶前往灶内填薪柴，灶内火苗外窜。新城7号墓88号、111号画砖，13号墓13号画砖，酒泉丁家闸五号墓壁画也有类似炊厨图。其中所烧为薪柴无疑。

据上可知，就目前所见资料而言，魏晋十六国时期，河西民众炊厨、取暖主要依靠采自林、渊的薪柴，而需要进一步加工的木炭也应为其中重要内容。

（五）榜题与河西的神灵世界

就目前所见，魏晋十六国河西地区以奇禽异兽为代表的祥瑞和神

---

① 甘肃省文物考古研究所、戴春阳、张珑：《敦煌祁家湾西晋十六国墓葬发掘报告》图版四四、四五，文物出版社1994年版。
② 贾小军：《魏晋十六国河西社会生活史》图9-5，甘肃人民出版社2011年版，第239页。
③ 《晋书》卷122《吕隆载记》，中华书局1974年版，第3071页。
④ 《晋书》卷52《段承根传》，中华书局1974年版，第1159页。
⑤ 俄军、郑炳林、高国祥主编：《甘肃出土魏晋唐墓壁画》，兰州大学出版社2009年版，第338页。
⑥ 俄军、郑炳林、高国祥主编：《甘肃出土魏晋唐墓壁画》，兰州大学出版社2009年版，第378页。

话传说榜题都集中于 1991—1992 年发掘的佛爷庙湾 1 号晋墓。该墓照墙所见画像砖题材可分为以下几类："一是伏羲、女娲、东王公等传统神话传说人物，二是'李广射虎'等历史人物题材，三是以奇禽异兽为代表的祥瑞和神话传说题材。"① 若笼统视之，上述题材所表现的内容都可归入当时河西地区的神灵世界之中，即便是"李广射虎"或者"伯牙抚琴"等题材，显然已具有某种民间宗教的特性。有学者指出："西晋时期敦煌地区仍以传统文化为主，尤其是传统神话传说题材盛行……传统神话传说、祥禽瑞兽成为主要的描绘题材，是两汉以来驱邪流俗观念在敦煌地区盛行的反映，体现了魏晋时期社会各阶层浓厚的崇慕升仙的思想追求，以及这一地区深厚的传统文化土壤中，杂祀鬼神和道教思想也根深蒂固。"② 这些浓郁的仙幻神异内容所展现出的传统文化特质和独具特色的艺术风格，为接纳外来佛教文化和艺术提供了条件。信然。

以上就魏晋十六国河西墓葬壁画中的榜题及其特点、榜题所反映的河西民众社会生活等信息作了考察。实际上，这些考察远未穷尽榜题所携带的丰富历史文化信息。而且，随着考古和历史研究工作的进一步开展，相信将会有更多带有榜题的墓葬壁画内容出现，这既会给本章的相关探究提供佐证，也可能会推翻部分结论。本章抛砖引玉，以引起更多学人关注魏晋十六国河西墓葬壁画及其榜题所反映的社会生活信息，以推进此项研究。

---

① 殷光明：《敦煌西晋墨书题记画像砖墓及相关内容考论》，《考古与文物》2008 年第 2 期。
② 殷光明：《敦煌西晋墨书题记画像砖墓及相关内容考论》，《考古与文物》2008 年第 2 期。

第十章

西凉迁都与酒泉十六国
壁画墓的纪念碑性

西凉李暠建初元年（405）迁都酒泉①，随后又采取了一系列措施充实新都，如徙民酒泉②、掠地建东③、奉表江南④等等，并取得显著成效。史称西凉因之"年谷频登，百姓乐业"⑤。酒泉遂成为西凉新的政治、经济、文化中心。建初十三年（417），李暠薨，"国人上谥曰武昭王，墓曰建世陵"⑥。根据近年来考古发现推断，2001年4月发现并清理，位于酒泉市肃州区城西约15里处的果园乡丁家闸村一组境内的小土山墓葬或即李暠建世陵。有学者论及酒泉小土山墓葬特点时指出："小土山墓葬诸多地域传统结合的特点表明在魏晋十六国的某个历史阶段，敦煌地区的墓葬传统对酒泉地区的墓葬产生了强有力的影响。"⑦ 这种影响的动力，主要来自前述西凉迁都酒泉这一重大事件。实际上，包括此后酒泉墓葬在内的许多文化内容，都受到敦煌及其他地区的影响，进而形成独特的酒泉地域特点。于具备上述特征的酒泉

---

① 《晋书》卷87《凉武昭王李玄盛传》，中华书局1974年版，第2261页。
② 《晋书》卷87《凉武昭王李玄盛传》："初，苻坚建元之末，徙江汉之人万余户于郭煌，中州之人有田畴不辟者，亦徙七千余户。郭廑之寇武威，武威、张掖已东人西奔敦煌、晋昌者数千户。及玄盛东迁。皆徙之于酒泉，分南人五千户置会稽郡，中州人五千户置广夏郡，余万三千户分置武威、武兴、张掖三郡。"
③ 《晋书》卷87《凉武昭王李玄盛传》："玄盛亲率骑二万，略地至于建东。"（第2263页）
④ 《晋书》卷87《凉武昭王李玄盛传》："以前表未报，复遣沙门法泉间行奉表。"（第2263页）
⑤ 《晋书》卷87《凉武昭王李玄盛传》，第2264页。
⑥ 《晋书》卷87《凉武昭王李玄盛传》，第2267页。
⑦ 郭永利：《河西魏晋十六国壁画墓》，民族出版社2012年版，第250页。

十六国壁画墓而言，本章借用巫鸿先生的相关研究，以"纪念碑性"①称之。

一　酒泉十六国壁画墓

本章所指"酒泉"，是指西晋十六国时期的"酒泉郡"，与今甘肃省酒泉市并不完全相同。《晋书》卷十四《地理志上》云："（凉州）酒泉郡，汉置。统县九，户四千四百。福禄、会水、安弥、骍马、乐涫、表氏、延寿、玉门、沙头。"② 五凉政权基本承袭西晋在河西地区的行政建置而颇有增益。于上引酒泉郡所属之地而言，前凉时期析置建康郡，治乐涫县。《十六国疆域志》云："案，（建康）郡盖张氏置。"③《资治通鉴》卷一一四"安帝义熙元年九月"条胡注："汉志：乐涫属酒泉郡，张氏分为建康郡。"④ 而表氏县在乐涫县东，仍属酒泉郡⑤。《读史方舆纪要》"甘州卫"条："建康城，镇西二百里，前凉张轨置建康郡，属凉州。"而整个建康郡似为酒泉郡所辖诸县环绕。西凉酒泉郡、建康郡大抵与前凉相当。《十六国疆域志》云："《蒙逊载记》：吕隆降兴，酒泉、凉宁叛降李暠，是暠得酒泉等郡在吕氏亡后。得酒泉后乃迁都也。"⑥《晋书》卷八七《凉武昭王李玄盛传》："乃以张体顺为宁远将军、建康太守，镇乐涫。"⑦ 不过西凉时期表氏县既在乐涫县东，当属北凉。北凉灭西凉后，建康郡辖境为北凉所有。据上可知，西晋十六国时期的"酒泉"，大体包括除今敦煌市、瓜州县之外的酒泉市境，以及嘉峪关市、张掖市高台县部分地域，建

---

① "'纪念碑性'是指纪念碑的纪念功能及其持续。"见巫鸿《中国古代艺术与建筑中的"纪念碑性"》，李清泉、郑岩等译，上海人民出版社 2009 年版，第 5 页。
② 《晋书》卷 14《地理志上》，第 433 页。
③ 洪亮吉：《十六国疆域志》，载二十五史刊行委员会《二十五史补编》第三册，中华书局 1955 年版，第 4170 页。
④ 《资治通鉴》卷 114 安帝义熙元年九月条胡注，中华书局 1956 年版，第 3587 页。
⑤ 国家文物局：《中国文物地图集·甘肃分册》"西晋时期"，测绘出版社 2011 年版。
⑥ 《十六国疆域志》，《二十五史补编》第三册，第 4175 页。
⑦ 《晋书》卷 87《凉武昭王李玄盛传》，第 2261 页。

康郡又为酒泉郡诸县所环绕。因此，本章所指"酒泉"，即指西晋十六国时期的酒泉郡、建康郡辖境，而酒泉十六国壁画墓，也即发现于上述诸地的壁画墓。

就目前已发掘并保存较为完好的酒泉十六国壁画墓而言，最具代表性者有丁家闸5号墓和小土山墓两处。[①] 丁家闸5号壁画墓位于酒泉北10千米的果园公社丁家闸大队。1977年8月发掘。墓室有前、后两室，前室覆斗顶前部设方坑。研究者认为这种方坑似为院落的象征，为甘肃河西地区所特有。在北朝和隋唐时期的墓葬中，设于墓道中的天井，似为此种形制的发展。该墓的年代，大致可定在后凉至北凉之间，即公元4世纪结束至5世纪中叶，也就是在公元386—441年之间。墓主人的身份应在王侯、三公之列，但究为何人难以确指，或系西凉迁治酒泉后某个世族大姓中的高级官僚。至于墓主人是否确为西凉王侯，由于在当时的历史条件下，僭越制度的情况经常发生，尚不能肯定。[②]

丁家闸十六国壁画墓……前室墓顶与四壁薄施草泥一层，上加敷土黄色泥皮，满绘彩画，顶部绘覆斗莲花藻井。下以土红宽带界栏，以树丛作装饰，内容包括天、地、人三界景物。天界绘红日、盈月、东王公、西王母、神马、白鹿、羽人、金乌、蟾蜍，人间绘墓主人宴居行乐图、眷属出行图、饮宴乐舞图、耕作采桑图以及坞壁、碉楼、牧童、庖厨等，再现了那个时代政治、经济、文化、宗教等社会生活各个层面的真实情景。从中我们可以了解到古代河西人民勤劳纯朴的民风以及贵族生活的富足与奢华。[③]

小土山墓葬位于丁家闸5号墓之西约1200米，即酒泉市肃州区城西约15里处的果园乡丁家闸村一组境内。2001年4月发现并清理。墓为砖室墓，由车马室、贮藏室、甬洞、照墙、石门、甬道、前室、

---

① 对这两处墓葬的断代，本文从甘肃省文物考古研究所编《酒泉十六国墓壁画》（文物出版社1989年）、郭永利《河西魏晋十六国壁画墓》（民族出版社2012年版）。

② 吴礽骧：《酒泉丁家闸五号墓的发掘》，载甘肃省文物考古研究所《酒泉十六国墓壁画》，文物出版社1989年版，第1—17页。

③ 花平宁：《丁家闸十六国墓壁画简介》，载静安摄影《甘肃丁家闸十六国墓壁画》封二，重庆出版社1999年版。

耳室、过道、后室等部分组成。该墓特点主要如下：墓道两壁设有三层台阶，表明墓主人身份之显赫；墓道两壁对称建5个小龛，近甬道处方井壁下，附一耳室和一侧室；建有双甬道；墓道与墓门前建方井；在甬道口以上建照墙，并且使用了一排砖雕廊柱；在墓葬后室有横置的砖砌棺床，以穿壁纹方砖砌成；在照墙上有青龙、白虎、朱雀的图像；墓壁均以顺丁砖筑而成，在需要处嵌立面砖用以绘画；前室顶部的藻井处绘有水波纹；在墓室以外绘画；画像仍为砖画形式；在绘画风格方面表现出精细的画风；地面铺设穿壁纹方砖。砖画除上述青龙、白虎图像外，多已脱落。清理时可辨析者计有：车马室入口左侧一块画砖绘两位站立的人物；石门右侧一块画砖绘三位站立的侍臣，身体侧向墓门，其中两位头戴官帽，身着朝服，手持笏板，神态颇为恭敬。[1] 关于该墓的年代与墓主，《敦煌研究》认为："酒泉魏晋墓的墓主可能是西凉王李暠。"[2] 郭永利《河西魏晋十六国壁画墓》亦推测："小土山墓……很可能为西凉国王李暠之墓。""小土山墓很可能为建世陵。"[3]

丁家闸5号墓壁画内容丰富且保存完好，在该时期河西壁画墓中颇具代表性。小土山墓虽然破坏严重，但因其形制较高、特色鲜明，故仍然可算十六国时期酒泉壁画墓中的代表性墓葬。这两处墓葬的代表性，庶几可以本文开头所述之"纪念碑性"称之。

二 西凉的"纪念碑性"建筑

前已述及，西凉迁都酒泉后，包括墓葬在内的许多文化内容，都曾受到来自敦煌的影响。考诸史籍，兴建具有"纪念碑性"意义的建筑，是西凉武昭王李暠时代一个非常突出的特点。

《晋书》卷八七《凉武昭王李玄盛传》载："初，吕光之称王也，

---

[1] 肃州区博物馆：《酒泉小土山墓葬清理简报》，《陇右文博》2004年第2期；郭永利：《河西魏晋十六国壁画墓》，第239—249页。
[2] 本刊讯：《酒泉魏晋墓的墓主可能是西凉王李暠》，《敦煌研究》2003年第3期。
[3] 郭永利：《河西魏晋十六国壁画墓》，民族出版社2012年版，第252页。

遣使市六玺玉于于阗，至是，玉至敦煌，纳之郡府。仍于南门外临水起堂，名曰靖恭之堂，以议朝政，阅武事。图赞自古圣帝明王、忠臣孝子、烈士贞女，玄盛亲为序颂，以明鉴戒之义，当时文武群僚亦皆图焉。有白雀翔于靖恭堂，玄盛观之大悦。又立泮宫，增高门学生五百人。起嘉纳堂于后园，以图赞所志。"① 本段史料所云之靖恭堂、嘉纳堂、泮宫亦可在敦煌文书 P.2005《沙州都督府图经卷第三》中得到证明。② 此外，西凉还在敦煌建有恭德殿。③ 至于上述建筑之功用，据上引这则史料亦可知大概。靖恭堂，"图赞自古圣帝明王、忠臣孝子、烈士贞女"，"当时文武群僚亦皆图焉"，而"玄盛亲为序颂"；嘉纳堂亦"图赞所志"，其教化的礼仪功能非常明显。而李暠立"泮宫"之记载，更是目前所见敦煌设国学之最早史料，且于后世敦煌文教兴盛大有关系。④ 西凉在敦煌具备教化功能的，应当还包括先王庙。巫鸿先生指出：汉代以降，"丧葬建筑的政治与宗教礼仪含义大大加重了。"⑤ "从那时（按，指公元 222 年魏文帝时代下诏废除'上陵礼'，引者）起直到中华帝国的最终衰落，庙和墓再次成为祖先祭祠的一对中心。"⑥ 据 P.2005《沙州都督府图经卷第三》："先王庙，右，在州西八里。《西凉录》：凉王李暠谥父为凉简公，于此立庙，因号先王庙。其院周回三百五十步，高一丈五尺。"⑦

　　重视宫观殿堂、庙宇墓葬的教化等礼仪功能的传统，在西凉迁都酒泉后得到延续。《晋书》卷八七《凉武昭王李玄盛传》记载："玄盛既迁酒泉，乃敦劝稼穑。郡僚以年谷频登，百姓乐业，请勒铭酒泉，玄盛许之。于是使儒林祭酒刘彦明为文，刻石颂德。既而蒙逊每

---

① 《晋书》卷 87《凉武昭王李玄盛传》，第 2259 页。
② 李正宇：《古本敦煌乡土志八种笺证》，甘肃人民出版社 2008 年版，第 11—144 页。
③ P.2005《沙州都督府图经卷第三》，据李正宇《古本敦煌乡土志八种笺证》，甘肃人民出版社 2008 年版，第 48 页，注释 75—78（第 78—79 页）。
④ 李正宇：《古本敦煌乡土志八种笺证》，甘肃人民出版社 2008 年版，第 111 页。
⑤ 巫鸿：《中国古代艺术与建筑中的"纪念碑性"》，李清泉、郑岩等译，上海人民出版社 2009 年版，第 149 页。
⑥ 巫鸿：《中国古代艺术与建筑中的"纪念碑性"》，李清泉、郑岩等译，上海人民出版社 2009 年版，第 154 页。
⑦ 李正宇：《古本敦煌乡土志八种笺证》，甘肃人民出版社 2008 年版，第 54 页。

年侵寇不止，玄盛志在以德抚其境内，但与通和立盟，弗之校也。是时白狼、白兔、白雀、白雉、白鸠皆栖其园囿，其群下以为白祥金精所诞，皆应时邕而至，又有神光、甘露、连理、嘉禾众瑞，请史官记其事，玄盛从之。"① "玄盛上巳日宴于曲水，命群僚赋诗。而亲为之序。"② "勒铭酒泉""刻石颂德""史官记其事"及赋诗作序云云，都是前述教化等礼仪功能的延续。而这些礼仪功能，正是一个建筑物是否具备"纪念碑性"特点的重要因素。研究者指出："真正使一个物体成为一个纪念碑的是其内在的纪念性和礼仪功能。"③ 据此而言，上述西凉宫观殿堂，泮宫庙宇等等，都具备了"纪念碑性"。

建初十三年（417），李暠"薨，时年六十七。国人上谥曰武昭王，墓曰建世陵，庙号太祖"④。据《元和郡县图志》卷四十《陇右道下》"酒泉县条"："西凉武昭王陵，在县西十五里。"⑤ 据前所论，李暠之建世陵，自当成为此后西凉国重要的教化场所。而据墓葬形制、规格等判断，作为王侯墓葬的丁家闸5号墓、小土山墓均可成为西凉国重要的"纪念碑性"建筑物。

此外，与丁家闸5号墓一道发现的丁家闸1号墓应是东晋十六国时期的墓葬⑥，很可能也是西凉时期墓葬⑦。该墓出土砖刻墓表首，上刻"镇军梁府君之墓表"八字（图10-1）。⑧ 发掘简报分析称："关于镇军，《通典·职官》十六：'武散官，镇军将军以下，镇军大将军，魏置，文帝以陈群为之。晋则杨骏、胡奋并领镇军将军'。又《通典·职官》十九：'晋官品第三品镇军'。十六国采晋制，故丁M1的

---

① 《晋书》卷87《凉武昭王李玄盛传》，第2264页。
② 《晋书》卷87《凉武昭王李玄盛传》，第2264页。
③ 此为奥地利艺术史家阿洛伊斯·里格尔、美国学者约翰·布林克霍夫·杰克逊的观点，转引自巫鸿《中国古代艺术与建筑中的"纪念碑性"》，李清泉、郑岩等译，上海人民出版社2009年版，第4页。
④ 《晋书》卷87《凉武昭王李玄盛传》，第2267页。
⑤ 《元和郡县图志》卷40《陇右道下》，中华书局1983年，第1024页。
⑥ 甘肃省博物馆：《酒泉、嘉峪关晋墓的发掘》，《文物》1979年第6期。
⑦ 郭永利：《河西魏晋十六国壁画墓》，民族出版社2012年版，第257—259页。
⑧ 甘肃省博物馆：《酒泉、嘉峪关晋墓的发掘》，《文物》1979年第6期。

墓主人，应为河西五凉之一的镇军将军。"①据笔者统计，就目前所见资料，五凉政权中，设有镇军将军的有前凉、南凉和北凉，前凉阴澹曾任镇军将军；南凉势力未及酒泉；段业北凉时期，臧莫孩曾任镇军将军，沮渠蒙逊时期，沮渠伏奴曾任此职，未见姓梁之人担任镇军将军者②。北凉时期，梁中庸先后出仕段业、沮渠蒙逊，后又入西凉。但梁中庸先后所任，乃北凉段业尚书右丞、武卫将军，沮渠蒙逊右长史、西郡太守③，西凉李暠主簿④。梁中庸在北凉、西凉时期地位显赫，惟不见其任镇军将军之记载。丁家闸1号墓墓主人或许是梁中庸亦未可知，录此存疑。另外，1999年酒泉地区博物馆清理的丁家闸6号墓曾出土"陇西狄道李超夫人尹氏墓表……凉嘉兴二年"砖质墓志。"嘉兴二年"是西凉李歆的年号，即公元418年⑤。

图10-1 丁家闸1号墓砖质墓表首

如此看来，丁家闸一带小土山墓葬周围很可能均为西凉时期的墓葬⑥，进一步而言，这一带很可能是西凉王室及臣僚墓葬群。因此，

---

① 甘肃省博物馆：《酒泉、嘉峪关晋墓的发掘》，《文物》1979年第6期。
② 参见贾小军《五凉职官制度研究》（博士学位论文，西北师范大学，2015年）附表1-5及索引。
③ 《晋书》卷129《沮渠蒙逊载记》，第3190—3193页。
④ 《晋书》卷87《凉武昭王李玄盛传》，第2267页。
⑤ 肃州区博物馆：《酒泉小土山墓葬清理简报》，《陇右文博》2004年第2期。
⑥ 郭永利：《河西魏晋十六国壁画墓》，民族出版社2012年版，第260页。

包括小土山墓、丁家闸5号墓、1号墓、6号墓在内的西凉丁家闸墓群，应是西凉国重要的礼仪教化场所，其中具有代表性的丁家闸五号墓、小土山墓，自是具备上述"纪念碑性"的重要建筑。

三 酒泉十六国壁画墓的纪念碑性

如上所引，"真正使一个物体成为一个纪念碑的是其内在的纪念性和礼仪功能"，前述西凉小土山墓、丁家闸5号墓的纪念性和礼仪功能，现择要述之如下：

（一）祥瑞图

丁家闸5号墓壁画第一、二层绘天，第五层绘地，内容皆为符瑞。吴礽骧先生指出："（这）是西凉李暠'喜缘饰祥瑞，以自表异'的具体体现。"[1] 已如上述，内容包括红日、盈月、东王公、西王母、神马、白鹿、羽人、金乌、蟾蜍、"汤王纵鸟"等等。在河西地区发现的壁画墓中，祥瑞图以该墓最为完备。张朋川指出："由于墓主人具有诸凉小王国中王侯一级的身份，因此墓室壁画规模宏大，艺术水平也比较高。"[2] 古代统治者为了宣扬顺应天命，或者彰显上天对其地位的肯定，往往会寻找、解释甚至营造各种祥瑞现象。丁家闸5号墓主人显赫的身份配以完备的祥瑞图，无疑会增强壁画设计者或墓主的灵魂在观察壁画之时对其突出的纪念性和礼仪功能的深切认同。

（二）"汤王纵鸟"图

丁家闸5号墓前室南壁壁画第二层绘有"汤王纵鸟"图。"汤王纵鸟"源出《史记·殷本记》："汤出，见野张网四面，祝曰：'自天下四方皆入吾网。'汤曰：'嘻，尽之矣！'乃去其三面，祝曰：'欲左，左。欲右，右。不用命，乃入吾网。'诸侯闻之，曰：'汤德至

---

[1] 吴礽骧：《酒泉丁家闸五号墓壁画内容考释》，《敦煌学辑刊》1983年创刊号。
[2] 张朋川：《酒泉丁家闸古墓壁画艺术》，《文物》1979年第6期。

矣，及禽兽．'"①画中汤王为一蓄须老者，跽坐于树上的窝棚内，手执网绳。前绘一面网，网外有一鸟。②"汤王纵鸟"本是祥瑞图之一。前述日月、神鸟羽人及四神图像等，在魏晋十六国河西壁画墓中较为常见，如敦煌佛爷庙湾西晋1号墓照墙就有"尚阳""河图""青龙""白虎"等祥瑞图30余例③，高台骆驼城画像砖墓亦有云气（图10-2）、青龙图等④，高台地埂坡1号晋墓后室顶部南坡、北坡、东坡分别绘有朱雀（图10-3）、玄武（图10-4）、青龙（图10-5）。另如民乐八卦营1号魏晋壁画墓"前室四壁均绘有壁画。覆斗形东、西、南、北壁面依次绘青龙、白虎、朱雀、玄武"⑤。前述小土山墓照墙上亦有青龙、白虎、朱雀图像等。但"汤王纵鸟"图却仅见于丁家闸5号墓。或许这与该墓墓主身份有关。如果该墓墓主人的确为西凉王侯，则更与前述墓葬之教化礼仪功能相合。

图10-2　高台骆驼城云气纹画像砖⑥

---

① 《史记》卷3《殷本纪》，中华书局1959年版，第95页。
② 甘肃省博物馆：《酒泉、嘉峪关晋墓的发掘》，《文物》1979年第6期。
③ 甘肃省文物考古研究所、戴春阳：《敦煌佛爷庙湾西晋画像砖墓》，文物出版社1998年版。
④ 张掖地区文物管理办公室、高台县博物馆：《甘肃高台骆驼城画像砖墓调查》，《文物》1997年第12期。
⑤ 施爱民：《民乐县八卦营墓葬·壁画·古城》，《丝绸之路》1998年第3期。
⑥ 张掖地区文物管理办公室、高台县博物馆：《甘肃高台骆驼城画像砖墓调查》图一八，《文物》1997年第12期。

第十章　西凉迁都与酒泉十六国壁画墓的纪念碑性　　273

图 10-3　高台地埂坡 1 号墓后室朱雀图①

图 10-4　高台地埂坡 1 号墓后室玄武图（摹本）②

---

① 张掖地区文物管理办公室、高台县博物馆：《甘肃高台骆驼城画像砖墓调查》图一一，《文物》1997 年第 12 期。
② 张掖地区文物管理办公室、高台县博物馆：《甘肃高台骆驼城画像砖墓调查》图一二，《文物》1997 年第 12 期。

图10-5　高台地埂坡1号墓后室青龙、蟾蜍图①

（三）"社树"与社祭

丁家闸5号墓前室南壁壁画第四层中间绘一大树，树梢上立一青鸟，树枝间立一鹦鹉、一赤猴。树下有一栅栏，栅栏内有一裸体人，作耙草状②（图10-6）。关于此图，郑岩先生认为，这棵大树为社树，与祈求丰产的祭祀活动有关。③ 其"社树"的解释为大多数学者所认同。④ 至于这棵社树究竟以什么树为之⑤，我们亦可据相关资料做一推

---

① 甘肃省文物考古研究所、高台县博物馆：《甘肃高台地埂坡晋墓发掘简报》图一三，《文物》2008年第9期。
② 甘肃省博物馆：《酒泉、嘉峪关晋墓的发掘》，《文物》1979年第6期。
③ 郑岩：《酒泉丁家闸十六国墓社树壁画考》，《故宫文物月刊》总143期（1995年2月），第44—52页；郑岩：《魏晋南北朝壁画墓研究》，文物出版社2002年版，第153页。
④ 园田俊介：《酒泉丁家闸5号墓壁画所见十六国时期的河西社会——以胡人图像为中心》（《西北出土文献研究》（第3号），汲古书院2006年版，第43—45页）；孙彦：《河西魏晋十六国壁画墓研究》（文物出版社2011年版，第260—263页）；朱智武：《酒泉丁家闸五号墓"社树图"辨析》（《南京艺术学院学报》（美术与设计版）2014年第6期），等等。
⑤ 岳邦湖等人认为，此树为干楂树，现在河西已经绝迹（岳邦湖、田晓、杜思平、张军武：《岩画及墓葬壁画》，敦煌文艺出版社2004年版，第56页）。

断。《论语·八佾》:"哀公问社于宰我,宰我对曰:'夏后氏以松、殷人以柏、周人以栗。'"[1] 反映夏、商、周三代分别以松、柏、栗树为社主,后世又有以栎、槐、榆、李为社树之说。[2] 又据《晋书》卷八七《凉武昭王李玄盛传》:"先是,河右不生楸、槐、柏、漆,张骏之世,取于秦陇而植之,终于皆死,而酒泉宫之西北隅有槐树生焉,玄盛又著《槐树赋》以寄情,盖叹僻陋遐方,立功非所也。"[3] 李暠以酒泉宫西北隅有槐树生而作《槐树赋》,则槐树无疑在西凉迁都酒泉后具有特殊意义,而该社树枝繁叶茂,颇类槐树,以槐树为社树极有可能。

图 10-6 丁家闸 5 号墓社树图[4]

在此基础上,研究者对社树图的意义作了进一步推断。刘文科、

---

[1] 《论语·八佾》,《诸子集成》第一册,上海书店出版社 1986 年版,第 63—64 页。
[2] 郑同修:《汉画像中"长青树"类刻画与汉代社祭》,《东南文化》1997 年第 4 期。
[3] 《晋书》卷 87《凉武昭王李玄盛传》,第 2267 页。
[4] 甘肃省文物考古研究所:《酒泉十六国墓壁画》图版"南壁"之"大树""怪兽、裸女",文物出版社 1989 年版。

周蜜认为，这幅"大树裸女图"是表现"仲春之月社祭活动"的一种表现方式。①朱智武亦认为："这幅图所表达的主题是河西民间围绕社树进行的一项社祭活动。"②若上述推断无误，则我们可作进一步推想。社祭在传统中国一直是被极为看重的官方祭礼，也是民众广泛参与的民俗活动。③社树及社祭场景出现在西凉王侯墓葬壁画之中，进一步加强了该墓葬的"纪念碑性"。

（四）职官与舆服制度

丁家闸五号墓壁画保存较好，墓主人（图 10-7）头戴三梁进贤冠，身着殊砂间石黄色袍，凭三蹄足隐几，盘膝左手执麈尾。④小土山墓未见墓主人图像，但该墓石门右侧一块画像砖内容已如前述，绘三位站立的侍臣（已不甚清晰），身体侧向墓门，其中两位头戴官帽，身着朝服，手持笏板，简报称"形似恭敬等候，有进宫朝拜之意"⑤。郭永利《河西魏晋十六国壁画墓》则称："此墓规模宏大，在甬道及墓门处嵌有头着三梁冠手中执笏的人物。"⑥《晋书·舆服志》载："人主元服，始加缁布，则冠五梁进贤。三公及封郡公、县公、郡侯、县侯、乡亭侯，则冠三梁。"⑦据此，则丁家闸 5 号墓墓主身份当为"三公及封郡公、县公、郡侯、县侯、乡亭侯"之一。若郭氏描述无误，小土山墓墓门之"侍臣"头上所戴确为三梁冠，则墓主身份更为显赫，唯一的解释，便是"冠五梁进贤"的"人主"了。这种根据职官与舆服制度对墓主身份性的确认，在如此高规格墓葬的"叙事"当中，带有突出的"纪念碑性"意义。

---

① 刘文科、周蜜：《丁家闸五号墓大树壁画考释》，《黑龙江史志》2013 年第 17 期。
② 朱智武：《酒泉丁家闸五号墓"社树图"辨析》，《南京艺术学院学报》（美术与设计版）2014 年第 6 期。
③ 余欣：《神祇的"碎化"：唐宋敦煌社祭变迁研究》，《历史研究》2006 年第 3 期。
④ 甘肃省博物馆：《酒泉、嘉峪关晋墓的发掘》，《文物》1979 年第 6 期。
⑤ 肃州区博物馆：《酒泉小土山墓葬清理简报》，《陇右文博》2004 年第 2 期。
⑥ 郭永利：《河西魏晋十六国壁画墓》，民族出版社 2012 年版，第 252 页。
⑦ 《晋书》卷 25《舆服志》，第 767 页。

图 10-7　丁家闸 5 号墓墓主人①

四　结语

  本章以西凉迁都对酒泉十六国壁画墓形制、风格的影响为视角，讨论了以丁家闸 5 号墓、小土山墓为代表的酒泉十六国壁画墓的"纪念碑性"，力图对相关墓葬及其壁画做出较新的阐释。其中大多数内容虽在以往的研究中有所涉及，但毕竟未到柳暗花明的程度，本章或许在一定程度上可对相关问题研究的深入略尽绵薄之力。应该说，包括丁家闸 5 号墓、小土山墓在内的众多河西壁画墓的研究尚无定论，有待进一步的考古发现与研究来证明。笔者只是在现有材料的基础上做了些大胆的推测而已，目的在于促进对相关问题的进一步关注和研究。

---

①　甘肃省文物考古研究所：《酒泉十六国墓壁画》图版"西壁"之"墓主人"，文物出版社 1989 年版。

第十一章

从敦煌到长安：汉唐间丝路东段"马"的艺术形象变迁考论

敦煌素产良马，在汉唐时期丝绸之路良马交流过程中亦具有重要地位。因此，良马也是联系汉唐时期丝绸之路起点长安城和中西交流咽喉要塞敦煌的重要媒介。故谭蝉雪先生指出："敦煌正处于东西文化交流的交通要道，敦煌的马文化不仅历史悠久，且具代表性。""敦煌不但产马，而且还是古代马文化的交流地，西域马、咸阳马都在这里留下了足迹。"[①] 信然。但汉唐时期的敦煌马与长安马如何发生联系，敦煌、长安间即丝绸之路东段马的艺术形象又有怎样的变化，以往的研究较少关注。本章拟在前贤研究的基础上，结合汉唐时期相关出土文献，对上述问题进行考察，以就教于学界。

一 文献所见敦煌—长安间的良马交流

敦煌与长安之间马的交流，较早的记载应数见于敦煌文书《寿昌县地境》："龙勒山，县南一百八十里。周时龙马朝出咸阳，暮至寿昌，因以此山之下，遗其衔勒，故名龙勒山。"[②] 所谓"周时龙马朝出咸阳"当为传说之辞，若这条记载属实，则早在周代已有"龙马"自咸阳至于寿昌。另外，汉武帝时期敦煌渥洼水出神马的传说亦是敦煌

[①] 谭蝉雪：《敦煌马文化》，《敦煌研究》1996年第1期。
[②] 郑炳林：《敦煌地理文书汇辑校注》，甘肃教育出版社1989年版，第60页。

与长安间较早良马交流的记载。《史记》卷二四《乐书》云："（武帝）尝得神马渥洼水中。"《集解》引李斐曰："南阳新野有暴利长，当武帝时遭刑，屯田敦煌界，人数于此水旁见群野马中有奇异者，与凡马异，来饮此水旁。利长先为土人持勒靽于水旁，后马玩习久之，代土人持勒靽，收得其马，献之。欲神异此马，云从水中出。"① 前引《寿昌县地境》云："寿昌海，源出县南十里。方圆一里，深浅不测，即渥洼池水也。〔暴利〕长得天马之所。"② 上述周时自咸阳至于寿昌的龙马、汉武帝时期出自渥洼水的神马，成为后来汉朝与西域间"天马"恩怨的主要内容。

《寿昌县地境》云："龙勒泉，县南一百八十里。按《西域〔传〕》云：汉贰师将军李广利西伐大宛，得骏马，愍而放之。既至此泉，饮水鸣喷，辔衔落地，因以为名。"③ "龙堆泉，县南五里。昔有骏马，未（来）至此泉，饮水嘶鸣。宛转回旋而去。今验池南有土堆，有似龙头，故号为龙堆泉。"④ 现在看来，出于渥洼水的神马、来龙堆泉饮水的骏马，恐怕就是来自大宛的天马（汗血马）。

据上可知，敦煌、长安间马的交流，素以骏马为要。此骏马形象如何？据《史记》卷一二三《大宛列传》："（大宛）多善马，马汗血，其先马天子也。"⑤《汉书》卷二二《礼乐志》载汉武帝《天马歌》唱道："太一况，天马下，霑赤汗，沫流赭。"⑥ 是"汗血"乃此马最明显的特征。至于汗血马的其他特征则不得而知。1981年，陕西兴平县汉武帝茂陵东侧1号无名冢1号从葬坑出土的鎏金铜马（图11-1），被认为其所表现的正是天马的体型，亦为专门鉴定良马各部位发育状况的静态马式。⑦

---

① 《史记》卷24《乐书》，中华书局1959年版，第1178页。按，《汉书》卷6《武帝纪》"（元鼎四年）六月……秋，马生渥洼水中。"（中华书局1962年版，第184页）
② 郑炳林：《敦煌地理文书汇辑校注》，甘肃教育出版社1989年版，第61页。
③ 郑炳林：《敦煌地理文书汇辑校注》，甘肃教育出版社1989年版，第60页。
④ 郑炳林：《敦煌地理文书汇辑校注》，甘肃教育出版社1989年版，第60—61页。
⑤ 《史记》卷123《大宛列传》，第3160页。
⑥ 《汉书》卷22《礼乐志》，第1060页。
⑦ 张廷皓：《关于汉代的马式》，《农业考古》1986年第1期。

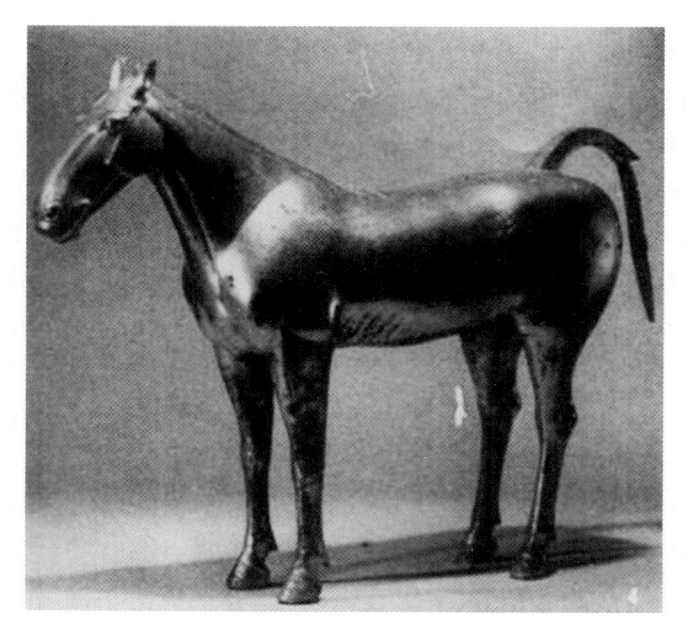

图 11-1　兴平出土鎏金铜马①

1907 年，斯坦因在敦煌西北长城烽燧遗址发掘获得大量汉简，其中一枚残简与相马术有关。文曰："乡下说·肠小，所胃肠小者，腹下平。脾小，所胃脾小者，听。耳寓听，耳欲卑，目欲高，间本四寸，六百里。"②简文的大致意思，是说"肠小、腹平、脾小、耳小、目高、耳目间距四寸的马，是善于奔跑，能日行六百里，且温顺、识人意的良马"③。以此标准与前引茂陵鎏金铜马相对照，颇为恰当。可知此马或与大宛汗血马形象相近。余欣认为，上引相马法残简是古本《相马经》故训传的一部分，其出土表明敦煌作为汉代进取西域的门户，由于军事行动和交通运输的需要，养马和相马极为发达。④ 信然。

---

①　黄时鉴主编：《解说插图中西关系史年表》，"天马"条，浙江人民出版社 1994 年版，第 49 页；图 4。
②　甘肃省文物考研究所：《敦煌汉简》，中华书局 1991 年版，图版壹陆伍，释文第 301 页。
③　余欣：《出土文献所见汉唐相马术考》，《学术月刊》2014 年第 2 期。
④　余欣：《出土文献所见汉唐相马术考》，《学术月刊》2014 年第 2 期。

二 图像所见汉唐时期敦煌—长安间的良马

《汉书·地理志》云:"自武威以西……地广民稀,水草宜畜牧,[故]凉州之畜为天下饶。"① 因此,良马形象在汉唐时期河西走廊的考古资料中较为常见。

1973 年,汉代居延肩水金关遗址出土的木版画上绘一匹昂首嘶鸣的黑马(图 11-2),与前引兴平出土的鎏金铜马颇为神似,或为边关戍吏所绘良马图。② 而河西走廊最著名的良马形象,当数出土于武威雷台墓的"马踏飞燕"铜奔马(图 11-3),有学者指出:"铜奔马的动态是一种程式化的造型样式,这是汉人对铜奔马动态的完善性的概括。"③ 亦有学者认为:"(马踏飞燕铜奔马是)鉴定奔走能力的步样马式。"④ 此外,河西走廊出土的魏晋十六国墓葬壁画中,亦有大量的良马形象。嘉峪关新城五号魏晋墓"驿使图"中的跑马(图 11-4)、丁家闸 5 号十六国墓壁画中的天马(图 11-5),以及高台苦水沟魏晋壁画墓"车马出行图"中的快马(图 11-6),都是这一时期河西良马的代表性形象。

一般而言,西域与中原政权、河西割据政权间的良马交流必然会取道敦煌。十六国时期,西域诸国多次贡献良马于前凉、前秦等政权。史载前凉张骏时期,"西域诸国献汗血马、火浣布、犛牛、孔雀、巨象及诸珍异二百余品"⑤。前秦时期,"大宛献天马千里驹,皆汗

---

① 《汉书》卷 28 下《地理志下》,第 1645 页。
② 关于这方木板画的意义,或喻指"马上封侯"。但邢义田先生的研究或更具启发性,他指出:"如果考虑猴避马病之说,汉代边塞多养马以及金关边塞会经常和草原游牧民接触,猴与马的木版画在金关发现,其意义不难由此猜得三分。有猴的地方固可畜猴于厩,没有猴子的北方和西北,或即以画代之。这是汉代的一种厌胜方式。"(邢义田:《"猴与马"造型母题》,载氏著《画为心声:画像石、画像砖与壁画》,中华书局 2008 年版,第 514—544 页)本文仅讨论马的艺术形象,故不再详论。
③ 顾森:《秦汉绘画史》,人民美术出版社 2000 年版,第 4 页。
④ 张廷皓:《关于汉代的马式》,《农业考古》1986 年第 1 期。
⑤ 《晋书》卷 86《张骏传》,第 2235 页。

图 11-2 肩水金关木版画（甘肃省博物馆藏，贾小军摄）

图 11-3 "马踏飞燕"铜奔马（甘肃省博物馆藏，武鑫摄）

第十一章　从敦煌到长安：汉唐间丝路东段"马"的艺术形象变迁考论　　283

图 11-4　嘉峪关新城 5 号魏晋墓"驿使图"（甘肃省博物馆藏，贾小军摄）

图 11-5　丁家闸 5 号墓天马图[1]

---

[1] 甘肃省文物考古研究所：《酒泉十六国墓壁画》图版之"北顶壁画"，文物出版社 1989 年版。

图 11-6 高台苦水沟魏晋墓"车马出行图"(高台县博物馆藏,贾小军摄)

血、朱鬣、五色、凤膺、麟身,及诸珍异五百余种"①。前秦都于长安,大宛所献"天马千里驹",自然会自西域经敦煌来到长安。此马虽无图像资料,但知其有"汗血、朱鬣、五色、凤膺、麟身"等特征。

  北朝隋唐时期河西地区考古资料中仍有较多的良马形象。敦煌莫高窟第 257 窟北魏"九色鹿本生"图中二人的坐骑(图 11-7)、敦煌莫高窟第 428 窟北周"萨埵太子本生"图中的快马(图 11-8)、莫高窟第 130 窟盛唐"骑士图"中奔驰的花斑快马(图 11-9),敦煌研究院藏唐代"天马"画像砖(图 11-10)等皆是。

  汉唐都城长安是丝绸之路东段的起点,丝绸之路上诸多商品总汇于此,良马亦然。当年汉武帝对大宛汗血马孜孜以求,汉朝与西域的良马恩怨,多源出长安。隋唐时期西域各国亦多次献良马于此。② 长安亦多见汉唐间良马形象。前引茂陵附近出土的鎏金铜马即为汉代良马的马式之一。西安博物院藏"车马出行"画像石中有多匹骏马(图11-11)、该馆藏北周史君墓石椁背面亦有几匹良马(图 11-12)③,西

---

① 《晋书》卷 113《苻坚载记上》,第 2900 页。
② 侯丕勋:《汗血宝马研究》,甘肃文化出版社 2006 年版,第 45—46 页。
③ 西安市文物保护考古所:《西安北周凉州萨保史君墓发掘简报》图三九《石堂北壁浮雕N3》、图五〇《石堂北外壁(后壁)浮雕摹本》,《文物》2005 年第 3 期。

第十一章 从敦煌到长安：汉唐间丝路东段"马"的艺术形象变迁考论　285

图 11-7　莫高窟第 257 窟《九色鹿》图①

图 11-8　莫高窟第 428 窟"萨埵太子本生"图（局部）②

---

① 高德祥编著：《走进敦煌》，甘肃人民美术出版社 2006 年版，第 12—13 页。
② 樊锦诗主编：《敦煌石窟》，中国旅游出版社 2004 年版，图 51。

图 11-9　莫高窟第 130 窟"骑士图"①

图 11-10　敦煌"天马"画像砖②

---

① 《中国壁画全集》编辑委员会编：《中国壁画全集》之《敦煌 6 盛唐》，天津人民美术出版社 1989 年版，第 57 页。
② 本图承蒙陕西师范大学教授、敦煌研究院研究员沙武田先生惠赐，谨致谢忱。另，本块画像砖收入殷光明编著《敦煌画像砖》，人民美术出版社 1990 年版，第 5 页。需要注意的是，该"天马"头部有角似鹿，与其他马的形象有别。

第十一章　从敦煌到长安：汉唐间丝路东段"马"的艺术形象变迁考论　　287

图 11-11　车马出行画像石（西安博物院藏，贾小军摄）

安北周康业墓围屏石榻上也有类似线刻马（图 11-13）①。唐代"昭陵六骏"（图 11-14）和西安博物院藏三彩腾空马（图 11-15），则为其中的佼佼者。

图 11-12　史君石椁良马②　　图 11-13　康业墓石榻出行图（摹本）③

---

① 西安市文物保护考古所：《西安北周康业墓发掘简报》图二七，《文物》2008 年第 6 期。
② 西安市文物保护考古所：《西安北周凉州萨保史君墓发掘简报》图三九"石堂北壁浮雕 N3"，《文物》2005 年第 3 期。
③ 西安市文物保护考古所：《西安北周康业墓发掘简报》图二七，《文物》2008 年第 6 期。

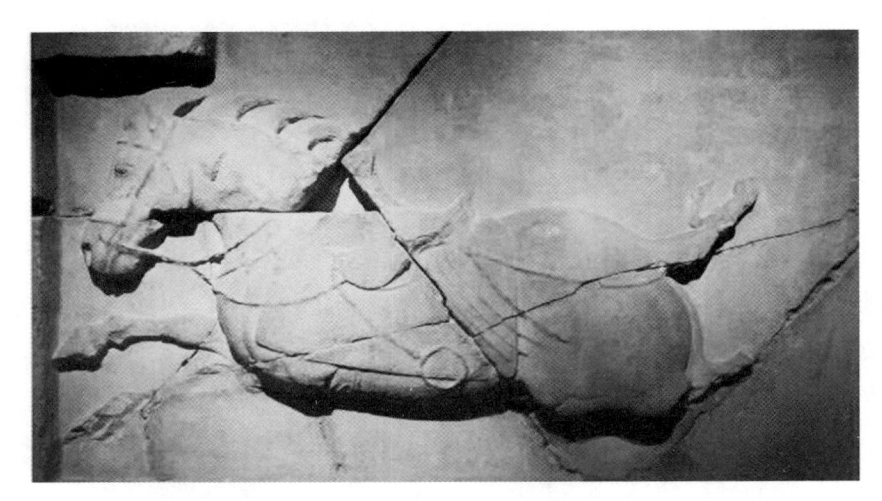

图 11-14 "昭陵六骏"之白蹄乌（西安碑林博物馆藏，贾小军摄）

图 11-15 三彩腾空马（西安博物院藏，贾小军摄）

三 良马的动静与外形

据上可知，汉唐时期，敦煌—长安之间良马交流从未中断。总体来看，我们可从以下几个方面认识汉唐时期敦煌—长安间的良马形象：

一是良马的动态。据上，可分为对侧步奔马和前后蹄相交换奔跑的良马。"马踏飞燕"铜奔马、高台苦水沟魏晋墓"车马出行图"、丁家闸五号墓天马图、莫高窟第257窟《九色鹿》图中的良马，均属对侧步奔马。嘉峪关新城五号魏晋墓"驿使图"、莫高窟第428窟"萨埵太子本生"图、莫高窟第130窟"骑士图"、敦煌"天马"画像砖、"昭陵六骏"之白蹄乌、西安博物院藏三彩腾空马则为奔跑时前后蹄相交换的良马。

二是良马的静态。前述茂陵附近出土的鎏金铜马、肩水金关遗址出土的木版画上绘的黑马，均为静态马。此类马与前述对侧步奔马一起，是汉代两种代表性的马式：即"专门鉴定各部位发育状况的静态马式和鉴定奔走能力的步样马式，……这两种马式，一静一动，相得益彰，堪称汉代马式中的双璧。"[①]

三是马的外形。从外形来看，前引多匹良马，除去奔跑的姿势，最明显的特征是多匹马全身布满花斑。这类良马既有对侧步奔马，酒泉西沟魏晋墓"骑吏与背水女子"画砖中的花斑马（图11-16）、嘉峪关新城5号魏晋墓26号画砖"出行图"中的多匹骏马[②]即是。亦有奔跑时前后蹄相交换的良马，嘉峪关新城五号魏晋墓"驿使图"、莫高窟第130窟盛唐"骑士图"中的良马，皆为花斑骏马。此外，"昭陵六骏"之白蹄乌则为宋代郭若虚所谓"三花者，剪鬃为三辫"[③]的三花马。

---

① 张廷皓：《关于汉代的马式》，《农业考古》1986年第1期。
② 甘肃省文物队等：《嘉峪关壁画墓发掘报告》彩板二之4，文物出版社1985年版。
③ 《图画见闻志》卷5《三花马》，见米田水译注《图画见闻志·画继》，湖南美术出版社2000年版，第196页。

图 11-16　酒泉西沟魏晋墓之"骑吏与背水女子"图①

若按时间先后排序，以上诸种良马可排成以下序列：

茂陵鎏金铜马［长安］、肩水金关木版黑马［河西］（西汉）→"马踏飞燕"铜奔马［河西］（汉末曹魏）→"驿使图"奔马［河西］（魏晋）→《九色鹿》图奔马［河西］、史君石椁奔马［长安］、康业墓石榻出行图奔马［长安］（北朝）→敦煌"天马"画像砖［河西］、"昭陵六骏"之白蹄乌［长安］、西安博物院藏三彩腾空马［长安］（唐代）②

据此可知，汉唐时期敦煌—长安间的良马，早期有西汉茂陵、金关的静态马，再有以"马踏飞燕"铜奔马为代表的对侧步马，稍晚则有"驿使图"中的花斑奔马和北朝几幅对侧步奔马，最后则是唐代几种前后蹄相交换奔跑的良马。茂陵鎏金铜马、肩水金关木版黑马二者之间的联系已难确知。但对侧步奔马与前后蹄交换奔跑的骏马间的先后关系，笔者认为，以"马踏飞燕"铜奔马为代表的河西对侧步马形

---

① 甘肃省文物考古研究所：《甘肃酒泉西沟村魏晋墓发掘报告》彩色插页叁之 3，《文物》1996 年第 7 期。
② 说明：本序列中，［　］内为良马形象所在地，（　）内指良马形象所在时代。

象，来源于汉代中原地区画马的传统；唐代以后，对侧步奔马形象较为少见，前后蹄交换奔跑的骏马影响更胜一筹。

至于花斑马，或与唐代著名的"五花马"有关。有学者指出，秦代有一花马；汉代画像砖上则常见一花马、二花马；唐代则常见三花马①。前引《史记·大宛列传》云："（大宛）多善马，马汗血，其先马天子也。"注曰："大宛国有高山，其上有马，不可得，因取五色母马置其下，与交，生驹汗血，因号曰天马子。"②

又据前引史料可知，前秦时期"大宛献天马千里驹，皆汗血、朱鬛、五色、凤膺、麟身，及诸珍异五百余种"。所谓"五花"或"五色"，当与前引"驿使图"、酒泉西沟魏晋墓"骑吏与背水女子"等画砖、莫高窟第130窟盛唐"骑士图"等所表现的花斑马相类，即全身布满花斑的良马③，本是丝路文化交流的重要成果之一。

四 小结

良马为古代之"重器"。汉唐间敦煌—长安间即丝绸之路东段的良马交流，伴随着汉王朝开拓西域、断匈奴与西羌之联系，以及中西交通的客观需求而发生，考古资料中的良马形象成为此事绝佳的证明。各种迹象表明，早在西汉时期，敦煌、长安两地及整个丝绸之路东段普遍出现了各种良马形象，真实地反映了敦煌—长安间良马交流的历史。又由于良马形象作为一种艺术表现，创作者往往极尽想象之能事，遂有"马踏飞燕"铜奔马、丁家闸5号墓天马，以及"昭陵六骏"等极具艺术想象力的作品出现。不过艺术虽高于现实，但毕竟源自现实，因此，汉唐时期敦煌—长安间良马形象的变迁，最终仍然反映了许多重要的历史真实：

一是为政治家们所追逐的汗血马、"天马"等，经过艺术家的形象加工，成为反映特定时代历史真相的特殊记忆方式。汉唐时期敦煌

---

① 冉万里：《李白〈将进酒〉中"五花马"的考古学观察》，《中原文化研究》2014年第5期。
② 《史记》卷123《大宛列传》，第3160页。
③ 贾小军：《也谈"五花马"》，《农业考古》2016年第4期。

—长安间众多的良马形象正曲折反映出汉唐间丝绸之路东段曾经荡起的历史烟尘。

二是西汉时期敦煌、长安两地的代表性良马形象，以静态形式出现，这或许与人们初步认识来自西域的良马有关。随着人们良马认识的提高与进步，或相马标准的逐步改变，良马形象由静态向动态转变。

三是汉唐时期敦煌—长安间动态良马以对侧步奔马和前后蹄相交换奔跑的良马为代表。这两类马几乎同时出现于各种考古资料当中，但此后发展轨迹颇有不同。唐代以后，对侧步奔马形象较为少见，前后蹄交换奔跑的骏马影响更胜一筹。

四是汉唐时期敦煌—长安间的良马形象，以多种形式出现于多种艺术题材当中，这反映出丝绸之路文化交流的多样性。汉武帝时期出于军事需求或帝王喜好而寻求西域良马，汉末魏晋时期的"马踏飞燕"铜奔马则出自中级官僚墓葬，北朝隋唐良马形象则分别出自具有粟特文化（祆教）特点的墓葬、佛教壁画以及帝王陵墓石刻当中。

五是唐代著名的"五花马"之"五花"，或即"五色"，而所谓"五花马"，当即全身布满花斑的良马，亦是敦煌—长安间丝路文化交流的重要成果之一。

第十二章

"马踏飞燕"铜奔马时代申论

　　传世史籍中关于良马的记载和考古资料中表现良马形象的遗物颇为常见（图12-1），河西走廊即为良马资料集中之区。《汉书·地理志》云："自武威以西……地广民稀，水草宜畜牧，故凉州之畜为天下饶。保边塞，两千石治之，咸以兵马为务。"① 河西走廊丰饶的水草滋生了天下驰名的畜牧业，良马也成了彰显河西地域文化最为重要的标志之一。新中国成立以来，随着考古工作的开展，河西大量有关良马的资料被发现。其中1969年出土于甘肃省武威雷台墓的"马踏飞燕"铜奔马（图12-2）因其造型生动、矫健俊美而闻名于世，颇受学界关注，对其如何命名和断代尤为学界瞩目。② 无独有偶，2007年武威职业学院魏晋墓出土了陶质"马踏飞燕"（图12-3），为深入探讨此前出土的"马踏飞燕"铜奔马相关问题提供了重要参照。到2019年，"马踏飞燕"铜奔马发现已经50周年，但关于雷台墓及"马踏飞

---

① 《汉书》卷28下《地理志下》，中华书局1962年版，第1645页。
② 代表性的成果主要有：甘博文《甘肃武威雷台东汉墓清理简报》（《文物》1972年第2期）、甘肃省博物馆《武威雷台汉墓》（《考古学报》1974年第2期）、顾铁符《奔马·"袭乌"·马式》（《考古与文物》1982年第2期）、伍德煦、陈守忠《武威雷台汉墓出土铜奔马命名商榷》（《西北师大学报》（社会科学版）1984年第3期）、张廷皓《关于汉代的马式》（《农业考古》1986年第1期）、周本雄《武威雷台东汉铜奔马三题》（《考古》1988年第5期）、胡平生《"马踏飞鸟"是相马法式》，（《文物》1989年第6期）、何双全《武威雷台汉墓年代商榷》（《中国文物报》1992年8月9日）、牛龙菲《马超龙雀"：无价的国宝》（《文史杂志》1994年第6期）、孙机《武威出土的铜奔马不是汉代文物》（《光明日报》2003年4月29日B3理论版）、李永平《考古发现汉晋时期铜马及相关问题研究》（《四川文物》2007年第4期）、何志国《甘肃武威市雷台出土铜奔马年代考辨》（《考古》2008年第4期）、初世宾《也说说铜奔马的名称》（《中国文物报》2018年6月19日第003版）等。

燕"铜奔马的时代一直未有定论，因此有必要对这一问题进行重新审视。本章立足河西走廊出土资料，并参考其他出土文物，拟对"马踏飞燕"铜奔马的时代进行讨论，以就教于方家。

一 河西考古资料中的"马踏飞燕"式奔马

与前述两种不同的"马踏飞燕"奔马相应，河西墓葬壁画中亦有大量同类型奔马形象。如酒泉西沟魏晋墓"骑吏与背水女子"画砖中的骑吏所乘骏马（图12-4）、嘉峪关新城3号墓、5号墓"出行图"中骑士所乘骏马（图12-5、图12-6）、高台苦水沟魏晋壁画墓"车马出行图"中的快马（图12-7），以及丁家闸5号墓壁画中的天马（图12-8），其奔走姿势均与"马踏飞燕"铜奔马相近。

图12-1 铜奔马式马姿①

1—4、7. 画像砖拓本　5、8—12. 画像石拓本　6. 铜奔马（1—4、7. 四川成都出土　5. 河南南阳出土　6. 甘肃武威雷台出土　8、12. 山东嘉祥出土　9. 江苏徐州出土　10. 山东出土　11. 陕西绥德出土）

---

① 顾森：《秦汉绘画史》人民美术出版社2000年版，第283页。

图 12-2　"马踏飞燕"铜奔马（甘肃省博物馆藏，武鑫摄）

图 12-3　陶质"马踏飞燕"（武威雷台汉代文物陈列馆，贾小军摄）

图 12-4　酒泉西沟 7 号魏晋墓之"骑吏与背水女子"①

图 12-5　新城 3 号墓"出行图"②

---

① 甘肃省文物考古研究所：《甘肃酒泉西沟村魏晋墓发掘报告》彩色插页叁之 3，《文物》1996 年第 7 期。
② 徐光冀主编：《中国出土壁画全集 9 甘肃·宁夏·新疆》，科学出版社 2012 年版，第 58 页。

第十二章 "马踏飞燕"铜奔马时代申论　　297

图 12-6　新城 5 号墓"出行图"（部分）①

图 12-7　高台苦水沟魏晋墓"车马出行图"
（高台县博物馆藏，贾小军摄）

---

① 罗世平主编：《中国美术全集·墓室壁画》，黄山书社 2010 年版，第 149 页。

图 12-8　丁家闸 5 号墓天马图①

此外，据胡平生先生《"马踏飞鸟"是相马法式》一文的"后记"介绍，1985 年，兰州某工厂的一位职工持一具鎏金铜马到甘肃省文物考古研究所找何双全先生要求鉴定，铜马也作飞奔之姿，也是右后腿独脚支撑，唯脚下不是飞鸟，而是一朵云彩。据何双全先生目验，铜马很可能是宋代文物，最晚不晚于明代。可惜持有者不肯售出，后来也不知其下落了。② 可以说，如果的确存在这件鎏金铜奔马，那么这是铜奔马和木质"马踏飞燕"之外，目前所知的姿态与前述两马最为接近的第三件遗物了，可惜已"不知其下落了"。

就笔者目前所见，在已发现的河西走廊墓葬出土遗物、相关墓葬壁画中，与"马踏飞燕"铜奔马形态相近（即对侧步马）的资料，时代均较汉代晚，绝大多数属于魏晋时代，最晚的酒泉丁家闸 5 号墓为十六国墓葬。就出土地域而言，墓葬壁画中的"马踏飞燕"式奔马（即对侧步马）主要发现于壁画墓较为集中的嘉峪关、酒泉、高台等

---

①　甘肃省文物考古研究所：《酒泉十六国墓壁画》图版之"北顶壁画"，文物出版社 1989 年版。
②　胡平生：《"马踏飞鸟"是相马法式》，《文物》1989 年第 6 期。

地，以汉晋时代行政区划而言，大体分布于古酒泉郡境内。就马的形态而言，"马踏飞燕"铜奔马既与中原、四川等地出土的东汉相关马姿相近，亦与河西走廊魏晋墓葬壁画中的奔马相类，它们之间应当存在源流关系。2013年在山西忻州市九原岗发现的一座北朝壁画墓中，亦有与"马踏飞燕"式铜奔马尤其是丁家闸5号墓"天马"姿态极为相似的"驳"（图12-9）①，应该与魏晋十六国时期河西墓葬壁画相关内容存在内在联系。

图12-9　山西忻州市九原岗北朝壁画墓"驳"图②

二　汉代河西考古资料中的马

河西走廊出土的其他马的形象，则与前述"马踏飞燕"铜奔马有较大差异。1973年，汉代居延肩水金关遗址出土的木版画上

---

① 山西省考古研究所、忻州市文物管理处：《山西忻州市九原岗北朝壁画墓》，《考古》2015年第7期。
② 山西省考古研究所、忻州市文物管理处：《山西忻州市九原岗北朝壁画墓》，《考古》2015年第7期，图三八。

绘一匹昂首嘶鸣的黑马（图12-10），或为边关戍吏所绘良马图。①现藏甘肃省博物馆、出土于武威市磨嘴子汉墓的一匹汉代木马（图12-11），形体高大（高81厘米，长76厘米，宽19.5厘米），"张嘴嘶鸣，四足直立，作伫立状。该马通体黑彩，附条状铜当卢、衔，尾后举下垂，马鞍用白粉涂底，以红色彩绘。整体造型雄浑质朴、生动传神。"②同样出自该墓的另一匹木马（图12-12）高87厘米、长72厘米，通体涂黑，用刀刻出眼、鼻、唇，尾后举下垂，马鞍

图 12-10　肩水金关木版画（甘肃省博物馆藏，贾小军摄）

---

① 关于这方木板画的意义，或喻指"马上封侯"。但邢义田先生的研究或更具启发性，他指出："如果考虑猴避马病之说，汉代边塞多养马以及金关边塞会经常和草原游牧民接触，猴与马的木版画在金关发现，其意义不难由此猜得三分。有猴的地方固可畜猴于厩，没有猴子的北方和西北，或即以画代之。这是汉代的一种厌胜方式。"（邢义田：《"猴与马"造型母题》，载氏著《画为心声：画像石、画像砖与壁画》，中华书局2008年版，第514—544页）

② 资料采自甘肃省博物馆官网，网址 http://www.gansumuseum.com/dc/show-37.html。

第十二章 "马踏飞燕"铜奔马时代申论　　301

用白粉涂底,上以黑色勾画出云气纹。①武威雷台景区汉代文物陈列馆还藏有一匹神态与上述两匹木马相近的绿釉陶马(图12-13),该陶马通体绿釉,张嘴嘶鸣。高台县博物馆亦藏有一匹出土于骆驼城墓群的汉代木马(图12-14),高98厘米,马身木本色,墨绘鬃毛,形体健硕高大,躯干肌肉发达,前胸饱满,后臀浑圆,马腿粗壮有力,耳朵尖如竹笋,双眼圆睁,作张口嘶鸣状。②

以上几例——分别出土于肩水金关、武威磨嘴子和高台骆驼城汉代遗迹的汉马的一个显著特征,即均为直立马。这与前述"马踏飞燕"式铜奔马明显不同,而与雷台墓出土的其余铜车马仪仗俑队中的马(图12-15)相近。胡平生先生指出:"审铜奔马风格气韵,与其

图12-11　汉代木马(甘肃省博物馆藏)③

图12-12　汉代木马(甘肃省博物馆藏)④

---

① 资料采自甘肃省博物馆官网,网址http://www.gansumuseum.com/dc/show-88.html。
② 甘肃省文物局编:《高台县博物馆》,甘肃人民美术出版社2011年版,第7页。
③ 资料采自甘肃省博物馆官网,网址http://www.gansumuseum.com/dc/show-37.html。
④ 资料采自甘肃省博物馆官网,网址http://www.gansumuseum.com/dc/show-88.html。

图 12-13　东汉绿釉陶马（武威雷台汉代文物陈列馆，贾小军摄）

图 12-14　汉代彩绘木马（高台县博物馆藏，邢宗英供图）①

图 12-15　武威雷台墓出土铜车马仪仗俑队②

---

① 采自高台县博物馆微信公众号。
② 资料采自甘肃省博物馆官网，网址 http://www.gansumuseum.com/dc/show-161.html。

他铜马皆不相同。……'马踏飞鸟'铜奔马显然不是铜车马队中的一个。"① 前引出自嘉峪关新城五号墓的"出行图"（图12-16）或许可作为这一论断的旁证，该出行图中导骑、墓主所乘马匹步姿均与其余骑手一致。而若将"马踏飞燕"铜奔马置于整个铜车马队中，的确显得格格不入。

图12-16 新城5号墓"出行图"②

三 关于"出行图"

出行图是汉唐墓葬壁画中的常见图像，在整个墓葬壁画中具有重要地位。如前所述，嘉峪关新城五号墓"出行图"（编号M5：026）中所有马匹步姿一致，均与出土于雷台墓的"马踏飞燕"铜奔马相似，这值得重视。该"出行图"中，共18骑，"一佐吏戴黑介帻，着皁缘领袖中衣，骑马前导，马头饰金镀，次一排三佐吏，皆骑马，服饰与前同。后一排二骑，兜鍪札甲，马上持矟。其后一人为墓主，马上持鞭，幅巾绛袴褶。墓主后一排三骑，兜鍪札甲，右者持朱幡，中为持旄，其色纁（浅绛），左者持矟。次后一骑幅巾绛袴褶，佩弓持矟。后一排四骑，皆兜鍪札甲，右一骑持幢，其色黑，余三骑皆持矟。最后一排四骑，兜鍪札甲，马上持矟"③。新城三号墓"出行图"（编号M3：02，图12-17）共20骑，"两队导骑，前面各有一骑前导。

---

① 胡平生：《"马踏飞鸟"是相马法式》，《文物》1989年第6期。
② 甘肃省文物队等：《嘉峪关壁画墓发掘报告》，文物出版社1985年版，彩版二之4。
③ 甘肃省文物队等：《嘉峪关壁画墓发掘报告》，文物出版社1985年版，第51页。

每队都有一骑持幢幡，其余持梢或无所持"①。该出行图中所有马匹步姿一致，亦与"马踏飞燕"铜奔马相似。

图 12-17　新城 3 号墓"出行图"②

对照较早的汉代墓葬壁画"出行图"，所有马匹风格气韵都比较一致。河南偃师杏园村东汉壁画墓"出行图"（图 12-18）即是如此。该"出行图"分布于该墓横前堂的南壁、西壁、北壁，内容前后依次衔接，是一幅描绘墓主车骑出行的图画，长达 12 米。《河南偃师杏园村东汉壁画墓》描述："这幅出行图从南壁甬道口开始，然后向西连接整个西壁，又衔接北壁，共计画了九乘安车，七十余个人物，五十余匹奔马，其中保存较清晰的人物、马匹约十处。依壁画内容，大致可分为前导属吏、墓主、随从三大组。"③

河南密县打虎亭汉代画象石墓和壁画墓 2 号墓中室南壁，绘有一

---

①　甘肃省文物队等：《嘉峪关壁画墓发掘报告》，文物出版社 1985 年版，第 99 页。
②　甘肃省文物队等：《嘉峪关壁画墓发掘报告》，文物出版社 1985 年版，彩版二之 1。
③　中国社会科学院考古研究所河南第二工作队：《河南偃师杏园村东汉壁画墓》，《考古》1985 年第 1 期。

图 12-18　偃师杏园村东汉壁画墓"出行图"之"北壁主车及车前伍佰"①

幅贵族车骑出行图（图 12-19），长 7.42、宽 0.64 米，画面中部的上排由东向西依次绘招车二乘，其后绘一人牵鞍马，另一人尾随马后；

图 12-19　打虎亭汉代画象石墓和壁画墓"出行图"之"骑吏"②

---

① 中国社会科学院考古研究所河南第二工作队：《河南偃师杏园村东汉壁画墓》图版贰之 2 "北壁主车及车前伍佰"，《考古》1985 年第 1 期。
② 贺西林、郑岩主编：《中国墓室壁画全集·汉魏晋南北朝》图六四，河北教育出版社 2011 年版，第 55 页。

再后有从骑二……。中排……有从骑一。下排……西部绘辂车二乘，每乘辂车之后有从骑五人。前面的辂车，画一白马驾辕，车上建有华盖。车舆有乘者二人，其一为御者。车后有从骑五（图12-20），其一居中，四隅分列四骑。……这幅画面反映了墓主出行时拥有前导从卫的声势煊赫场面。[①] 从总体上看，"出行图"中马的风格也是一致的。

图12-20　打虎亭汉代画象石墓和壁画墓"出行图"之"从车"[②]

回看雷台墓铜车马仪仗俑队（图12-15），放置于前室和前室南耳室内，有铜马39件、铜车14辆（其中1辆斧车、4辆辂车、3辆辇车、2辆小车、3辆大车、1辆牛车）、铜牛1件、铜凳1件，武士俑17件，奴婢俑28件。[③]《武威雷台汉墓》依照组合关系，推测其前后行列，约如下列的次序：

[①] 安金槐、王与刚：《密县打虎亭汉代画象石墓和壁画墓》，《文物》1972年第10期。
[②] 贺西林、郑岩主编：《中国墓室壁画全集·汉魏晋南北朝》图六四，河北教育出版社2011年版，第55页。
[③] 甘肃省博物馆：《武威雷台汉墓》，《考古学报》1974年第2期。

铜武士、骑马各 17 件→铜奔马→主骑 1 匹，从骑 4 匹→斧车 1 辆、轺车 4 辆→"冀张君"及"夫人"乘骑车马→"守张掖长张君"及"夫人"乘骑车马→"守左骑千人张掖长张君"乘骑车马→大车 3 辆→牛车 1 辆→奴俑 8 件→凳 1 件①

与前述诸种出行图比较，将"马踏飞燕"铜奔马置于这个铜车马仪仗俑队，显然很不匹配。

四 "相马法式"铜奔马及其时代

既然"马踏飞燕"铜奔马不是铜车马仪仗俑队中的一员，那又该作何解释？笔者认同顾铁符、胡平生等先生的判断，即"马踏飞燕"铜奔马是相马法式，因此应当独立存在。又结合以上讨论可以判断，"马踏飞燕"式铜奔马应该是在两汉至魏晋时期马的形象发展中的一个代表性新形态，因此其时代要比常见于河西走廊的直立马遗物晚。"马踏飞燕"铜奔马即为"马式"，则其出现即铸造时代必然在同类式样的马中较迟。在中原、四川等地的汉代画像石、画像砖中，"马踏飞燕"式铜奔马（对侧步马）较为常见，但在河西地区考古资料中尚未见到比"马踏飞燕"铜奔马更早的对侧步马的形象，而在魏晋十六国时期的河西墓葬壁画中常见此类题材。因此从来源上讲，"马踏飞燕"铜奔马或许与魏晋时期河西墓葬壁画中的对侧步奔马更加亲近。在这个意义上，与"马踏飞燕"铜奔马相比更为原始、笨拙的魏晋陶质"马踏飞燕"或许正是如今名满天下的铜奔马的前辈，或者雏形。正由于此，"马踏飞燕"铜奔马后出转精，成为当时人们"鉴定奔走能力的步马样式"②。

为了进一步论证这个问题，我们再回顾一下前引河西走廊发现"马踏飞燕"式奔马壁画的墓葬时代。"骑吏与背水女子"图（图 12–

---

① 甘肃省博物馆：《武威雷台汉墓》，《考古学报》1974 年第 2 期。
② 张廷皓：《关于汉代的马式》，《农业考古》1986 年第 1 期。

4）出自酒泉西沟7号魏晋墓①，据发掘报告，在这批墓葬中7号墓年代最早②，结合魏晋时期河西政局特点，我们暂时将其确定为河西政局较为稳定的魏晋之交。据《嘉峪关壁画墓发掘报告》，出土"出行图"的新城3号墓（图12-5）、5号墓（图12-6）应属于西晋时期③。根据高台县博物馆的介绍，出土"车马出行图"（图12-7）的高台苦水沟1号墓（编号2001GLM1）从墓葬形制、壁画内容、随葬器物来看，为魏晋时期墓葬。发现著名天马图的丁家闸五号墓，据《酒泉十六国墓壁画》："酒泉丁家闸五号壁画墓的年代，大致可定在后凉至北凉之间，即公元四世纪末至五世纪中叶，也就是在公元386—441年北魏破酒泉时期。"④可以认为，"马踏飞燕"式的奔马形象，在河西地区主要集中出现于魏晋十六国时期，而丁家闸五号墓壁画天马所处的时代（后凉至北凉时期）是此类奔马在河西壁画墓中出现时代的下限。⑤

如此，则"马踏飞燕"铜奔马的具体时代，笔者以为最早也应属在河西墓葬壁画中常见"马踏飞燕"式奔马的魏晋时期，略晚于魏晋陶质"马踏飞燕"，若作大胆推论，或如孙机先生所言属于西晋⑥，或者晚至前凉亦未可知。

---

① 甘肃省文物考古研究所：《甘肃酒泉西沟村魏晋墓发掘报告》彩色插页叁之3，《文物》1996年第7期。

② 甘肃省文物考古研究所：《甘肃酒泉西沟村魏晋墓发掘报告》彩色插页叁之3，《文物》1996年第7期。

③ 甘肃省文物队等：《嘉峪关壁画墓发掘报告》，文物出版社1985年版，第74页。

④ 甘肃省文物考古研究所编：《酒泉十六国墓壁画》，文物出版社1989年版，第11页。

⑤ 据《酒泉十六国墓壁画》（文物出版社1989年版），该墓属十六国墓葬。值得注意的是，学界新近的研究对丁家闸五号墓的时代做了"适当的调整"。韦正认为："（酒泉西沟村）M6与丁家闸5号墓的时代都应较早，时代下限当不能距魏晋时期甚远。""从最能够反映时代特征的陶器出发，可以断定丁家闸5号墓与酒泉嘉峪关地区的其他壁画墓一样，都属于魏晋时期，其时代下限当不晚于前凉，而不可能是十六国后期的墓葬。""历史背景方面同样不支持丁家闸5号墓产生于前秦之后。"（韦正：《试谈酒泉丁家闸5号壁画墓的时代》，《文物》2011年第4期）如果此说无误，亦不影响河西地区"马踏飞燕"式奔马集中出现于魏晋十六国时期的事实。

⑥ 孙机：《武威出土的铜奔马不是汉代文物》，《光明日报》2003年4月29日B3理论版。

第十三章

壁画证史：丝绸之路视野下的汉唐河西民族变迁

河西走廊自古以来即为东西交流的通衢大道，是传统陆上丝绸之路从中原通往西域的关键路段，众多民族曾在此聚散离合，他们或来此追逐水草，或经此东来中原、西去西域，在漫长的历史中，河西走廊的主人因此屡经变迁，河西走廊、中国西北乃至整个亚欧大陆的历史往往也因此跌宕起伏。显然，考察历史上曾在河西走廊活动过的民族信息，对深入了解河西走廊、丝绸之路历史变迁具有重要意义。河西墓葬壁画、木版画及其他出土资料中有较多的丝绸之路沿线各民族民众形象出现，本章以上述资料为线索，结合传世文献，选取河西民族变迁史中具有代表意义的几个民族及若干史事进行讨论，以就教于学界。

一 羌、月氏、乌孙与匈奴：早期丝路贸易的承担者

河西走廊的原住民似为羌人、月氏人和乌孙人。考古资料表明，河西走廊地区分布的四坝文化遗存，可能是古代羌族的一支文化。[①]有学者将河西走廊东西部的考古学文化进行了划分，认为"河西走廊

[①] 甘肃省博物馆：《甘肃省文物考古工作三十年》，载文物编辑委员会编《文物考古工作三十年（1949—1979）》，文物出版社1979年版。

西部先后形成的四坝文化、骟马文化，分别为羌族和乌孙的遗存，东部的沙井文化则为月氏的遗存"①。考古工作者在属于马厂文化晚期到四坝文化时期的张掖西城驿遗址发现小麦、大麦、小米等炭化作物和地面式土坯房屋建筑，"驯化地理学及植物栽培学的研究证明，小麦原产于西亚一带。而土坯的最早使用也在西亚地区。小麦、土坯建筑的发现证明，作为东西文化交流通道的河西走廊地区，至少在距今4000年前已与西方地区发生了频繁的接触。"② 活动于此的河西先民应当承担过这一时期东西交流的任务。这在一定程度上说明，远在张骞出使西域、开通丝绸之路之前，河西走廊与西亚之间的经济文化联系就已展开。

河西羌人在此后的历史长河中，对丝绸之路、中西交通的贡献不比史前时期。但也并非一无是处。汉晋时期，羌族（图13-1、图13-2）在河西走廊拥有极为强大的势力，因此形成了特殊的"羌化"过程③，必然对同时期的丝路交通产生重要影响。

秦汉时期河西走廊民族迁徙频繁，月氏、乌孙、匈奴（图13-3）先后活动在河西走廊。依靠丰美的水草，以游牧为业的各民族对河西进行了早期的开发。前已述及，河西走廊的沙井文化就是月氏人创造的文化。秦汉之际，月氏、乌孙西迁中亚，匈奴人进入河西走廊。月氏、乌孙进入中亚，成为此后控扼中亚的重要势力，对此后的丝绸之路产生过重大影响。《史记》卷一二三《大宛列传》中记载了张骞对该地政治、民族形势的描述："骞身所至者大宛、大月氏、大夏、康居，而传闻其旁大国五六，具为天子言之。曰：'大宛在匈奴西南，在汉正西，去汉可万里。……其北则康居，西则大月氏，西南则大夏，

---

① 杨富学、陈亚欣：《河西史前畜牧业的发展与丝绸之路的孕育》，《新疆师范大学学报》（哲学社会科学版）2015年第3期。

② 甘肃省文物考古研究所等：《甘肃张掖市西城驿遗址2010年发掘简报》，《考古》2015年第10期。

③ 赵向群：《魏晋五凉时期河西民族融合中的羌化趋势》，《西北师大学报》（社会科学版）1996年第1期；陈勇：《东汉凉州"羌胡化"述论》，载本书编委会编《何兹全先生八十五华诞纪念文集》，中国社会科学出版社1997年版。

第十三章 壁画证史：丝绸之路视野下的汉唐河西民族变迁　311

图 13-1　酒泉西沟 7 号墓 "羌女送行图"①

图 13-2　嘉峪关新城 6 号墓《耙地图》②

---

① 甘肃省文物考古研究所：《甘肃酒泉西沟村魏晋墓发掘报告》，《文物》1996 年第 7 期。
② 徐光冀主编：《中国出土壁画全集 9 甘肃·宁夏·新疆》，科学出版社 2012 年版，第 75 页。

图 13-3 嘉峪关新城 4 号墓《胡人牧马图》①

东北则乌孙，东则扜罙、于窴。'"② 匈奴进入河西之后，则与青藏高原的诸羌相通，隔绝了秦、汉帝国直接与西域交流的通道，因而这一时期的中西交流，或许经由发生在北方草原道上的中转贸易完成。到了汉武帝时期张骞出使西域，卫青、霍去病用兵河西，"断匈奴右臂，张中国之掖"，这一局面才被真正打破，张骞出使西域亦被史家称为"凿空"之举。东西方政府间丝绸之路上的经贸交流才真正开始。这样的丝绸之路，"它由一系列馆舍邸店、邮驿站点组成，能给长途跋涉的行旅提供停歇、食宿以及其他方面的便利，而具备这些特征的前提是由政府开办，或有法律许可、政府保护"③。这也是陆上丝绸之路兴盛时期的常态。汉朝因张骞使西域而得知条支，并遣使该地。"条支的位置今已不能确指，但它应当位于美索不达米亚以西一带。"④ 公元前 64 年，罗马侵占今叙利亚等地区，罗马人从这里取得了久已流行

---

① 贺西林、郑岩主编：《中国墓室壁画全集·汉魏晋南北朝》，河北教育出版社 2011 年版，第 90 页。
② 《史记》卷 123《大宛列传》，中华书局 1959 年版，第 3160 页。
③ 张德芳：《西北汉简与丝绸之路》，载《中西交通与华夏文明》，中国·兰州，2014 年 8 月，第 42—61 页。
④ 张广达：《海舶来天方 丝路通大食——中国与阿拉伯世界的历史联系的回顾》，载氏著《文本、图像与文化流传》，广西师范大学出版社 2008 年版，第 133—180 页。

于此地区的中国丝织品。叙利亚东部沙漠之中的绿洲国家帕尔米拉境内出土的汉字文锦,即是中国与塞姆语系民族地区早有物质文化交流的物证。[①]

二 鲜卑:迁徙、修桥与劫掠

当汉王朝与匈奴角力之时,另一个北方民族鲜卑逐渐强盛并进入河西走廊。《三国志》卷三〇《乌丸鲜卑东夷传》"鲜卑"条裴注云:"(鲜卑)其地东接辽水,西当西城。……鲜卑自为冒顿所破,远窜辽东塞外不与余国争衡,未有名通于汉,而自与乌丸相接。至光武时,南北单于更相攻伐,匈奴损耗,而鲜卑遂盛。建武三十年,鲜卑大人於仇贲率种人诣阙朝贡,封於仇贲为王。永平中,祭肜为辽东太守,诱赂鲜卑,使斩叛乌丸钦志贲等首,於是鲜卑自敦煌、酒泉以东邑落大人,皆诣辽东受赏赐,青、徐二州给钱,岁二亿七千万以为常。"[②] 到西晋末年,河西地区更是"鲜卑反叛,盗寇纵横"[③],影响力不可小觑。看来,鲜卑族是继羌族、匈奴族、汉族等民族之后,河西地区的又一个主要民族。这应是十六国后期秃发南凉、乞伏西秦能够立国河西、陇右的大背景。

鲜卑人[④](图13-4,图13-5)在丝绸之路上的作用与影响,学界较少论及,赵俪生先生就曾指出过这一点[⑤]。不可忽视的是,鲜卑民族大的迁徙过程,本身就是其与其他各族进行文化交流的过程。十六国时期,鲜卑秃发氏曾在河西走廊东部、河湟地区建立南凉政权,乞

[①] 张广达:《海舶来天方 丝路通大食——中国与阿拉伯世界的历史联系的回顾》,载氏著《文本、图像与文化流传》,广西师范大学出版社2008年版,第133—180页。

[②] 《三国志》卷30《乌丸鲜卑东夷传》,中华书局1959年版,第836—837页。

[③] 《晋书》卷86《张轨传》,中华书局1974年版,第2221页。

[④] 吴荭、王策、毛瑞林认为:"地埂坡M4中髡发人物应非乌桓而是鲜卑人。"(吴荭、王策、毛瑞林:《河西墓葬中的鲜卑因素》,《考古与文物》2012年第4期)此从之。郭永利也认为:"(地埂坡M4中髡发人物)可能为居于河西的鲜卑人。"(郭永利:《河西魏晋唐墓中的胡人形象》,《丝路文明》第2辑,上海古籍出版社2017年版,第45—59页)

[⑤] 赵俪生:《从宏观角度看鲜卑族在中世纪史上的作用》,载氏著《赵俪生文集》第2卷,兰州大学出版社2002年版,第469—476页。

图 13-4　甘肃高台地埂坡 4 号壁画墓胡人形象①

图 13-5　甘肃高台地埂坡 4 号壁画墓鼓乐图②

---

① 徐光冀主编：《中国出图壁画全集 9 甘肃·宁夏·新疆》，科学出版社 2012 年版，第 29 页。
② 徐光冀主编：《中国出图壁画全集 9 甘肃·宁夏·新疆》，科学出版社 2012 年版，第 30 页。

伏氏则在今甘肃地区建立西秦国,影响力均不可小觑。西秦曾在今炳灵寺附近黄河修建飞桥①,为丝路交通要冲。《水经注·河水》引《秦州记》云:"枹罕有河夹岸,岸广四十丈。义熙中乞佛(伏)于此河上作飞桥,桥高五十丈,三年乃就。"② 王银田指出:"(北魏)建都平城(今山西大同)后,拓跋鲜卑逐步扩张,长期拥塞的绿洲丝路重开,西域、海东诸国与北魏的使节、僧人频繁往来,相关遗存也在平城一带出现,如金银器、鎏金铜器、玻璃器、银币、漆器、石窟寺及石雕、胡俑、壁画以及装饰纹样和植物遗存等,真实地反映了公元五世纪平城文化的多元与繁荣。"③ 北魏灭北凉后,拓跋鲜卑成为河西走廊的统治民族,直接与这条经过河西走廊的传统陆上丝绸之路打起交道。《魏书》卷一九上《元遥传》称:"仲景弟遥,字叔照。……普泰元年,除凉州刺史,贪暴无极。欲规府人及商胡富人财物,诈一台符,诳诸豪等,云欲加赏,一时屠戮,所有资财生口,悉没自入。"④ 元遥抢劫胡商,虽于丝绸之路、中西交通有害无利,但却从反面证明前述东西丝路贸易"法律许可、政府保护"的重要性,也是鲜卑民族对我们研究丝绸之路提供的别样"贡献"。

还需提及的是,与鲜卑有千丝万缕联系的吐谷浑人,也曾在河西走廊、丝绸之路上产生过重要影响。吐谷浑"远自辽东,至于阴山,居停一二十年,又南到枹罕(洮河流域)……在慕利延的时候,他们还到过于阗、东女国和罽宾(克什米尔)"⑤,这样辽远的民族迁徙,必然伴随着沿线经贸、文化的交流。吐谷浑国内多商贾,亦常有胡商来此贸易,"富室商人"具有重要影响。史称其"国无常赋,须则税富室商人以充用焉"⑥。南朝宋文帝刘义隆时,吐谷浑曾"遣使通刘义

---

① 刘满先生认为:"乞佛飞桥是建在今甘肃省永靖县岘塬乡(驻地芝家湾)李家塬头南、原刘家峡上峡口的河峡上的。"(刘满:《西秦乞伏飞桥有关问题辨正》,《敦煌学辑刊》2012年第1期)
② 郦道元著,陈桥驿校证:《水经注校证》卷2《河水》,中华书局2007年版,第45页。
③ 王银田:《丝绸之路与北魏平城》,《暨南学报》2014年第1期。
④ 《魏书》卷19上《元遥传》,中华书局1974年版,第444—445页。
⑤ 赵俪生:《从宏观角度看鲜卑族在中世纪史上的作用》,载氏著《赵俪生文集》第2卷,兰州大学出版社2002年版,第469—476页。
⑥ 《魏书》卷101《吐谷浑传》,中华书局1974年版,第2240页。

隆求援，献乌丸帽、女国金酒器、胡王金钏等物，义隆赐以牵车"①。西魏废帝二年（553），时任凉州刺史的史宁在与吐谷浑的一次交战中，获"胡商二百四十人，驼骡六百头，杂彩丝绢以万计"②。赵俪生先生论道："观其北通茹茹，南通齐、梁，中经巴、蜀，这样长期活动下去，实际上是替张骞以来的'丝绸之路'开拓并铺设辅线。即便入藏通道，如唐人刘元鼎所走过的那条路，吐谷浑也有筚路蓝缕之功。"③信然。

三 氐人：意外的文明使者

氐人（图13-6）的主要活动区域并非河西走廊④，似亦不具商业性格，但魏晋十六国时期因缘际会，使其一度成为河西走廊的统治民族，并成为中原与西域经济、文化交流的使者。

图13-6 采桑图⑤

---

① 《魏书》卷101《吐谷浑传》，中华书局1974年版，第2237页。
② 《北史》卷96《吐谷浑传》，中华书局1974年版，第3187页。
③ 赵俪生：《从宏观角度看鲜卑族在中世纪史上的作用》，载氏著《赵俪生文集》第2卷，兰州大学出版社2002年版，第469—476页。
④ 杨建新先生指出："氐族在战国以来主要分布在甘肃的东南部，即现在甘、川、陕交界处。"（杨建新：《中国西北少数民族史》，民族出版社2003年版，第179页）
⑤ 胡之主编：《甘肃嘉峪关魏晋五号墓彩绘砖》，重庆出版社2002年版，第18页。甘肃省文物队等《嘉峪关壁画墓发掘报告》认为："图中所见，可能即为氐族。"（文物出版社1985年版，第50页）

第十三章 壁画证史：丝绸之路视野下的汉唐河西民族变迁　317

　　公元383年正月，苻坚派吕光率兵西征西域。次年八月，吕光"抚宁西域，威恩甚著，桀黠胡王昔所未宾者，不远万里皆来归附，上汉所赐节传，光皆表而易之"[1]。至385年春，吕光率师东返。《晋书》卷一二二《吕光载记》云："（吕光平西域，）众咸请还，光从之，以驼二万余头致外国珍宝及奇伎异戏、殊禽怪兽千有余品，骏马万余匹。"[2] 此后吕光能在河西建立后凉政权，同他从西域返师时带来的上述数以万计的财宝有关。但在中华文明史上产生深远影响的并非这些财宝，而是同珍宝一起带来的"奇伎异戏"。

　　公元403年后凉投降后秦，后秦主姚兴"徙河西豪右万余户于长安"[3]，其中不免经过后凉加工的西域"奇伎异戏"。《隋书》卷一五《音乐志》载其事云："西凉乐，盖苻坚之末，吕光出，平西域，得胡戎之乐，因又改变，杂以秦声，所谓秦汉乐也。"又云："《西凉》者，起苻氏之末，吕光、沮渠蒙逊等据有凉州，变龟兹声为之，号为《秦汉伎》。魏太武既平河西，得之，谓之《西凉乐》。至魏、周之际，遂谓之《国伎》。"[4]《资治通鉴》卷一三七"齐武帝永明九年（491）十二月"条："初，魏世祖克统万及姑臧，获雅乐器服工人，并存之。"胡三省注云："晋永嘉之乱，太常乐工多避地河西；夏克长安，获秦雅乐；故二国有其器服工人。"[5]《魏书》卷一〇九《乐志》也有记载："世祖破赫连昌，获古雅乐，及平凉州，得其伶人、器服，并择而存之。后通西域，又以悦般国鼓舞设于乐署。"[6] 其中由夏入北魏的后秦雅乐，或许也有来自河西者。应该说，这是氐族在丝绸之路文化交流史上的重要贡献之一。

　　当然，氐族人及其建立的后凉对丝绸之路上的经济、文化交流也并非毕其功于吕光东返一役。据段龟龙《凉州记》，后凉与西域尚有其他政治、文化交流：

---

[1]《晋书》卷122《吕光载记》，中华书局1974年版，第3055页。
[2]《晋书》卷122《吕光载记》，中华书局1974年版，第3056页。
[3]《晋书》卷117《姚兴载记上》，中华书局1974年版，第2982页。
[4]《隋书》卷15《音乐志》，中华书局1973年版，第313—378页。
[5]《资治通鉴》卷137齐武帝永明九年（491）十二月条，中华书局1956年版，第4315页。
[6]《魏书》卷109《乐志》，中华书局1974年版，第2828页。

  吕光太安二年，龟兹国使至，贡宝货奇珍、汗血马，光临正殿设会，文武博戏。

  吕光称王，遣使市六玺于于阗。

  吕光麟嘉五年，疏勒王献火浣布、善舞马。①

还需指出的是，龟兹乐演变为西凉乐，在丝绸之路文化交流史上颇具代表性。一是丝绸之路在中国传统文化形成过程中具有重要意义，关键在于"交融"。二是丝绸之路文化交流的路线，可能是单线条"长途贩运"式的，但更可能是多线条的"中转贸易"。三是文明的形成或创新，很可能是众多的偶然事件累积的结果，而其中起关键作用的，很可能只是如吕光一般的赳赳武夫。

四　粟特人的贡献

  中古时期的粟特人（图13-7）在丝绸之路和中西交通史上扮演过重要角色。《魏书》卷一〇二《西域传》云："粟特国，在葱岭之西，古之奄蔡，一名温那沙。居于大泽，在康居西北，去代一万六千里。……其国商人先多诣凉土贩货，及克姑臧，悉见虏。高宗初，粟特王遣使请赎之，诏听焉。自后无使朝献。"②"康国者，康居之后也。迁徙无常，不恒故地，自汉以来，相承不绝。其王本姓温，月氏人也。旧居祁连山北昭武城，因被匈奴所破，西逾葱岭，遂有其国。枝庶各分王，故康国左右诸国，并以昭武为姓，示不忘本也。"③《新唐书》卷二二一下《西域传》："康者，一曰萨末鞬，亦曰飒秣建。元魏所谓悉万斤者……君姓温，本月氏人，始居祁连北昭武城，为突厥所破，稍南依葱岭，即有其地。枝庶分王。曰安、曰曹、曰石、曰米、曰何、曰火寻、曰戊地、曰史，世谓九姓，皆氏昭武。"④故阎万钧论

---

① 张澍辑、王晶波校点：《二酉堂丛书史地六种》，甘肃人民出版社1992年版，第104—106页。
② 《魏书》卷102《西域传》，中华书局1974年版，第2270页。
③ 《魏书》卷102《西域传》，中华书局1974年版，第2281页。
④ 《新唐书》卷221下《西域传》，中华书局1975年版，第6243页。

道："自汉以来，中国内地就沿着古丝绸之路与昭武九姓诸国（汉时称康居国）有着密切的往来。中间各朝统治者多次经略康居国，委任康居王族出任当地行政官员。汉文化沿着这条丝绸之路传播到这一地区。"①

图 13-7　甘肃高台地埂坡 4 号壁画墓胡人形象②

自汉至唐，善于经商的粟特人陆续来华从事商业贸易活动。从 3 世纪开始，西域的龟兹、焉耆、高昌、于阗等地已经出现了粟特人聚落。③ 4 世纪末 5 世纪初，粟特人已进入吐鲁番盆地，到 5 世纪中叶，

---

①　阎万钧：《昭武九姓国及其音乐舞蹈艺术的东传》，《敦煌学辑刊》1986 年第 2 期。
②　徐光冀主编：《中国出图壁画全集 9 甘肃·宁夏·新疆》，科学出版社 2012 年版，第 36 页。冯培红指出："甘肃省高台县罗城乡地埂坡 4 号墓前室北壁绘有头戴尖顶帽、须发浓密的胡人形象的壁画，为粟特人生活在建康郡（治今高台县骆驼城）提供了证据。"（冯培红：《粟特人与五凉王国》，见冯培红《敦煌学与五凉史论稿》，浙江大学出版社 2017 年版，第 336—367 页）郭永利认为："此二人形象与 7—8 世纪乌兹别克斯坦的片治肯特古城壁画中的粟特宴饮人物几乎完全一致，所以墓主人应为粟特人。"（《河西魏晋唐墓中的胡人形象》，《丝路文明》第 2 辑，上海古籍出版社 2017 年版，第 45—59 页）
③　荣新江：《古代塔里木盆地周边的粟特移民》，《西域研究》1993 年第 2 期。

他们已在这里定居、经商，有些人还进入军政界。① 《南史》卷五五《康绚传》载："康绚，字长明，华山蓝田人也。其先出自康居。初，汉置都护，尽臣西域，康居亦遣侍子待诏河西，因留不去，其后遂氏焉。晋时陇右乱，迁于蓝田。"② 可知汉晋时期河西地区即有康居人。又如前引《魏书》卷一〇二《粟特国传》记载："其国商人先多诣凉土贩货，及克姑臧，悉见虏。高宗初，粟特王遣使请赎之，诏听焉。"③

这从相关考古资料也可得到证明。1907 年，斯坦因在敦煌西北长城烽燧（编号 T. XII. a）出土了八件粟特文信札，时间大约在西晋怀帝永嘉五年（311）左右。其中第一件为女儿写给母亲，第三件为妻子写给丈夫，大致出自一人之手，均寄自敦煌，寄往楼兰。④ 第二件最完整，并被完全解读。该件全 63 行，部分稍有残损，按内容可分 9 段，墨书。这件文书是一个名字叫做纳奈凡达克的粟特商人头目写给远在撒马尔罕的上层商主纳奈德巴尔的信，汇报在中国的经商情况。其中说到安玛塔萨其在酒泉、安萨其在姑臧、纳锡安去敦煌，又说到纳奈凡达克等人的商队从敦煌前往金城等事。第五件寄给商队首领，讲的是姑臧和敦煌之间的贸易。

上述粟特人在河西的经商活动，也为相关史料所证实。有研究认为，五凉时期是中亚粟特人入华的重要阶段。河西走廊是粟特人东来入华的关键地段，这里驻留了许多前来从事贸易的粟特商人，甚至还形成了聚落移民。冯培红指出："前凉时期，一些粟特人已经在政治、经济、宗教、军事等方面开始崛起。到五凉后期，仍然有粟特人的活动影踪，渗透到诸凉政权的各个方面。后凉政权中的粟特人势力不可小觑，如西平太守康宁自称匈奴王，起兵反抗吕光，拥有极大的军事力量。在南凉、北凉、西凉对峙时期，虽然相关的粟特资料比较少，

---

① 侯世新：《西域粟特胡人的社会生活与文化风尚》，《西域研究》2010 年第 2 期。
② 《南史》卷 55《康绚传》，第 1373 页。
③ 《魏书》卷 102《粟特国传》，第 2270 页。
④ 王素、李方：《魏晋南北朝敦煌文献编年》，新文丰出版公司 1997 年版，第 72—75 页；芮乐伟·韩森：《丝绸之路新史》，张湛译，北京联合出版公司 2015 年版。第 151 页。

但通过钩沉辨析，也能发现一些粟特人或参政、或经商的活动迹象，特别是北凉末姑臧城内大量粟特商人被俘，更加证实了这一点。"①

需要注意的是，尽管粟特人具有善于经商的民族性格，汉唐之际尤其是五凉、北朝时期亦曾在河西走廊活动并有不俗表现，但不可因为重视粟特研究而忽视了这一时期活跃于河西的汉人、氐人、秃发鲜卑、卢水胡和拓跋鲜卑在丝绸之路上的贡献。毫无疑问，这一时期的河西历史由上述诸族共同创造，丝绸之路上的经济文化交流亦然。河西走廊在丝绸之路上的重要地位，决定了东来西去、南来北往的民族，都能在此为丝绸之路的发展贡献自己的力量。

五　五凉诸族与西夏党项族：割据时代的丝路守护者

我们很容易将丝绸之路看作一条畅通无阻的贸易通道，但这仅是理想中的状态，或者说仅是中原统一王朝视野中的丝绸之路。由于政治形势的变化，河西走廊为割据政权控制时，丝绸之路上的经济、文化交流往往通过中转的方式完成。

已如前述，五凉时期，善于经商的粟特人已经在政治、经济、宗教、军事等方面开始崛起，反映出河西走廊割据时期在丝绸之路上中西交流的特点。实际上，五凉时期为丝绸之路做出贡献的不仅仅是粟特人，前述氐族人及其建立的后凉政权就曾发挥了独特的作用。而卢水胡人建立的北凉政权，也曾着意经营河西走廊与西域之间的经贸交流。沮渠蒙逊时期，"西域诸国皆诣蒙逊称臣朝贡"②。沮渠牧犍时期（433—439），鉴于北魏的压力，北凉向北魏称臣，一度也维持了丝路贸易的正常进行。但这种状况往往会受到时局影响而颇有反复。《魏书》卷一〇二《西域传》称：

---

① 冯培红：《粟特人与前凉王國》，载《内陆アジア言語の研究》XXX，2015年，第159—171页；冯培红：《五凉后期粟特人踪迹考索》，《石河子大学学报》（哲学社会科学版）2016年第1期；冯培红：《丝绸之路陇右段粟特人踪迹钩沉》，《浙江大学学报》（人文社会科学版）2016年第5期。
② 《资治通鉴》卷119宋武帝永初二年（421）三月条，第3739页。

初，世祖每遣使西域，常诏河西王沮渠牧犍令护送，至姑臧，牧犍恒发使导路出于流沙。后使者自西域还，至武威，牧犍左右谓使者曰："我君承蠕蠕吴提妄说，云：'去岁魏天子自来伐我，士马疫死，大败而还，我禽其长弟乐平王丕'。我君大喜，宣言国中。"又闻吴提遣使告西域诸国，称："魏已削弱，今天下唯我为强，若更有魏使，勿复恭奉。"西域诸国亦有贰者。牧犍事主稍以慢惰。使还，具以状闻，世祖遂议讨牧犍。凉州既平，鄯善国以为"唇亡齿寒，自然之道也，今武威为魏所灭，次及我也。若通其使人，知我国事，取亡必近，不如绝之，可以支久"，乃断塞行路，西域贡献，历年不入。后平鄯善，行人复通。①

后来西夏政权对丝绸之路的经营进一步证明，割据政权控制河西走廊时期中转这种形式在丝绸之路经贸、文化交流中的重要性。研究表明，西夏时期丝路贸易基本上是畅通的，但自始至终要受西北民族政权分立这个历史环境的制约，西夏政府不仅积极利用前代遗留下来的丝绸古道河西走廊段，还开辟了由兴庆府通往河西走廊的新驿路。②其具体走向是：从兴庆府西至贺兰山东麓，经"西夏祖坟"（今西夏陵）向南，沿黄河西岸至雄州（今宁夏中卫），再经鸡勒会（待考）至凉州（今甘肃武威）。③同时，对过往河西走廊的西州回鹘、大食使者和商人实行一系列优惠政策。④《天盛律令》卷七《敕禁门》的相关规定可证明这一点：

向他国使人及商人等已出者出卖敕禁物时，其中属大食、西州国等为使人、商人，已卖敕禁物，已过敌界，则按去敌界卖敕禁物法判断。已起行，他人捕举告者当减一等，未起行则当减二

---

① 《魏书》卷102《西域传》，第2259—2261页。
② 彭向前：《西夏王朝对丝绸之路的经营》，《宁夏大学学报》（人文社会科学版）2006年第2期。
③ 王天顺：《西夏地理研究》，甘肃文化出版社2002年版，第187页。
④ 彭向前：《西夏王朝对丝绸之路的经营》，《宁夏大学学报》（人文社会科学版）2006年第2期。

等，举告赏亦按已起行、未起行得举告赏法获得。大食、西州国等使人、商人，是客人给予罚罪，按不等已给价□当还给。此外其余国使人、商人来者，买物已转交，则与已过敌界同样判断。若按买卖法价格已言定，物现未转交者，当比未起行罪减一等。

大食、西州国等买卖者，骑驮载时死亡，及所卖物甚多，驮不足，说须守护用弓箭时，当告局分处，按前文所载法比较，当买多少，不归时此方所需粮食当允许卖，起行则所需粮食多少当取，不允超额运走。若违律无有谕文，随意买卖，超额运走时，按卖敕禁法判断。①

而西夏与宋朝之间的贸易，仍具有典型的丝绸之路贸易性质。史载："（宋朝）以缯帛、罗绮易（西夏）驼马、牛羊、玉、毡毯、甘草，以香药、瓷漆器、姜桂等物易蜜蜡、麝脐、毛褐、羱羚角、硇砂、柴胡、苁蓉、红花、翎毛。非官市者听与民交易，入贡至京者纵其为市。"② 宋朝用来交易的货物是传统的缯帛和罗绮。"西夏货物中，驼马、牛羊、毡毯、毛褐、羱羚角、柴胡、麝香等为西夏本国土产，而玉、甘草、蜜、蜡、硇砂、肉从蓉、红花、翎毛则是西域特产，它们的来源有二：一是西夏从过境的西域商人（主要是回鹘商人）中以关税的形式收取的，二是西夏商人从西域购得的。西夏将这些西域特产转手倒卖给宋朝，一定能够获得丰厚的利润。"③ 可以想见，来自宋朝的缯帛和罗绮，将在西夏和西域的贸易中继续沿着丝绸之路西传。

不惟五凉、西夏时期如此。河西其他割据时代大抵也如此。荣新江指出："我们从敦煌出土的文书，可以看到吐蕃统治时期（786—848）到归义军时期（848—1035），于阗、敦煌、甘州回鹘、西州回鹘等地方政权之间，以中原的丝绸以及本地土产，如于阗的玉石，来经营小王国之间的中转贸易。"④

---

① 史金波等译注：《天盛改旧新定律令》，法律出版社2000年版，第284—285页。
② 《宋史》卷186《食货志下·八·互市舶法》，第4563页。
③ 钱伯泉：《西夏对丝绸之路的经营及其强盛》，《西北民族研究》1993年第2期。
④ 荣新江：《丝绸之路与东西文化交流·前言》，北京大学出版社2015年版，第6页。

显然，五凉时期氐人、粟特人、卢水胡人和西夏时期党项人（图13-8，图13-9）对丝路交通的贡献必须受到重视。由于古代丝绸之路沿线国家、政权分合无定，如果把丝绸之路上的东西交流完全寄托于中原王朝的统一与强大，既容易忽视沿途割据政权为自身生存或保境安民所作出的各种努力，也会低估胡商贩客们"利所在无不至"[①]和"星驰争进，冀先互市"[②] 地不懈追逐商业利益的毅力，更无法给

图 13-8　西夏《五男伎乐图》木版画（武威市博物馆藏，贾小军摄）

图 13-9　西夏天庆七年（1200）《彩绘五女侍》木版画
（武威市博物馆藏，贾小军摄）

---

① 《新唐书》卷 220《西域传下》，中华书局 1975 年版，第 6244 页。
② 《隋书》卷 67《裴矩传》，中华书局 1973 年版，第 1582 页。

丝绸之路沿线政权分裂割据时期的历史时空给以交代。可以说，如果没有割据政权对丝绸之路的经营，丝绸之路数千年的历史就无法完整、系统地呈现出来。而这样势必出现另一个结果，即我们所了解的丝绸之路及其历史，仅仅是中原大一统时期的若干片段。

六　壁画中的丝绸之路民族史书写

我们往往会把丝绸之路看作是一条连续又绵长的贸易之路，但实际可能仅仅是一连串的市场，东西丝路贸易由一系列连续的小规模中转贸易组成，连通这些市场的道路亦非固定的某一条。① 荣新江指出："丝绸之路的价值体现，是经过丝路所进行的东西方经济、文化交往，而在古代，不论是物质文化的交换，还是精神文化的交流，都很难从一个点中间没有断绝地传到另外一个点，更多情况下是所谓的'间接传递'。"② 但若从整个亚欧大陆经济文化交流的广阔空间来看，古代东西方之间商贸交流必然存在一条最基本的线路，亦必然经过一些交通枢纽。即便是中原分裂割据、河西或西域战争频仍，那些不同地域间的经济、文化交流仍会沿着这条基本线路展开，只是在不同时期受到各种因素影响，部分路段有所变化和调整，或者把原来连续、绵长的经贸交流分割为若干个片段而已。③ "丝绸之路沿线的许多城镇，在不同的历史时期都对丝绸之路的维护、东西文化的交流做出了贡献，我们可以罗列出一连串的名字，比如西域丝路南道的于阗、楼兰，北道的龟兹、焉耆、高昌，河西的敦煌、武威，以及中原地区的固原、长安、洛阳，甚至有些今天看来比较偏远的城镇，在某个历史时段中，却在中西交通史上起着非常重要的作用。比如位于今陕西最北端靖边县的统万城，在439年北魏灭河西的北凉政权，打通了从河西经过薄骨律（灵州）、夏州（统万城），沿鄂尔多斯沙漠南缘路到达北魏首都平城的

---

① 芮乐伟·韩森：《丝绸之路新史》，张湛译，北京联合出版公司2015年版。
② 荣新江：《丝绸之路与东西文化交流》，北京大学出版社2015年版，第5页。
③ 贾小军：《河西走廊出土文献中的丝绸之路意象》，《丝绸之路研究集刊》第1辑，商务印书馆2017年版，第164—172页。

捷径之后，统万城就成为西方世界与平城交往线上的关节点。"①

　　无一例外，以上我们讨论到的河西走廊民族都是丝绸之路沿线经济、文化交流的重要参与者，传世文献即我们所熟知的历史书写信息呈现了这种交流的大体模样，但需要注意的是，不甚准确的历史书写也往往会影响到人们对历史真实的判断。前引《魏书》卷一〇二《西域传》中关于月氏和粟特、康国的记载就体现出这一特点。与相关研究成果相对照，《魏书》对西域"康国"的书写显然并不精确，而这个并不精确的记载，源自汉代以来中国对西域的渐次认识和史籍传承中对该地逐渐简略含糊的记载。② 受此误导，有学者或把康居与粟特

---

① 荣新江：《丝绸之路与东西文化交流·前言》，北京大学出版社2015年版，第2—3页。
② 《史记》卷123《大宛列传》载张骞语："大宛在匈奴西南，在汉正西，去汉可万里……其北则康居，西则大月氏，西南则大夏，东北则乌孙，东则扜罙、于窴。……乌孙在大宛东北可二千里……康居在大宛西北可二千里……奄蔡在康居西北可二千里……大月氏在大宛西可二三千里，居妫水北。其南则大夏，西则安息，北则康居。"（中华书局1959年版，第3160—3162页）《汉书》卷96上《西域传上》："大月氏国，治监氏城，去长安万一千六百里。……康居国，王冬治乐越匿地。到卑阗城。去长安万二千三百里。……其康居西北可二千里，有奄蔡国。……大宛国，王治贵山城，去长安万二千五百五十里。……"（中华书局1964年版，第3890—3894页）《后汉书》卷88《西域传》："大月氏国，居蓝氏城，西接安息，四十九日行，东去长史所居六千五百三十七里，去洛阳万六千三百七十里……栗弋国，属康居……严国，在奄蔡北，属康居……奄蔡国，改名阿兰聊国，居地城，属康居。"（第2920—2923页）《晋书》卷97《四夷传》："大宛国去洛阳万三千三百五十里，南至月氏，北接康居……康居国在大宛西北可二千里，与粟弋、伊列邻接。"（中华书局1974年版，第2543—2544页）《三国志》卷30《乌丸鲜卑东夷传》注引《魏略·西戎传》云："从敦煌玉门关入西域，前有二道，今有三道。从玉门关西出，经婼羌转西，越葱岭，经县度，入大月氏，为南道。从玉门关西出，发都护井，回三陇沙北头，经居卢仓，从沙西井转西北，过龙堆，到故楼兰，转西诣龟兹，至葱岭，为中道。从玉门关西北出，经横坑，辟三陇沙及龙堆，出五船北，到车师界戊己校尉所治高昌，转西与中道合龟兹，为新道。……南道西行……罽宾国、大夏国、高附国、天竺国皆并属大月氏。……中道西行……莎车国、竭石国、渠沙国……休修国、琴国皆并属疏勒。自是以西，大宛、安息、条支、乌弋。乌弋一名排特，此四国次在西，……大秦国一号犁靬，在安息、条支西大海之西……其俗人长大平正，似中国人而胡服。自云本中国一别也，常欲通使於中国，而安息图其利，不能得过。……又常利得中国丝，解以为胡绫，故数与安息诸国交市於海中。……自葱领西，此国最大，置诸小王甚多，故录其属大者矣。……大秦国有海水，海水西有河水，河水西南北行有大山，西有赤水，赤水西有白玉山，白玉山有西王母，西王母西有脩流沙，流沙西有大夏国、坚沙国、属繇国、月氏国、四国西有黑水，所传闻西之极矣。……王治于赖城，魏赐其王壹多杂守魏侍中，号大都尉，受魏王印。转西北则乌孙、康居，本国无增损也。北乌伊别国在康居北，又有柳国，又有岩国，又有奄蔡国一名阿兰，皆与康居同俗。西与大秦东南与康居接……大夏国、坚沙国、属繇国、月氏国、四国西有黑水，所传闻西之极矣。"（中华书局1959年版，第859—862页）比较起来，后出的《魏书·西域传》记载最为简略。白鸟库吉指出："Sogdiana（即"粟特"，引者）地方习用之名称，其大概已散见于中国史乘中，如《后汉书》及《晋书》之'粟弋'，《魏略》之'属繇'，《魏书》之'粟特'，其最后名称为南北朝之'贵霜匿'，乃Soghd之代表国家也。""汉代史家所称之'粟弋'，其广袤几何，殊难规定，盖其叙述过于简略含糊，使人无从着手耳。""《汉书》之'粟弋'，其所据之地，即唐代昭武诸国之领土，亦彰然明矣。"（白鸟库吉：《康居粟特考》，傅勤家译，商务印书馆1936年版，第85—89页）

相等同，或把粟特视作康居的延伸、发展。① 秦汉时期月氏从"敦煌、祁连间"② 西迁中亚，魏晋隋唐时期粟特人来华贾贩，这两个原本不同的民族③在后人的历史书写中逐渐被混淆或等同，不准确的历史书写给真实的历史披上了一层神秘的外衣。

人们书写的历史与历史真实之间总会有差别。就目前而言，我们所了解的丝绸之路和河西走廊民族变迁，在很大程度上仅仅是前人书写的结果：她们由一系列的小事件构成，并非每每惊天动地；我们看到的、听到的，或者感觉到的，可能并非全属历史真相。在对较长时段和广阔空间的历史的考察中，既要有微观的关照，更要有宏观的把握，探究丝绸之路、河西走廊民族的变迁，自然也应如此。作为继续参与历史书写的史学工作者而言，就需要在现有的技术条件基础上，尽可能全面地占有包括文字、图像等已有的历史书写材料，努力全方位、多视角地呈现人类文明史。丝绸之路上的文化交流与文明互鉴，在河西走廊墓葬壁画中有较多的反映，因此也应该是学界着力的重要领域。

---

① 许序雅：《粟特、粟特人与九姓胡考辨》，《西域研究》2007年第2期。
② 《史记》卷123《大宛列传》，中华书局1959年版，第3162页。
③ 白鸟库吉：《康居粟特考》，傅勤家译，商务印书馆1936年版，第3—16页。

第十四章

汉唐河西图像史料中的丝绸之路意象

河西走廊是古丝绸之路的黄金地段，其独特的地理形势和宜农宜牧的自然环境，为丝绸之路的畅通繁荣提供了战略保障。传世史籍对此多有记录。近代以来，河西走廊发现了大量汉唐时期的石窟壁画、墓葬壁画及其他图像资料，间接地提供了该时期丝绸之路相关信息，为研究汉唐时期丝绸之路河西走廊段提供了丰富的资料。在一定意义上，系统梳理这些图像资料，对认识古代陆上丝绸之路的商贸交流、行旅往来，尤其对于深入了解丝绸之路的内涵与外延，营造全方位的丝绸之路河西走廊"意象"，具有重要意义。

一 汉唐时期河西与丝绸之路有关的图像资料

1973 年，汉代居延肩水金关遗址出土的木版画上绘一匹昂首嘶鸣的黑马（图 14-1），或为边关戍吏所绘良马图。张掖市博物馆藏"驱驴图"（图 14-2）为线刻子母砖，砖上线刻一人头戴斗笠，身着长衣，驱赶一长耳毛驴向前奔走。

嘉峪关新城五号墓"驿使图"画砖（图 14-3）、新城 6 号墓"牵驼图"画砖（图 14-4）常为研究者所引用，均具有重要艺术价值和史料价值。前者代表的是政府主导的驿道及邮驿制度，后者则将河西走廊、丝绸之路上常见的"沙漠之舟"骆驼绘制于墓室壁画当中，自有其特定意义。新城六号墓"牛车出行图"画砖（图 14-5）、高台县博物馆藏"车马出行图"（图 14-6），代表的是"出行"这一主题壁画内容，其所蕴含的丰富内涵前文已有详论，此不赘述，但出行图所呈现的交通工具、骑乘者等信息，也是丝绸之路日常所见，因而仍有深入探讨的必要。

图 14-1　肩水金关木版画（甘肃省博物馆藏，贾小军摄）

图 14-2　驱驴图（汉代，张掖市博物馆藏，贾小军摄）

图 14-3 驿使图（魏晋，甘肃省博物馆藏，贾小军摄）

图 14-4 牵驼图（魏晋，嘉峪关新城 6 号墓，贾小军摄）

第十四章　汉唐河西图像史料中的丝绸之路意象　　331

图 14-5　牛车出行图（魏晋，嘉峪关新城 6 号墓）①

图 14-6　车马出行图（魏晋，高台县博物馆藏，贾小军摄）

　　山丹唐墓出土的两类"胡商牵驼图"（图 14-7，图 14-8），较之前引新城六号墓"牵驼图"，头戴尖顶帽的胡商牵着身驮或圆或方驮囊的骆驼行走，丝绸之路商贸的主题更加明显。这样的意蕴同样在张掖市新乐小区和敦煌机场墓群出土的"胡商牵驼图""胡商牵马图"

---

① 徐光冀主编：《中国出土壁画全集 9 甘肃·宁夏·新疆》，科学出版社 2012 年版，第 85 页。

中体现出来（图 14-9—图 14-12）。这些"尖帽人物"，"很可能就是来自中亚的粟特人"，而"山丹唐墓与敦煌佛爷庙湾唐墓人物相比，显出丰肥趋势，故年代应略晚于后者"[1]。

图 14-7　胡商牵驼图[2]（唐代）

图 14-8　胡商牵驼图（唐代，山丹博物馆藏，贾小军摄）

---

[1] 郭永利：《河西魏晋唐墓中的胡人形象》，《丝路文明》第 2 辑，上海古籍出版社 2017 年版，第 45—59 页。

[2] 张掖市文物管理局：《张掖文物》，甘肃人民出版社 2009 年版，第 125 页。

第十四章 汉唐河西图像史料中的丝绸之路意象　　333

图 14-9　胡人牵驼图（唐代，张掖市博物馆藏，贾小军摄）

图 14-10　胡人牵马图（唐代，张掖市博物馆藏，贾小军摄）

图 14-11　胡商牵驼图（唐代）[①]

[①]　甘肃省博物馆：《敦煌佛爷庙湾唐代模印砖墓》，《文物》2002 年第 1 期。

图 14-12　胡商牵驼图（唐代）①

　　另一类图像资料出自河西石窟壁画。这类图像较多，已有多位学者给予关注②。以下仅举数例说明。敦煌莫高窟第 296 窟《福田经变》（图 14-13）该图第三层绘有胡汉商队，"画面一侧是两位骑着高头大马的汉族商人，后面跟随二脚力，赶着两头身负商品的毛驴过桥，桥的另一侧正在等待过桥的是一前一后两位步行的胡商，前面的胡商牵着两头骆驼，后面胡商赶着两头毛驴，骆驼和毛驴均负物前行"③。生动地描绘出丝绸之路上的商贸交流情况。

---

① 甘肃省博物馆：《敦煌佛爷庙湾唐代模印砖墓》，《文物》2002 年第 1 期。
② 李明伟：《敦煌莫高窟和克孜尔石窟壁画中的丝路贸易》，载氏著《丝绸之路贸易史研究》，甘肃人民出版社 1991 年版，第 111—134 页；荣新江：《萨保与萨博：佛教石窟壁画中的粟特商队首领》，载荣新江、华澜、张志清主编《粟特人在中国——历史、考古、语言的新探索》，中华书局 2005 年版，第 48—71 页；沙武田：《丝绸之路交通贸易图像——以敦煌画商人遇盗图为中心》，《丝绸之路研究集刊》第 1 辑，商务印书馆 2017 年版，第 122—155 页，等等。
③ 沙武田：《丝绸之路交通贸易图像——以敦煌画商人遇盗图为中心》，《丝绸之路研究集刊》第 1 辑，商务印书馆 2017 年版，第 122—155 页。

图 14-13　莫高窟北周第 296 窟《福田经变》之胡汉商队①

莫高窟隋代 420 窟亦绘有商队（图 14-14），该图画风活泼，图中一骑马商人赶着商队行进在崇山峻岭之中，商队由负重的骆驼和毛驴组成，声势浩大。

莫高窟初唐 217 窟《法华经变化城喻品》（图 14-15，图 14-16），绘一队寻宝人前往异地取宝，山高路远，行程颇为艰难，图中行者或乘马，或骑驴，虽在表达佛教经变故事，但客观上却呈现了彼时寻宝人穿行于丝绸之路上的真实情景。另如莫高窟盛唐 103 窟壁画《法华经变化城喻品》所绘负重之大象、骑乘之毛驴（图 14-17），莫高窟 323 窟壁画"迎佛"图中的骑牛、骑驴者（图 14-18），盛唐第 45 窟《观音普门品》胡商遇盗图（图 14-19）等，均在表达佛教特有含义的同时，反映出丝绸之路贸易活动的若干细节。

以上所列河西走廊与丝绸之路或中西交通有关的图像资料，仅是所有材料中的一部分，但大体能够反映汉魏隋唐时期河西图像资料的

---

① 中国敦煌壁画全集编辑委员会编，段文杰、樊锦诗主编：《中国敦煌壁画全集·敦煌 3 北周》，辽宁美术出版社、天津人民美术出版社 2006 年版，第 124 页。

图 14-14　莫高窟隋代 420 窟壁画之商队①

图 14-15　莫高窟初唐 217 窟《法华经变化城喻品》之 1②

---

① 中国敦煌壁画全集编辑委员会编，段文杰主编：《中国敦煌壁画全集·敦煌 4 隋代》，天津人民美术出版社 1989 年版，第 91 页。
② 中国壁画全集编辑委员会编，段文杰主编：《中国壁画全集·敦煌 6 盛唐》，天津人民美术出版社 1989 年版，第 24 页。

图 14-16　莫高窟初唐 217 窟《法华经变化城喻品》之 2①

图 14-17　莫高窟盛唐 103 窟壁画《法华经变化城喻品》②

---

① 中国壁画全集编辑委员会编，段文杰主编：《中国壁画全集·敦煌 6 盛唐》，天津人民美术出版社 1989 年版，第 24 页。
② 中国壁画全集编辑委员会编，段文杰主编：《中国壁画全集·敦煌 6 盛唐》，天津人民美术出版社 1989 年版，第 125 页。

图 14-18　莫高窟 323 窟壁画"迎佛"图①

图 14-19　莫高窟盛唐第 45 窟《观音普门品》胡商遇盗图②

---

① 中国壁画全集编辑委员会编，段文杰主编：《中国壁画全集·敦煌 6 盛唐》，天津人民美术出版社 1989 年版，第 117 页。
② 敦煌文物研究所编：《敦煌壁画》，文物出版社 1959 年版，图 137。

基本内涵。总体来看，这些图像资料主要反映的是与丧葬或佛教等宗教信仰有关的主题，但客观上仍然提供了骑乘、出行、商贸交流、胡商遇盗等丝绸之路相关信息。

第一，前引相关资料，均来自河西走廊汉代—唐代墓葬或石窟壁画。就具体地点而言，自东向西依次是山丹、张掖、高台、嘉峪关、敦煌。

第二，木版画黑马图出自汉代居延肩水金关遗址，驱驴图、驿使图、牵驼图及出行图出自汉晋、唐代墓葬，胡汉商队或商人遇盗图等具有细致叙事特征的相关图像，则均出自北朝及隋唐敦煌石窟壁画之经变画。

第三，墓葬壁画类出行图、牵驼图或商旅图内容相对单一，经变画中的商旅图则有较为丰富的内容，这与洞窟壁画的绘画环境和叙事性质有关。

第四，墓葬中的胡商牵驼图没有对环境的描绘，但在有限的空间里，仍然尽可能地反映了较为丰富的内容。如敦煌佛爷庙湾唐墓的胡商牵驼图中，一块砖的长方形驼囊上趴着一只小猴。一块砖的椭圆形驼囊上立着一只鸟。

二 汉唐河西走廊图像资料中的丝绸之路信息

上述墓葬壁画、石窟壁画中的相关图像，绝大多数的中心意图，只是为了表达丧葬思想和佛教经典的意思，而不是要表达丝绸之路上的交通贸易场景，但毕竟携带了一定的丝绸之路信息，据之可以了解传统文献中没有反映的某些丝绸之路商贸交流的细节。

(一) 邮驿制度

嘉峪关新城魏晋五号墓"驿传图"画砖，画面内容为一位头戴黑介帻，身着皂缘袖领中衣的佐吏，右手持棨，左手揽缰绳，策马飞奔。在一定程度上说明魏晋以来河西走廊邮驿制度的推行及邮路之通畅。这一点在传世史籍的记载中能够得到证明。曹魏统一北方后颁布

《邮驿令》，为各地道路交通、邮驿通信和贸易交流提供了重要保障。据《晋书》卷三〇《刑法志》，曹魏时期，陈群、刘邵、韩逊等人"删约旧科，傍采汉律，定为魏法"，其中就有专门的《邮驿令》："秦世旧有厩置、乘传、副车、食厨，汉初承秦不改，后以费广稍省，是故后汉但设骑置而无车马，而律犹著其文，则为虚设，故除《厩律》，取其可用合科者，以为《邮驿令》。"① 秦代的邮传为历代邮驿的发展奠定了基础②，睡虎地秦简《秦律十八种·田律》云："近县令轻足行其书，远县令邮行之。尽八月□□之。"是说距离近的县，文书由走得快的人专程递送，距离远的县由驿站传送，在八月底以前［送达］。③另外，在居延汉简和悬泉汉简中先后发现几枚标明从长安到敦煌的基本路线、走向、里程及停靠站体系的"里程简"，大体呈现了在汉朝强大的国力保障之下，行走在长安、敦煌之间驿道及行旅的通畅。④ 前凉时期，西域长史驻海头（今罗布泊），考古发现的邮书格式同中原一致，即先写发信日期、寄件人，再写正文。在罗布淖尔发掘的西域长史李柏表文更反映了焉耆王使者与前凉张氏之使者频繁往来的情况。⑤《晋书》卷一一三《苻坚载记上》记载，前秦苻坚时期，"关陇清晏，百姓丰乐。自长安至于诸州，皆夹路树槐柳，二十里一亭，四十里一驿，旅行者取给于路，工商贸贩于道"⑥。可知彼时前秦长安与诸间州驿道畅通、商贸繁荣。北凉沮渠牧犍时期，"牧犍淫嫂李氏，兄弟三人传嬖之。李与牧犍姊共毒公主，上遣解毒医乘传救公主得愈"⑦。该条史料中的"上"指北魏太武帝拓跋焘，"遣解毒医乘传救公主"是说派遣解毒的医生乘传车去解救公主。按北魏时期"传驿相属于路"⑧，故有太武帝此举。不过需要注意的是，平城、姑

---

① 《晋书》卷30《刑法志》，第923—925页。
② 刘广生主编：《中国古代邮驿史》，人民邮电出版社1986年版，第36页。
③ 睡虎地秦墓竹简整理小组：《睡虎地秦墓竹简》，文物出版社1978年版，第24、26页。
④ 贾小军：《河西走廊出土文献中的丝绸之路意象》，《丝绸之路研究集刊》第1辑，商务印书馆2017年版，第164—172页。
⑤ 刘广生主编：《中国古代邮驿史》，人民邮电出版社1986年版，第111页。
⑥ 《晋书》卷113《苻坚载记上》，中华书局1974年版，第2895页。
⑦ 《魏书》卷99《沮渠蒙逊传附沮渠牧犍传》，第2208页。
⑧ 《魏书》卷34《卢鲁元传》，第801页。

臧间距离太过于远,"解毒医"是否真正"乘传"及时"救公主得愈"值得怀疑,此事与本文主旨无关,不赘。

唐代驿站,据《旧唐书》卷四三《职官志二》"驾部郎中"条:"凡三十里一驿,天下驿凡一千六百三十有九,而监牧六十有五,皆分使统之。"[1]《唐六典》卷五《尚书兵部》"驾部郎中"条:"凡三十里一驿,天下驿凡一千六百三十有九所。"原注云:"二百六十所水驿,一千二百九十七所陆驿,八十六所水陆相兼。"[2]《通典》卷三三《职官十五》"乡官"云:"三十里置一驿,其非通途大路则曰馆。驿各有将,以州里富强之家主之,以待行李。自至德之后,民贫不堪命,遂以官司掌焉。凡天下水陆驿一千五百八十七。"[3] 几处关于唐代驿站总数的记载并不完全一致。《唐六典》"校勘记"指出:"《旧唐书·职官志》及《新唐书·职官志》均同是数。而据《六典》本条原注所列水驿、陆驿及水陆相兼之数会而计之,盖有一千六百四十有三所。"[4] 其中水驿、陆驿总计 1557 所,这一数字仍与《通典》之 1587 不同,未知因何如是,待考。据《武经总要前集》前集卷十九《边防西蕃地理》:"兰州金城郡……北凉州五百五十里,州城北渡金城关二十驿至凉州。"[5] 约当"三十里一驿"之制。岑参诗《初过陇山途中呈宇文判官》云:"一驿过一驿,驿骑如星流。平明发咸阳,暮到陇山头。"[6]《河西春暮忆秦中》云:"边城细草出,客馆梨花飞。……凉州三月半,犹未脱寒衣。"[7] 天宝八载至天宝十载(749—751),岑参由长安至安西,又自安西东返长安,该诗即为岑参赴安西途中所作。此行岑参还有《过酒泉忆杜陵别业》《敦煌太守后庭歌》《银山碛西馆》《宿铁关西馆》《安西馆中思长安》《题苜蓿烽寄家人》

---

[1]《旧唐书》卷 43《职官志》,中华书局 1975 年版,第 1836 页。
[2]《唐六典》卷 5《尚书兵部》,中华书局 1992 年版,第 163 页。
[3]《通典》卷 33《职官十五》,中华书局 1984 年版,典一九二上。
[4]《唐六典》卷 5《尚书兵部》,中华书局 1992 年版,第 176 页。
[5] 孙雅芬、于孟辰、贺菊玲、弋丹阳注:《武经总要注》,西安出版社 2017 年版,第 348 页。
[6] 岑参著,陈铁民、侯忠义校注:《岑参集校注》,上海古籍出版社 1981 年版,第 73 页。
[7] 岑参著,陈铁民、侯忠义校注:《岑参集校注》,上海古籍出版社 1981 年版,第 90 页。

《临洮客舍流别祁西》等诗作问世。① 天宝十三载（754），岑参又赴北庭，又有《题金城临河驿楼》《凉州馆中与诸判官夜集》② 等诗作。"一驿过一驿，驿骑如星流"，"边城细草出，客馆梨花飞"等诗句，以及"碛西馆""铁关西馆""安西馆""苜蓿烽""临洮客舍""临河驿""凉州馆"等驿、馆、烽燧等信息，形象地描绘出唐代长安至安西的丝绸之路上驿馆相接、驿马如星的场景。"自安西都护府东至凉州约五千里，至长安约七千里，皆置驿。"③ "使骑较急之文书，约一月可达。"④ 以三十里一驿计，在七千里的驿道上，应当有二百三十余处驿站。前引岑参诗中的"碛西馆""铁关西馆""安西馆"即西域驿道上的几处驿馆。仅就敦煌、长安之间的驿馆、道路情况而言，据《元和郡县图志》，唐代敦煌至长安约三千七百里⑤，仍以三十里一驿计，则敦煌至长安间约有123处驿站（如此，则敦煌与安西都护府之间应有约100处左右的驿馆）。据杨希义、唐莉芸考证："（长安至敦煌间可考的驿站）从长安到咸阳其驿有4，从咸阳驿西行经关中平原、陇中地区进入河西走廊的丝路南道所列驿站12，从咸阳驿西北行经泾水河谷、陇北地区和腾格里沙漠南端的丝路北道所列驿站7所，河西走廊到敦煌间的驿站有20多个。"⑥ 可考者总计约43处。这些驿站是丝路商贸畅通的重要保障。又据《唐六典》卷三《尚书户部》"户部度支郎中"条："凡陆行之程：马日七十里，步及驴五十里，车三十里。"⑦ 可知骑马、步行、乘驴和乘驿速度大为不同。需要指出的是，与汉晋时期有所不同，"（隋唐）邮驿只是为政权服务的工具，平民非有特诏是不能利用邮驿的"⑧。"隋唐的邮驿已绝少有接待商旅的

---

① 岑参著，陈铁民、侯忠义校注：《岑参集校注》，上海古籍出版社1981年版，第76—87页。
② 岑参著，陈铁民、侯忠义校注：《岑参集校注》，上海古籍出版社1981年版，第143—144页。
③ 严耕望：《唐代交通图考》第二卷《河陇碛西区》，上海古籍出版社2007年版，第494页。
④ 严耕望：《唐代交通图考》第二卷《河陇碛西区》，上海古籍出版社2007年版，第488页。
⑤ 《元和郡县图志》卷40《陇右道下》，第1026页。
⑥ 杨希义、唐莉芸：《唐代丝绸之路东段长安至敦煌间的馆驿》，《敦煌研究》1994年第4期。
⑦ 《唐六典》卷3《尚书户部》，中华书局1992年版，第80页。
⑧ 刘广生主编：《中国古代邮驿史》，人民邮电出版社1986年版，第136页。

事。这是因为私人客舍、邸店在隋唐已比比皆是，行旅无必要去驿馆歇息。"① 据《唐会要》卷六一《御史台中》："贞元二年三月，京兆尹兼御史大夫第五琦奏：'使人缘路，无故不得于馆驿淹留，纵然有事，经三日已上，即于主人安置馆存其供限。如有家口相随，即自须於村店安置，不得令馆驿将什物饭食草料，就等彼供给拟者。'"② 但即便隋唐邮驿只接待来往使节，以"贡赐"形式出现的中外物资交流仍具有重要影响力。吐鲁番文书《开元二十年（732）瓜州都督府给西百姓游击将军石染典过所》记载，石染典一行（包括作人、家生奴）4 人，驴 10 头，"从西来，至此市易事了，今欲却往安西已来，路由铁门关……""染典先蒙瓜州给过所，今至此市易事了，欲却往伊州市易"，沙州即今敦煌、伊州即今哈密，过所上有沙州市令、伊州刺史的押印③，他们的来往行踪，受到唐朝地方官府的严格控制④。

（二）丝绸之路上的骑乘动物

据上可知，丝绸之路上的骑乘动物，有马、骆驼、牛、大象、驴等，大象、骆驼、马、牛是健壮且驮运能力强的骑乘动物，毛驴性情温顺、力气较小但耐力好，尤其善于在山地运输。这些骑乘动物在石窟壁画中均有反映，墓葬壁画中虽有大象、毛驴的形象出现，但尚未见到用以骑乘的大象和毛驴。沙武田对敦煌壁画商人遇盗图中的运输工具做过统计，其中毛驴 26 头，骆驼 14 峰。⑤ 在丝绸之路上，主要的运输工具是骆驼和毛驴，毛驴更为常见。这也为吐鲁番文书所证明。据程喜霖的统计，在 12 份相关文书中，可归入运输工具和方式的"马 21 匹、驴 106 头、牛 7 头、骡 3 头、驼 5 峰"⑥。仅武后垂拱元年

---

① 刘广生主编：《中国古代邮驿史》，人民邮电出版社 1986 年版，第 136 页。
② 《唐会要》卷 61《御史台中》，中华书局 1955 年版，第 1061 页。
③ 武汉大学历史系、新疆维吾尔自治区博物馆、国家文物局古文献研究室：《吐鲁番出土文书》第九册，文物出版社 1990 年版，第 40—43 页。
④ 李清凌：《西北经济史》，人民出版社 1997 年版，第 207 页。
⑤ 沙武田：《丝绸之路交通贸易图像——以敦煌画商人遇盗图为中心》，《丝绸之路研究集刊》第 1 辑，商务印书馆 2017 年版，第 122—155 页。
⑥ 程喜霖：《唐代过所研究》，中华书局 2000 年版，第 239—245 页。

(685)《康尾义罗施等请过所案卷》中记录的"马1匹、骆驼2峰、驴26头"①。前引《石染典过所》亦记载有驴10头。在上述统计中，毛驴较高的比例值得重视。尚永琪指出："在古代的丝绸之路上，无论是军队的远征、使者的往来或是货物的运输，都少不了那些健壮且能驮运的骑乘动物，如大象、骆驼、骏马、牦牛等等。位于骑乘秩序最低一级的则是毛驴。与狮子一样，驴也是经由丝绸之路传入中国的。一般认为非洲野驴是中国家驴的祖先。被驯化后的非洲家驴，经埃及传到亚洲的西部，再经伊朗、阿富汗、印度，最后传入中国。"②毛驴经过丝绸之路传入中国以后，在农耕、骑乘、运输等方面都发挥了重要作用，可以说，在丝绸之路上东西方经济文化交流的过程中，自有毛驴的重要贡献。

(三) 丝绸之路上的商旅

相关史籍对汉唐时期河西走廊上的丝路贸易多有反映。《后汉书·西域传》形容汉代东西丝路贸易的盛况云："立屯田于膏腴之野，列邮置于要害之路。驰命走驿，不绝于时月；商胡贩客，日款于塞下。"③《三国志·仓慈传》记载，曹魏时期敦煌太守仓慈曾采取措施保护东西商旅，修复了因"丧乱"而"隔绝"的丝路贸易："又常日西域杂胡欲来贡献，而诸豪族多逆断绝；既与贸迁，欺诈侮易，多不得分明。胡常怨望，慈皆劳之。欲诣洛者，为封过所，欲从郡还者，官为平取，辄以府见物与共交市，使吏民护送道路，由是民夷翕然称其德惠。数年卒官，吏民悲感如丧亲戚，图画其形，思其遗像。"④记载唐代高僧玄奘事迹的《大慈恩寺三藏法师传》说："凉州为河西都会，襟带西蕃、葱右诸国，商旅往来，无有停绝。"⑤

丝路商旅以胡商为多，胡商群体中又以粟特人最具代表性。史称

---

① 程喜霖：《唐代过所研究》，中华书局2000年版，第246—258页。
② 尚永琪：《没见过狮子的中国古人，为何视其为守护神》，澎湃新闻，网址 https://www.thepaper.cn/newsDetail_forward_1453886（最新更新时间：2020年2月3日）。
③ 《后汉书》卷88《西域传》，中华书局1965年版，第2931页。
④ 《三国志》卷16《仓慈传》，中华书局1959年版，第512—513页。
⑤ 慧立、彦悰著，孙毓棠、谢方点校：《大慈恩寺三藏法师传》，中华书局1983年版，第11页。

粟特"人皆深目、高鼻、多髯。善商贾，诸夷交易，多凑其国"①。
"（粟特）人皆深目高鼻多须髯"②，以上相关图像与此记载一致。前引图像中，有胡汉商人、各色行旅，也有政府派出的驿使，但粟特胡商明显较多。尤其是敦煌佛爷庙湾出土的"胡商牵驼图""砖上胡商所戴尖顶帽和所着窄袖对襟翻领束腰长袍、小口紧身裤、长勒靴，可以说是最具粟特本民族特色的典型服饰配置"③。戴春阳指出："翻领的小袖紧身袍滥觞于波斯，5—6世纪上半叶已成为粟特人所钟爱的服装，并花样翻新创制出单侧翻领的袍、氅新样。这种单翻领胡服新样于6世纪晚期即出现在隋代敦煌壁画中。"④ 另外值得注意的是，曹魏敦煌太守仓慈因在任期间有"德惠"于从事丝路商贸的"民夷"，故在其"卒官"之后，"吏民悲感如丧亲戚，图画其形，思其遗像"，使其精神真正通过"图画"和"遗像"的方式在敦煌这个丝绸之路的关节点上传播。

三 河西图像史料中的丝绸之路意象

确切地说，上述河西图像资料中并没有直接呈现河西走廊的信息，既没有大漠孤烟，也没有长河落日，有的只是路上客商牵驼牵马、赶驴行走的意象，不过这些图像出自汉唐丝绸之路的关键路段河西走廊，本身就说明这些图像与河西走廊的相关性。把上述这些图像联系起来，可以发现，自汉及唐，从石窟到墓葬，虽然直接意义并不是表达商人出行和交通贸易，但商旅及与此有关的丝绸之路相关内容一直是图像中的重要元素，这是值得重视的现象。

这与河西走廊商道的性质有关。不同时期陆上丝绸之路的走向虽

---

① 《北史》卷97《康国》，中华书局1974年版，第3234页。
② 《隋书》卷83《西域传·康国》，中华书局1973年版，第1848页。
③ 戴春阳：《敦煌佛爷庙湾唐代模印塑像砖墓（四）——从模印胡商牵驼砖看丝路交通中的有关问题》，《敦煌研究》2019年第5期。
④ 戴春阳：《敦煌佛爷庙湾唐代模印塑像砖墓（四）——从模印胡商牵驼砖看丝路交通中的有关问题》，《敦煌研究》2019年第5期。

不尽相同，但河西走廊一直是经久不变的主干道。汉唐帝国对丝绸之路即东西交通的强大控制力，从制度层面和实践层面保证了丝绸之路的通畅，在此前提下，丝绸之路河西走廊段主干道的地位方得体现。

汉晋墓葬中的驱驴图、牵驼图、邮驿图等，并没有直观反映商旅信息，但骏马、毛驴、骆驼等，一直是丝绸之路上的主要运输工具；骏马飞快、毛驴耐久、骆驼负重，可谓各有特点；邮驿图则在一定程度上反映了汉晋国家对道路交通的有效管理，其所反映的历史背景，乃是"古代丝绸之路的繁荣以汉唐盛世为基础"[1]。

邮驿快马，营造出一种因关山悬远、情势紧急而需要的驰马如飞、一骑绝尘意象。"牵驼图"虽仅一人一驼，但却营造出一幅气候干燥、行旅艰险、漫漫而修远的绿洲丝绸之路图景。而驼囊上伫立的小鸟与小猴，则细致地勾画出商人旅途中的意趣。

商人遇盗图在敦煌壁画中出现较多。[2] 壁画中，商人遇盗情景一般发生山水之间或者密林深处。从而营造出丝路商旅虽然经商盈利，但商旅艰辛、荆棘危难所在皆有的意象。正所谓："天下熙熙，皆为利来；天下攘攘，皆为利往。"人为追逐财富而经商，但经商的胡人与骆驼却在墓葬中被视作财富本身[3]，因此胡人牵驼图在墓葬壁画中大量出现，这一点估计为胡商所未料及。

由此看来，丝绸之路及行走在丝路之上的各色客商和他们从事的商贸活动，是具有立体感、多维意象和丰富内涵的综合体，只有透过各种以图像或文字形式出现的资料，才可能获得更为深入的认识。我们期待有更多这样的信息被发现，也期待通过这些信息推进丝绸之路的研究。

---

[1] 侯杨方：《古丝路繁荣以汉唐盛世为基础》，《参考消息》2017年5月5日第11版。
[2] 罗华庆：《敦煌艺术中的〈观音普门品变〉和〈观音经变〉》，《敦煌研究》1987年第3期；沙武田：《丝绸之路交通贸易图像——以敦煌画商人遇盗图为中心》，《丝绸之路研究集刊》第1辑，商务印书馆2017年版，第122—155页。
[3] 李瑞哲：《古代丝绸之路胡商活动及其影响研究》，陕西人民出版社2011年版，第64—75页。

参考文献

一 古代典籍

司马迁：《史记》，中华书局 1959 年版。
班固：《汉书》，中华书局 1962 年版。
范晔：《后汉书》，中华书局 1965 年版。
陈寿：《三国志》，中华书局 1959 年版。
房玄龄：《晋书》，中华书局 1974 年版。
沈约：《宋书》，中华书局 1974 年版。
魏收：《魏书》，中华书局 1974 年版。
李延寿：《南史》，中华书局 1971 年版。
李延寿：《北史》，中华书局 1971 年版。
魏征：《隋书》，中华书局 1973 年版。
郦道元著，陈桥驿校证：《水经注校证》，中华书局 2007 年版。
杜佑：《通典》，中华书局 1984 年版。
李林甫等撰，陈仲夫点校：《唐六典》，中华书局 1992 年版。
李吉甫：《元和郡县图志》，中华书局 1983 年版。
刘昫：《旧唐书》，中华书局 1975 年版。
欧阳修、宋祁：《新唐书》，中华书局 1975 年版。
司马光：《资治通鉴》，中华书局 1956 年版。
汤球：《十六国春秋辑补》，中华书局 1985 年版。
张澍辑，王晶波校点：《二酉堂丛书史地六种》，甘肃人民出版社 1992 年版。
郑玄注，贾公彦疏，黄侃经文句读：《十三经注疏》之五《仪礼注疏》（附校勘记），上海古籍出版社 1990 年版。
孔丘：《论语》，《诸子集成》第一册，上海书店出版社 1986 年版。

荀况：《荀子》，《诸子集成》第二册，上海书店出版社1986年版。

张华撰，范宁校证：《博物志校证》，中华书局1980年版。

刘义庆著，刘孝标注，余嘉锡笺疏：《世说新语笺疏》，中华书局2011年版。

慧立、彦悰著，孙毓棠、谢方点校：《大慈恩寺三藏法师传》，中华书局1983年版。

岑参著，陈铁民、侯忠义校注：《岑参集校注》，上海古籍出版社1981年版。

米田水译注：《图画见闻志·画继》，湖南美术出版社2000年版。

孙雅芬、于孟辰、贺菊玲、弋丹阳注：《武经总要注》，西安出版社2017年版。

洪亮吉：《十六国疆域志》，二十五史刊行委员会《二十五史补编》第三册，中华书局1955年版。

二 考古资料

（一）考古报告、图册

段文杰主编：《中国壁画全集·敦煌5 初唐》，辽宁美术出版社1989年版。

段文杰主编：《中国壁画全集·敦煌6 盛唐》，天津人民美术出版社1989年版。

敦煌文物研究所编：《敦煌壁画》，文物出版社1959年版。

敦煌市博物馆：《敦煌文物》，甘肃人民美术出版社2002年版。

敦煌市博物馆编：《敦煌市博物馆馆藏珍贵文物图录》，北方联合出版传媒股份有限公司、万卷出版公司2017年版。

俄军、郑炳林、高国祥主编：《甘肃出土魏晋唐墓壁画》，兰州大学出版社2009年版。

樊锦诗主编：《敦煌石窟》，中国旅游出版社2004年版。

盖山林：《和林格尔汉墓壁画》，内蒙古人民出版社1978年版。

甘肃简牍博物馆、甘肃省文物考古研究所、甘肃省博物馆、中国文化遗产研究院古文献研究室、中国社会科学院简帛研究中心编：《肩水金关汉简（肆）》下册，中西书局 2015 年版。

甘肃省博物馆编：《甘肃省博物馆文物精品图集》，三秦出版社 2006 年版。

甘肃省文物队、甘肃省博物馆、嘉峪关市文物管理所：《嘉峪关壁画墓发掘报告》，文物出版社 1985 年版。

甘肃省文物局编：《高台县博物馆》，甘肃人民美术出版社 2011 年版。

甘肃省文物局编：《瓜州县博物馆》，甘肃人民美术出版社 2011 年版。

甘肃省文物考古研究所：《敦煌汉简》，中华书局 1991 年版。

甘肃省文物考古研究所编：《酒泉十六国墓壁画》，文物出版社 1989 年版。

甘肃省文物考古研究所、戴春阳主编：《敦煌佛爷庙湾西晋画像砖墓》，文物出版社 1998 年版。

甘肃省文物考古研究所、戴春阳、张珑：《敦煌祁家湾西晋十六国墓葬发掘报告》，文物出版社 1994 年版。

甘肃省文物考古研究所等：《居延新简》，文物出版社 1990 年版。

高德祥编著：《走进敦煌》，甘肃人民美术出版社 2006 年版。

关尾史郎编：《中国西北地域出土镇墓文集成（稿）》，新泻大学超域研究机构 2005 年版。

河北省文物考古研究所：《宣化辽墓——1974—1993 年考古发掘报告》，文物出版社 2001 年版。

贺西林、郑岩主编：《中国墓室壁画全集 1·汉魏晋南北朝》，河北教育出版社 2011 年版。

胡之主编：《甘肃嘉峪关魏晋一号墓彩绘砖》，重庆出版社 2000 年版。

胡之主编：《甘肃嘉峪关魏晋三号墓彩绘砖》，重庆出版社 2000 年版。

胡之主编：《甘肃嘉峪关魏晋四号墓彩绘砖》，重庆出版社 2000 年版。

胡之主编：《甘肃嘉峪关魏晋五号墓彩绘砖》，重庆出版社 2002 年版。

胡之主编：《甘肃嘉峪关魏晋六号墓彩绘砖》，重庆出版社 2000 年版。

胡之主编：《甘肃嘉峪关魏晋七号墓彩绘砖》，重庆出版社 2000 年版。

胡之主编：《甘肃嘉峪关魏晋十二、十三号墓彩绘砖》，重庆出版社 2000 年版。

嘉峪关市文物局：《嘉峪关文物图录》，三秦出版社2014年版。
静安摄影：《甘肃丁家闸十六国墓壁画》，重庆出版社1999年版。
酒泉市博物馆：《酒泉文物精粹》，中国青年出版社1998年版。
罗世平、李力主编：《中国墓室壁画全集·隋唐五代》，河北教育出版社2011年版。
罗世平主编：《中国美术全集·墓室壁画》（全二册），黄山书社2010年版。
吕占光：《嘉峪关文物集萃》，甘肃人民美术出版社2000年版。
马建华主编：《甘肃酒泉西沟魏晋墓彩绘砖》，重庆出版社2000年版。
马建华主编：《甘肃敦煌佛爷庙湾魏晋墓彩绘砖》，重庆出版社2000年版。
徐光冀主编：《中国出土壁画全集9甘肃·宁夏·新疆》，科学出版社2012年版。
杨永生主编：《酒泉宝鉴》，甘肃文化出版社2012年版。
肃州区博物馆编：《肃州文物图录·可移动文物卷》，甘肃文化出版社2016年版。
史金波等译注：《天盛改旧新定律令》，法律出版社2000年版。
睡虎地秦墓竹简整理小组：《睡虎地秦墓竹简》，文物出版社1978年版。
四川省文物考古研究所编：《泸县宋墓》，文物出版社2004年版。
宿白：《白沙宋墓》，文物出版社1957年第1版（2002年第2版）。
宿白主编：《中国美术全集·绘画编12·墓室壁画》，文物出版社1989年版。
王素、李方：《魏晋南北朝敦煌文献编年》，新文丰出版公司1997年版。
武汉大学历史系、新疆维吾尔自治区博物馆、国家文物局古文献研究室：《吐鲁番出土文书》第九册，文物出版社1990年版。
徐光冀主编：《中国出土壁画全集1河北》，科学出版社2012年版。
殷光明编著：《敦煌画像砖》，人民美术出版社1990年版。
张掖市文物管理局编：《张掖文物》，甘肃人民出版社2009年版。
张宝玺编：《嘉峪关酒泉魏晋十六国墓壁画》，甘肃人民美术出版社

2001年版。

《中国壁画全集》编辑委员会编：《中国壁画全集》之《敦煌6 盛唐》，天津人民美术出版社1989年版。

（二）考古简报、调查报告等

安金槐、王与刚：《密县打虎亭汉代画象石墓和壁画墓》，《文物》1972年第10期。

党寿山：《甘肃武威磨嘴子发现一座东汉壁画墓》，《考古》1995年第11期。

董秀荣：《酒泉发现一座唐代模印画像砖墓》，《陇右文博》1997年第2期。

敦煌研究院考古研究所等：《甘肃高台县骆驼城南墓葬2003年发掘简报》，《敦煌研究》2006年第3期。

甘博文：《甘肃武威雷台东汉墓清理简报》，《文物》1972年第2期。

甘肃省博物馆：《敦煌佛爷庙湾唐代模印砖墓》，《文物》2002年第1期。

甘肃省博物馆：《甘肃省文物考古工作三十年》，载文物编辑委员会编《文物考古工作三十年（1949—1979）》，文物出版社1979年版。

甘肃省博物馆：《武威雷台汉墓》，《考古学报》1974年第2期。

甘肃省博物馆：《武威磨咀子三座汉墓发掘简报》，《文物》1972年第12期。

甘肃省文物管理委员会：《酒泉下河清第1号墓和第18号墓发掘简报》，《文物》1959年第10期。

甘肃省文物考古研究所：《甘肃酒泉西沟村魏晋墓发掘报告》，《文物》1996年第7期。

甘肃省文物考古研究所：《甘肃玉门金鸡梁十六国墓葬发掘简报》，《文物》2011年第2期。

甘肃省文物考古研究所：《甘肃酒泉侯家沟十六国墓地发掘简报》，《考古与文物》2016年第2期。

甘肃省文物考古研究所：《甘肃酒泉西沟村魏晋墓发掘报告》，《文物》1996年第7期。

甘肃省文物考古研究所：《甘肃酒泉三坝湾魏晋墓葬发掘简报》，《考古与文物》2005年第5期。

甘肃省文物考古研究所：《甘肃酒泉孙家石滩魏晋墓发掘简报》，《考古与文物》2005年第5期。

甘肃省文物考古研究所：《甘肃省高台县汉晋墓葬发掘简报》，《考古与文物》2005年第5期。

甘肃省文物考古研究所：《甘肃玉门官庄魏晋墓葬发掘简报》，《考古与文物》2005年第6期。

甘肃省文物考古研究所：《甘肃玉门蚂蟥河墓群发掘简报》，《考古与文物》2005年第6期。

甘肃省文物考古研究所：《甘肃玉门白土良汉晋墓发掘简报》，《考古与文物》2006年第1期。

甘肃省文物考古研究所：《甘肃酒泉崔家南湾墓葬发掘简报》，《考古与文物》2006年第6期。

甘肃省文物考古研究所：《甘肃玉门金鸡梁十六国墓葬发掘简报》，《文物》2011年第2期。

甘肃省文物考古研究所：《甘肃酒泉侯家沟十六国墓地发掘简报》（《考古与文物》2016年第2期。

甘肃省文物考古研究所、高台县博物馆：《甘肃高台县骆驼城墓葬的发掘》，《考古》2003年第6期。

甘肃省文物考古研究所、高台县博物馆：《甘肃高台地埂坡晋墓发掘简报》，《文物》2008年第9期。

甘肃省文物考古研究所等：《甘肃张掖市西城驿遗址2010年发掘简报》，《考古》2015年第10期。

甘肃省文物考古研究所等：《甘肃武周时期吐谷浑喜王慕容智墓发掘简报》，《考古与文物》2021年第2期。

何双全：《武威县韩佐五坝山汉墓群》，载中国考古学会编《中国考古学年鉴》（1985），文物出版社1985年版。

嘉峪关市文物管理所：《嘉峪关新城十二、十三号画像砖墓发掘简报》，《文物》1982年第8期。

嘉峪关市文物清理小组：《嘉峪关汉画像砖墓》，《文物》1972年第12期。

李勇杰：《甘肃永昌乱墩子滩1号壁画墓调查简报》，《嘉峪关魏晋墓与丝绸之路历史文化学术研讨会论文集》，2015年7月。

辽宁省博物馆、凌源县文化馆：《凌源富家屯元墓》，《文物》1985年第6期。

辽宁省博物馆文物队、朝阳地区博物馆文物队、朝阳县文化馆：《朝阳袁台子东晋壁画墓》，《文物》1984年第6期。

罗哲文：《孝堂山郭氏墓石祠》，《文物》1961年第4、5期合刊。

南京博物院：《徐州青山泉白集东汉画像石墓》，《考古》1981年第2期。

南京博物院、邳县文化馆：《东汉彭城相缪宇墓》，《文物》1984年第8期。

山西省大同市考古研究所：《大同湖东北魏一号墓》，《文物》2004年第12期。

山西省考古研究所、太原市文物管理委员会：《太原市北齐娄叡墓发掘简报》，《文物》1983年第10期。

山西省考古研究所、忻州市文物管理处：《山西忻州市九原岗北朝壁画墓》，《考古》2015年第7期。

施爱民、卢晔：《民乐清理汉代壁画墓》，《中国文物报》1993年5月30日第1版。

施爱民：《民乐县八卦营——墓葬·壁画·古城》，《丝绸之路》1998年第3期。

肃州区博物馆：《酒泉小土山墓葬清理简报》，《陇右文博》2004年第2期。

吐鲁番地区文物保管所：《吐鲁番北凉武宣王沮渠蒙逊夫人彭氏墓》，《文物》1994年第9期。

王步毅：《安徽宿县褚兰汉画像石墓》，《考古学报》1993年第4期。

王金元：《山西离石石盘汉代画像石墓》，《文物》2005年第2期。

王延璋：《山丹县一中唐墓清理简报》，《陇右文博》2000年第2期。

吴礽骧：《酒泉、嘉峪关晋墓的发掘》，《文物》1979年第6期。

武威市文物考古研究所：《甘肃武威磨嘴子汉墓发掘简报》，《文物》2011年第6期。

西安市文物保护考古所：《西安北周凉州萨保史君墓发掘简报》，《文物》2005年第3期。

西安市文物保护考古所：《西安北周康业墓发掘简报》，《文物》2008年第6期。

夏鼐：《敦煌考古漫记（一）》，《考古通讯》1955年第1期。

新疆博物馆考古队：《吐鲁番哈喇和卓古墓群发掘简报》，《文物》1978年第6期。

新疆维吾尔自治区博物馆：《吐鲁番县阿斯塔纳——哈拉和卓古墓群发掘简报（1963—1965）》，《文物》1973年第10期。

张朋川：《河西出土的汉晋绘画简述》，《文物》1978年第6期。

张掖地区文物管理办公室、高台县博物馆《甘肃高台骆驼城画像砖墓调查》，《文物》1997年第12期。

中国社会科学院考古研究所河南第二工作队：《河南偃师杏园村东汉壁画墓》，《考古》1985年第1期。

《甘肃张掖黑水国遗址2011年度考古工作会纪要》，中国考古网，2011-11-2，http：//www.kaogu.cn/cn/detail.asp？ProductID=13949。

三　今人著作

白鸟库吉：《康居粟特考》，傅勤家译，商务印书馆1936年版。

包艳、张骋杰、史亦真：《中国丝绸之路上的墓室壁画·西部卷·甘肃分卷》，东南大学出版社2017年版。

常任侠：《新疆吐鲁番出土唐墓壁画内容初探》，载敦煌文物研究所编《1983年全国敦煌学术讨论会文集：石窟·艺术编（上）》，甘肃人民出版社1985年版。

陈勇：《东汉凉州"羌胡化"述论》，载本书编委会编《何兹全先生八十五华诞纪念文集》，中国社会科学出版社1997年版。

程喜霖：《唐代过所研究》，中华书局2000年版。

大尹编著：《中国美术简史》（中册），中流出版社1979年版。
董新林：《幽冥色彩：中国古代墓葬装饰》，四川人民出版社2004年版。
高荣主编：《河西通史》，天津古籍出版社2011年版。
顾森：《秦汉绘画史》，人民美术出版社2000年版。
关尾史郎、町田隆吉编：《砖画・壁画からみた魏晋时代の河西》，汲古书院2019年版。
郭永利：《河西魏晋十六国壁画墓》，民族出版社2012年版。
郭永利：《河西魏晋唐墓中的胡人形象》，《丝路文明》第二辑，上海古籍出版社2017年版。
国家文物局编：《中国文物地图集・甘肃分册（下）》，测绘出版社2011年版。
贺西林：《古墓丹青——汉代墓室壁画的发现与研究》，陕西人民出版社2001年版。
侯丕勋：《汗血宝马研究》，甘肃文化出版社2006年版。
胡杨、许瑾：《地下画廊：嘉峪关魏晋墓砖画》，甘肃人民出版社2016年版。
黄景春：《中国宗教性随葬文书研究——以买地券、镇墓文、衣物疏为主》，上海人民出版社2018年版。
黄佩贤：《汉代墓室壁画研究》，文物出版社2008年版。
黄时鉴主编：《解说插图中西关系史年表》，浙江人民出版社1994年版。
贾小军：《河西走廊出土文献中的丝绸之路意象》，《丝绸之路研究集刊》第1辑，商务印书馆2017年版。
贾小军：《魏晋十六国河西社会生活史》，甘肃人民出版社2011年版。
贾小军：《魏晋十六国河西史稿》，天津古籍出版社2009年版。
贾小军、武鑫：《魏晋十六国河西镇墓文、墓券整理研究》，中国社会科学出版社2017年版。
姜伯勤：《敦煌艺术宗教与礼乐文明》，中国社会科学出版社1996年版。

蒋福亚：《魏晋南北朝经济史探》，甘肃人民出版社 2004 年版。

李发林：《汉画考释和研究》，中国文联出版社 2000 年版。

李茂昌编著：《中国美术简史》，河南大学出版社 1996 年版。

李明伟：《丝绸之路贸易史研究》，甘肃人民出版社 1991 年版。

李清凌：《西北经济史》，人民出版社 1997 年版。

李星明：《唐代墓室壁画研究》，陕西人民美术出版社 2005 年版。

李勇杰：《早期道教羽化成仙思想的生动再现——甘肃省金昌市博物馆馆藏晋代彩绘画像砖》，载中共嘉峪关市委宣传部、甘肃省历史学会编《嘉峪关与丝绸之路历史文化研究》，甘肃教育出版社 2015 年版。

李正宇：《古本敦煌乡土志八种笺证》，甘肃人民出版社 2008 年版。

林梅村：《汉唐西域与中国文明》，文物出版社 1998 年版。

林梅村：《丝绸之路考古十五讲》，北京大学出版社 2006 年版。

林少雄：《古冢丹青——河西走廊魏晋墓葬画》，甘肃人民出版社 1999 年版。

刘敦桢主编：《中国古代建筑史》第二版，中国建筑工业出版社 1984 年版。

刘广生主编：《中国古代邮驿史》，人民邮电出版社 1986 年版。

罗世平、廖旸：《古代壁画墓》，文物出版社 2005 年版。

马玉华、赵吴成：《河西画像砖艺术》，甘肃人民出版社 2017 年版。

牛龙菲：《古乐发隐：嘉峪关魏晋墓砖壁画乐器考证新一版》，甘肃人民出版社 1985 年版。

牛龙菲：《嘉峪关魏晋墓砖壁画乐器考》，甘肃人民出版社 1981 年版。

齐陈骏：《河西史研究》，甘肃教育出版社 1989 年版。

齐陈骏：《五凉史略》，甘肃人民出版社 1988 年版。

齐陈骏主编：《西北通史》（第二卷），兰州大学出版社 2005 年版。

荣新江：《萨保与萨博：佛教石窟壁画中的粟特商队首领》，载《粟特人在中国——历史、考古、语言的新探索》，中华书局 2005 年版。

荣新江：《丝绸之路与东西文化交流》，北京大学出版社 2015 年版。

荣新江：《中古中国与外来文明》，生活·读书·新知三联书店 2011

年版。

芮乐伟·韩森：《丝绸之路新史》，张湛译，北京联合出版公司 2015 年版。

沙武田：《丝绸之路交通贸易图像——以敦煌画商人遇盗图为中心》，《丝绸之路研究集刊》第 1 辑，商务印书馆 2017 年版。

孙彦：《河西魏晋十六国壁画墓研究》，文物出版社 2011 年版。

唐长孺：《魏晋南北朝史论丛续编》，中华书局 2011 年版。

唐满先注：《陶渊明集浅注》，江西人民出版社 1985 年版。

汪小洋：《汉墓壁画的宗教信仰与图像表现》，上海古籍出版社 2012 年版。

汪小洋：《中国墓室绘画研究》，上海大学出版社 2010 年版。

汪小洋：《中国丝绸之路上的墓室壁画·总论卷》，东南大学出版社 2017 年版。

王天顺：《西夏地理研究》，甘肃文化出版社 2002 年版。

畏冬：《中国古代儿童题材绘画》，紫禁城出版社 1988 年版。

巫鸿：《黄泉下的美术：宏观中国古代墓葬》，施杰译，生活·读书·新知三联书店 2010 年版。

巫鸿：《武梁祠——中国古代画像艺术的思想性》，柳杨、岑河译，生活·读书·新知三联书店 2006 年版。

巫鸿：《中国古代艺术与建筑中的"纪念碑性"》，李清泉、郑岩等译，上海人民出版社 2009 年版。

吴廷桢、郭厚安主编：《河西开发研究》，甘肃教育出版社 1993 年版。

武守志：《一字轩谈学录》，甘肃人民出版社 1993 年版。

信立祥：《汉代画像石综合研究》，文物出版社 2000 年版。

邢义田：《画为心声：画像石、画像砖与壁画》，中华书局 2011 年版。

严耕望：《唐代交通图考》第二卷《河陇碛西区》，上海古籍出版社 2007 年版。

杨建新：《中国西北少数民族史》，民族出版社 2003 年版。

姚慧琳：《简牍与秦汉三国时期身高问题研究》，硕士毕业论文，郑州大学，2017 年。

岳邦湖、田晓、杜思平、张军武：《岩画及墓葬壁画》，敦煌文艺出版社 2004 年版。

张德芳：《西北汉简与丝绸之路》，载刘再聪主编《中西交通与华夏文明》，中国社会科学出版社 2019 年版。

张广达：《文本、图像与文化流传》，广西师范大学出版社 2008 年版。

张军武、高凤山：《嘉峪关魏晋墓彩绘砖画浅识》，甘肃人民出版社 1989 年版。

张晓东：《嘉峪关魏晋民俗研究》，甘肃文化出版社 2010 年版。

张兴盛：《地下画廊——魏晋墓群》，敦煌文艺出版社 2008 年版。

张勋燎、白彬：《中国道教考古》（第一卷），线装书局 2006 年版。

赵俪生：《赵俪生文集》第二卷，兰州大学出版社 2002 年版。

赵向群：《甘肃通史（魏晋南北朝卷）》，甘肃人民出版社 2009 年版。

赵向群：《五凉史探》，甘肃人民出版社 1996 年版。

郑炳林：《敦煌地理文书汇辑校注》，甘肃教育出版社 1989 年版。

郑岩：《逝者的面具：汉唐墓葬艺术研究》，北京大学出版社 2013 年版。

郑岩：《魏晋南北朝壁画墓研究》，文物出版社 2002 年版。

朱大渭等：《魏晋南北朝社会生活史》，中国社会科学出版社 2005 年版。

朱浒：《汉画像胡人图像研究》，生活·读书·新知三联书店 2017 年版。

庄小霞：《西北汉简所见汉代居室什物考》，载中国金塔县委等编《金塔居延遗址与丝绸之路历史文化研究》，甘肃教育出版社 2014 年版。

四 论文

本刊讯：《酒泉魏晋墓的墓主可能是西凉王李暠》，《敦煌研究》2003 年第 3 期。

陈成军：《试谈汉代画像砖、石上的六博图像》，《文物天地》2000 年第 5 期。

陈港泉、王旭东、张鲁、乔兆福：《甘肃河西地区馆藏画像砖现状调查研究》，《敦煌研究》2006年第4期。

陈寅恪：《桃花源记旁证》，《清华大学学报》（自然科学版）1936年第1期。

程酪茜：《汉唐墓葬中的施帐现象研究》，硕士学位论文，南京大学，2018年。

初世宾：《也说说铜奔马的名称》，《中国文物报》2018年6月19日第3版。

储晓军：《敦煌魏晋镇墓文研究》，《敦煌研究》2009年第1期。

丛振：《敦煌壁画中的儿童游戏》，《山西档案》2015年第5期。

戴春阳：《敦煌佛爷庙湾唐代模印塑像砖墓——从模印胡商牵驼砖看丝路交通中的有关问题》，《敦煌研究》2019年第5期。

戴春阳：《敦煌佛爷庙湾唐代模印塑像砖墓——墓葬举要与年代》，《敦煌研究》2015年第5期。

丁雨：《浅议宋金墓葬中的启门图》，《考古与文物》2015年第1期。

杜林渊：《河西汉魏画墓研究综述》，《延安教育学院学报》2005年第3期。

段小强、赵学东：《嘉峪关魏晋壁画墓中的〈农作图〉》，《敦煌学辑刊》2005年第2期。

樊睿：《汉代画像石中的启门图图式浅析》，《中原文物》2012年第6期。

冯恩学：《辽墓启门图之探讨》，《北方文物》2005年第4期。

冯丽娟：《高台魏晋墓壁画形式与风格的研究》，硕士学位论文，西北师范大学，2009年。

冯培红：《丝绸之路陇右段粟特人踪迹钩沉》，《浙江大学学报》（人文社会科学版）2016年第5期。

冯培红：《粟特人与前涼王國》，《内陆アジア言語の研究》XXX，2015年。

冯培红：《五凉后期粟特人踪迹考索》，《石河子大学学报》（哲学社会科学版）2016年第1期冯星宇：《河西走廊魏晋墓葬砖画的装饰艺术研究》，硕士学位论文，辽宁师范大学，2012年。

付丁涛、赵慧：《魏晋南北朝时期墓葬壁画中的帷帐》，《艺海》2020年第3期。

甘肃省博物馆等：《嘉峪关魏晋墓室壁画的题材和艺术价值》，《文物》1974年第9期。

巩家楠：《高台魏晋墓壁画农牧图研究》，《湖北广播电视大学学报》2018年第2期。

顾铁符：《奔马·"袭乌"·马式》，《考古与文物》1982年第2期。

郭永利：《河西魏晋十六国壁画墓宴饮、出行图的类型及其演变》，《考古与文物》2008年第3期。

郭永利、杨惠福：《敦煌翟宗盈墓及其年代》，《考古与文物》2007年第4期。

韩昇：《魏晋隋唐的坞壁和村》，《厦门大学学报》1997年第2期。

何双全：《武威雷台汉墓年代商榷》，《中国文物报》1992年8月9日第3版。

何志国：《甘肃武威市雷台出土铜奔马年代考辨》，《考古》2008年第4期。

侯世新：《西域粟特胡人的社会生活与文化风尚》，《西域研究》2010年第2期。

侯杨方：《古丝路繁荣以汉唐盛世为基础》，《参考消息》2017年5月5日第11版。

胡平生：《"马踏飞鸟"是相马法式》，《文物》1989年第6期。

黄景春：《早期买地券、镇墓文整理与研究》，博士学位论文，华东师范大学，2004年。

贾小军：《榜题与画像：魏晋十六国河西墓葬壁画中的社会史》，《敦煌学辑刊》2014年第2期。

贾小军：《魏晋十六国敦煌"薄命早终"镇墓文研究》，《社会科学战线》2015年第3期。

贾小军：《也谈"五花马"》，《农业考古》2016年第4期。

姜生：《六博图与汉墓之仙境隐喻》，《史学集刊》2015 年第 2 期。

蒋福亚：《魏晋之际河西走廊经济主体的演变》，《许昌学院学报》2003 年第 4 期。

寇克红：《高台骆驼城前凉墓葬出土衣物疏考释》，《考古与文物》2010 年第 6 期。

寇克红：《高台骆驼城前秦墓出土墓券考释》，《敦煌研究》2009 年第 4 期。

劳榦：《汉晋时期的帷帐》，《台湾大学文史哲学报》1951 年第 2 期。

李怀顺：《河西魏晋墓壁画少数民族形象初探》，《华夏考古》2010 年第 4 期。

李明倩：《打开一扇门——中国古墓妇人启门图像研究综述》，《戏剧丛刊》2011 年第 5 期。

李清泉：《空间逻辑与视觉意味——宋辽金墓"妇人启门"图新论》，《美术学报》2012 年第 2 期。

李永平：《考古发现汉晋时期铜马及相关问题研究》，《四川文物》2007 年第 4 期。

李玉峰：《魏晋隋唐时期河西地区连枷和木杈演变述论》，《西夏研究》2016 年第 4 期。

梁白泉：《墓饰"妇人启门"含义揣测》，《中国文物报》1992 年 11 月 8 日第 3 版。

林春、路志骏：《嘉峪关魏晋古墓彩绘砖画中的庖厨题材》，《敦煌研究》2008 年第 2 期。

林梅村：《于阗花马考——兼论北宋与于阗之间的绢马贸易》，《西域研究》2008 年第 2 期。

林硕：《敦煌壁画与墓室壁画和寺观壁画的关系》，《大众文艺》2011 年第 1 期。

刘国瑞、屈涛、张玉忠：《新疆丹丹乌里克遗址新发现的佛寺壁画》，《西域研究》2005 年第 4 期。

刘乐贤：《"生死异路，各有城郭"——读骆驼城出土的一件冥婚文书》，《历史研究》2011 年第 6 期。

刘满：《西秦乞伏飞桥有关问题辨正》，《敦煌学辑刊》2012年第1期。

刘卫鹏：《甘肃高台十六国墓券的再释读》，《敦煌研究》2009年第1期。

刘文科、周蜜：《丁家闸五号墓大树壁画考释》，《黑龙江史志》2013年第17期。

刘毅：《"妇人启门"墓饰含义管见》，《中国文物报》1993年5月16日第3版。

刘昭瑞：《谈考古发现的道教解注文》，《敦煌研究》1991年第4期。

刘振东：《新见汉晋南北朝时期的帷帐》，《文物》2018年第3期。

卢燕玲、田小龙、韩鉴卿：《甘肃河西地区墓葬壁画与砖画颜料分析比较》，《敦煌研究》2002年第4期。

卢兆荫：《略论两汉魏晋的帷帐》，《考古》1984年第5期。

鲁西奇：《汉代买地券的实质、渊源与意义》，《中国史研究》2006年第1期。

吕志峰：《东汉镇墓文考述》，《东南文化》2006年第6期。

罗二虎：《东汉墓"仙人半开门"图像解析》，《考古》2014年第9期。

罗华庆：《敦煌艺术中的〈观音普门品变〉和〈观音经变〉》，《敦煌研究》1987年第3期。

马军强：《酒泉高闸沟砖厂墓出土壁画砖及墓葬时代浅析》，《丝绸之路》2016年第16期。

牛龙菲：《马超龙雀"：无价的国宝》，《文史杂志》1994年第6期。

彭向前：《西夏王朝对丝绸之路的经营》，《宁夏大学学报》（人文社会科学版）2006年第2期。

钱伯泉：《西夏对丝绸之路的经营及其强盛》，《西北民族研究》1993年第2期。

权弼成：《从"遮蔽"到"环绕"：公元3—5世纪北方地区墓葬帷帐的空间位移》，《文博》2019年第6期。

冉万里：《李白〈将进酒〉中"五花马"的考古学观察》，《中原文化研究》2014 年第 5 期。

荣新江：《古代塔里木盆地周边的粟特移民》，《西域研究》1993 年第 2 期。

施爱民：《谈高台出土彩绘画像砖》，《丝绸之路》1996 年第 4 期。

施爱民：《再现河西农耕生产的珍贵文物——谈高台骆驼城出土彩绘农耕画像砖》，《农业考古》1998 年第 3 期。

石佳佳：《试论魏晋时期屯田的转化及豪族庄园的发展——以嘉峪关画像砖所见军屯与坞为中心》，《苏州文博论丛》2017 年。

史跃军：《浅析敦煌壁画与墓室壁画的关系》，《美与时代》2006 年第 10 期。

孙机：《武威出土的铜奔马不是汉代文物》，《光明日报》2003 年 4 月 29 日 B3 理论版。

孙彦：《考古所见魏晋十六国时期的宗教信仰——以河西走廊为例》，《南京晓庄学院学报》2008 年第 4 期。

孙彦：《试论魏晋十六国壁画题材的配置——以河西走廊墓葬壁画为例》，《南京艺术学院学报》（美术与设计版）2011 年第 1 期。

孙彦：《试论魏晋十六国时期的农具与农业生产——以河西走廊墓葬壁画为例》，《农业考古》2008 年第 4 期。

谭蝉雪：《敦煌马文化》，《敦煌研究》1996 年第 1 期。

唐锡麟、王志强、王冬妹：《中国汉族青年身高水平的地域分布》，《人类学学报》1994 年第 2 期。

汪小洋：《丝绸之路墓室壁画的图像体系讨论》，《民族艺术》2015 年第 2 期。

汪小洋：《中国墓室壁画兴盛期图像探究》，《民族艺术》2014 年第 3 期。

王义芝、胡朝阳：《敦煌古代儿童游戏初探》，《寻根》2007 年第 3 期。

王银田：《丝绸之路与北魏平城》，《暨南学报》2014 年第 1 期。

王中旭：《敦煌佛爷庙湾墓伯牙弹琴画像之渊源与含义》，《故宫博物院院刊》2008 年第 1 期。

王子今：《从"儿童视窗"认识中国历史与文化》，《文汇报》2018年6月1日第W02版。

王子今：《行走的秦汉少年——教育史视角的考察》，《中山大学学报》（社会科学版）2020年第1期。

韦正：《试谈酒泉丁家闸5号壁画墓的时代》，《文物》2011年第4期。

吴荭、王策、毛瑞林：《河西墓葬中的鲜卑因素》，《考古与文物》2012年第4期。

吴礽骧：《酒泉丁家闸五号墓壁画内容考释》，《敦煌学辑刊》1983年创刊号。

吴礽骧：《略谈河西晋墓壁画中的莲花藻井》，《陇右文博》2004年第2期。

吴荣曾：《"五朱"和汉晋墓葬断代》，《中国历史文物》2002年第6期。

吴荣曾：《镇墓文中所见到的东汉道巫关系》，《文物》1981年第3期。

吴伟：《"启门"题材汉画像砖石研究》，硕士学位论文，南京大学，2013年。

吴雪杉：《汉代启门图像性别含义释读》，《文艺研究》2007年第2期。

伍德煦、陈守忠：《武威雷台汉墓出土铜奔马命名商榷》，《西北师大学报》（社会科学版）1984年第3期。

许序雅：《粟特、粟特人与九姓胡考辨》，《西域研究》2007年第2期。

薛银花：《酒泉西沟唐墓研究》，硕士学位论文，西北师范大学，2015年。

阎万钧：《昭武九姓国及其音乐舞蹈艺术的东传》，《敦煌学辑刊》1986年第2期。

阎文儒：《河西考古简报（上）》，《国学季刊》第7卷第1号，1950年7月。

扬之水：《说帷幄》，《中国文化》2002年第1期。

杨富学、陈亚欣：《河西史前畜牧业的发展与丝绸之路的孕育》，《新疆师范大学学报》（哲学社会科学版）2015年第3期。

杨国誉：《"田产争讼爰书"所展示的汉晋经济研究新视角——甘肃临泽县新出西晋简册释读与初探》，《中国经济史研究》2012年第1期。

杨希义、唐莉芸：《唐代丝绸之路东段长安至敦煌间的馆驿》，《敦煌研究》1994年第4期。

杨雄：《敦煌西晋墓画——敦煌壁画的另一源头》，《内蒙古社会科学》（汉文版）2005年第1期。

杨秀清：《敦煌石窟壁画中的古代儿童生活（一—三）》，《敦煌学辑刊》2013年第1、2、3期连载。

杨莹沁：《汉末魏晋南北朝时期墓葬中神仙与佛教混合图像分析》，《石窟寺研究》，2012年。

杨宇政：《河西地区魏晋墓室壁画畜兽、花鸟形象研究》，硕士学位论文，陕西师范大学，2018年。

殷光明：《敦煌西晋墨书题记画像砖墓及相关内容考论》，《考古与文物》2008年第2期。

尹德生：《酒泉丁家闸壁画"燕居行乐图"浅识——兼论河西十六国时期的表演艺术》，《敦煌研究》1995年第2期。

余欣：《出土文献所见汉唐相马术考》，《学术月刊》2014年第2期。

余欣：《神祇的"碎化"：唐宋敦煌社祭变迁研究》，《历史研究》2006年第3期。

张金莲、许晶：《酒泉高闸沟魏晋墓出土的画像砖浅论》，《陇右文博》2011年第2期。

张鹏：《妇人启门图试探》，《艺术考古》2006年第3期。

张善庆：《佛教艺术语境中的启门图》，《敦煌学辑刊》2018年第3期。

张廷皓：《关于汉代的马式》，《农业考古》1986年第1期。

张小舟：《北方地区魏晋十六国墓葬的分区与分期》，《考古学报》1987年第1期。

张有：《丝绸之路河西地区魏晋墓彩绘砖画——六博新考》，《敦煌研究》2011 年第 2 期。

赵吴成：《河西墓室壁画中"伏羲、女娲"和"牛首人身、鸡首人身"图像浅析》，《考古与文物》2005 年第 4 期。

赵向群：《汉晋之际河西经济区的变迁》，《西北师大学报》（社会科学版）1990 年第 5 期。

赵向群：《魏晋五凉时期河西民族融合中的羌化趋势》，《西北师大学报》（社会科学版）1996 年第 1 期。

赵雪野：《从画像砖看河西魏晋社会生活》，《考古与文物》2007 年第 5 期。

赵雪野、赵万钧：《甘肃高台魏晋墓墓券及所涉及的神祇和卜宅图》，《考古与文物》2008 年第 1 期。

郑滦明：《宣化辽墓"妇人启门"壁画小考》，《文物春秋》1995 年第 2 期。

郑同修：《汉画像中"长青树"类刻画与汉代社祭》，《东南文化》1997 年第 4 期。

郑岩：《白驹过隙与侍者启门——东汉缪宇墓画像中的时间与空间》，《文物天地》1996 年第 3 期。

郑岩：《酒泉丁家闸十六国墓社树壁画考》，《故宫文物月刊》总 143 期（1995 年 2 月）。

郑怡楠：《河西高台县墓葬壁画娱乐图研究——河西高台县地埂坡 M4 墓葬壁画研究之二》，《敦煌学辑刊》2010 年第 2 期。

郑以墨、习化娜：《两汉魏晋南北朝墓葬中的帷幔图像研究》，《装饰》2017 年第 2 期。

周本雄：《武威雷台东汉铜奔马三题》，《考古》1988 年第 5 期。

周海燕：《魏晋南北朝儿童研究》，博士学位论文，郑州大学，2018 年。

朱智武：《酒泉丁家闸五号墓"社树图"辨析》，《南京艺术学院学报》（美术与设计版）2014 年第 6 期。

朱智武：《试论河西魏晋十六国墓葬壁画对汉画像的新变——以斗鸡、

驻马等非典型图像题材为中心》,《南京晓庄学院学报》2016年第3期。

竺可桢:《中国近五千年气候变迁的初步研究》,《中国科学》1973年第3期。

园田俊介:《酒泉丁家闸5号墓壁画所见十六国时期的河西社会——以胡人图像为中心》,《西北出土文献研究》(第3号),汲古书院2006年版。

町田隆吉:《再论吐鲁番4—5世纪古墓所出纸画和墓室壁画》,《西北出土文献研究》(第8号),西北出土文献研究会,2010年5月。

北村永:《关于甘肃省高台县地埂坡魏晋3号墓》,《西北出土文献研究》(第9号),西北出土文献研究会,2011年5月。

高阶秀树:《酒泉丁家闸5号墓壁画胡人像所见毡与"三角帽"》,《西北出土文献研究》(第9号),西北出土文献研究会,2011年5月。

后 记

本书是笔者主持的国家社科基金西部项目"汉唐时期河西走廊墓葬壁画整理研究"（编号：14XZS014）的最终研究成果。经过近6年的努力，于2020年底通过结项验收，本书即在此次结项稿的基础上修改而成。项目研究、书稿修改虽已竭尽我之所能，但汉唐时期河西走廊墓葬壁画牵涉领域甚广，受笔者学力所限，只是对自己关注的问题进行探讨，不足与错误之处在所难免，惟愿方家不吝赐教。

本书分上、中、下三卷，上卷包括第一至第四章，第一、二章介绍汉唐时期河西走廊墓葬壁画概况及研究现状，第三、四章是对汉唐河西壁画墓形制流变及墓葬壁画发展变化轨迹的梳理；中卷包括第五章至第八章，分别对汉唐河西墓葬壁画中的"庭院家居图""儿童图""启门图""帷帐图"做了专题研究；下卷包括第九章至第十四章，是依据墓葬壁画及其他相关资料对汉唐河西社会史、民族史或丝绸之路历史相关问题的专门研究。上述各章内容大多数曾以单独学术论文提交相关学术会议交流，得到许多学者指点。特别需要说明的是，下卷第九章"榜题与画像：魏晋十六国河西墓葬壁画中的社会史"、第十章"西凉迁都与酒泉十六国壁画墓的纪念碑性"曾先后发表于《敦煌学辑刊》与《吐鲁番学研究》，后又收入拙著《魏晋十六国河西镇墓文、墓券整理研究》（中国社会科学出版社2017年版），此次之所以仍然收入本书，一是这两部分内容在本项目研究中不可或缺，如第九章所讨论的壁画与榜题在形式与内容上均有非常密切的联系，第十章涉及到壁画墓的营建问题，不仅仅是一种丧葬习俗的体现，很可能还有较为重要的政治意义；二是这两部分内容最初发表之时均注明是"汉唐时期河西走廊墓葬壁画整理研究"项目的阶段性成果，收入本书亦能够更为全面地展示笔者近年来关于汉唐河西墓葬壁画的研究

后　记

成果。

　　书稿修改过程中，笔者尽可能地吸收了项目结项时五位匿名评审专家的中肯意见，谨向几位专家致以诚挚的谢意！

　　因学术兴趣和研究需要，笔者常赴各地博物馆考察、学习，河西各地博物馆大多都收藏有汉唐墓葬壁画，因而成为多年来笔者常常光顾的重要场所。在本书撰写过程中，笔者及课题组先后多次前往甘肃省博物馆、张掖市博物馆、酒泉市博物馆、嘉峪关长城博物馆、金昌市博物馆、武威市博物馆、敦煌市博物馆、玉门市博物馆、高台县博物馆、临泽县博物馆、山丹县博物馆、永昌县博物馆、瓜州县博物馆、阳关博物馆等处参观考察，也到过武威雷台墓、张掖西城驿东汉墓、嘉峪关新城魏晋墓、酒泉丁家闸五号墓、酒泉西沟魏晋墓及唐墓、酒泉小土山墓、高台骆驼城苦水口1号（复原）墓、高台地埂破晋墓等处现场考察，获取了许多重要的研究素材，谨对上述博物馆、各处墓葬壁画管理部门和工作人员，为本项目的开展和本书撰写提供的帮助和照顾致以崇高的敬意！2020年以来疫情肆虐，以往看似平常的学术考察与交流变得非常奢侈，笔者赴河西走廊各博物馆和墓葬遗址参观、考察的次数也大为缩减，虽然愤懑却又无可奈何，因此真心希冀疫情早日散去，大家回归虽然平淡却又安然的生活，笔者则与往日一样，随时准备出发，去瞧瞧博物馆内绚烂多姿的坛坛罐罐、封泥砖瓦、石刻造像，通过这些或古朴、或精致的器物与古人认真对话。

　　本书出版过程中，中国社会科学出版社宋燕鹏编审付出了辛勤的劳动，谨向这位高大帅气、学术视野宽广、成果丰硕的榴莲群主致以诚挚的谢意！燕鹏兄曾在某次会议的茶余饭后提示我要适当开拓学术领域，但我绕来绕去，基本还在原来的圈子里转悠，想来惭愧！

　　借此机会，也向所有关心我学习和生活的各位师友、亲人致以诚挚的感谢，希望在今后的学习、工作和生活中继续努力，并能取得一定的进步。

贾小军

2022年6月29日